국제사회복지론

Global Social Welfare

GLOBAL SOCIAL WELFARE

국제사회복지론

조미숙 저

dm 동문사

머리말

과거 50년 전만 하더라도 더불어 살 수 있는 공간은 '촌락'이라는 지역사회에 국한되었으며 넓어도 한 국가의 영역을 넘기는 어려웠다. 그러나 오늘날에는 촌락이라는 개념이 지구촌(Global Village)이라는 이름으로 변화하면서, 많은 사회적 관계들이 영토적 지리(Territorial Geography)라는 준거로부터 점차 벗어나게 되었다. 이러한 상황 속에서 정치, 경제, 사회, 문화의 중심이 되었던 국가와 민족의 개념은 차츰 모호해지거나 퇴색되어 갔고, 다국적 기업, 국제기구, 국제협약 등의 초국가 권력이 힘을 얻어 주도해가는 탈국가 현상이 가속화되고 있다.

오늘날의 세계화는 피부색, 문화, 관점, 언어가 서로 다른 사람들과의 공존을 위한 기법을 터득할 기회를 제공해주고 있다. 그러나 지구촌 사회에서 어울리지 못하고 도태되거나 고립될 경우에 발생할 수 있는 여러 내부적 갈등과 문제들을 심각하게 고려해야 한다. 사실상 세계화는 어디서건 동일하게 경험되는 것이 아니며, 문화적 동질화로 나아가는 과정도 아니다.

오늘날 세계 각 도처에서는 NGO, 정부 그리고 국제기구 등 다양한 행위자들이 자본주의적 경쟁논리의 세계화에서 '함께 더불어 사는 공존을 지향하는 세계화'로 탈바꿈하려는 움직임이 일고 있다. 즉, 약육강식의 세계화 논리에 반대하고 세계인의 공존을 지향하는 지구촌을 만들기 위한 전 지구적 노력이 시작된 것이다. 이는 지구촌 사회에서 살아가는 현대인에게 요구되는 시대적 사명이자 책임의식이기도 하다. 그런 까닭에 국경을 넘어 행하여지는 국제사회복지에 관심을 가져야 하는 시대적 당위성을 갖게 되는 것이다.

사실 국제사회복지는 다수의 구성요소를 가진 복잡한 개념이라고 볼 수 있다. 국제사회복지는 비교사회복지, 국제개발협력, 사회복지의 국제적 실천, 국제구호개발, 교차 문화적 지식 및 이해, 사회복지에 관한 정부 간 업무, 국제사회문제에 관한 관심과 행동, 사회복지사들의 국제적 협력, 사회복지 전문직의 교류활동 그리고 일반적인 세계관 등을 의미한다.

따라서 국제사회복지를 한마디로 소개하기는 어렵지만, 국제사회복지를 통해 우리 인류가 21세기 '함께 사는 사회'를 실현해내는 기본적 요소인 '상생의 정신', '나눔의 정신'을 도출해 낼 수 있다는 점에서 희망을 갖게 한다.

한국은 외국의 원조에 의존하던 최빈국에서 경제규모 세계 제10위의 원조 공여국으로 발전한 유일한 국가이다. 한국은 2009년 11월 OECD 개발원조위원회(DAC)에 24번째 회원국으로 가입함으로써 국제사회의 명실상부한 선진 공여국이 되었다. 이제 국제사회는 한국의 성공적인 발전경험이 개발도상국을 위한 모범사례가 될 수 있다고 보고 개발경험의 전수를 희망하고 있다. 그러나 한편으로 국제개발협력은 성숙한 사회의 도덕적 의무이기도 하지만, 궁극적으로 우리의 국익과 국격을 높이는데 기여해야 한다는 또 다른 요구에 직면해 있다.

지난 2000년 UN은 세계 189개 국가와 함께 새천년개발목표(MDGs)를 발표하고, 이를 구체적으로 실현하기 위한 다각적인 노력을 전개해왔다. 그 후 새천년개발목표(MDGs)의 성과와 한계를 바탕으로 국제사회는 2012년 Rio+20을 계기로 지속가능개발목표(SDGs)의 수립을 논의하기 시작하였고, 그 결과 2016~2030년까지의 국제사회의 목표를 지속가능개발목표(SDGs)로 정하였다.

이러한 국제사회의 기대에 부응하기 위하여 지역사회에 국제사회복지의 이해를 구하고 쉽게 접근할 수 있는 교재가 절실히 필요한 상황이다. 특히 "국제사회복지론"은 2020년부터 사회복지 법정교과목으로 인정되어 "국제사회복지론" 교재에 대한 요구가 보다 높아진 것도 사실이다. 이러한 시점에서 이 책은 한국의 국제사회복지의 다양한 요인을 탐색하고 이해함으로써 국제사회복지 교육모델을 구축하기 위한 길잡이 역할을 하기 위하여 시도된 것이다. 특히 이 책은 역사적, 사회·경제적 그리고 정치적 맥락 속에서 지구촌 시민이 함께 해결해야 할 국제사회복지 이슈에 대한 이해를 돕고, 전문사회복지사로서 지구촌 시민의 인권과 사회정의를 고려할 수 있는 시각을 다양한 자료를 통하여 제공하려고 노력한 점이 특징이라고 볼 수 있다.

이 책은 총 14장으로 구성되어 있다. 제1장 세계화와 빈곤, 제2장 국제사회복지란 무엇인가, 제3장 국제사회복지의 역사, 제4장 국제사회복지의 지식기반, 제5장 국제개발협력과 ODA, 제6장 MDGs와 SDGs 등을 다루었는데, 이를 통해 국제사회복지실천과 함께 최빈개발도상국(LDCs)의 국별지원전략(country assistance strategy: CAS) 등을 고민할 수 있도록 구성하였다. 뿐만 아니라 제7장 국제사회복지 기구, 제8장 수원국과 공여국을 다룸으로써 전 지구적 노력과 함께 국제사회복지의 그 방향을 제시하였다. 특히 제9장 지속가능개발(Sustainable Development)에서는 전 세계적으로 불고 있는 환경에 대한 이슈와 함께 인간이 그들의 개별적, 집단적 행위 시에 환경을 고려하여 어떠한 행동이 지구의 환경에 부정적인 영향을 준다면 그 행위를 중단하거나 악영향을 최소화할 수 있는 국제사회복지실천 방향을 다루었다. 또한 개인과 사회집단으로 하여금 전체 환경과 관련된 문제에 대한 인식과 감수성을 갖도록 도와 국제사회복지실천가로서 환경보호와 개선에 능동적이고 주체적으로 참여하도록 심혈을 기울였다. 제10장 성평등과 여성의 역량강화, 제11장 국제사회복지의 이슈: 아동, 제12장 국제이주와 사회복지, 제13장 난민과 국제사회복지를 제시함으로써 오늘날 사회복지학과 학생이면 누구나 알고 실천할 수 있는 국제사회복지실천에 관한 이해를 도모하고자 하였다. 그리고 이 책의 또 하나의 특징이라고 할 수 있는 제14장은 글로벌시민교육에서 우리가 해결하려고 하는 국제사회의 문제나 요구의 이면에 있는 더 큰 국제사회의 이슈에 대한 학습을 증진시킬 수 있도록 정성을 다했다.

이 책은 법정과목으로 새롭게 지정된 국제사회복지 교육과정에 유용하게 활용될 수 있을 것이며, 관련된 실천현장에서도 쓰일 수 있을 것으로 기대한다. 그러나 이 책을 발간하는 시점에서도 이것이 완성본이라고 절대로 생각하지 않는다. 앞으로 다양한 연구를 통하여 부족한 부분을 계속 보완해가면서 이 분야에 조금이나마 실질적인 기여를 할 수 있는 책으로 발전시켜 가도록 노력하겠다는 약속을 드린다.

마지막으로 이 책이 나오기까지 적극적으로 지원해주신 동문사 이중수 사장님과 유재영 상무님 그리고 직원 여러분께 진심으로 감사드린다.

2020년 12월

조미숙

차 례

"국제사회복지는 왜 필요한가?"

'건강하고 밝은 지구촌 사회의 건설'을 위해서 전 세계의 국가와 국민 모두가 이웃 나라에 대한 지속적인 관심과 적극적인 참여가 필요하다.
지구촌에 살고 있는 모든 이들이 진정한 평화와 공동번영을 누리는 '참 세계화'가 이루어지길 희망한다.

"유럽의 소(Cow)는 하루 2달러의 정부 보조금을 받는다.
전 세계 개발도상국 주민의 절반 이상은 하루 2달러 미만의 소득에 의존해 살고 있다.
개발도상국에서 가난하게 사는 것보다는 유럽의 소가 되는 편이 차라리 낫다."[1)]
- 스티글리츠, 세계화와 그 불만(Globalization and its Discontents) 중에서

"빈곤퇴치를 위한 전 세계적 합의 목표라는 점에 MDGs는 의미가 있다.
우리는 좀 더 MDGs & ODA에 관심을 기울여야 한다. 경제발전은 세계평화 및 안전과 큰 관계가 있다. 한 나라가 고통 받으면 다른 나라에도 문제가 된다.
빈곤은 전 세계 안보평화에 관한 문제이다."
- 제프리 삭스 교수 -

1) 조선일보(2007. 3. 2)

CHAPTER

01

세계화와 빈곤

1 세계화란 무엇인가?

1) 세계화(Globalization)의 개념과 정의

과거 50년 전만 하더라도 더불어 살 수 있는 공간은 '촌락'이라는 지역사회에 국한되었으며 넓어도 한 국가의 영역을 넘기는 어려웠다. 그러나 오늘날에는 바로 옛날의 촌락이라는 개념이 지구촌(global village)이라는 이름으로 변화하면서, 많은 사회적 관계들이 영토적 지리(territorial geography)라는 준거로부터 점차 벗어나게 되었다. 이러한 상황 속에서 정치, 경제, 사회, 문화의 중심이 되었던 국가와 민족의 개념은 차츰 모호해지거나 퇴색되어져 갔고, 다국적 기업, 국제기구, 금융기구, 국제 협약 등의 초국가권력이 힘을 얻어 주도해가는 탈국가 현상이 가속화되고 있다(조미숙, 2010).

이러한 현상 속에서 최근 급속하게 논의되고 있는 담론이 세계화(globalization)이다. 마틴 앨브로우(Martin Albrow)는 세계화를 '세계의 인민들이 하나의 단일한 세계사회, 지구사회로 통합되는 모든 과정'이라고 정의하였다. 앤소니 기든스(Anthony Giddens)도 '세계화는 … 세계적 범위의 사회관계가 심화되는 것'으로 정의하고 있다. 다시 말해 세계화는 사회 간의 상호연결성이 증대하는 과정, 즉 세계의 한 부분에서 일어난 사건이 멀리 떨어져 있는 사람과 사회에 갈수록 많은 영향을 끼치는 것을 의미한다. 세계화된 지구는 정치적, 경제적, 문화적, 사회적 사건들이 갈수록 서로 연결되고 또한 더 큰 영향을 주는 세계이다.

맥그루(Mcgrew)는 이러한 세계화를 다음과 같이 구분하여 설명하고 있다(Mcgrew, 2007). 첫째, 정치적 경계를 넘나드는 사회, 경제, 정치적 행위들이 증가하므로 세계 어느 한 지역에서 일어난 사건이나 결정 및 행위들이 멀리 떨어진 지역에 사는 개인과 공동체에게도 의미를 갖는다.

둘째, 거의 모든 영역에서 이러한 사회적 존재들의 상호 연계성을 강화시키는 경향이 있다.

셋째, 지구적 상호작용 및 과정이 가속화되는데, 전 세계적으로 교통과 통신 체제가 발전함으로써 이념, 뉴스, 자본, 정보, 상품, 기술이 세계적으로 이동하는 속도가 증가한다.

넷째, 지구적 상호작용의 범위와 강도 및 속도의 증가와 관련된 지구적, 지역적 연결망이 심화되어 세계를 공유된 사회적 공간으로 보는 집단적 인식을 증가시킨다.

그러나, 오늘날의 세계화는 피부색, 문화, 관점, 언어가 서로 다른 사람들과의 공존을 위한 기법을 터득할 기회를 제공해 주고 있다는 점이다. 이러한 점에서 지구촌 사회에서 어울리지 못하고 도태되거나 고립될 경우, 발생할 수 있는 여러 내부적 갈등과 문제들을 심각하게 고려해야 한다. 사실상, 세계화는 어디서건 동일한 정도로 경험되는 것이 아니며, 문화적 동질화로 나아가는 과정도 아니다. 일부 사람들은 '국경 없는 세계의 도래를 보편적 평등, 번영, 평화 및 자유의 여명으로 주장했으나 실상 사람들은 자신의 나이, 계급, 성, 국적, 인종, 종교, 여타 사회적 범주에 의존하고 있기 때문에 세계화에 접근하는 데 불공평할 수밖에 없다(조미숙, 2010). 빈곤은 세계화되는 시점에서도 여전히 만연할 뿐만 아니라 강대국과 약소국의 빈부격차는 좀처럼 줄어들 기미를 보이지 않기 때문이다. 게다가 인간이 초래한 환경 악화는 그 어느 때보다도 극심하며, 지금도 쉴 새 없이 세계 도처에서 분쟁이 발생하고 있다. 따라서 세계화는 단순히 희망적 메시지로만 간주될 수 없는 것이 작금의 현실이다(조미숙, 2010).

이러한 맥락에서, 오늘날 세계 각 도처에서는 NGO, 정부, 그리고 국제기구 등 다양한 행위자들이 자본주의적 경쟁 논리의 세계화에서 '함께 더불어 사는 공존을 지향하는 세계화'로 탈바꿈하려는 움직임이 일고 있다. 즉, 약육강식의 세계화 논리에 반대하고 세계인의 공존을 지향하는 지구촌을 만들기 위한 전 지구적 노력이 시작된 것이다. 이는 지구촌 사회에서 살아가는 현대인에게도 요구되는 시대적 사명이자 책임의식이기도 하다(조미숙, 2010).

국경을 넘어 제3세계를 위한 국제사회의 협력이 필요하며 이는 곧 시대적 당위성을 갖게 되는 것이다. 이것이 바로 인류가 21세기에 '함께 사는 사회'를 실현해내는 기본적 요소인 '상생의 정신', '나눔의 정신'인 것이다(조미숙, 2019).

2) 세계화의 출현 과정

세계화란 교통·통신의 발달로 상호작용하는 범위가 전 지구적으로 점차 확대되고 심화되어 감에 따라, 우리가 이제 지구라는 하나의 마을에 사는 것처럼 되어가는 현상을 말한다(Giddens, 2006)

이러한 세계화는 1960년대 이후 세계경제의 다양한 경영환경을 통하여 2000년대 이르러 마침내 '세계화(globalization)'라는 단어를 사용하기 시작하면서 발전하게 되었다. 세계화란 전 세계시장의 단일화 현상을 말하며, 특히 세계화된 경제활동의 여러 요소들을 통합하여 이루어가는 것이다. 그러므로 세계화란 국가개념의 경제활동이 전 세계적으로 확산되어 하나의 거대한 국가의 개념으로 나타나는 현상(조미영, 2020)을 의미한다.

1980년대 이후 세계경제는 급속도로 변화하여 왔다. 국가 간에 물리적인 국경의 의미가 상실되고 세계경제는 상호의존관계(interdependent relationship)가 심화되어 하나의 지구촌을 형성하고 있다. 즉, 기업들의 활동영역이 자국의 범위를 넘어 전 세계를 무대로 활약하는 세계기업화가 급속히 추진되고 있고, 정보통신기술의 발달은 세계를 단일정보권으로 묶게 하여 이러한 세계기업들의 활동을 기술적으로 뒷받침하고 있다. 자본 자유화의 진전에 따라 국제금융자본은 고수익을 찾아 세계 각국의 금융시장에 유입되었으며, 구소련의 몰락으로 인한 냉전체제의 종식과 함께 국가 간 이해관계의 중심축은 정치적 문제에서 경제적 문제로 이동하게 되었다(조미영, 2020).

이처럼 세계화는 세계시장을 형성하여 통합된 단일의 규범, 기업경영활동 보장 등의 내용을 포함하는 개념으로, 국가 간의 관계가 서로 유기적이고 긴밀한 협조체제를 가지고 서로 윈-윈 하는 개념으로 발전하고 있다. 그리고 이러한 국가 간의 이해관계는 다국적기업(Multinational Corporations, MNCs)을 중심으로 추진되고 있는 실정이다.

그러므로 세계화는 여러 체계의 조합이라고 분석할 수 있는데, 세계 전체를 대상으로 전개되는 활동들을 구상하고, 그 활동들을 어떻게 공간적으로 분포시킬 것인가를 설계하는 과정을 통해 진행되는 것으로 분석된다. 여기에는 정책구상, 사업자들의 구상, 정신적 지도자나 집단의 구상들이 모두 포함되어 있어서 결국 세계화는 이러한 구상들을 실현시키고 재정적으로 뒷받침하며 관리하기 위해 각종 지적·물적 수단을 동원함으로써 가능할 수 있다(조미영, 2020 재인용).

'하나의 세계'에 대한 논의는 어제 오늘만의 일이 아니다. 18세기에 칸트(Kant)는 이미 사회구성원의 자유, 유일한 공동의 법칙수립에 대한 의존성, 시민적 평등을 기반으로 한 헌법질서에 따른 국내적 공화제의 원칙을 국제사회에 적용함으로써 공동의 협약에 의한 국제법에 기초한 세계시민적 체제를 주장하였다. 자유의지를 지니는 개인들이 원시적 자유를 포기하고 스스로 공법적 규제에 복종함으로써 국가를 수립하듯이, 국제사회 역시 각 국가가 주체가 되어 협약한 국제법에 의해 세계정부 형태로 구성할 수 있다는 것이다.

이러한 역사적 과정을 통해, 전 세계는 동질적인 국가로의 진화를 이미 시작하였고 동질적인 국가로의 진화과정은 국제관계에 있어 매우 중요한 영향을 미치고 있다. '세계화(globalization)'란 용어는 진부할 만큼 이미 많이 사용되어 왔다. 따라서 세계화의 정의는 그 함의의 폭이 넓어 가장 일반적인 정의인 '사회 모든 부문에서 상호연결성과 관련성이 증가되는 것'에만 합의한 상태이다(조미영, 2020 재인용).

한편, 비서구권의 학자들과 마르크스주의 이론에 기초하여 세계화를 비판하는 학자들은 주로 세계화 담론을 단지 문화제국주의를 감추려는 수단으로 이름만 다르게 변형된 것으로 간주하며, 서구화 특히 미국화 또는 동질화와 표준화를 경계하며 비판해왔다. 반면 세계화를 근성의 결과로 보는 워터스(Waters), 톰린슨(Tomlinson), 기든스(Giddens) 등의 학자들은 세계화를 문화제국주의나 서구화와 구별되는 현상이라고 주장한다. 기존의 세계화 담론을 비판하는 일부 학자들도 현 미디어에 나타난 현상에 대해 문화제국주의나 서구화 또는 미국화와의 관련성을 부정하고, 정치경제적 해석을 단선적이라 거부하며 다원주의적 해석의 필요성을 강조한다(한수경, 2011).

이와 같은 '세계화'에 대한 학자들의 담론도 다양하다. 일반적으로 다원적인 차원에서 세계가 설명되어야 한다는 주장이 설득력을 얻어 왔다. 주로 기든스

(Giddens), 워터스(Waters), 로버트슨(Robertson)과 벡(Beck) 등의 사회학자들은 세계화를 경제, 정치, 환경 등 거시적인 측면에서뿐만 아니라 미시적으로 국경을 초월하여 각 개인의 사고체계에까지 영향을 미치는 것이라고 설명한다. 뿐만 아니라 세계화를 이미 완결된 것이 아니라 진행되고 있는 '과정'으로 이해하고 있다.

벡은 세계화, 즉 'globalization'을 'globalism'과 'globality'의 개념과 구별하여 설명하고 있다. 그에 따르면, 'globalism'은 세계시장이 정치행위를 추방한다거나 대체한다는 견해, 즉 세계시장 지배의 이데올로기 내지 신자유주의적 이데올로기를 뜻한다. 'globality'는 서로가 격리되지 않은 상태로 오래 전부터 하나의 세계사회 속에 살고 있다는 것이라고 설명한다. 반면에, 'globalization'은 국민국가들과 그 주권이 초국민적인 행위자, 이들의 권력기회, 정체성, 방향 설정, 네트워크를 통해 마주치고 서로 연결되는 과정으로 보고 있다. 따라서 이 과정에서 다국적인 사회관계가 형성되고 지역 문화가 중요시되면서, 제3의 문화가 탄생된다고 보고 있다. 벡의 세계화는 세계국가나 세계정부도 없는 세계사회를 말하는 것이며, 경제, 환경, 문화, 커뮤니케이션, 시민사회의 차원을 포함하여 더 많은 곳에 깊이 침투해 있어 이것은 결국 개인들에까지 영향을 미친다는 것이다(Beck, 1997).

기든스는 세계적 차원에서 생겨나는 사회적 관계들로 설명하는데, 직접적이고 사회적인 접촉이 아닌 커뮤니케이션 기술인 위성과 같은 미디어를 매개로 하는 접촉의 심화가 우리의 삶과 생활구조를 변화시킨다는 것이다(Giddens, 1990). 사람들은 언제 어디서든지, 누구와도 자유롭게 다양한 정보에 접근하고 의사소통할 수 있게 되었다. 이러한 커뮤니케이션 환경은 국가 대 국가, 지역 대 지역, 개인 대 개인 간의 정보교류의 의사소통이 세계적 차원에서 이루어지는 기반을 마련해 주고 있다. 그에 따르면, 세계화는 '위에서부터' 뿐만 아니라 '아래에서부터' 발생하는 것으로 지역의 정체성이 되살아날 수 있는 기회를 갖게 된다(Giddens, 1990). 세계화는 또한 국가경계를 넘어 새로운 문화적 · 경제적 지역들이 생겨나는 것이며, 이것이 전 세계적으로 국가들의 위상에 영향을 준다는 것이다. 이처럼 기든스에게 있어 세계화는 우리의 생활 가운데 공간과

시간의 변형을 의미하는 것으로, 지구 반대편에서 발생한 일들이 오늘날 우리에게 그 어느 때보다 더 직접적으로 또 빠르게 다가온다. 이와 반대로 개인적인 결정들은 때때로 세계적인 영향을 주기도 한다(Giddens, 1990).

또한 기든스는 세계화를 '정치적·경제적 영향들의 혼합에 의해 이루어지는 여러 가지 과정들의 복합적 영역'으로 간주하고, 네 가지의 다양한 차원으로 설명한다. 즉, 자본주의 세계경제, 국민국가 시스템, 국제적 노동 분업과 군사적 세계질서가 서로 관계하고 있다는 것이다. 물론 문화는 기든스의 네 가지의 차원에서 제외되어 있지만 각 차원에 영향을 끼치는 주요 요인으로 간주하고, 특별히 커뮤니케이션 기술을 강조하고 있다(Giddens, 1990).

Robertson은 세계화를 설명하는 데 있어 지역성을 더욱 강조한다. 로컬(local)과 글로벌(global)이 서로 반대되는 개념이 아닌, 로컬을 글로벌의 한 구성요소로 여기는 것이다. 그는 'global'이 아닌 일본 상업과 농업 경제에서 유래한 개념을 차용하여 'glocal', 즉 'globalization'보다는 'glocalization'이라는 개념이 더욱 적합하다고 주장한다. Robertson에 따르면, 서로 반대로 여겨지는 동질화나 이질화 등의 경향들은 서로 보완적이면서도 침투적인 요소를 내재하고 있다(Robertson, 1995). 따라서 Robertson은 Beck과 Giddens와 마찬가지로 인간 개개인을 세계를 설명하는 중요한 구성요소로 간주하며, 개인과 세계가 관계를 맺고 있다고 주장한다. 그는 세계화를 설명하기 위해 글로벌 영역(global fields)이라는 다원적 모델을 발전시킨다.

여기에 'globality' 그리고 'global human-condition'이라는 개념을 도입한다. 그의 모델에 의하면, 세계화는 'globality'의 네 부분들, 즉 개인자아, 국가사회, 국제사회체계와 일반적 인류 사이에서 사회적, 문화적, 현상학적인 연결을 통해 형성된다. 네 요소는 'global human-condition'의 기본적인 구성요소를 이루며, 현재의 구체적 세계와 인류에 대하여 주목하고 있다. 동시에 이러한 구성요소는 'globality'의 상징적인 구조로 인간이 지닌 세계에 대한 광범위한 의식을 설명한다. 이 다원적 모델은 결국 인간 삶에 있어 일반적인 조건을 뜻하는 'global human-condition'을 이루게 된다(Robertson, 1995).

Robertson은 이러한 다차원적인 세계화를 설명하면서, 세계에 대한 인간의 의식이 점점 높아지고 있음을 강조하고 있다. 즉, 개인적, 지역적 또는 인종적 의식은 점점 세계화되는 세계에서 더욱 힘을 얻게 되고 자신들의 정체성을 알리는 상황들이 늘어나는데, Robertson은 이러한 모든 것들을 세계화의 일환으로 보고 있다. 그리고 '세계'를 균일한 형태가 아니라 느슨한 것으로 규정하는데, 반면에 국가들은 국가경계가 교차하는 경향이 잦아지면서 분쟁에 직면하게 된다는 것이다. 또한 세계화를 '아주 오래되고, 고르지 않은 복잡한 과정'으로 설명한다(Robertson, 1995) 이는 그가 언급했던 세계화의 역사성뿐만 아니라 불균형을 내포한 다양한 층에서 세계화가 동시다발적으로 발생한다는 것을 의미하기도 한다.

앞에서 살펴본 바와 같이, 세계화와 관련하여 학자들 간에 서로 다른 견해를 보이고 있지만, 세계화를 주장하는 학자들로부터 다음과 같은 몇 가지 공통된 주장을 정리해 볼 수 있다.

첫째, 세계화는 세계적 차원에서 형성되는 사회적 관계들로 이루어진다.

둘째, 직접적인 접촉이 아닌 커뮤니케이션 기술을 기반으로 하는 미디어를 통한 접촉으로 인간의 생활구조와 삶을 변화시킨다는 것이다. 지구 반대편의 일들이 빠르고 직접적으로 전해져 개인들에게까지 영향을 미치기도 하고, 반대로 개인적 결정들이 세계적인 영향을 끼치기도 한다.

셋째, 인간과 세계의 관계를 중요시하여 개개인을 세계의 구성요소로 간주하는 한편, 지역성을 강조하면서 로컬과 글로벌이 상반된 개념이 아닌 상호공존의 개념이라는 것이다.

2 세계화와 빈곤

1) 빈곤의 개념

세계화 시대에 살고 있는 우리는 과연 세계화에 대해서 얼마만큼 이해하고, 인식하고 있는 것일까. 세계화는 분명 지구촌 사회를 하나의 유기적인 공동체로서 형성해나가는 데 일조하였으나, 여러 가지 부정적인 결과를 초래하고 있는 것 또한 사실이다. 그 가운데 하나가 바로 '빈곤의 문제'이다.

빈곤은 경제적, 사회 문화적 및 보호, 정치와 같은 다차원적인 부분에서 개인의 안녕과 복지를 달성하는 능력의 제약을 의미한다. 유엔개발계획, 유엔난민기구, 세계은행과 같은 국제기구들의 정의의 공통점은 빈곤을 단지 소득 불평등에 의한 기본적 생활 요구 조건의 물리적 상태에 대한 결핍으로만 이해하는 것이 아니라, 더 나은 삶을 위한 선택의 자유 박탈이라는 다차원적 결핍으로 이해한 부분이다(방설아, 2014). 일반적으로 빈곤은 "개인, 가족이나 집단이 가지고 있는 물질적, 문화적 그리고 사회적 자원이 제한적이어서, 그들이 속해 있는 사회에서 받아들일 수 있는 최소한도의 생활수준을 유지할 수 없는 상태"라고 규정할 수 있다(조기현, 2018).

협의의 의미에서의 빈곤은 인간이 존엄성을 유지하면서 살아가는데 필요한 기초적인 서비스를 획득할 수 있는 재화나 능력이 결여되어 있는 상태를 말하며, 낮은 수준의 보건 및 교육, 깨끗한 식수와 위생에 대한 접근성 결여, 신체적 불안전 등을 포함하고 있다(World Bank, 2000). 이러한 협의적 의미의 빈곤은 가장 전통적인 접근법으로서 빈곤을 물질적 측면에서 정의하고 있다(박한규, 2013).

한편 광의적 의미의 빈곤 개념은 Sen(1987)의 정의가 주로 언급된다. Sen의 빈곤 개념은 "부적절한 수입과 교육, 취약한 건강, 신체적 불안전, 낮은 자존감, 무기력, 개인으로서 권리의 결여 등을 포함하는 한 사회의 일원으로서 기능할 수 있는 주요 능력이 결여되어 있는 상태"를 말한다. 그의 정의는 빈곤을 다차원적 현상으로 보고 있으며, 궁극적으로 해결할 수 없는 것이라고 보고 있다.

1995년에 덴마크 코펜하겐에서 개최된 "사회개발에 관한 세계정상회의(World Summit on Social Development)" 이후부터 유엔에서는 광의적 의미의 빈곤 개념을 사용하고 있으며, 현재 국제사회에서는 빈곤의 개념이 확대되고 있는 추세에 있다. 즉, 빈곤문제를 파악하는데 물질적인 측면뿐만 아니라 비물질적인 측면의 중요성을 강조하는 경향이 높아졌다는 것이다.

(1) 절대적 빈곤과 상대적 빈곤

빈곤의 개념에 대한 가장 일반적인 구분법은 절대적 빈곤(absolute poverty)과 상대적 빈곤(relative poverty)으로 나누는 것이다. 절대적 빈곤은 많은 나라의 경우 빈곤율(poverty ratio)을 산출할 때 빈곤선(poverty line) 이하의 소득을 가지는 사람을 전체 인구수로 나눈 값을 빈곤율로 정의한다. 이때 빈곤선의 기준으로 먼저 최저생계비를 산출하고 그 이하를 빈곤인구라고 명명하는데, 이것이 바로 절대적 빈곤 개념에 기반한 계산방식이다(김은주, 2013).

세계대전 이후 서구 유럽에서 복지국가가 등장한 이후에도 여전히 빈곤문제는 해결되지 않고 오히려 근로빈곤층(working poor)이 등장하기 시작하였으며, 나아가 풍요 속에서 상대적으로 빈곤감을 느끼는 경우가 증가하면서 절대적 빈곤 개념의 정태적(static) 측면에 대한 비판이 제기되었다. 이러한 비판 위에 상대적 빈곤 개념이 태동되었다(김은주, 2013).

상대적 빈곤 개념을 처음으로 주장한 Peter Townsend(1962, 1979)는 빈곤은 동태적(dynamic) 개념이고 단지 물질적(material) 측면뿐만 아니라 사회구성원으로서 감정적인(emotional) 측면까지 연계하여 개념화해야 한다고 주장하였다. 이때 자원은 물질적인 측면뿐만 아니라 교육, 건강 등을 모두 포괄하며, 오늘날 많은 유럽 국가들이 이러한 상대적 빈곤의 개념과 사회적 박탈(social deprivation) 지표를 채택하고 있다. 그러나 이러한 상대적 빈곤의 개념 역시 결국 구체적으로 빈곤을 측정하기 위해서는 절대적인 기준선에 대비하여 측정해야 하는데, 이를 임의적으로 규정해야 한다는 점에서 개념적 한계가 있다(정원오, 2008).

(2) 인적 능력 박탈과 빈곤

절대적, 상대적 빈곤은 모두 물질적인 측면을 중심으로 빈곤을 규정하는 소득 접근법(income-approach)이다. 반면에 이러한 관점을 넘어서 인적 능력(human capability)을 중심으로 빈곤을 정의하고 측정하고자 하는 시도가 있다. 이는 노벨경제학상 수상자인 Amartya Sen(1999)의 논의에 기반하고 있다. 그는 기본적으로 개발을 인간의 자유를 향상시키는 것(development of capability)으로 규정해야 한다고 주장하였고, 또한 빈곤을 단지 소득이 낮은 것으로 규정하기보다는 기본적인 잠재능력의 박탈로 규정해야 한다고 주장하였다. 즉, 빈곤을 측정하기 위해 생활수준(standard of living)을 평가할 때 그 기준을 재화(commodity)나 그 재화가 창출하는 특성(characteristics)으로 재단하기보다는 궁극적으로 그 재화를 이용하여 사람이 기능을 수행할 수 있는 능력을 중심으로 하여 빈곤 문제에 접근해야 한다는 것이다(김은주, 2013).

절대적 빈곤이나 상대적 빈곤 개념은 공히 빈곤을 측정하는 데 유용하지만, 빈곤의 원인에 대해 설명하거나 그에 기반을 둔 해법을 제시하기에는 부족한 점이 있다는 것이다. 반면 인적 자원 접근법은 빈곤을 유발하는 원인에 대해 주목하였다는 점에서 기존 접근법과 차이가 있다. 또한 인적 자원 접근법은 빈곤을 단순히 소득이 아니라 인적 자원의 관점에서 정의함으로써 빈곤퇴치를 위한 국제개발협력의 목표에 있어서 프레임 자체를 변화시켰다. 기존의 소득 접근법의 프레임으로만 인식하게 된다면 개발의 목표는 절대적 빈곤을 퇴치하기 위해 소득을 증대시키는 데 집중하게 된다. 그러나 인적 자원 접근법에 기반을 두게 되면, 빈곤감소를 위한 개발의 궁극적인 목표를 인적 자원을 향상시키는 것으로 재구성하게 된다. Sen의 이러한 주장은 실제로 국제개발협력 의제의 패러다임이 변화하는 데 크게 영향을 미쳤다.

(3) 사회적 배제

최근에 빈곤에 대한 담론에서 빈곤을 정적인 개념보다는 동태적인 개념으로 파악해야 하며, 단지 소득뿐만 아니라 다차원적인 측면에서 이해되어야 한다는 인식이 확산되어 왔다. 이 같은 배경에서 등장한 논의가 바로 '사회적 배제(social exclusion)'라는 개념이다. 이 개념이 프랑스에서 처음 제기되었을 때, 기존의 빈곤인 실업 등 전통적인 사회문제를 다루기 위한 제도의 수혜대상에서 배제된 집단(빈곤, 장애인, 노인, 학대아동, 약물중독자, 자살자 등)을 일컫기 위한 목적이 있었다. 이후 사회적 배제에 대한 담론이 확장되면서 주로 '관계(relation)'에 초점을 두고 장애인, 비숙련 노동자, 이민자, 청년 실업자 등이 사회적으로 단절되는 과정을 지칭하는 개념이 되었다. 이후 비슷한 문제를 겪고 있던 유럽 국가들 사이에 사회적 배제라는 개념이 이론적, 실천적으로 확산되었고, 특히 1997년 암스테르담 조약을 통해서 유럽연합이 추구해야 할 목표로서 채택된 후에는 '빈곤에 영향을 미치거나 빈곤에 의해 발생하는 다양한 사회현상을 지칭하는 개념'으로 사용되고 있다(강신욱, 2006).

그럼에도 불구하고 사회적 배제 개념의 모호성과 포괄성에 대해 비판이 존재하는 것은 사실이다. 그러나 기존의 빈곤(poverty) 혹은 박탈(deprivation)이라는 개념에 비해 보다 동태적이고, 다차원적이고, 사회구성원과의 관계를 중시하는 특성을 갖고 있기 때문에(Berghman, 1995), 사회정책의 이론적 논의와 여러 국가들의 정책 결정에 널리 사용되고 있다. 다른 무엇보다 사회적 배제란 개념은 빈곤의 개념을 평등과 시민권과 연관하여 논의할 수 있도록 개념을 확장시켰다는 데 가장 큰 의의가 있다(강신욱, 2006 재인용).

사회적 배제는 경제적 측면에서 노동시장으로부터의 배제, 사회적 측면에서 시민권의 부족, 정치적 측면에서 의사결정과정으로부터의 배제 등을 포괄하는 개념으로 정의될 수 있다(이주하, 2011 재인용). 이러한 점에서 개발학 분야 및 국제개발협력과 관련된 현장에서도 새로운 빈곤담론으로 사회적 배제란 개념을 사용하기 시작했다. 특히 1995년 코펜하겐에서 열린 사회개발정상회의(World Summit for Social Development)에서 최초로 사회적 배제(social exclusion),

사회적 통합(social integration) 논의가 시작된 이후 많은 공여기관들이 이를 정책목표로 활용하고 있다.

2) 세계 절대빈곤 현황

유엔새천년개발보고서(2014)에 의하면 전 세계적으로 절대빈곤은 눈에 띄게 감소하고 있는 것으로 보고되고 있다. 1990년, 개발도상지역에 거주하고 있는 거의 절반의 사람들이 하루 1.25달러 이하의 소득으로 생활하고 있으며, 이 비율은 2010년까지 거의 22%로 감소되었다. 이는 2015년까지 절대빈곤율을 절반으로 줄이겠다는 새천년개발목표(MDGs)의 목표를 5년 앞당겨 달성했다는 의미이다. 같은 기간, 절대빈곤층의 규모는 1990년 기준 19억 명에서 2010년 12억 명으로 급격히 감소하였다.

이처럼 전 세계적으로 놀라운 성과를 달성했음에도 불구하고, 빈곤의 감소는 여전히 불규칙하게 진행 중이다. 하루에 1.25달러 이하로 생활하는 사람의 대부분은 남아시아와 사하라 이남 아프리카 두 지역에 거주하고 있는 것으로 나타났다. 2010년, 인도에서만 전 세계 12억 절대빈곤층의 3분의 1이 살고 있다. 중국 역시 빈곤층이 상당한 규모로 감소했음에도 불구하고 2위를 기록했으며, 전 세계 절대빈곤층의 13%에 달하는 규모의 사람들이 살고 있다. 다음으로는 나이지리아(9%), 방글라데시(5%), 콩고민주공화국(5%)이다. 2010년 기준으로 위에 언급한 5개의 국가들에 전 세계 절대빈곤층의 3분의 2가 거주하고 있는 것으로 알려졌다(김은주, 2013).

상당한 규모의 절대빈곤층을 가지고 있는 인구밀집 국가들 외에도 높은 빈곤율을 보이고 있는 소규모의 취약한 국가체제를 유지하고 있는 분쟁지역 국가들도 있다. 그러나 그러한 국가들은 소득수준이나 소비상황에 대한 세부내용을 파악할 수 있는 가구조사가 양적으로도 질적으로도 부족하다. 이러한 문제점은 계속해서 빈곤을 타개하기 위한 적절한 정책과 프로그램을 고안하고 실행하는 노력에 장애가 되고 있는 실정이다(김은주, 2013).

3) 세계화와 빈곤 그리고 불평등

빈곤은 일반적으로 '상대적 빈곤'과 '절대적 빈곤', 두 가지 유형이 있다고 언급했다. 즉, 상대적 빈곤이란 동일 사회 내의 다른 사람과 비교하여 적게 가지는 것을 말하는데, 이는 특정사회의 전반적인 생활수준과 밀접히 관련된 개념이어서 경제·사회발전에 따라 정책적으로 중시되며 상대적 박탈과 불평등의 개념을 중시한다. 따라서 상대 빈곤선은 특정사회의 구성원 대다수가 누리는 생활수준에 못 미치는 수준을 말하는데, 이것은 특정 사회의 사회적 관습과 생활수준에 따라 크게 달라진다.

반면에 절대적 빈곤은 기본적인 의식주 생활 자체가 어려운 경우를 뜻한다. 즉, 절대적 빈곤으로서 객관적으로 결정한 절대적 최저한도보다 미달되는 상태를 말하는데, 흔히 의식주 등 기본적 욕구를 해결하지 못하는 상태로 보고, 절대빈곤선 개념을 토대로 생존의 의미를 강조한다. 물론 한국의 절대적 빈곤자와 소말리아의 절대적 빈곤자의 수준의 차이는 분명히 존재한다. 따라서 상대적인 빈곤으로 볼 수도 있지만 일단은 둘 다 기본적인 의식주 생활이 불가능하다는 점에서는 다음과 같은 공통점을 가지고 있다고 볼 수 있다(강신욱, 2006).

첫째, 빈곤은 단순히 일차원적인 문제가 아니다.

둘째, 빈곤은 '기본적 욕구가 충족되지 않은 상태' 그 이상을 의미한다.

셋째, 빈곤은 지구상에서 발생되고 있는 모든 기근, 질병, 그리고 기아, 지역분쟁 및 테러의 근본적인 원인이 되며, 이는 인간으로서 영위해야 할 기본적인 삶을 위협하는 결정적 요인이라는 점이다.

따라서 빈곤(extreme poverty)은 일차원적인 문제가 아닌 다차원적인 심각한 문제로서 현재, 각 나라의 정부, NGO 그리고 국제기구가 빈곤 해결을 위한 공동방안을 모색 중에 있다. 그러나 이러한 문제는 단순히 국가적 차원의 문제가 아니라 지구촌 사회에 살고 있는 모든 이들이 함께 고민하고 관심을 가져야 할 사안임이 분명하다.

오늘날 지구는 '세계화'라는 거대한 물결 속에서 정치·경제·사회·문화 등 전반에 걸쳐 긴밀한 상호의존(inter-independent)적인 관계를 형성해 나가고 있다.

이는 역사학자 에릭 홉스 봄(Eric J.E. Hobsbawn)이 일컬었던 '극단의 시대', 즉 냉전체제의 종식 이후, 전 지구가 맞이하는 새로운 충격이자 도전이었다.

세계화란 말 그대로 '지구촌이 하나의 생활 단위가 되어간다'는 의미이다. 즉, 국가 간 경제적 상호의존의 통합이 고도로 진전되어 경제활동의 지리적 경계가 전 지구로 확산되고 경제활동과 관련된 제도, 정책, 의식이 세계 공통의 것으로 바꾸어 가는 현상이다. 세계화는 더 이상 지역, 국가라는 국지적 제한성에 영향을 받지 않는다. 자본, 노동, 상품, 기술, 정보, 이미지, 환경이 주권과 국경의 벽을 넘어서 자유롭게 조직, 교환, 조정되고 있는 현상이 바로 세계화의 주된 현상이다.

세계화의 찬성론자들은 "세계화가 이뤄지면 세계적으로 부가 증진된다."고 주장하면서, 지구사회가 안고 있는 모든 문제에 대한 만병통치약으로서 세계화를 기대한다. 이는 전체적인 부가 늘어나면 결과적으로 개개의 국가들을 가깝게 하고, 더 나아가 평화/공존의식을 증진시킬 수 있다는 것이다. 그러나 한편에서는 세계화가 오히려 지구촌 사회의 불균형적인 발전과 극심한 빈부격차를 가져올 것이라고 경고한다. 세계화는 단지 다국적 기업을 통한 자본주의의 세계적인 확장에 불과한 것으로서 노동자의 권익을 침해하고 개발도상국과 빈곤층을 착취하며 환경파괴를 가속화시키는 결과를 초래한다고 보고 있다(한국국제협력단, 2015).

한편, 불평등의 정의는 연구자마다 서로 다르게 정의될 만큼 매우 복합적인 개념이다. 먼저 단순히 불평등을 경제적 지위관계에 기초하여 소득 또는 소비수준의 상대적 분포로 정의내릴 수도 있다. 이처럼 계층별 분배로 불평등을 정의내리는 것은 분배구조의 치우침을 드러낸다는 점에서 의의가 있으나, 개인의 노동, 소비, 저축, 투자 등과 같은 경제행위와 소득의 결정구조, 또는 상호관계를 고려하지 못한다는 점에서 한계가 있다. 다시 말해 계층별 분포를 가지고 정의된 불평등은 거시 경제이론을 통해 설명하기가 쉽지 않다. 왜냐하면 개인이 어떤 방식으로 그리고 얼마나 생산에 참여했는가라는 문제가 불평등의 측정에 중요하게 관여되지 않았기 때문이다. 따라서 이 관점으로부터 불평등 완화방안을 제시하기가 쉽지 않다(곽성일, 2015).

이러한 단점을 보완하기 위해 불평등을 소득의 기능별 또는 요소 지분(factor share)별 분배로서 정의내리기도 한다. 이 정의에 따르면 생산요소 각각의 상대가격 체계의 변화가 각 생산요소의 몫을 변화시키고, 사회의 분배상태도 변화시킨다. 즉, 분배는 개인이나 가구가 생산에 기여하는 어떤 요소를 가지고 있느냐와 생산요소의 가격에 의해 결정된다. 따라서 불평등은 경제성장을 위한 필요악으로 해석될 수 있다.

불평등지수(inequality index)는 한 사회에 존재하는 소득분배의 불평등도를 하나의 숫자로 대표하여 표현할 수 있는 지표를 말한다. 즉, 소수의 부자들이 국가의 전체소득 중 너무 많은 부분을 차지하고 대다수 국민들이 극빈층이 되어 있으면, 그 국가는 소득분배가 매우 불균등하다고 한다. 이러한 소득분배의 불균등도를 계량화하여 나타낸 것이 불평등지수(inequality index)이다(경제학사전, 2011).

3 양극화가 불러온 세계빈곤지도

세계화의 급격한 도래로 인해, 빈곤의 양극화 현상은 더욱 심각해지고 있다. 전 세계 인구(60억) 가운데 약 12억 명이 하루 1달러 이하로 살아가고 있는 현실만 보아도, 현재 저개발국가의 현실이 얼마나 참담하고 열악한지를 이해할 수 있다(하루 2달러 이하로 살아가는 인구는 25억 명; 한국국제협력단, 2015).

현재, 전체 인구의 8억 명 정도가 매일 밤 굶주림과 영양실조로 인해 고통받고 있으며, 식수 확보에 어려움을 겪고 있는 이들도 지구상 11억 명에 이르고 있다. 매년 저개발국가에서 태어나는 1억 1,000만여 명의 아이 중 10%는 다섯 살이 되기 이전에 영양실조와 예방 가능한 질병으로 죽고 있으며, 지금 이 순간에도 기아와 가난으로 인해 3초당 한 명의 어린이가 죽고 있다(매시간 1,200명

의 아이들이 죽는 셈).[1)]

유엔 산하 세계식량계획(WFP)에 따르면 굶는 아이 한 명의 하루 생존을 위한 식비는 19센트, 원화로 200원 남짓한 돈이다. 그러나 세계에선 매년 1인당 300kg, 모든 사람이 먹고 남을 만큼의 식량이 생산되지만, 3분의 1 이상이 고기를 위해 가축 사료로 전용된다. 2000년 유엔에서는 150여 개국 지도자가 모여 15년 내에 기아를 없애는 것을 포함, '새천년개발목표(MDGs)'를 세웠다. 그러나 현재에도 여전히 10억 명 이상의 어린이가 '절대 빈곤층' 가정에서 태어난다. 세계은행이 정한 절대 빈곤의 기준인 '1일 생활비 1달러'에도 못 미치는 돈으로 살고 있다는 의미이다. 이런 나라의 아이들은 늘 허기지고 의료 혜택도 받지 못한다. 비를 가릴 집도 없고, 깨끗한 식수가 부족해 질병 위험에 그대로 드러나 있다. 에이즈와 가뭄, 지형적 고립, 내전의 악순환으로 인해 결핍과 죽음의 덫에 걸려 있다. 따라서 유엔, OECD, 다보스포럼 등 각종 국제 논의의 장에서 사회 불평등이 지속가능한 발전과 빈곤감소를 심각하게 저해하고 있어, 각국의 정부와 국제사회가 불평등의 완화를 위해 특별한 노력을 기울여야 한다는 점이 강조되고 있다(한국국제협력단, 2015).

사실상, 세계화의 궁극적 목표로서 '경쟁과 협력을 통한 모든 부분에서의 표준화'를 이루는 데는 여러 가지 풀어야 할 과제가 많다. 그중에서도 세계화의 가장 큰 걸림돌이 바로 '빈곤의 문제[2)]'이다. 현재, 세계화가 더욱 양립되는 상

---

1) United Nations Development Programme, 2006 Annual Report.
Ours is a world of extremes. The Poorest 40 percent of the world population - the 2.5 billion people who live on less than $ 2 a day - account for five percent of global income, while the richest 10 percent account for 54 percent. Never before has the goal of abolishing poverty been within our reach: there are no longer any insurmountable technical, resource or logistical obstacles to achieving it. Yet, more than 800 million people suffer from hunger and malnutrition, 1.1 billion people do not have access to clean drinking water and, every hour, 1,200 children die from preventable diseases. Despite a growing world economy and significant advances in medicine and technology, many people in developiong countries are not reaping the potential benefits of globalization.

2) 매년 10월 17일은 세계 빈곤퇴치의 날(International Day for the Eradication of Poverty)로써 1987년 프랑스 파리 트로카데로(Trocadero)의 '인권과 자유의 광장'에서 Joseph Wresinski 신부의 주도하에 '절대빈곤 퇴치운동' 기념비 개막행사를 연 것이 시작이 되었다. 이후 1992년 10월 17일 유엔(UN)에 의하여 제정되었으며, 빈곤 · 기아 근절과 국제적 관심 촉구를 위하여 매년 기

황 속에서 이미 발전된 국가들(developed countries)은 저개발국가들(less-developed countries)의 자원과 시장을 발판으로 하여 더욱 부유해지는 반면, 세계 속에서의 저개발국가들의 역량은 감소되고 있다. 자유주의적 경제 관계는 논리상으로는 당연한 것이나, 현실적으로 저개발국가의 발전을 가로막으며 그들의 비인간적인 빈곤 상태를 지속시키고 있다(한국국제협력단, 2015).

빈곤은 세계가 당면한 경제적인 문제일 뿐 아니라 국제정치·외교 심지어 군사적 문제의 저변에 자리 잡고 있으며 그 해결이 매우 어려운 문제이다. 2001년 9월 11일 수천 명의 목숨을 한 번에 앗아간 미국 무역센터 테러사건도 빈곤문제가 그 저변에 있다고 볼 수 있다. 테러를 감행한 것으로 알려진 알카에다는 극단의 종교 색채를 가진 테러집단으로, 이런 집단이 존재하고 유지되는 것은 최빈국들이 그들이 설 수 있는 토양을 제공하기 때문이라는 지적이 있다. AIDS(후천성면역결핍증)의 확산도 세계 빈곤문제의 하나이며, 마약과 범죄의 온상을 빈곤이 제공한다는 것도 잘 알려진 사실이다.[3)]

UN(United Nations)에서는 개발도상국의 소외화와 빈곤화에 대처하기 위한 국제사회의 공동노력 확대를 위해, 2000년 8개의 새천년개발목표(Millenium Development Goals, MDGs)[4)]를 정하여 2015년까지 절대빈곤을 절반 이상 감소시키는 구체적인 프로젝트를 진행하기로 선언했다.

제프리 삭스 교수(콜롬비아대학교 경제학과[5)])는 최빈국들이 빠져 있는 '빈곤

넘하고 있다(시사상식사전, 2016).

3) 나라경제 2002년 4월호

4) 1996년 OECD/DAC가 작성한 21세기 개발전략인 "Shaping the 21st Century"에 기초하여 세계 빈곤근절을 위해 설정한 범세계적 개발목표. 사상처음으로 189개 유엔 회원국의 만장일치로 MDGs(Millenium Development Goals)목표를 2015년까지 달성토록 약속하였는데, 과거의 선언적인 개발목표와는 달리 지구적 빈곤의 퇴치라는 개발과제를 핵심으로 이를 실현해 나가기 위한 성과지향적인 주요 목표와 세부목표를 제시하고 있는 점이 다르다. MDGs(Millenium Development Goals)는 8개의 부문별 목표, 18개의 하부목표, 48개 실증지표로 구성된다.

5) 제프리 삭스는 엘리트 과정을 최고 속성으로 밟은 경제학자다. 하버드대에서 학사, 석사, 박사 학위를 취득하고 1980년에 하버드대 경제학과 조교수로 임명된 후, 3년만에 정교수로 승진했다. 보통 정교수 승진에 10년이 걸리는 점을 감안하며 파격적인 고속승진이다. 젊은 교수 시절, 그는 경상수지 결정, 개방경제에서의 거시경제정책 효과에 대해 돋보이는 논문들을 내놓았다. 하지만 주된 관심은 순수 경제이론의 분석보다는 이를 현실적인 경제문제의 진단, 해결을 위해 사용하는 데에 있었다. 1980년대 그의 관심은 당시 외채위기에 빠진 중남미 국가들의 외채 문제해결이었다. 미국 등 채권국들이 외채 일부를 탕감해 줘야 한다는 주장을 폈는데, 그의 주장은 실제 중남

의 함정'에서 벗어나기 위해서는 외부의 도움이 절실히 필요하고, 선진국들은 이들이 경제성장의 사다리에 오를 수 있도록 밀어줘야 한다고(빅푸시 이론, Big Push Theory) 제시하며, 이러한 점에 있어서 유엔의 MDGs(새천년개발목표) 선언은 매우 의미 있다고 언급했다.

MDGs(새천년개발목표)는 소득 이외에 교육, 건강, 영양 등 빈곤의 다양한 측면을 포괄했다는 점에서 이전의 협소한 개발담론에서 진일보한 측면을 보였으나, 불평등문제를 외면했다는 점이 주요한 한계로 평가되고 있다. MDGs(새천년개발목표) 체제가 종료된 2015년부터 2030년까지 국제개발의 새로운 의제가 될 SDGs(지속가능개발목표) 개발의제에서 주목할 것은 지속가능개발로써 불평등의 해소가 핵심 의제 중 하나로 부상되었다는 점이다(한국국제협력단, 2015).

이와 같이 국제사회의 꾸준한 노력에도 불구하고, 빈곤 퇴치의 결과는 만족스럽지 못하다. 유엔을 비롯한 다양한 국제기구, 선진국들이 ODA, 수많은 NGO들의 빈민구호활동들을 전개하였으나, 국제기구들의 비효율성과 비협조성, 선진국들의 부진한 ODA 실적, NGO 활동의 재정적, 인적 한계와 책임성의 결여 등과 같은 문제들이 꾸준히 제기되어 왔다. 빈곤은 삶을 유지하기 위해 기본적으로 요구되는 필수요소가 결핍된 상태를 의미하므로 생존권의 박탈과 연결된다. 이와 유사한 개념으로 불평등은 이러한 생존권의 직접적 박탈을 의미한다고 할 수 없으나, 대부분 분배문제와 연결되어 결핍을 고착화시키는 기저로 작용한다. 불평등은 재화나 권위가 박탈당하거나 전유되는 상태(곽성일, 2015 재인용)로 불평등은 상대적인 개념이다.

미 외채 문제해결에 일조했다. 1990년대에 들어서는 러시아를 비롯한 동유럽과 구소련의 소위 체제전환국들이 시장경제로 전환하는 고정에서 많은 자문을 제공했다. 1997년 아시아 외환위기가 발생했을 때에는 크루그먼 등의 학자들이 주장하던 아시아 국가들의 구조적인 책임론에 대응, '국제 투자자들이 무분별하게 투자자금을 회수한 것이 아시아 외환위기의 주된 원인'이라는 주장을 제기했다. 또 IMF가 처방책으로 제시한 구조조정, 긴축정책의 불합리성을 지적하기도 했다. 2002년 20여 년간 근무했던 하버드대를 떠나 콜롬비아대학 경제학과 교수 겸 지구연구소(Earth Institute) 소장으로 부임한 우에는 주로 저개발국 경제성장문제에 주된 관심을 쏟았다. 특히 아프리카의 빈곤, 기아, 질병 문제의 원인을 경제학적으로 파악하고 그 해결방안을 제시하는 한편, 이를 실제로 실현하기 위해 노력 중이다. 앞으로도 지구상에서 어려운 경제문제가 등장할 때마다 명쾌한 분석과 해법을 제시하는 그의 활약을 기대한다.

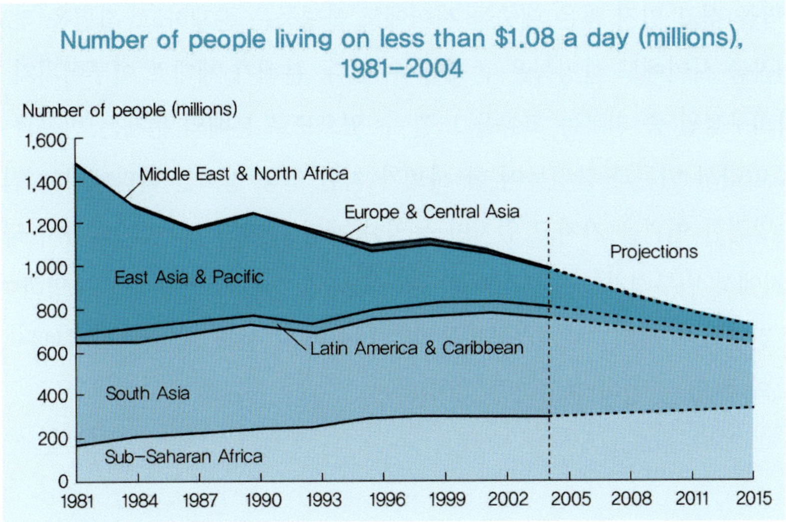

Source: World Bank staff estimates.

그림 1-1 1일 1달러 미만으로 살아가는 사람들의 수(1981~2004)

표 1-1 개발도상국가의 영양 부족 인구 & 비중

Projected undernourishment in the developing world

	Number of undernourished people [milliions]			Prevalence of undernourishment [percentage of population]		
	1990–92*	2015	WF5 target	1990–92*	2015	MDG target
Developing countries	823	582	412	20.3	10.1	10.2
Sub-Saharan Africa	170	179	85	35.7	21.1	17.9
Near East and North Africa	24	36	12	7.6	7.0	3.8
Latin America and the Caribbean	60	41	30	13.4	6.6	6.7
South Asia	291	203	146	25.9	12.1	13.0
East Asia**	277	123	139	16.5	5.8	8.3

Notes
The base period for projections is 1999–03. Some small countries have also been excluded from projections.
* Data for 1990–92 may differ slightly from numbers reported elsewhere in the report as the projections are based on undernourishment estimates that do not include the latest revisions.
** Includes Southeast Asia.

Source: World Bank staff estimate

결핍을 겪고 있지 않은 대중들 사이에도 불평등은 존재하고, 결핍을 겪고 있는 빈곤층 사이에도 불평등은 존재할 수 있다. 분배가 제대로 이루어지지 않으면 사회구성원 중 일부는 고통을 느낄 수 있으므로 분배의 문제는 빈곤과 연결된다. 따라서 빈곤과 불평등이 한 사회가 처한 고통 정도를 나타낸다는 점에서 상호 밀접한 연관을 가지고 있지만 동일한 개념은 아닌 것이다. 따라서 국제사회복지에서 빈부격차를 심화시키는 원인에 대한 진단과 방향성을 조명하여, 새롭고 건전하며 지속 가능한 국제사회로 나아가는 정책 비전을 살펴보는 것은 매우 의미 있는 일이다(조미숙, 2010).

4 빈곤감소를 위한 국제개발전략

1980년부터 아프리카, 아시아 등 최빈국의 빈곤문제가 심각해지면서 빈곤대책 수립에 대한 공론이 확산되고 있었다. 1990년대에 들어 세계경제체제의 상호 의존성 증대에도 불구하고 세계화가 가속화되면서 저개발국가들의 주변화와 빈곤화가 심화됨에 따라 개발도상국가 지원을 위한 국제사회의 공동 노력이 확대되어왔고 빈곤감소를 위한 전략은 다각화되어 왔다.

1) 빈곤감소 전략 보고서

세계은행과 IMF는 고채무 빈곤국의 외채탕감 및 국제적 지원체제를 강화해 오고 있었는데, 1996년 수립된 세계은행의 빈곤감소전략 보고서를 통한 접근은 개발도상국 정부를 포함하는 개발도상국 공공부문의 빈곤대응책을 강화하기 위해 수립된 정책적 틀이다. 2000년 이후 빈곤감소전략보고서는 빈곤 개념과 그 결정요인에 대한 포괄적인 이해를 바탕으로 빈곤감소 대응책에 대한 우선순위를 결정할 수 있게 하며 농촌개발, 인프라 건설, 민간부문개발과 같은 역량강화 등 빈곤감소에 큰 효과를 거두고 있다(한국국제협력단, 2001).

2) 빈곤감소에 기여하는 원조

1990년 세계은행의 빈곤에 대한 세계개발보고서는 빈곤감소에서 성장의 의미와 중요성을 다시 인식시키는 계기가 되었다. 개발문제에서 빈곤감소 및 성장의 중요성은 오래전부터 인식되어 왔다. 원조기관 및 공여국들도 이러한 성장에 대한 인식과 세계적인 움직임에 대한 관심이 더욱 커졌다. 이러한 배경 하에 단순한 양적 경제성장이 아닌 그 질적인 측면에 초점을 둔 성장을 통해 진정한 개발을 도모하는, 다시 말해서 빈곤층이 그들의 생산성과 수입증대를 할 수 있도록 인간적·물리적·재정적 접근을 넓혀야 한다는 이른바 빈곤감소에 기여하는 성장개념이 생겼다. 또한 빈곤감소를 동반한 성장의 필요성과 함께 지구상의 가난한 국가 및 가난한 사람들도 세계화의 혜택을 향유할 수 있도록 세계화에 통합시키는 것의 중요성이 대두되었다. 그리하여 개발도상국가의 지속적인 성장을 가능하게 하는 무역을 위한 원조에 대한 관심이 확대되었다.

3) 빈곤의 통합적 접근

빈곤은 소비, 식량안보, 보건/건강, 교육, 인권, 노동 등 인간에게 없어서는 안 될 모든 요소가 부족한 상태이기 때문에 통합적으로 접근해야 한다. 또한 빈곤감소문제에서 개발에 영향을 미치는 정부 정책 간의 일관성 및 통일성이 필수적이며, 이런 정부정책은 채무탕감·무역·투자·농업·환경·이민(이주). 보건·안보·무기거래를 포함한다(OECD/DAC, 2001). 특히 성평등과 환경은 빈곤이 영향을 미치는 모든 분야에서 영향을 받는 중요한 요소라 할 수 있다. 성차별과 환경파괴는 빈곤과 유기적으로 연관되어 있어서 때로는 동시에 악화되며 때로는 동시에 개선될 수 있다. 그리고 이는 지속가능한 개발의 다양한 분야에 공통적으로 연관되어 있기도 하다(OECD/DAC, 2001h). 따라서 빈곤에 대한 대응으로 "성평등"과 "환경"의 요소를 함께 고려하는 것이 빈곤감소에 중요한 전략 중 하나로 받아들여지고 있다.

CHAPTER

02

국제사회복지란 무엇인가

1 국제사회복지의 개념과 정의

1) 국제사회복지의 개념

오늘날의 세계는 한 국가만의 힘으로 살아가기보다는 가깝게는 인접국가, 멀게는 지구 반대편의 국가와 협력과 교류를 해야 만 살 수 있다. 사회복지의 영역과 역할은 국내에서의 활동에만 그치는 것이 아니라 인접국가, 더 나아가 지구 반대편 국가와의 활동까지 확장되고 있는 실정이다. 이러한 활동의 확장은 사회복지사에게 세계적 관점에서 세계문제에 관심과 이해를 요구하고 있을 뿐만 아니라 관련 전문 지식과 기술의 겸비를 갖추도록 요구하고 있다. 특히 2000년 이후 세계화 현상, 전쟁, 빈곤, 기아, 인권, 난민 등 다양한 국제적 문제가 빈번하게 발생하면서 정부 및 국제기구의 공적개발원조 확대와 국내·외 국제개발협력의 확대로 관련 전문가의 필요성이 절실한 상황이다(조미숙, 2019).

따라서 새로운 미래사회에 국제적인 역량을 갖춘 사회복지사가 되기 위해서는 전문직의 책임감과 함께 자국의 국경을 넘어 생각해 보는 국제사회복지에 대한 이해와 국제사회복지실천에 보다 적극적으로 개입할 수 있는 지식과 기술을 갖추어야 한다. 하지만 국제사회복지는 다수의 구성요소를 가진 복잡한 개념이다. 국제사회복지는 비교사회복지, 국제개발협력, 사회복지의 국제적 실천, 국제구호개발, 교차 문화적 지식 및 이해, 사회복지에 관한 정부 간 업무, 국제사회문제에 관한 관심과 행동, 사회복지사들의 국제적 협력, 사회복지 전문직의 교류활동, 그리고 일반적인 세계관 등을 의미한다. 이와 같이 국제사회복지의 개념이 너무 복잡하고 무형적이어서 Akimoto(1995)와 같은 학자는 국제사회복지라는 것 자체가 존재하지 않는다고 주장하기도 한다.

국제사회복지(International Social Work)라는 용어와 관련하여 '국제적(international)', '세계적(global)', '국가 간(cross-national)'이라는 용어들이 다양하게 혼용되어 왔다(Healy, 2008).

먼저 '국제적'이라는 말은 다음과 같은 다섯 가지 의미를 내포하고 있다.

첫째, 2개 국가 혹은 그 이상의 국가들 간의,

둘째, 2개 국가 혹은 그 이상의 국가나 국민과 관련된,

셋째, 국가 간의 관계에 관한,

넷째, 다수 국가의 국민들이나 활동이 포함된,

다섯째, 국경을 넘어선, 혹은 국가의 관점을 넘어선 등의 의미를 가지고 있다.

이에 비해 '세계적'이라는 말은 '지구 전체에 영향을 주는 현상을 의미'할 때 구체적으로 활용되며, '국가 간'이란 용어는 보다 제한된 의미를 가지면서 몇 개 혹은 제한된 국가들 간의 비교 혹은 교류 등을 의미할 때 활용된다(Healy, 2008).

우리나라에서 국제사회복지는 International Social Work과 International Social Welfare 두 용어가 혼재되어 사용되고 있다. Healy(2008), Cox와 Pawar (2006)가 각기 저술한 'International Social Work'라는 두 교재가 모두 '국제사회복지'로 번역되었는데 Midgley(1997)의 'Social Welfare in Global Context' 또한 1999년 '국제사회복지'로 번역되었다. Healy(2008), Cox와 Pawar(2006)가 각기 저술한 'International Social Work'는 두 책이 모두 포괄적, 제도적 개념의 사회복지보다는 실천 전문직인 사회사업(Social Work)적 입장에서 국제사회복지를 다루고 있다. 반면에 Midgley(1997)의 'Social Welfare in Global Context'는 국제적인 맥락에서 인류의 안녕을 증진하는 국제적인 사회복지문제를 보다 폭넓게 다루었다고 평가되고 있다.

국제사회복지, International Social Work라는 용어는 1943년 George Warren에 의해 처음 사용되었다. 하지만 그 역사적 기원은 19세기 말~20세기 초, 전문사회사업의 출현과 함께 Jane Addams와 같은 사회복지 활동가가 영국의 인보관 운동을 보고 Hull House를 세운 것에서 비롯된 것으로 보고 있다. 이렇게 전문사회사업이 발달하고 국제화되는 과정 속에서 국제사회복지가 전문사회사업의 한 독특한 실천영역인가 아니면 국제적으로 진행되는 사회복지 행동 또는 활동들의 집합인가 하는 논쟁은 지금까지 지속되고 있으나 오늘날 국제사회복

지의 개념은 보다 광의적으로 이 모두를 포함하고 있는 것으로 해석되는 추세에 있다(조미숙, 2019).

2) 국제사회복지의 정의

국제사회복지를 비교사회복지, 국제개발협력, 사회복지의 국제적 실천, 국제구호개발, 교차 문화적 지식 및 이해, 사회복지에 관한 정부 간 업무, 국제사회문제에 관한 관심과 행동, 사회복지사들의 국제적 협력, 사회복지 전문직의 교류활동, 그리고 일반적인 세계관 등을 의미하는 포괄적인 개념으로 볼 때, 국제사회복지란 무엇인지 그 실체적인 정의를 알아볼 필요가 있다(조미숙, 2019).

Cox와 Pawar(2006)는 국제사회복지를 "사회사업 교육과 실천을 세계적 그리고 지역적으로 증진하는 것으로서 국제적 상황에서 인권, 생태, 사회 개발의 전망과 이에 대한 반응을 아우르는 통합적 접근"이라고 정의하고 있다. 그러므로 국제사회복지는 사회복지 교육과 실천을 국제적, 지역적으로 향상시키는 것으로, 통합된 국제 전문직 구축이 목적이다. 사회복지 전문직은 전 인류의 복지에 중대한 영향을 주는 다양한 세계적 과제들에 적절하게, 효과적으로 대응할 수 있는 사회복지의 능력을 반영한다. 사회복지 교육 및 실천의 국제적, 지역적 향상은 국제상황에 대한 세계적, 인권적, 생태학적 그리고 사회개발적인 관점을 종합적으로 다룬 통합관점 접근법(integrated-perspective approach)에 기반하며, 이를 토대로 국제상황에 대응한다는 점이다. 따라서 Cox와 Pawar(2006)는 International Social Work를 국제공동체, 모든 현장의 광범위한 특정 인구집단과 개입이 필요하고 가능한 모든 수준에 관련된 활동범위를 포괄한다고 보며, 그 대응 수준을 국제, 국내, 지역, 구역 등의 4개 영역으로 나누어 제시하였다. 또한 세계적 관점, 인권 관점, 생태적 관점, 사회개발 관점이라는 네 가지 관점을 통합한 모형을 International Social Work 의 실천접근으로 제시하였다.

Xu(2006)의 경우 International Social Work 실천이 단순히 국경 넘어 사회복지를 실천하는 것이라기보다는 국제적 압력과 행동으로부터 파생된 국내·외

사회문제를 해결해야 한다는 입장에서 접근해야 한다는 점을 강조하면서 국내 사회문제까지도 그에 영향을 미친 국제적인 원인과 결과를 염두에 둘 것을 제안하였다.

Mohan(2008)의 경우, International Social Work는 하나의 실천분야이며 상호 확산적인 국제사회의 역동을 수용하는 전체론적 개발(holistic development)의 접근을 취해야 한다고 주장한다. 이러한 접근이 가능하기 위해선 지식의 다양성, 3개의 기본 E(Enlightenment: 계몽, Episteme: 총체적 인간, Empathy: 공감)에 바탕을 둔 지식, 모든 사람들을 위한 정의를 추구하는 전문직이 될 것을 제안하였다(이창호, 2011).

미국의 NASW가 발간하는 전문사회사업 백과사전들을 살펴보면 《Encyclopedia of Social Work 19판》(1995)에서는 International Social Work를 International Social Welfare의 한 부분으로 보면서도 International Social Work Education, 즉 교육은 별도의 주제어로 다루었다(이창호, 2011).

Midgley(1997)의 경우 국제사회복지(International Social Work)에 대해 사회적 약자를 대상으로 국제적인 맥락에서 공중위생, 의료, 교육, 주택 및 노동 등을 포함하는 생활 개선, 사회보장, 사회정책, 사회사업 등을 실천하는 것으로 정의한다. 즉, 오늘날 국제 공동체가 직면하고 있는 빈곤, 분쟁, 박탈, 기아, 불평등과 같은 광대한 사회문제들을 세계적 수준에서 개선하기 위해 인류의 안녕을 설명하고 증진시키는 모든 활동영역을 국제사회복지로 규정하고 있다.

이상에서 살펴본 바와 같이 "국제사회복지"에 대한 정의는 진행 중에 있으며, 하나로 정의하기는 어렵지만 "International Social Work"와 "International Social Welfare", 그리고 "Global Social Welfare"라는 세 가지 용어로 다음과 같이 정리해 볼 수 있다.

첫째, International Social Work가 전문사회사업의 한 독특한 분야라는 데에 대체로 많은 학자들이 동의하고 있다.

둘째, International Social Work과 International Social Welfare가 '국제사회복지'라는 우리말로 동일하게 번역되고 있지만 두 용어는 비슷하면서도 다른 개념임을 알 수 있다.

셋째, 국가 간(International)을 넘어 사회적 약자뿐만 아니라 모든 인간의 보편적 복지를 지향하는 의미에서 국제사회복지를 "Global Social Welfare"로 보는 입장이다.

특히 Healy(2008)의 경우, 국제사회복지를 "사회사업 전문직과 사회복지를 수행하는 국제적인 전문가 활동과 그 능력"이라고 정의하면서 국제사회복지의 영역을 ① 국제 관련 국내 사회복지 실천 및 옹호, ② 전문 교류, ③ 국제실천, ④ 국제정책 개발과 옹호의 네 가지 영역으로 제시했는데 자세히 살펴보면 다음과 같다.

첫째, 국제 관련 국내 사회복지 실천 및 옹호란 사회복지사들이 국제문제를 포함한 문제를 다루는 것으로 2개국 이상의 국가들이 사례나 정책문제에 어떤 방법으로든 관여되어 있는 것을 의미한다. 국제적으로 관련된 국내 사회복지 실천 및 옹호에는 난민이주정착, 타 국민 관련 업무, 국제입양, 결혼이민, 외국 근로자문제 등이 포함된다. 사회복지 전문직이 이러한 국제 관련 국내 사회복지 업무를 수행하기 위해서는 타 국민에게 영향을 미칠 수 있는 외교정책 및 국내 정책에 대해 알아야 한다.

둘째, 전문교류란 사회복지 경험과 정보를 국제적으로 교환하고 이 경험과 지식을 국내 사회복지의 실천과 정책을 향상시키는 데 활용할 수 있는 능력이다. 여기에는 특정 분야의 외국 학술지와 서적을 읽는 것, 타국의 전문가들과 연락을 취하거나 방문하도록 초대하는 것, 국제회의에서 전문적인 교류에 참여하는 것, 타국의 창의적인 사회복지를 파악하고 이를 국내에 적용하는 것과 같은 다양한 활동이 포함된다. 특히 오늘날 COVID-19로 인해 온라인 기반 통신 및 화상회의 등의 전문교류는 더욱 활성화되고 있다.

셋째, 국제 실천이란 사회복지사들이 국제개발협력기관에서 일하거나 자원봉사를 통해 국제개발협력 업무에 직접적으로 기여하는 것으로 사회복지 전문가는 국제사회복지 경험과 정보를 국제적으로 교환하고 이 경험과 지식을 국내사회복지의 실천과 정책을 향상하는 데 활용할 수 있는 능력을 갖추어야 한다.

사회복지사들은 자신들의 전문훈련과정에서 배운 많은 기술들을 국제원조 및 개발에 활용하고 이 기술들을 개발 및 국제상황에 대한 지식, 교차 문화적 업무에서의 민감성 및 의사소통 기술들과 혼합하여 활용한다.

넷째, 국제정책 개발과 옹호란 사회복지 전문직이 전 세계적으로 중요한 사회문제에 대해 입장을 정리하고 그 문제를 해결할 수 있는 전문능력과 관련이 있다. 국제문제에 대한 실질적인 변화와 행동은 전문가들이 국경과 문화적 경계를 넘어 상호 협력할 때 가능하다.

따라서 이상의 개념 및 정의에 비추어 볼 때, "국제사회복지" 교과목에서는 예비 국제사회복지사로서 겸비해야 할 국제사회복지, 공적개발원조 그리고 국제사회복지 관련 주요 대상별 현황과 이슈, 접근방법 등에 대한 이해를 바탕으로 개인, 기관, 지역사회 그리고 국제사회 등 다음과 같은 차원의 사회복지 지식 및 실천기술을 익히는 것이 필요하다고 본다.

첫째, 국제사회사업(International Social Work)

둘째, 국가 차원에서 이루어지는 공적개발원조(Official Development Assistance, ODA) 및 국내·외 기관 차원에서 이루어지는 국제개발협력 및 해외원조

셋째, 유엔, WHO, ILO 등의 다자 기구(Multilateral Organization) 활동을 통해 전 세계의 빈곤과 질병 그리고 다양한 사회적 문제해결을 위해 이루어지는 모든 국제협력활동 차원의 지식 및 실천기술을 익히는 것이 필요하다.

2 국제사회복지의 발달요인

지금까지 국제사회복지는 다양한 요인에 의해 발달해 왔는데, 다음과 같이 크게 네 가지 요인, 즉 환경적 요인, 문화적 요인, 안보요인, 경제적 요인으로

설명해 볼 수 있다(Healy, 2008).

첫째, 환경적 요인을 살펴보면 한 국가에서 발생하는 환경문제는 바로 이웃하는 국가의 환경뿐만 아니라 전 세계 환경에 영향을 미친다. 그중 공기오염과 해양오염이 가장 대표적인데, 이들은 국가 간의 경계가 없는 것이 특징이다. 대기오염은 지구온난화에도 영향을 준다. 환경적 상호의존은 전 세계의 모든 사람에게 영향을 주며 국제정책 과정 및 목표에도 중요한 도전을 안겨주고 있다. 다양한 생물의 손실, 산림개발과 사막화의 증가는 해당지역 주민에게도 즉각적인 위협을 주지만 다른 나라 사람들의 삶에도 부정적인 영향을 준다.

둘째, 문화적 요인과 관련하여 통신기술의 발달, 국제적인 인구 이동, 세계 여행객들의 증가 등은 문화적 접촉을 빈번하게 발생시키는 요인들이다. 교차문화의 영향은 대중문화를 동질화하는 효과가 있다. 한편, 세계화는 전통적인 생활양식과 문제해결에 위협을 준다. 많은 사람에게 세계화는 더 많은 소득을 의미하지만, 이것은 곧 물질주의의 확산을 의미하기도 한다. 특히 관광산업은 해당 국가에 실질적이면서도 잠재적인 이익이 되기도 하지만, 전형적인 초국가 산업으로서의 관광은 부정적인 측면도 있다. 관광산업이 해당 지역주민 및 전통을 존중하지 못하면 교차 문화적 교류의 긍정적인 면이 침해된다. 관광 및 문화적 동질화가 원주민들의 삶에 미치는 영향은 매우 심각하다.

셋째, 안보요인은 국제안보의 상호의존을 말하는 것으로, 안보문제는 핵무기의 위협 속에서 점차 더 명백해지고 있다. 핵폭발의 영향을 통제할 능력이 없고 지역 간의 분쟁이 더 큰 침략으로 확산될 수 있다. 이슬람교와 힌두교 그리고 기독교의 원리주의가 등장하는 것은 문화 및 정치의 주도적 싸움과 함께 변화하고 있는 세계에 대한 두려움과도 관련이 있다. 국제협력은 안보의 향상과 테러행위의 파악뿐만 아니라 여러 불안한 상황의 해결을 위해서도 반드시 필요하다.

넷째, 경제적 요인은 사회복지사에게 특히 중요한 것으로 세계화가 됨으로써 장기 실업, 노동 불안정, 채무, 저소득 등 전 세계인의 복지에 부정적인 영향을 준 것을 말한다. 다국적 기업은 여러 국가에서 복잡한 과정을 거쳐 물건을 생산하여 국산품과 수입품의 경계를 모호하게 만들며, 국제적 영향력을 심화시키고 있다. 다국적기업과 경제의 세계화는 저비용 고수익을 찾아 일자리가 한 국가에서 다른 국가로 이동할 수밖에 없는 구조임을 의미한다.

3 국제사회복지의 가치와 윤리

국제사회복지의 가치와 윤리에 대한 논의에서 전제조건이 되는 것 중 하나는 윤리에 관한 보편주의와 문화적 상대주의의 관점을 이해하는 것이다(Healy, 2008). 사회복지의 보편적 가치를 규정하여 모든 국가의 사회복지 업무에 적용할 수 있을 것인지에 대한 문제가 논의의 대상이 되기도 한다. 한 국가 혹은 한 문화적 상황에서 윤리적이라 생각했던 관습이 다른 사람들에게는 비윤리적인 것이 될 수 있기 때문에 해외에서 살면서 일하는 사람들은 도덕적 모호성으로 갈등을 경험할 수 있다(Donaldson, 1996).

보편주의 관점에서는 인류의 모든 구성원은 동등한 절대적인 권리를 공유하며, 문화는 도덕적 권리와 규정의 타당성에 적합하지 않다는 입장을 취한다. 문화적 상대주의에서 한 사회의 구성원들은 다른 전통을 따르는 사회의 행동에 대해서 합법적으로 비난할 수 없다는 입장이다(Healy, 2008). 즉, 보편주의와 상대주의는 하나의 연속선상의 어느 한 가운데 위치하고 있어, 문화적 전통을 유지하면서 보편적 권리의 입장을 동시에 고려한다는 것이다.

한편, 사회복지사는 전문가의 '윤리강령'으로 그 가치를 규정하고 있다. 사회복지사의 전문직 윤리강령 이외에 국제적 활동을 하는 사람들을 위해 표 2-1과 같이 국제적으로 상호의존적인 세계를 위한 가치를 제안한 바 있다(김동수 외, 2013).

표 2-1 국제적으로 상호의존적인 세계를 위한 가치

• 국제 정의와 형평성에 대한 관심
• 상이한 문화, 전통, 신념 그리고 표현된 욕구에 대한 존중
• 개발을 촉진시키고자 하는 개인의 책임감
• 국제 기근 및 빈곤문제와 관련된 개인의 가치명료화
• 국제안보를 향상시키기 위한 수단으로서 공유와 협력의 수용

출처: 김동수 외(2013: 484).

특히 Link(1999)는 전 세계의 사회복지에 적용할 수 있는 네 가지 공통원칙을 제시했는데 첫째, 사회복지 전문활동에 대해 책임을 질 것, 둘째, 인류의 삶을 향상시키는 방법으로 행동할 것, 셋째, 과업뿐만 아니라 과정에도 초점을 둘 것, 넷째, 문화적 이해를 바탕으로 행동할 것 등이다. 유엔개발계획(United Nations Development Programme, UNDP)은 1966년부터 지구상에서 모든 수준의 사회, 모든 사람들의 삶의 질을 향상할 목적으로 빈곤축소와 지속가능개발목표(SDGs)의 달성, 민주주의적 협치, 위기예방과 회복, 환경보전과 지속가능개발을 위한 에너지 등의 네 분야에 초점을 맞춰 지속가능한 성장을 추진하도록 협동하고 있다.

유엔개발계획(UNDP)은 이와 같은 목적을 달성하기 위해 매년 〈인간개발보고서〉를 발간하고 있는데 1994년 보고서에서는 사회복지와 관련된 윤리원칙인 보편주의적 생명권을 제시하였다. 이 원칙은 어떠한 아동도 '계층', '국가', '성별'에 의해 비참한 삶을 살아서는 안 된다는 것을 천명하고 있다. 사회복지의 가치로서 생명권의 보편주의 관점을 채택한 점은 사회복지 전문직이 전 세계에서 비참하게 살아가고 있는 아동들과 그들 부모의 삶을 향상시키는 것을 중요한 가치로 삼고 있기 때문이다.

4 국제사회복지실천의 관점

국제사회복지실천의 관점은 다양하다. 따라서 국제사회복지실천의 통합적 관점은 서로 다른 네 가지 관점을 강화하고 보완하면서 본질적으로 각각의 관점이 중요하다는 것을 나타낸다(Cox & Pawar, 2006). 첫째, 세계적인 관점은 총체적인 상황을 나타내며, 둘째, 인권적인 관점은 가치기반을, 셋째, 생태적 관점은 인간과 자연 간의 근본적인 연계를, 넷째, 사회개발 관점은 행동을 위한 전체적인 지침이나 행동의 기저를 이루는 방향 감각을 나타낸다.

네 가지 관점 중 세계적 관점을 구체적으로 살펴보면, 세계적 관점은 접근법의 경계를 형성하고 지구의 필수적인 통일성(unity)을 강조한다. 세계적 관점에는 통일성, 다양성, 상호의존성, 지구화, 지역화, 세계시민권 등의 여섯 가지 차원이 있는데 차례로 설명하면 다음과 같다.

첫째, 통일성은 모든 인간이 같은 기원에서 비롯되고 같은 행성에서 거주하며, 같은 기본권을 갖는다는 것을 의미한다. 인간의 다양성에도 불구하고 특정 환경들에 대한 다양한 욕구와 문화적 동일성을 인정하는 상호관련성이 존재한다는 것이다.

둘째, 다양성은 전 세계적으로 인간의 본성과 삶이 다양하고 문화적·인종적 다양성뿐만 아니라 정치, 경제, 사회체계의 다양성이 있으며, 이들 체계들 사이에 상당한 경쟁과 갈등도 야기된다는 것을 말한다.

셋째, 상호의존성은 우리가 상호 도움이 되는 목표들을 확인하고 성취하려고 함에 따라 우리의 다양성의 이점을 끌어들이는 한편, 차이를 두려워하기보다 존중하게 되며 우리 모두가 우리의 공통점을 동일시함을 나타낸다.

넷째, 동일성이 지구의 내재된 하나됨을 의미한다면 세계화는 하나의 지구구조와 시스템, 즉 정치·경제, 사회·문화, 기술적 특성이 경험적으로 존재함을 의미한다. 세계화의 속도는 엄청나고 세계적 시민사회를 통해 강화되는데 '위로부터의 세계화'와 '밑으로부터의 세계화'가 있다.

다섯째, 지역화는 세계화의 정반대되는 개념으로 지역수준 없이는 세계화 수준이 아무런 근거를 갖지 못한다는 것을 이해할 필요가 있다. 또 다른 의미의 세계화는 세계화 현실에 의해 지역수준이 거의 무시된다고 보는 경우로 이 경우 지역상황은 세계화 현실에 의해 간과되고 남아 있는 현실로서의 "강제된 지역화"를 야기한다.

여섯째, 세계시민권의 관점에서 세계와 지역은 긴밀하게 연계되어 있고 실제로 분리될 수 없다. 우리는 모두 이상적으로 볼 때 한 국가의 시민인 동시에 특별한 조국에 속하기도 하면서 국제 공동체의 보호를 받을 자격이 있는 세계 최초의 시민이기도 하다는 입장이다.

CHAPTER

03

국제사회복지의 역사

1 국제사회복지의 출현배경

사회복지 역사에 있어서 매우 중요한 운동으로 두 가지가 언급되고 있는데, 19세기 말에 시작된 자선조직협회와 인보관(settlement house)운동이 바로 그것이다. 자선조직협회는 1869년에 시작하였으며, 최초의 인보관인 토인비 홀(Toynbee Hall)은 1884년에 시작하였는데 두 기관 모두 런던에서 시작되었다. 이것이 미국으로 건너가 미국의 첫 자선조직협회는 1877년 버팔로에, 인보관인 헐 하우스(Hull House)는 1889년 시카고에 각각 설립되었다. 미국의 헐 하우스를 세운 Jane Addams와 독일의 Alice Salomon은 국내 문제들뿐만 아니라 여성문제 · 세계 평화 · 근로조건과 같은 국제사회문제에 이르기까지 그 관심의 범위를 확장시켰는데, 이 두 사람에 의해 1909년 '평화와 자유를 위한 세계여성연맹'이 창설되었다(Healy, 2008).

한편, 1928년 프랑스 파리에서 개최된 사회복지 전문직 최초의 국제사회복지 학술대회는 전문사회사업을 바탕으로 하는 국제사회복지 확산에 결정적인 계기가 되었다. 국제사회복지(International Social Work)라는 용어는 1943년 George Warren에 의해 처음 사용되었는데, 제2차 세계대전 이후엔 다양한 정의 그리고 다양한 형태의 국제적 교류와 전문사회사업 활동을 포괄하는 개념으로 발전하였다. 특히 제1차 세계대전은 국제사회복지(International Social Work)에 대한 새로운 욕구를 만들어 냈으며, 이에 대응하기 위해 개발된 서비스들은 식민지 활동의 결과로 생긴 것들이었다(Healy, 2008).

그후, 제2차 세계대전의 종결과 유엔 국제기구의 등장은 전문사회사업의 국제적 확산 및 국제사회복지실천에 결정적인 영향을 미친 것으로 분석되고 있다. 그 당시 유엔구제부흥기관(UN Relief and Rehabilitation Administration, UNRRA)은 유엔 기구로서 유럽 44개국을 대상으로 전후 복구에 힘썼다. 당시 유엔구제부흥기관은 미국을 중심으로 유럽 · 아시아 등지에서 전쟁 피해국과 신생 독립국들을 지원하기 위해 대대적인 구호 및 부흥활동을 펼쳤다(이창호,

2011). 이렇게 사회복지에서 국제적인 활동이 시작되면서 전문직의 특성을 갖추기 위한 교육들도 생겨났다.

Mary Richmond가 1897년 전국사회사업학회에서 보다 조직화된 훈련의 필요성을 강조한 이후 1898년에는 뉴욕자선조직협회가 자선사업에 관한 교육을 시작하였는데, 자선사업에 관한 이 프로그램은 미국의 전문사회사업교육의 시초라고 볼 수 있다. 1899년 암스테르담의 사회사업대학원은 최초의 사회복지대학원으로서 당시 다루었던 분야는 빈민복지, 주택관리, 토인비 업무, 고아 및 유기아동보호, 공장 사회사업 등이다. 이렇게 20세기 초에 사회사업교육은 영국, 미국, 유럽 대륙에서 동시에 시작되었으며, 각 곳에서 전문 훈련과정으로 강의가 발달하게 되었다(Healy, 2008).

조직화된 국제적 전문교류가 이루어지면서 국제사회복지대학협회(IASSW), 국제사회복지사연맹(IFSW), 국제사회복지협의회(ICSW)와 같은 국제적인 조직이 생기게 되었다. 이러한 활동으로 인해 사회복지의 이슈들과 관련된 공식적인 정부 간 조직의 형성이 증가하였는데, 이들 중 첫 번째가 노동관계의 향상과 고용조건의 개선을 위해 1919년에 설립된 국제노동기구(International Labour Organization, ILO)이다(Healy, 2008).

1950년대와 1960년대는 저개발국 개발의 개념을 경제개발에서 사회개발까지 확장한 시기로 경제성장 위주의 개발만이 아니라 교육·복지·보건·인권 등 저개발국 주민들의 사회적 평등·역량 개발을 위해 사회개발 접근이 강조되었다. 이때 사회개발에서 가장 관심을 끈 전문직은 전문사회사업이었으며, 서구의 부유한 국가인 미국과 영국식 전문사회사업의 이론, 실천 방법, 기술이 아프리카·아시아, 남미의 가난한 나라들로 흘러들어갔다. 유엔은 개발도상국의 사회복지 관료들이 미국과 영국에서 사회복지를 공부할 수 있도록 재정적으로도 지원하는 등 전문사회사업이 유엔에 의해 국제적으로 확산되었다(Cox & Pawar, 2010).

1970년대와 1980년대를 거치면서 미국과 영국식 전문사회사업은 유엔 내에서 점차 그 영향력을 잃어갔다. 이는 개발도상국에 대한 관심사가 다시 경제개발로 옮겨간 것도 하나의 이유가 되었지만 개인을 초점으로 하는 전문사회사업이 개발도상국 사회개발 운동에 적응하는 것이 매우 느렸기 때문이기도 했다. 1970년대 이후 개발도상국가들은 각각 나름대로의 토착화된 사회복지 모형들을 발전시켜 나갔다. 자문과 기술이전, 차용의 시기가 지나면서 서구모델의 거부와 함께 사회복지의 토착화 추구로 변화하였다.

한편, 사회복지에서 국제적인 학문 연구는 사회정책의 영역에서 일하는 사회과학자들에 의해 이루어졌는데, 영국의 Richard Titmuss는 영국사회정책에 초점을 맞추면서도 미국의 사회적 프로그램을 분석하고 비평했으며 사회정책을 형성하는 개발도상국의 정부들에게 학술적인 자문활동을 지원했다. 따라서 국제사회복지의 연구들이 규칙적으로 나타나기 시작한 것은 1960년대 후반과 1970년대 초반으로 20세기 사회복지에 대한 정부의 개입이 확대되었기 때문이라고 볼 수 있다. 오늘날 국제사회복지의 영역에서 학문적 활동은 급속도로 팽창했고, 다양한 서적, 기사, 보고서들이 출판되고 있다. 1970년대 이전에는 다른 나라의 사회프로그램을 설명한 책들을 거의 발견할 수 없었지만, 1980년대 와서는 중국에서 나이지리아까지 다양한 국가들의 연구결과가 출판되었던 것이다(Healy, 2008).

전문사회사업은 나름대로 국제적 전문직으로서의 위치를 확고히 하고 공통의 윤리규범에 합의하려고 노력했다. 유엔은 동구권 체제가 무너진 1990년대 이후 특히 여성 · 아동 · 인권 등 특수집단과 특수문제에 초점을 맞추었으나 전문사회사업은 그 변화에 적응하지 못했으며 이러한 문제에는 전문사회복지보다 국제 여성단체 · 인권단체 · 생태환경단체 등 개발 NGO들이 보다 활발히 활동하는 것으로 파악되고 있다(Healy, 2008).

세계화가 본격화된 1990~2000년대 이후 전문사회복지와 이에 바탕을 둔 국제사회복지는 새로운 역할과 리더십을 요구받고 있다. 전문사회사업은 국제적인 연대와 지도력을 잃었지만 여전히 선진국에서나 개발도상국에서 자원고갈, 빈곤, 억압, 이민, 실업, 불평등과 같은 문제의 해결을 도와야 하는 상황에 놓여있다. 특히 지구촌 경제의 등장과 확대, 1990년대 대이민 물결, 새로운 상호의존적 국제관계에 따라 국제사회복지가 성장하였으며, 각국의 사회복지 정책과 실천 역시 국제적인 힘과 다른 나라들의 접근방식에 영향을 받으며 변화하고 있다(Midgley, 1999). 따라서 이러한 맥락에서, 국제사회복지의 주요동향으로써 국제개발협력과 공적개발원조(ODA)는 매우 중요한 국제사회복지의 영역이라 할 수 있다.

2 국제개발협력과 공적개발원조(ODA)

1) 국제개발협력의 발전과정

국제개발협력에서 '개발'의 이론적 근간은 근대성과 깊이 연관되어 있다. 국제개발협력(International Development Cooperation)은 선진국과 개발도상국 간, 개발도상국 내에서 발생하고 있는 개발 격차를 줄이고, 개발도상국의 빈곤을 해소하며 세계인권선언이 주창하고 있는 천부적 인권을 개발도상국 사람들이 누릴 수 있도록 하기 위한 국제사회의 구체적인 노력과 행위라고 볼 수 있다.

지금까지 세계은행의 빈곤지표 또는 국민총소득(GNI)으로 경제성장을 분류한 것에서도 알 수 있듯이 부의 측정지표를 개발성과의 지표로 동일시해 왔다(이금순 외, 2008). 즉, 개발에 따른 경제성장적 접근은 인간을 목적이 아니라 상품생산을 위한 자본재로 인식한 것으로 재화와 서비스의 공급에 중점을 두는 '전통적 개발접근'에 해당된다. 전통적 개발접근에서 근대성 개념은 물질적 척도를 기반으로 한 선진국 중심의 변화와 발전에 이르게 하는 과정이라고 정의된다.

한편, 전통적 개발개념을 넘어서 경제성장, 기본욕구, 역량접근을 결합하여 개발의 모든 측면을 포괄하는 '인간개발'을 중요시하게 되었는데, 이것은 인간에게 제공되는 선택과 기회를 중심으로 개발에 접근하는 방식이라 할 수 있다. 인간개발 접근방식은 사람들이 자신들의 완전한 잠재력을 개발하고 장기적이고 건전하며 창조적인 삶을 향유할 수 있는 환경을 창출하는 개념으로까지 확대한 것이다. 다시 말해 전 사회체계의 상향적 운동으로서 사회체계에는 경제적 요인뿐만 아니라 비경제적 요인, 개인적 소비만이 아니라 교육, 위생 등의 공동소비가 포함되며 사회적 구성, 사회 내의 권력구분 등 제도와 태도도 포함하고 있다.

따라서 개발은 전 지구적 관점에서 바라본 빈곤, 인권, 민주주의 등에 대한 근원적 시각이 지배↔종속적 관계, 공여↔수원의 관계, 시혜↔수혜의 관계 등의 이원적 구조를 벗어나 동등한 인간으로서 삶의 질 향상을 위해 평등과 연대의 움직임을 포괄한 개발담론, 개발이슈, 개발사업, 개발활동으로 발전하고(공선주, 2012) 있다는 점이다. 이러한 맥락에서 근대화 개념이 바탕이 되었던 경제성장 중심의 산업화, 도시화, 과학화, 합리화 등의 접근법에서 벗어나 인간개발, 사회개발, 참여적 개발, 지속가능한 개발 등의 다양한 개발담론들로 발전해 나가고 있는 상황에 주목할 필요가 있다. 뿐만 아니라 이러한 변화의 근간에는 인간의 삶의 질 향상과 사회·문화·정치·경제적인 것, 인간 사회의 모든 영역과 분야에서의 동반적·동시적·지속적인 증진과 향상이라는 인식이 전제되어 있다는 점이다.

특히 국제개발협력의 구체적인 시작은 1945년 유엔헌장을 마련하고 경제, 사회, 문화 및 인권과 관련된 국제사회문제를 해결하기 위하여 국제적인 협력을 증진하고자 한 것에서 출발한다. 지난 60여 년간의 국제개발협력의 역사를 정리하면 표 3-1과 같다(김은혜, 2013; 서경원, 2013).

표 3-1 국제개발협력의 역사

시기	특성
1950년대	• 냉전체제의 시작으로 미국이 사회주의 세력 확장에 대항하기 위해 대외원조를 시작 • 동서냉전의 확대 속에서 신생 독립국 관리를 위한 외교적 목적과 함께 이들 국가의 비참한 생활에 대한 인도적 관심과 개발도상국에 대한 원조 증가
1960~70년대	• 1960년대 '개발의 10년'으로 규정, 개발도상국들이 연간 5% 경제성장할 수 있도록 선진국들이 GNP 1%를 원조로 제공하도록 촉구 • 제2차 '개발의 10년' 선언, 개발도상국들의 연평균 6% 경제성장과 3.5%의 1인당 소득증가를 목표로 하여 선진국들이 공적개발원조로 GNP의 0.7%를 제공하도록 촉구
1980년대	• 국제통화기금(IMF), 세계은행(World Bank) 등장, 개발도상국에 대한 양 기구의 위상 높아짐. 개발도상국은 양 기구의 자금 지원을 받는 조건으로 경제 전반에 걸친 구조조정 추진 • 대내적으로 정부 역할 축소되고 시장기능 강화, 대외적으로 무역과 투자 자유화
1990년대	• 냉전구조의 해체와 세계화 동시 진전 • 개발의 중점과제가 기존의 빈곤퇴치와 경제성장에서의 환경, 인권, 여성, 아동, 사회개발 등의 이슈에 집중함
2000년대	• 제55차 유엔 정기총회에서 192개국의 합의로 2015년까지 달성할 새천년개발목표(MDGs) 8개 항목과 21개 세부목표와 지표 채택 • Post-2015 개발-빈곤 감축을 넘어선 자유로서의 개발 추구, 삶의 질 개선 및 개인의 역량강화를 위해 평등한 기회 부여를 요구하는 '약자의 목소리' 반영

2) 공적개발원조(ODA)의 발전과정

공적개발원조(Official Development Assistance, ODA)의 효시는 1947년 미국의 전후 유럽 부흥지원 정책인 마셜 플랜(Marshall Plan)이라고 볼 수 있다. 그후 개발원조는 제2차 세계대전 이후 냉전시대의 구소련과 그에 대항하는 미국의 헤게모니 전략으로 그 규모와 내용이 조금씩 변모하였고, 1980년대 후반 공산주의가 몰락하면서 ODA가 큰 전환기를 맞이하게 된다(조미숙, 2019).

ODA 역사는 2000년 유엔 정상회담에서 선언된 새천년개발목표(MDGs)에 의해서 다시 한 번 큰 주목을 받기 시작했다. 그후 9·11 테러사건을 계기로 세계평화는 다시 위협받게 되었고, 선진국과 후진국 간의 빈부격차 해소와 개발의 문제는 국제사회의 주 이슈가 되었다. 또한, ODA 역사와 함께 원조효과에 대한 논쟁이 지속되어 왔는데, 2005년 3월에는 원조효과제고를 위한 파리선언이 채택되면서 원조효과 증진을 위한 국제적인 노력이 시작되었다고 할 수 있다.

다양한 협력의 형태 중에서 국가 간의 개발을 위한 협력체제를 국제개발협력이라고 부르고, 특히 공여국이 수원국에 일방적으로 원조하는 관계를 국제개발원조라고 한다. 제2차 세계대전 이후 본격화된 국제개발원조는 냉전체제하에서 세력을 확대·유지하기 위한 자본주의권과 사회주의권에 의한 원조 경쟁의 형태로 발전했고, 이러한 원조 경쟁은 원조의 목적으로써 개발의 내용, 원조의 방법, 그리고 그 결과에 대한 평가를 둘러싸고 본격적인 논쟁의 시작을 알렸다.

그러나 전후 원조의 패러다임 역시 원조의 목적인 개발의 내용에서는 경제적·양적 성장의 관점에서 크게 벗어나 있지 않았다. 국가의 거시경제에 대한 적극적인 개입에 의한 인프라 구축, 선도 산업 육성, 계획경제 등 이 시기 원조의 내용은 케인스 주의 경제학에 근거한 국가 주도의 개입주의적 거시경제 운용을 중심으로 하는 것이었다(한국국제협력단, 2009).

전후 약 40년간 원조체제의 지배적인 패러다임이었던 국가 주도의 개입주의적 개발모델과 원조체제는 동아시아의 몇몇 국가를 제외하고는 괄목할 만한 성과를 거두지 못했다. 1970년 15개의 최대 채무국의 공적 채무는 각국의 GNP의 약 19%에 해당하는 약 180억 달러 정도였다. 이러한 공적 채무가 1987년에는 각국의 GNP의 약 47.5%, 총 4,070억 달러에 이를 정도로 증가했고, 이자 지불에 소요되는 비용만 증가했다. 국제개발원조가 급증했으나 경제기반은 갖추어지지 않았고 채무의 부담만 증가한 셈이었던 것이다(Sen, 2005). 이러한 상황에 대해 종래의 개입주의적 국가 주도의 개발전략에 대한 비판이 증가하기 시작했고, 이는 서구 선진국의 복지국가 위기와 그 궤를 같이하여 개발 패러다임 자체의 전환을 예고하는 신호탄이 되었다.

국가 주도의 개입주의적 개발이 그 끝을 예고한 것은 1985년 소비에트 러시아를 중심으로 하는 사회주의권이 개혁 개방을 시작한 페레스트로이카(perestroika) 시기였다. 레이거노믹스, 대처리즘 등으로 대표되는 국가의 역할축소, 시장경제 중시의 신자유주의적 경향이 원조 체제에도 영향을 미쳤다. 브레턴우즈 기관으로 불리는 국제통화기금(IMF), 세계은행(World Bank) 등의 주도로 이른바 구조조정정책과 민영화가 강조되기 시작했고, 워싱턴 합의(Washington Consensus)로 불리는 신자유주의적 흐름은 개발도상국에 대한 원조정책에 큰 변화를 가져왔다. 즉 국가 주도의 개발원조에서 민간 기업들의 자율성과 창의성에 기초한 시장 중심의 경제성장 정책으로, 시민사회 및 NGO를 중심으로 하는 사회개발 중심의 정책으로 전환이 이루어졌고 정부의 강력한 역할 및 리더십보다는 투명성과 책임성이, 국가의 주도적인 역할보다는 조정자로서의 역할이 강조되는 국제개발협력 체제의 변화를 가져오게 된 것이다.

그러나 이러한 패러다임의 변화 속에서도 국가의 역할이 완전히 축소되는 것은 아니었다. IMF, 세계은행 등 국제금융기구들은 개발도상국 정부에 원조의 조건으로 빈곤감소전략 보고서(Poverty Reduction Strategy Papers, PRSP))를 요구하여 빈곤감소에 대한 국가적 정책 수립을 독려했고, 이는 빈곤감소 등 사회·경제개발에 있어서 수원국 정부의 개발정책에서 전략적 위치를 강화시키는 것이었다고 볼 수 있다. 그러나 개발도상국의 빈곤감소에 크게 기여할 것으로 기대되었던 새로운 원조 패러다임은 큰 효과를 보이지 못했다. 특히 사하라 이남 아프리카국가들의 경우 빈곤 상태가 더욱 악화되는 등 전 지구적 경제규모의 확대에 반비례하여 국가 간, 지역 간, 국민 간의 빈부격차는 더욱 커지고 전 지구적 빈곤상황은 더욱 심각해지고 있다고 평가되고 있다.

이러한 전 지구적 빈곤상황의 악화에 대한 국제적 대응 역시 활발해졌다. 새로운 밀레니엄을 맞아 개최된 유엔새천년정상회의(the United Nations Millennium Summit)에서 189개국의 정상과 정부 대표들은 새천년개발목표로 불리는 종합적인 빈곤감소계획을 수립했다. 이는 개발이 단지 화폐경제의 발전만을 의미하는 것이 아닌 것처럼, 빈곤 역시 화폐소득의 과소만으로 해석할 수 없다는 다면적 인식을 기반으로 한 것이었다(한국국제협력단, 2009).

소득·기아·질병·거주·교육·성차별·환경 등 다양한 부문에서의 빈곤이 정의되었고, 한 분야의 개선은 곧 전체적인 빈곤의 감소로 연결된다는 빈곤감소의 전체론적인 관점이 자리 잡게 되었다. 빈곤의 체계적이고 종합적 개선을 도모한 새천년개발목표는 각 부분에서의 목표를 계량적 지표로 설정, 이를 2015

년까지 성취하는 것을 전체 계획의 목표로 삼고 있다. 특히 전 세계 빈곤도가 절반으로 감소하는 것을 목표로 정해 전 지구적 규모의 빈곤문제를 해결하는 것을 최대의 목표로 하고 있다.

새천년개발목표 수립 이후 전 세계는 새천년개발목표의 달성을 위한 글로벌 파트너십을 강화하기 위해 각종의 선언과 합의를 만들어내 왔다. 개발도상국 투자유치 조건을 개선하기 위해 인프라 구축, 인재 양성 등의 재정계획들이 수립되었으며, 부채탕감, 원조, 무역진흥, 바람직한 거버넌스 육성에 대한 노력도 계속해서 이어졌다. 특히 선진 공여국들은 현재 공여국 평균 GNP의 0.25%에 불과한 공적개발원조를 소득의 0.7%까지 증대시키는 목표를 수립하는 등 새천년개발목표의 실천을 위한 국제사회의 노력은 눈에 띌 정도로 활발하게 진행되고 있다. 이러한 각국의 노력은 아시아와 아프리카의 여러 빈곤국, 특히 동남아시아에서 괄목할 만한 성공사례를 낳았다(한국국제협력단, 2009).

그러나 전체적으로 평가할 때 새천년개발목표의 수행은 지역에 따라 그리고 빈곤의 여러 부문에서의 진전이 불균등한 것으로 보고되고 있다. 유엔개발계획(UNDP)의 「인간개발보고서」가 밝히고 있는 것처럼 인간개발지수(HDI)로 표현되는 저개발의 상태는 그리 크게 개선되지 않고 있으며, 빈곤지역의 대표라 할 수 있는 사하라 이남 아프리카 지역의 경우 극빈층의 현저한 증가, 유아 및 임부 사망률의 급속한 증가로 인해 새천년개발목표의 달성은 어렵게 보이게도 한다. 지속가능한 환경보존부문, 남녀평등, 모자 사망률 등의 분야에서는 거의 모든 개발도상국이 목표에 비해 현저히 더딘 발전을 보이고 있기도 하다(Sachs, 2005).

제2차 세계대전 이후 본격화된 국제협력은 개발에 대한 패러다임의 두 가지 큰 흐름, 즉 양적 경제성장 지상론과 자유의 확대 과정으로서의 패러다임과 밀접한 관계를 맺으며 다양하게 발전해왔다. 최초 양적 경제성장 지상론에 중점을 두고 있던 국제협력의 관점은 신자유주의적 사조의 등장과 함께 NGO의 역할을 강조하는 사회개발 관점으로의 전환이 이루어지고 있다. 이에 따라 개발 역시 경제를 포함한 보건, 교육 등의 다양한 목표를 추구하는 종합적인 과정으로 파악되고 있으며, 이는 새천년개발목표의 수립으로 국제개발협력의 기본원칙으로 받아들여지고 있다. 그러나 새천년개발목표 수행의 평가에서도 알 수 있듯이 우리는 여전히 산적해 있는 개발의 과제를 안고 있으며, 이러한 과제를 해결하는 데 기여할 수 있는 국제개발협력 체계를 수립하는 것은 국제사회 모두의 협력하에 이루어져야 할 공통의 과제라 할 것이다(조미숙, 2019).

(1) 1950년대 이전

(ㄱ) 전후 복구 및 세계경제 재건

제2차 세계대전 이후의 개발원조는 전쟁 중 적국의 점령으로 경제가 파탄된 국가들에 대한 긴급원조로 시작되었다. 미국과 소련을 중심으로 한 연합국들은 1943년에 설립된 UN구제부흥사업국을 통해 일본을 비롯한 아시아, 남유럽, 독일 등의 국가에 원조를 제공했고, 1944년에는 브레턴우즈 협정과 관련한 회의를 바탕으로 IMF 및 국제부흥개발은행, 관세무역일반협정 등의 기구를 마련함으로써 전 지구적인 정치경제적 제도를 마련했다. 1948년에는 유럽부흥계획(마셜 플랜)을 수용하기 위해 유럽 경제협력기구가 설립되어 원조자금의 국가별 할당과 가맹국의 상호 무역자유화 추진 등의 활동이 전개되었다(한국국제협력단, 2013).

(ㄴ) 냉전과 개발원조

제2차 세계대전의 종결과 함께 시작된 동서 냉전은 미국과 소련을 중심으로 자본주의권과 국가사회주의권의 원조경쟁의 시작을 낳았다. 1947년 미국의 트루먼 대통령이 "공산주의 세력의 압박으로부터 자유와 안전이 위협받는 나라를 지원하기 위한 목적으로 대외원조를 실시한다."라는 트루먼 선언을 발표하면서 미국을 중심으로 한 자본주의 진영과 소련을 중심으로 한 국가사회주의 진영은 각 진영의 세력 확대 및 저지를 목적으로 한 원조를 활발히 추진하기 시작했다. 특히 트루먼 선언은 미국과 서유럽의 전후 복구와 공산주의의 확대를 막기 위해 구서독을 중심으로 실시된 마셜 플랜(1947)과 포인트 포 계획(1949)으로 계승된다. 1949년 NATO의 설립과 1950년 한국전쟁을 계기로 동서 간의 냉전이 더욱 첨예화되면서 아시아·태평양 지역의 안전보장 방위체제와 그에 부응한 이데올로기적 관점으로부터의 원조양상은 더욱 강화되었다.

한편 소련도 사회주의 체제의 우위를 확보하기 위한 대외원조 전략을 펼쳐나갔다. 소련은 1954년 아프가니스탄에 대한 원조를 시작으로 1955년에 인도와 원조협정을 체결하는 등 비동맹 개발도상국에 대한 각종 원조를 통해 사회주의 국가의 체제 우위를 확보하려는 다각적 노력을 전개했다. 소련은 특히 아프가니스탄, 인도, 인도네시아, 이집트, 이란을 집중적으로 원조했고, 이는 소련 전체 원조규모의 3분의 1에 달했다. 이러한 양 진영 간 체제 경쟁의 일부로서 원조경쟁은 동서냉전의 진전과 함께 각 진영의 국가안보와 직접적인 관련이 없는 빈곤국에서도 이루어지게 되었다. 이러한 전 지구적 규모의 원조경쟁은 1960년대 빈곤국 전체와 선진산업국과의 관계 속에서 개발·발전을 도모하는 '남북문제'의 논의구조 속에서 점점 확대되었다(한국국제협력단, 2013).

(ㄷ) 식민지 국가의 독립

제2차 세계대전 종전 후, 또 하나의 중요한 국제정세는 아시아 아프리카 지역 신생독립국의 등장이었다. 식민지 시기의 영향으로 인해 빈곤의 상태에 빠져 있는 국가들이 하루속히 이전 지배국가의 영향에서 벗어나 경제·사회적 발전을 이룩하는 것이 필요했으며, 이에 따라 원조의 필요성도 절실해졌다. 영국, 프랑스, 일본 등 공여국으로 전환한 기존 지배국들은 식민지 지배라는 역사적 부담과 냉전체제라는 국제적 맥락 아래 양자 간 협력 사업을 중심으로 한 개발도상국 경제원조를 시작하게 되었고, 1951년 영국, 캐나다, 호주 및 미국 등이 남아시아 및 동남아시아 지역의 경제·사회적 발전을 촉진하기 위한 콜롬보 계획을 발족시켜 신생독립국에 대한 개발원조가 본격화되었다. 이러한 미국과 유럽의 구식민지 지원에서 시작된 공적개발원조는 오늘날 개발도상국 원조정책의 발단이 되었다고 할 수 있다(KOICA 홈페이지, 2020).

(2) 1960년대

(ㄱ) 남북문제의 대두와 유엔의 노력

1960년대는 아프리카 신생독립국의 증가와 함께 많은 개발도상국이 유엔에 가입한 시기이자 '남북문제'의 해결이 국제적인 주요과제로 대두된 시기이다. 1960년대에는 이전 미국과 소련 간의 대결을 기반으로 한 원조 경쟁체제가 동서 간의 평화공존기조를 기반으로 한 원조체제로 변화하기 시작했다. 이에 따라 동서의 이데올로기적 대립보다는 경제적 격차를 중심으로 한 남북문제가 더 중요한 원조의 정책적 과제로 등장하게 되었다. 즉, 정치적인 안전보장보다 경제개발 달성과 남북 간 경제격차의 해소가 원조의 중요한 목표로 설정된 것이다.

신생 개발도상국의 등장과 이들 국가의 영향력 증대는 국제관계에도 큰 영향을 미쳤고, 이에 1961년 말 유엔총회는 1960년대를 '제1차 유엔개발 10년'으로 삼았다. 케네디 대통령의 제창으로 채택된 이 선언에서 유엔은 개발도상국의 연간 경제성장률을 5%까지 향상시키기 위해 개발원조를 세계적 차원에서 전개할 것과 각 선진국이 GNI 중 1%를 개발도상국 원조에 사용할 것을 권고했다. 그러나 10년 계획에도 불구하고 개발도상국의 경제 상황은 좀처럼 개선되지 못했으며 아르헨티나 · 칠레 · 가나 등의 나라는 누적된 재정적자문제와 함께 심각한 외환위기를 겪게 되었다. 이러한 가운데 개발도상국들은 자국의 빈곤 원인이 선진국과 개발도상국 간 무역의 불공정과 불균형에 있다고 지적하며, 이를 시정하기 위해 원조보다 공정한 무역을 실시할 것을 선진국 측에 요청했다.

1962년 7월에 유엔의 주최로 카이로에 모인 개발도상국 대표들은 개발도상국의 무역과 개발을 촉진할 것을 제창한 카이로 선언에 서명했다. 같은 해 가을 제17회 유엔총회에서 유엔무역개발회의를 개최할 것이 논의되었고, 이를 위한 준비위원회가 설치되었다. 이어서 1964년에 개최된 제1회 UNCTAD(United Nations Conference on Trade and Development, 국제연합 무역개발회의) 총회에서는 '남북문제'를 해결하기 위해 선진국의 1차 생산품 및 반제품의 수입목표 설정, 개발도상국 제품의 수입에 관한 특혜대우 제공 등이 논의되었다. 개발도상국 77개국 등 120여 개국이 참가했으며 회의에 참가한 77개의 개발도상국은

'77그룹' 또는 'G77'이라고 불렸다. UNCTAD는 이후 유엔총회의 직속기관으로 설립되어 4년마다 총회가 개최되고 있으며, 지금도 개발도상국들은 UNCTAD를 통해 무역과 개발에 관한 논의를 해오고 있다(한국국제협력단, 2013).

(ㄴ) 남북문제해결을 위한 다자간 협력

공여국 간 원조의 규모 수단, 부담 등 원조공여 정책을 공여국 사이에서 조정하는 메커니즘을 일컫는 다자간 원조는 1950년대 말경부터 이미 시작되었다. 1958년 인도에서 일어난 통화위기를 계기로 인도 채권국회의(미국, 영국, 서독, 캐나다, 일본으로 구성)가 개최되었다. 인도 채권국회의는 공여국이 모여서 채무 구제문제를 토의한 최초의 회의로, 이를 계기로 신규 원조의 조정을 둘러싼 원조 협의그룹이 새롭게 결성되었다. 1961년 세계은행그룹의 국제개발협회, 1961년 OECD의 DAC, 1966년의 유엔개발계획(UNDP) 등 주요 공여국의 협의체와 국제기관이 계속해서 설립되었다.

한편 지역개발 금융기관의 설치도 활발했다. 미국을 중심으로 1959년 한 라틴아메리카 국가들로 구성된 미주개발은행이 설립되면서 이러한 지역 중심의 개발 금융기관 설치의 움직임은 아프리카와 아시아 지역에도 확산되었다. 1964년에 아프리카개발은행이, 1966년에 아시아개발은행이 만들어졌다. 이어 1967년에는 유럽공동체의 구식민지를 원조하기 위한 유럽개발기금이 EC의 성립과 동시에 시작되었다. 이와 같이 1960년대는 남북문제를 해결하기 위해 공여국 간의 다자간 협력이 활발해진 시기로 평가된다(Matsui, 1979).

(ㄷ) OECD 산하 개발원조위원회(Development Assistance Committee, DAC)의 성립

양국 간, 다자간 등 많은 원조가 다양한 채널을 통해 이루어지면서 국제사회는 원조의 국제적인 조정과 협의를 위한 기구를 필요로 하게 되었다. 1960년 1월 미국의 제창에 의해 원조 및 정책조정을 목적으로 하는 개발원조그룹(Development Assistance Group, DAG)의 성립은 국제원조 조정기구의 시작이 되었다.

1961년 9월에 마셜 플랜 집행기구인 유럽경제협력기구가 경제협력개발기구로 개편되면서, DAC는 OECD 산하의 개발원조위원회로 개편되었다. 1960년대의 DAC 회원국의 개발도상국 경제협력은 매년 증가했고, 1969년에는 135억 달러 규모에 달했다. DAC는 1962년부터 각 공여국의 개발원조 노력과 정책에 관한 연간 평가와 DAC 의장 보고서 편찬, 시스템화된 원조통계 보고를 시작했다. 1966년 미국 정부의 초청으로 워싱턴에서 15개국의 회원국을 중심으로 DAC 고위급회의가 열려 개발도상국의 농업개발과 식량생산지원이 논의되었다. 1969년 DAC는 개발원조의 회계적인 기준을 정립하여, 개발도상국 경제협력 자금의 흐름을 ① 정부가 공여하는 자금인 공적개발원조, ② 대개발도상국 수출신용, 직접투자 등 공적개발원조 외의 기타공적자금, ③ 민간자금의 흐름으로 분류했다(KOICA 홈페이지, 2020).

(3) 1970년대

(ㄱ) 세계경제의 침체와 개발원조의 후퇴

'제1차 유엔개발 10년'이라는 거시적 계획 아래 진행되었던 전 지구적 규모의 개발 노력은 당초 목표로 한 개발도상국의 경제성장을 달성하지 못한 채 막을 내렸다. 개발도상국의 경제성장률은 저조했고 선진국의 GNP 대비 1%의 개발재원 이전 목표도 달성되지 못했다. 그로 인해 선진국과 개발도상국의 경제격차는 더욱 심화되었다.

이에 대한 반성과 남북문제의 해결에 대한 새로운 모색으로 체계적 원조의 필요성, 개발에서의 사회경제구조 변화의 중요성, 원조규모의 증액 등이 제안되었다.

1969년에는 "자립경제 발전을 위해서는 체계적인 원조가 필요하다."고 제언한 세계은행 의뢰의 피어슨 보고서 「개발을 위한 파트너십」이 발표되었고, 이어 1970년에는 "사회경제의 구조를 변혁하는 것이 개발에 필요하다."고 주장한 유엔의 틴버겐 보고서, 제2차 유엔개발 10년 등의 개발전략 보고서가 연이어 발표되었다(한국국제협력단, 1986). 특히, 틴버겐 보고서는 개발도상국 전체의 연평균 성장률을 최소한 6%로 할 것과 선진국 GNP의 0.7%를 공적개발원조로 공여할 것 등 개발에서의 구체적 목표와 원조의 규모를 밝혀 향후 국제개발전략의 구체적 내용을 제시했다.

그러나 이러한 반성과 새로운 개발 패러다임의 모색에도 불구하고 1973년 제1차 석유 파동을 시작으로 한 세계경제의 침체, 이에 따른 선진국의 원조 삭감 등은 외부자금에 대한 의존도가 심한 개발도상국의 개발에 큰 타격을 입혔다.

UNCTAD(국제연합무역개발회의) 등 국제기관 역시 개발도상국의 빈곤 상황을 개선하는 데 크게 기여하지 못했고 이에 따라 개발도상국의 불안정성은 점차 고조되었다.

이러한 개발도상국의 불안정성은 사실 1960년대부터 누적되어온 것이었다. 1960년대를 거치면서 선진국의 경제는 고도로 성장했으나 개발도상국은 오히려 누적 채무의 증가 및 심각한 외화 부족을 경험하게 되었다. 절대 빈곤 수치와 개발도상국 내의 소득격차 역시 급증했으며, 이에 따라 일부 개발도상국으로부터 선진국의 부를 재분배해야 한다는 의견이 표출되기도 했다. 이러한 배경 아래 1974년 4월 제6회 유엔 특별총회에서 개발도상국의 이익을 중시하는 '신국제경제질서'의 선언이 채택되었고, 같은 해 말 유엔총회에서는 개발도상국의 경제적·사회적 지위를 강화하기 위한 취지로 경제권리 의무헌장이 채택되었다(외교통상부, 2007a).

이러한 개발도상국의 개발과 발전에 관한 국제적 논의를 통해 선진국을 포함한 더욱 광범위한 논의의 필요성이 제기되었고, 이에 따라 1979년의 유엔총회에서는 선진국과 개발도상국의 대표가 참가하는 포괄적인 남북교섭 라운드가 제안되기에 이르렀다.

그러나 이러한 국제사회의 노력에도 불구하고 세계 경제위기로 인한 선진국의 원조 감소 등으로 인해 실질적인 개발도상국 개발의 성과는 보이지 않았다.

1970년대 후반에는 이른바 선진국의 원조피로 현상과 개발도상국의 누적 채무 문제가 심각하게 대두되어 개발도상국 개발을 위한 원조의 새로운 패러다임이 요구되기에 이른다(한국국제협력단, 2013).

(ㄴ) 농촌개발 프로젝트 대두

석유파동으로 세계경제가 침체되고 물가는 상승하며 개발도상국의 외부 자금에 대한 의존도가 급증하고 채무상환 능력도 떨어지는 상황에서 개발도상국의 농촌지역은 다년간의 가뭄으로 인해 식량위기마저 겪게 되었다. 이와 같은 배경 아래 발전된 한 지역의 경제력이 낙수 효과에 의해 자동적으로 주변 지역에 성장과 복지를 전파한다는 이전의 개발 패러다임의 전제에 대한 불신이 팽배해졌다. 이에 따라 한 지역의 경제발전을 통한 전체 지역의 경제력 부양이라는 점진적 방법보다는 전 지역 거주민의 기본적인 필요를 충족시키는 것이 개발의 전략이 되어야 한다는 인간의 기본적 욕구 전략이 국제기관을 중심으로 적극적으로 받아들여지기 시작했다. 이는 개발의 주요 목적이 인간 자체에 있다는 인간 중심의 개발 패러다임의 등장을 예고하는 것이었다. 인간을 중요시한 개발에 관한 관심과 함께 1970년대에는 1960년대 경제성장 위주의 양적 원조 전략으로부터 의식주, 교육, 위생 등의 기초 생활수준 향상을 위한 질적 개발전략 및 원조로의 이행이 본격적으로 논의되기 시작했다.

특히 중점적으로 제기된 것은 농촌지역의 가뭄에 따른 식량위기에 대응하기 위한 개발전략이었다. 각국 정부 및 원조기관은 공적 원조의 한계를 극복하기 위해 NGO와의 결연을 통해 커뮤니티를 지원하는 새로운 원조방안을 모색하기 시작했고, 이는 소규모 농가를 중심으로 지역경제를 부흥시키는 것을 목표로 하는 농촌개발 프로젝트의 시작을 알렸다(한국국제협력단, 2013).

(ㄷ) OECD/DAC의 개발원조 전략

1970년대 초반 DAC는 양허성 차관의 비구속화에 관한 다자간 회의, 민간투자 활성화 방안에 대한 조사, 공여국의 원조평가 보고서 발간 등을 처음으로 실시했다. 그리고 개발협력을 위한 포괄적인 접근과 함께 인간의 기본적 욕구 전략과 신국제경제질서, 최빈개발도상국 문제도 1970년대에 들어 논의되기 시작했다.

1974년 DAC 회원국 중에서 스웨덴이 처음으로 GNP 대비 0.7%의 공적개발원조 지출을 달성했고, 이어 네덜란드(1975), 노르웨이(1976), 덴마크(1978)가

이를 달성했다. 1975년 개발 과정에 여성을 적극적으로 참여시키기 위한 회의가 DAC 주최하에 처음으로 개최되었으며, 1977년의 DAC 고위급회의에서 '경제성장을 위한 개발협력과 인간의 기본적 욕구 충족 선언'이 채택되어 인프라의 제공과 산업화를 통한 경제성장뿐만 아니라 인간의 기본적 욕구의 충족이야말로 개발협력의 필수요소임을 재확인했다. 또한 인간의 기본적 욕구 프로그램의 실행을 위해서는 많은 지역의 사업수행비가 필요했기에, 같은 해 DAC는 자금조달을 지원하기 위해 '지역사업수행을 위한 자금조달 DAC 가이드라인'을 채택했다.

1970년대 후반에는 유상원조의 공여비율을 84%(1972)에서 86%(1978)로 끌어올렸으며, '원조집행 개선을 위한 가이드라인'과 '지역과 주기적인 자금조달에 관한 가이드라인'의 채택을 통해 융통성 있는 재원조달 지침을 제시했다(KOICA 홈페이지, 2020).

(4) 1980년대

(ㄱ) 제3차 유엔개발 10년 계획

1970년대에 활발히 논의된 남북문제는 1980년 2월 브란트 보고서를 기초로 그 중요성에 대한 인식을 새롭게 하게 되었다. 세계개발기금의 창설, 남북정상회담의 개최 등을 주장하여 선진국의 발상전환을 촉구하는 계기가 되었고, 이에 따라 1981년 10월, 멕시코 칸쿤에서 선진국 8개국 및 개발도상국 14개국이 참가한 남북정상회담이 개최되었다. 또한 제3차 유엔개발 10년 계획은 개발도상국의 연평균 성장률 7%, 1인당 GDP 성장률 4.5%를 목표로 정했으며, 선진국에 대해서는 GNP의 0.7%에 상당하는 공적개발원조의 제공을 목표로 했다.

개발원조에 대한 노력은 선진 공여국의 정책변화에 한정되지 않았다. 1970년 유엔이 최빈개발도상국 회의를 개최하기로 결정한 10년 후 1981년 9월 파리에서 그 첫 회의가 열려, 국제사회는 Substantial New Programme of Action을 채택하고, 최빈개발도상국들이 취해야 할 국내 정책 및 혁신안 등을 위한 가이드라인을 제시했다.

그러나 1980년대는 지속적인 개발도상국의 누적 채무문제, 세계적인 경기침체문제의 대두로 남북문제에 관한 체계적이고 조직적인 노력은 여전히 미비한 시기였다고 할 수 있다(한국국제협력단, 2013).

(ㄴ) 대처리즘과 레이거스노믹스

1973년과 1979년 두 차례의 석유 파동은 개발도상국가의 채무 증가로 이어졌다. 1982년 멕시코의 모라토리엄 선언에 이어, 1987년에는 브라질이 모라토리엄을 선언하면서 채무누적 현상은 점점 가속화되었다. 이러한 개발도상국의 채무누적 현상에 대한 국제적인 대응도 활발히 이루어졌다. 1988년에는 채권국과의 지역단위의 교섭을 수행하기 위해 이른바 리우 클럽이 중남미 7개국 재무장관에 의해 결성되었다. 같은 해 10월 파리 클럽에서는 토론토 조건이라고 불리는 최빈개발도상국에 대한 채무경감 조치가 합의되었다. 이러한 개발도상국 및 최빈개발도상국의 채무에 대한 국제적인 심각성은 1989년 비산유국 중 민간 차관의 채무 및 이자 변제에 고충을 받고 있는 최빈개발도상국에 대해서는 브랜디 플랜으로 대처하려는 국제적인 합의를 이끌어내기에 이르렀다. 대처리즘 또는 레이거스노믹스로 대표되는 신자유주의적 경제관이 선진국의 경제운영을 지배하게 된 1980년대에는 개발·발전을 위한 원조 패러다임에도 신자유주의적 흐름이 유입되기 시작했다.

개발원조 분야에서의 신자유주의적 흐름의 유입은 1980년대의 세계 경기침체와 금융위기로 인해 선진국의 '원조피로' 현상이 증가되었고, 마치 선진국에서 궁핍한 가계에 대한 복지지출이 근로 의욕을 감소시킨다는 것과 같은 논리의 연장선상에서, 개발원조가 빈곤한 국가의 원조의존성을 발생시키고 있다는 우려에 기인한 것이었다(한국국제협력단, 2013).

이러한 신자유주의적 흐름의 연장선상에서, 세계은행과 IMF는 개발도상국의 발전을 저해하는 것은 시장을 왜곡하는 정부의 개입정책이며, 시장기구와 민간 활력 도입이 개발의 관건이라고 간주하기 시작했다. 이 시기에 세계은행과 IMF의 주도하에 누적채무가 있는 개발도상국에 대한 구조조정 차관이 실시되었다. 이 정책은 2차에 걸친 석유 파동 및 1차 생산품 가격의 하락 이후 국제적으로 문제화된 외채 위기 처리방안의 일환으로 개발도상국이 도입한 IMF 차관에 대한 상환 자금을 지원하기 위해 1980년 4월 세계은행에 의해 처음으로 실시되었다. 이전에 주로 개발사업 단위의 개발프로젝트를 지원해오던 세계은행이 국제수지 개선을 목적으로 한 거시경제운영과 관련된 비프로젝트 원조를 대규모로 시작한 것은 큰 정책변화라 할 수 있다. 그러나 IMF·세계은행 등이 주도한 개발도상국에서의 구조조정정책은 각 개발도상국의 발전단계와 전통적인 사회배경을 고려하지 않고 서구적인 가치관을 개발도상국에 강요하고 빈곤퇴치에 대한 효과는 저조하다는 비판을 받기도 했다(Easterly, 2000).

(ㄷ) 신자유주의와 NGO

신자유주의적 흐름의 연장선상에서 이루어진 원조정책에서 또 하나의 변화는 NGO의 역할에 대한 강조이다. 1984년 수단, 에티오피아 등 사하라 이남 아프리카 지역에서 사상 최대의 극심한 가뭄과 식량난으로 인해 대규모의 긴급지원 필요성이 대두되자 공여국과 각 국제기구는 사하라사막 이남 아프리카의 식량위기 문제에 적극 대응하기 시작했다. 그러나 국가 및 공공기관들의 관료제적 대응과 비효율성으로 말미암아 기아로 인한 피해는 더욱 늘어났고, 이는 민간 차원에서의 대응이 널리 확산되는 계기가 되었다. 기아로 죽어가는 아이들을 돕기 위해 시민사회가 조직되었고 이에 따라 각종 기금의 형성이 성공적으로 이루어졌다. 빈곤, 기아에 대한 시민사회의 관심고조는 1970년대부터 본격적으로 활성화되기 시작한 NGO에 대한 관심으로 자연스럽게 이어졌다. IMF, 세계은행 등 국제금융기관도 역시 NGO가 참여하는 개발 프로젝트에 적극적으로 지원하면서 NGO는 정부일변도였던 개발사업영역에 중요한 주체로 자리매김되기 시작했다(한국국제협력단, 2013).

신자유주의적 흐름의 연장선에서 수행되었던 구조조정정책과 활성화된 NGO의 활동은 이전의 원조정책에 비해 더욱 발전된 개발원조의 체제를 보였지만 산적해 있는 개발의 문제들을 해결하기에는 아직 역부족 상태였다. 특히 사하라 이남 아프리카에서 기대만큼의 효과를 내지 못했다는 반성으로 경제구조 개혁을 위해 바람직한 정책을 수립할 수 있는 정치적 능력, 정책결정과정의 투명성 등과 수원국이 개발의 주체로서 사업에 참여하는 개발의 주인의식이 중요하게 대두되었다(한국국제협력단, 2013).

이러한 개발의 주체성과 관련하여 주목할 만한 것이 개발도상국 간의 협력인 남남협력이다. 1970년대 중반 이후 개발도상국은 최빈개발도상국, 저개발국, 신흥공업국, 석유수출국 등으로 분화되기 시작했는데, 각국의 사회·경제적 발전의 정도에 따라 이 국가들 간의 협력이 강조되기 시작했다. 즉, 선진국들로부터의 원조뿐만 아니라 개발도상국 간 기술협력 및 상호 교류를 통해 개발의 효과를 높이자는 개발도상국 간의 협력 메커니즘이 시작된 것이다.

1960년 개발도상국들의 G77, 1970년대에 본격적으로 시작된 비동맹운동, UNCTAD 등은 남남협력을 위해 노력한 대표적인 기관이라고 볼 수 있다. 남남협력은 단순히 선진국으로부터 받은 원조에 의해 개발·발전을 이룬다는 수동적 입장에서 각 개발도상국 간의 협력을 통해 발전의 효과를 높인다는 능동적 입장으로의 변화를 의미하며, 이를 계기로 선진국들의 더욱 적극적인 개발협력을 기대한 것이었다. 그러나 1980년대 후반부터 남남협력은 그 기대에 반해 많은 발전을 이룩하지는 못했다. 개발도상국들은 새로운 세계경제질서를 선진국들에게 제시하는 데 실패했고, 누적된 채무는 자유화 및 세계화로부터 빠르게 변화해야 하는 개발도상국들의 발목을 붙잡게 되었다.

이상에서 살펴본 바와 같이, 1980년대는 누적채무의 해결이 개발의 선결과제로 제기되어 그 어느 때보다 누적채무 해결을 위한 다양한 접근이 이루어진 시기라고 볼 수 있다. 1980년대 후반에서 1990년대 중반에 이르러 누적채무 문제 해결을 위한 거시경제 운영의 일환으로 사용되던 구조조정 프로그램은 빈곤 대책과 사회 분야에의 융자 등 사회적 안전망을 포함하는 더욱 포괄적인 프로그램으로 발전하는 등 원조 프로그램 내용·주체 등에 많은 변화가 있었지만, 1980년대도 역시 빈곤과 기아 등 가장 기본적인 개발의 과제마저 제대로 해결하지 못하는 시기로 기록되고 말았다(KOICA 홈페이지, 2020).

(5) 1990년대

1990년 소련의 붕괴로 냉전이 종식되고 양극화가 해소되면서 세계화가 진행되었다. 원조도 공산주의에 대항하기 위한 기존의 개발도상국 지원 전략으로부터 시장경제화 지원, 민주화 지원, 인권 옹호 등으로 새롭게 변화했다. 또한 OECD는 유럽시장경제이행협력센터의 개발협력 프로그램을 러시아와 소련 연방의 신생 독립국가들로 확대, 지원했다.

세계화의 진전과 함께 1990년대에는 범지구적 문제들이 더욱 공개적으로 이슈화되었다. 채무문제 및 통상 개방·보호 등의 문제는 이미 공론화되었고 HIV/AIDS, 인구, 국제이주, 지구환경, 여성문제, 빈곤 등이 중요한 과제로 떠오르며 범세계적인 해결책을 찾아야 한다는 목소리가 높아졌다(KOICA 홈페이지, 2020).

(6) 2000년대

1990년 이후 범세계적 이슈 및 목표를 종합하여 측정가능한 수치의 목표를 설정함으로써 개발원조의 시금석을 이루게 된 새천년개발목표(MDGs)는 2000년 대에 들어 개발원조에 가장 중요한 발전이라고 할 수 있다. 2000년대에는 새천년개발목표(MDGs)를 달성하기 위한 양적·질적 향상의 노력이 가속화되고 있다. 국제개발협력이 본격화된 것은 전쟁 피해국의 재건과 신생독립국의 빈곤과 기아가 국제관계의 주요한 의제로 떠오른 제2차 세계대전 직후라고 할 것이다(한국국제협력단, 2013).

국가 간 원조는 제2차 세계대전 이전에도 다양한 형태로 존재했으나 그 규모가 크지 않았고, 제국주의의 식민지 경영에서 보이는 것처럼 자국 이익중심의 원조에 지나지 않았다. 이러한 국가 간 원조가 대규모의 국제적 원조로 전환하게 된 것은 제2차 세계대전 이후 본격화된 냉전체제에 기인한 것이었다. 미국의 트루먼 대통령이 제창한 포인트 포 계획은 이러한 원조 성격의 전환을 여실히 드러내 준다. 그는 이 선언에서 신생 독립국의 빈곤, 기아가 자국뿐만 아니라 자유세계에 속하는 모든 나라에 위협이 된다는 것을 근거로 국제원조의 필요성을 제창했다. 그것이 국가 간의 원조건 국제기구에 의한 원조건 그 이익은 일국의 안녕과 번영에만 국한되지 않고 이해를 같이하는 모든 국가에 관련된다는 그의 주장은, 전후 국제 원조의 위상을 정립하는 것이었을 뿐만 아니라 새로운 시대의 국제개발협력 패러다임의 모색을 추동하는 선언이었다고 할 수 있다. 이러한 공동체 인식에 근거한 원조의 철학은 이후 지구공동체, 지구촌의 안녕과 번영을 위해 기아와 빈곤 등의 저발전 상태를 개선하지 않으면 안 된다는 전 지구적 관점의 원조관으로 발전했다고 볼 수 있다(한국국제협력단, 2013).

표 3-2 공적개발원조(ODA)의 발전과정

시기	특성
제2차 세계대전 후~1960년대	• 개발원조의 발아기: 미국의 지도적 역할 증대와 마셜 플랜을 통한 유럽 전후 부흥 지원, 신흥 독립국의 원조수요 증대 및 동서냉전체제하에서 미 · 소 간 원조경쟁 전개
1970년대	• 새로운 DAC의 ODA 개념과 통계자료에 근거 GNP 대비 ODA 0.7% 목표를 제시한 보고서 1970년대 유엔이 채택, 개발도상국과 선진국 간 경제격차 심화, 개발도상국이 선진국에 신국제경제 질서 구축을 주장, 남북문제 등장 • 선진 공여국들은 1960년대 거시지표를 개선하는 데 초점을 둔 경제성장 개발전략으로부터 인간의 기본 욕구 충족에 우선순위를 두는 미시지향적, 후생 목표적 방식으로 개발전략 수정
1980년대	• 신흥공업국, 산유국, 최빈국 등 개발도상국의 분화현상 심화 및 외채누적, 경제체제, 정치불안, 만성적 피곤 등으로 개발도상국의 원조욕구 다양화, 선진국은 재정적자, 경제불황 등 원조피로 현상 대두 • 1980년대 말에는 환경, 인적 자원 및 여성 개발 등장, 최빈국에 관한 유엔 회의에서 GNP 대비 0.15% 특별 목표치 제시
1990년대	• 빈곤의 심화와 함께 인구, 식량, 마약, 환경, 지역분쟁 등이 범세계적 문제로 부각 • 개발도상국의 자조노력에 대한 강조, 비경제적인 요인 중시 • 1996년 DAC 회원국들은 제34차 고위급 회의에서 원조개발전략 수립, 냉전의 와해로 미국의 전략적 원조동기가 축소됨에 따라 대부분 공여국들이 ODA를 축소 • 1997년 DAC 회원국의 GNP 대비 ODA 비율은 0.22%를 기록
2000년대	• 9 · 11 테러 사건을 계기로 선 · 후진국 간 빈부격차 해소 및 개발문제는 최근 유엔을 비롯하여 국제사회의 주 이슈가 됨 • 2000년 9월 밀레니엄 정상회의에서 새천년개발목표(MDGs)가 선언됨 • 2005년 3월에는 프랑스 파리에서 원조효과 제고를 위한 파리선언이 채택됨

출처: KOICA 홈페이지(2020).

ODA와 관련하여 한국은 전후 수원국의 입장이었지만 경제성장으로 공여국이 된 유일한 국가이다. 우리나라에 제공된 원조는 긴급구호부터 구조조정프로그램까지 시대 상황에 따라 다양했으며, 경제 사회 개발에 큰 역할을 하였다. 1950년대는 미국의 절대적인 지원에 의존했으며, 1960년대는 경제구조 전환기로서 무상원조였던 이전 시대와는 달리 양허성 차관이 도입되고 공여국도 일본의 비중이 증가하기 시작하였다. 1970년대 후반부터 1980년대까지 비양허성 자금의 비율상승과 함께 원조규모가 감소하고 일본을 비롯한 독일, 국제부흥개발은행 등 공여기관이 더욱 다원화되었다. 1990년대 원조지위의 전환기를 맞아 한국은 1995년 세계은행의 차관에서 벗어났으며 2000년 개발원조위원회(Development Assistance Committee, DAC) 수원국에서 제외되었다(정우용, 2013). 한국은 2010년 24번째 회원국으로 DAC에 가입한 이후 ODA 규모가 1,174만 달러로 이전보다 43% 증가하는 수준을 보였다. 그러나 GNI 대비 ODA 비율은 2012년 0.14%로서 OECD DAC 평균인 0.29%에 못 미치고 있다(김미림, 2015).

CHAPTER

04

국제사회복지의 지식기반

1 국제사회복지의 지식기반으로써 세계화

국제사회복지는 주요 개념들의 복합체로 정의할 수 있으며, 이 개념들은 국제사회복지의 실천방향을 제시해 준다. 일반 사회복지이론 및 실천기술과 함께 국제사회복지의 핵심 지식기반에는 세계화, 개발, 인권 그리고 초국가주의가 있다. 세계화는 21세기 사회복지실천의 맥락을 제공한다. 그러므로 세계화의 이론과 형태를 이해하는 것은 사회환경을 이해하는 주요 요소이다. 세계화의 힘은 점점 더 증가하고 있으며 인류의 복지뿐만 아니라 인간의 행동에도 영향을 미치고 있다.

세계화는 21세기 사회복지실천의 맥락을 제공하며 사회 환경을 이해하는 것뿐만 아니라 인류의 복지와 인간행동에 영향을 미치는 것으로 작용하고 있다.

Jan Aart Scholte의 책 『세계화: 비판적 개설서』에 따르면 세계화에 대한 세 가지의 입장을 볼 수 있다. 세계화의 중요성 또는 존재 자체를 부정하는 회의론자, 세계화를 현대사회에서 가장 중요한 현상으로 규정하는 세계화론자, 세계화의 중요성을 인정하지만 세계화가 세계질서의 한 측면일 뿐이지, 세계화로 세계질서의 모든 것이 다 바뀔 수 없다는 온건주의자로 구분한다.

첫째, 회의론자들은 "세계화된 경제"는 신화일 뿐이며, 다국적 기업의 운영방식은 국가 간 교류의 틀을 벗어나지 못했다고 본다. 세계화가 주권국가에 바탕을 둔 세계정치체제를 전혀 바꾸지 못했다고 보는 입장이다. 둘째, 세계화를 현대 사회에서 가장 중요한 현상으로 규정하는 세계화론자는 세계화에 대해 부정적인 견해와 긍정적인 견해의 두 가지 입장으로 나뉜다. 세계화에 대해 긍정적인 견해를 주장하는 세계화론자는 '국경 없는 세계'를 주창하는 반면, 세계화에 부정적인 견해를 주장하는 이들은 다국적 기업의 세계지배를 비판하고 있다. 셋째, 온건주의자들은 세계화의 중요성은 인정하지만, 세계화 자체만으로는 현대 사회에서 가장 중요한 변화가 될 수 없으며, 세계화는 생산, 거버넌스, 지식체계에서 일어나고 있는 변화와 밀접하게 연관되어 있다고 본다. 또한 세계화에 의한 변화는 국가별로 차이가 크고 도시와 농촌에서도 차이가 관찰된다고 보는 입장이다.

세계화는 단순히 시장 추동적인(market-driven) 경제 현상만은 아니며 상당 부분 정치적·이데올로기적 현상이기도 하다. 세계화는 이념적으로 신자유주의(neo-liberalism)의 정치와 이데올로기에 의해 형성되었기 때문에 경제적 세계화는 대체로 신자유주의적 특징을 갖고 있다. 신자유주의적 세계화를 옹호하는 쪽에서는 주로 국가정책의 효율성을 중시한다. 즉, 세계화로 인한 급격한 환경 변화에 적응하기 위해 각국 정부는 구조조정을 서두르는 한편, 재정적자의 축소와 정책효율성 증대를 위한 긴축정책을 실행한다. 이는 국가경쟁력 배양이라는 목표를 위한 것이지만, 그 대가로 실업, 고용불안정, 소득불평등, 신기술 적응이라는 긴장을 임금생활자에게 전가하게 되고, 각국 정부는 임금생활자를 보호하는 각종 시장제도와 복지제도를 근본적으로 수정해야 하는 상황에 직면하게 되는 것이다(박형진, 2009).

개발과 인권은 20세기 후반과 21세기 초기에 국제사회 및 인도적 활동의 주요개념이라고 할 수 있다. 이 두 개념은 사회복지의 가치, 과업, 그리고 실천과도 조화를 이룬다. 모두가 알고 있듯이, 개발은 국제사회복지실천의 주요 초점 대상으로서 빈곤감소를 지향하면서 인간의 사회적, 경제적 복지를 향상시키는 데 그 목적이 있다. 반면, 인권 관련 업무 및 관점은 국내·외에 적용될 수 있는 국제기준 및 목표를 제공한다. 따라서 개발 및 인권과 관련된 이론은 국제사회복지의 핵심 지식기반이라 할 수 있다.

개발의 목표는 인간이 오랫동안 건강하고 창의적인 삶을 즐길 수 있는 환경을 조성하는 것이다(Haq, 1990).

따라서 국제사회복지의 주 관심사는 개발을 도모하고 인권을 향상하며 보호하는 것이다. 국제기구와 많은 국가 및 지역조직들이 빈곤 및 이와 관련한 문제를 다루기 위해 주로 사용하는 방법은 개발이다. 그리고 인권은 실천의 방향이자 인간의 존엄성을 포괄하는 철학이라고 볼 수 있다.

2 개발

개발의 개념은 여러 분야에서 다양한 관점으로 정의되는데 산업혁명 이전까지 식물이나 인간의 신체기관의 성장이나 인간의 지식과 신체의 성장을 의미하던 것이 19세기 산업혁명이 본격화되면서 경제와 사회의 성장이나 진보를 의미하게 됨으로써 긍정적인 의미를 가진 개념으로 사용하게 되었다(한국국제협력단, 2013). 개발이란 "사회적 존재로서 개인의 개발을 뜻하며, 이는 개인의 해방과 자기실현을 목표로 한다. 개발은 빈곤과 무지, 그리고 질병을 뿌리 뽑는 것으로 시작되며 욕구충족을 위해 고안된 것이어야 한다"(Agere, 1986: 95). 한편, Bryant와 Kappaz는 개발의 개념을 개인이 자신의 미래에 영향을 줄 수 있는 능력을 개발하기 위한 권리라고 하였다.

개발원조는 제2차 세계대전 이후 석유 파동, 부채위기, 재정과 무역의 불균형에 따른 전 세계적인 경제적 · 사회적 · 정치적인 긴장이 고조되어 이를 위한 해결방안으로써 본격적으로 대두되었다. 초기에는 국가 간 원조가 자본 또는 기술의 무상이전의 형태였으나 점차로 개발협력을 제공하는 공여국이 늘어나게 되면서 원조의 형태가 무상원조, 유상원조, 기술협력 등으로 다양화되었다. 국제협력이 국가 간 상호이익을 도모하기 위한 다양한 분야에 걸친 재원 및 인적교류를 의미하는 것이라면, 개발협력은 선진국에 비해 경제와 사회발전 수준이 저조한 상태에 있는 국가와의 개발과 협력을 의미한다(서경원, 2013).

과거에는 개발을 상대적으로 저개발 상태인 국가들이 국민의 욕구를 보다 적절히 충족시켜 줄 수 있는 능력을 강화하기 위한 하나의 과정으로 간주하였다. 1984년 국제개발학회(The Society for International Development)는 "대다수 사람들의 욕구를 충족시키도록 고안된 지속가능한 과정으로, 이는 단지 물질적인 성장이나 소수의 이익을 충족시키기 위한 것이 아니다."라는 공평한 분배와 개발에 관한 관심을 명백하게 표현하였다.

과정 혹은 결과로서의 개발은 빈곤 및 이와 관련된 문제를 감소시키는 방법으로 여겨진다. 사회복지계에서는 Paiva(1977), Omer(1979), Sanders(1982)의 초기 연구에서 지난 30년 이상 개발에 대한 논의가 진행되어 왔다. 개발에 전념하기 위해서는 개발과 '저개발'에 관한 이론, 개발 노력의 역사 및 개발의 저변에 깔려 있는 모델 혹은 이론들을 이해할 필요가 있다. 국제 환경 및 개발 위원회(World Commission for Environment and Development, 1987)의 회장인 Brundtland은 "이전에는 생각할 수도 없었던 과학과 기술이 놀랍게 발전함으로써 지난 한 세기 동안 전에 없던 성장을 하였지만, 전 세계에 가난과 문맹과 실업 중인 사람들이 이처럼 많은 적이 없었으며, 그 수치는 계속 증가하고 있다."고 주장하였다(p.13). 유엔개발계획(UNDP, 2010)에 따르면 "12억 명 이상의 사람들이, 혹은 지구상에서 다섯 명 가운데 한 명이 하루에 1달러 이하의 돈으로 생존해 가고 있다."라고 보고하고 있다(p.5).

전 세계와 각국 그리고 지역사회가 빈곤감소에 많은 진보를 이루지 못한 이유는 무엇일까? 다양한 개발 이론과 전략, 이에 대한 답을 찾기 위해 많은 노력을 해왔음에도 불구하고 이에 대한 답은 간단하지 않다.

1) 개발의 정의

개발에 관한 정의는 40년이 넘게 지속적으로 변천해 왔다. 이전의 정의와 전략들은 경제성장을 강조하였다. 즉, 이전에는 개발을 상대적으로 저개발 상태인 국가들이 국민의 욕구를 보다 적절히 충족시켜 줄 수 있는 능력을 강화하기 위한 하나의 과정으로 간주하였다. 그러면서 곧 개발의 개념에 대해 추가적인 관심이 생겨나기 시작했다. 1970년 유엔 사회정책 및 계획에 관한 심포지엄(UN Symposium on Social Policy and Planning)에서는 '개발'에 관한 개념에 기구 설립의 중요성을 인식하였고, 이를 개발의 개념에 반영하였다. 개발은 "국가의 기구들과 가치체계의 능력을 강화시키는 과정으로 이를 통해 점점 더 다양해지는 국민의 요구사항이 사회적이든, 정치적이든, 경제적이든 간에 이를 충족시켜 줄 수 있도록 하는 과정이다."(Omer, 1979: 12)라고 보았으며, 비정부기구로서 개발에 관해 관심을 갖고 있는 전문가들로 구성된 국제개발학회(The Society for International Development)는 1984년 개발의 정의를 "대다수 사람들의 욕구를 충족시키도록 고안된 지속가능한 과정으로, 이는 단지 물질적인 성장이나 소수의 이익을 충족시키기 위한 것은 아니다."라고 하였다(Mattis, 1984). 이것은 물질적 풍요나 축적이 아닌 공평한 분배와 개발에 관한 관심을 명백하게 표현한 것이다.

20년 전 짐바브웨의 한 사회복지학자는 개발에 대해 다음과 같이 주장하고 있다. 개발은 "사회적 존재로서 개인의 개발을 뜻하며, 이는 개인의 해방과 자기실현을 목표로 한다. 개발은 빈곤과 무지, 그리고 질병을 뿌리 뽑는 것으로 시작되며 욕구충족을 위해 고안된 것이어야 한다."고 주장하였다(Agere, 1986: 95). 에이지어(Agere)의 해방과 개인의 잠재력에 대한 강조는 최근 Bryant와 Kappaz(2005)가 제시한 개념에 잘 나타나 있다. 즉, Bryant와 Kappaz는 개발의 개념을 "개인이 자신의 미래에 영향을 줄 수 있는 능력을 개발하기 위한 권리"라고 하였다(p.32). 경제학자인 Amartya Sen(1999)도 『자유로서의 개발(Development as Freedom)』에서 이와 비슷한 개념을 제시하였다.

2) 개발 이론

개발에 관한 많은 개념 정의는 개발을 하나의 과정으로 간주하고 있다. 하지만 초기 개발 이론가들은 개발을 종종 결과로 간주하였다. 많은 고전적 자본주의 개발 이론가들이나 현대화 이론가들은 1961년 '제1차 유엔개발 10개년 계획(The First UN Development Decade)'의 시작과정을 이끌었다.

(1) 전통적 현대화 이론

Walt Rostow는 비행기가 활주로로 이동하여 속도를 내어 이륙하는 과정에 비유하면서 개발에 필요한 5단계 과정을 설명하였는데, 이는 전통(tradition), 사전조건(preconditions), 이륙(takeoff), 성숙(maturation), 그리고 대량소비(mass consumption)라고 소개하고 있다(Isbister, 2003). 이 과정에 따르면 전통사회는 다소 정체되어 있으며 기초적인 생계유지 수준에서 생활을 지원하는 것으로 정의된다. 중요한 이륙단계는 "성장이 정체된 것에 대한 과거의 반감이 마침내 극복된 중간과정"이며(Rostow, Isbister, 2003: 37에서 재인용), 이것은 "경제성장을 가장 중요한 과업으로 여기는 집단이 정치적인 힘을 축적했을 때, 한 국가의 전체 소득의 일부로서 국가의 저축률이 배가 될 때, 그리고 몇 가지 소수 주요 영역, 즉 농업과 산업의 주요 영역에 최신 기술이 적용될 때" 발생한다(Isbister, 2003: 37-38).

이러한 전통적 현대화 이론은 개발이 모든 사회에서 비슷한 궤적을 따를 것이며, 유럽 국가들이 봉건제도를 성공적으로 벗어날 수 있었던 것처럼 아시아나 아프리카에서도 이러한 현상이 비슷하게 일어날 것이라고 예측하였다. 상호의존적인 많은 국가들의 경제성장은 저개발과 극심한 빈곤에 대한 해결책이 될 것으로 보았다. 그리고 경제성장은 반드시 '전통사회의 변환' 과정을 통해 시도되어야 한다고 보았다(Isbister, 2003: 39).

국가총생산량(Gross National Product, GNP)의 증가로 측정되는 경제성장은 국민 모두의 상황을 향상시킬 것이며, 이는 경제성장의 이익이 대중에게 '확산'될 것이라고 믿었다. 현대화이론가들은 개발이 일어나기 위해 필요한 것은 정치 혹은 경제 관계의 개혁적인 변화가 아닌 '보다 나은 정책과 기술 및 원조, 보다 자유로운 시장, 보다 건실한 계획'이라고 하였다(Isbister, 2003: 41).

이 이론이 충분한 설명이 되지 못한다는 반박을 받고 있기는 하나, 현대화이론은 아직도 존재하고 있다. 남미에 대한 최근 보도에서 언급되었듯이, "세계를 현대화 이론 및 초국가주의적 동질화의 시선으로 보는 신자유주의 경제학자들은 세계가 점차 서구개발의 과정을 뒤따르고 있으며, 그러한 과정이 정상적인 것으로 선호된다."고 생각하고 있다(Eckstein & Wickham-Crowley, 2003: 5). 따라서 이러한 이론가들이 시장개혁을 압박하고 있으며 정부 프로그램의 감축과 무역규제의 종식을 '장려'하고 있다고 주장한다.

(2) 의존 이론

의존 이론(dependency theory)은 현대화 이론의 근본적인 가정들을 반박한다. 의존 이론은 전통 방식 개발의 실패를 비난하기보다는 오히려 개발이 근본적으로 세계의 '부유국'과 '빈곤국' 간의 싸움이라고 주장한다. 부유국들은 적극적으로 '저개발' 역할을 수행하여 빈곤국들의 빈곤이 지속되도록 기여하고 있다. 따라서 '제3세계 국가들의 빈곤은 전통적인 것도 아니며 우연도 아니다. 이것은 오히려 부유국들의 부를 위해 반드시 필요한 동반자인 것이다'(Isbister, 2003: 43). 저개발의 사전조건들은 이미 식민지시대에 만들어진 것으로 식민지 국가들의 기구들과 하부구조, 그리고 생산능력은 식민지배세력의 욕구를 충족시켜 주기 위해 고안된 것이다. 적도 기니의 예를 들면, 이 국가는 독립 당시 내륙에서 해안으로 연결하는 도로가 단지 2개뿐이었으며, 이 두 도로를 연결하는 길도 없었다. 이 도로들은 오직 산림지대에서 해안으로 수출용 목재를 운송하는 데만 쓰이고, 이 국가를 하나로 통합시켜 줄 내부구조로는 전혀 활용되지 못하였다. 저개발은 신식민주의의 세력으로 계속 지탱되고 있다. 개발의 주요 저해요인은, 빈곤국들이 시장, 수입, 기술, 정보 및 국가경제에서 거의 영향력을 미치지 못하는 모든 부문에 이르기까지 개발국에게 의존하고 있기 때문인 것으로 여겨진다(Isbister, 2003).

따라서 의존이론에 따르면 개발은 빈곤국과 부유국의 관계, 특히 국제자본주의의 세력을 급진적으로 개혁하는 것에 달려 있다. 1970년대의 신국제경제질서(New International Economic Order)에서부터 오늘날 다자무역협상에 이르기까지 빈곤국들은 이러한 관계의 개혁을 계속해서 요구해 왔다. 의존이론을 따르는 많은 사람들은 보편적 개발을 약속한 국제자본주의가 그 약속을 전혀 지키지 못할 것이라고 생각한다.

(3) 마르크스 이론

개발에 관한 마르크시스트 이론들은 현대화 이론과 의존 이론의 일부 요소들을 담고 있다. 하지만 이들은 선진국 내부의 이해 및 계층 갈등과 충돌, 빈곤국과 부유국의 이해 및 계층 갈등과 충돌에 보다 초점을 두고 있다. 계층의 문제는 점차 '생산의 관계 혹은 국제시장의 세력에까지 이어지며' 이는 '국제 신자유주의의 개혁 아래 다양한 사회계층에게 발생하는 불공평한 이익'을 포함하고 있다(Eckstein & Wickham-Crowley, 2003: 5).

3 인권

보편타당한 인간의 존엄성과 기본 권리에 대한 이념을 최초로 세계적인 합의 문건 형태로 도출한 것이 1948년 유엔의 '세계인권선언(Universal Declaration of Human Rights, UDHR)'이다. 이 선언문은 인류 역사상 처음으로 모든 인간이 인간으로서 부여받은 기본권에 대해 전 세계가 명확하고도 포괄적인 합의를 도출했다는 점에서 중대한 의미가 있다.

세계인권선언문의 제1조에서 정의한 인권이란 모든 인류의 천부적 존엄성과 연관된 평등하고 양도할 수 없는 권리이며, 이 권리를 인정하는 것이 세계의 자유, 정의, 그리고 평화의 기초이다. 따라서 인권은 어디에나 적용되는 '만유적(universal)'이며 누구에게나 같은 '평등적(equalitarian)' 권리이다. 즉, 인권은 인간이 인간답게 존재하기 위한 보편적인 인간의 모든 정치·경제·사회·문화적 권리 및 지위와 자격을 총칭하는 개념이다(김동수 외, 2013).

유엔인권고등판무관사무소(2013)는 보다 구체적으로 인권을 국적, 거주지, 성, 민족이나 종족, 피부색깔, 종교, 언어, 또는 그 밖의 자격(status)이 무엇이든 상관없이 모든 인간에게 주어진 천부적인 권리이며, 우리 모두는 차별 없이 자신의 인권을 평등하게 누릴 자격을 가지고 있다고 정의하였다. 이러한 것들은 모두가 서로 연결되어 있고, 상호의존적이며, 결코 분리될 수 없는 권리로 보편성과 절대성의 원칙, 상호의존성과 불가분성의 원칙, 평등과 비차별의 원칙, 권리와 의무의 원칙이라는 4대 원칙을 가진다. 세계인권선언문의 30개 조항에서 정의하고 있는 주요 개념을 살펴보면 표 4-1과 같다.

표 4-1 세계인권선언서의 각 조항별 주요개념

조번호	주요개념	조번호	주요개념
1	천부적 자유/존엄/평등/형제애	16	혼인/가족보호
2	차별금지	17	사유 및 공유 재산
3	생명/자유/안전	18	사상/양심/종교
4	노예 및 예속 금지	19	의사표현/정보접근
5	고문 및 잔혹형벌 금지	20	집회/결사
6	법률적 인간성 보호	21	대의정치/공공서비스의 평등
7	법률적 평등	22	사회보장
8	법률적 구제	23	직업/임금/노동조합
9	불법구금 및 추방 금지	24	휴식/여가
10	공평한 재판	25	건강과 행복한 생활/환경
11	무죄추정	26	교육
12	사생활	27	문화적 삶/예술/학문적 혜택
13	거주/이동	28	UDHR의 권리와 자유의 이행
14	망명	29	공동체의 의무/타인의 권리존중
15	국적	30	UDHR의 권리 훼손 금지

출처: 김선호(2013). p. 9.

Ife(2001)는 인권이 세 가지 흐름 속에서 발전해 왔다고 보며 인권의 전통을 3세대로 다음과 같이 구분하고 있다.

첫째, 제1세대 인권은 공민권과 정치권으로 개인의 자유를 박탈하는 모든 것으로부터의 해방을 보장하도록 고안된 권리이다. 즉, 개인주의에 기초하며 기본적인 자유에 초점을 맞춘 것으로 보호를 강조하기 때문에 '소극적' 인권, '부정적' 표현의 권리라고 한다. 투표권, 언론의 자유, 집회의 자유, 공정한 재판과 법 앞의 평등, 공민권, 사생활의 보장, 자기표현의 권리, 종교의 자유, 공무담임의 권리, 시민생활과 사회생활에의 자유로운 참여, 존엄하게 대우받을 권리, 공공안전의 권리, 차별받지 않을 권리, 합법적 사업을 보호받을 권리, 협박·희롱·고문·강요 등을 받지 않을 권리 등이 포함된다.

둘째, 제2세대 인권은 모든 인간이 누릴 자격이 있는 경제적·사회적·문화적 권리이다. 개인이나 집단이 잠재력을 완전히 실현할 수 있도록 다양한 형태의 사회급여와 서비스를 받을 권리, 취업할 권리, 적정임금을 받을 권리, 적절한 의식주에 대한 권리, 교육 받을 권리, 적절한 의료보호를 받을 권리, 사회보장에 대한 권리, 노령기에 존엄하게 대우받을 권리, 여가에 대한 권리 등을 포함한다. 국가가 더 능동적이고 적극적으로 역할을 할 것을 요구하므로 '적극적' 인권이라고 한다.

셋째, 제3세대 인권은 집합적 수준에서 규정될 때에만 이해할 수 있는 권리로 개인보다는 지역사회, 전체인구, 사회나 국가에 해당되는 권리들이다. 경제발전에 대한 권리, 세계무역과 경제성장으로부터 혜택받을 권리, 결집력 있고 조화로운 사회에서 살 권리, 오염되지 않은 공기를 숨 쉴 권리, 깨끗한 물을 마실 권리, 자연을 경험할 권리 등이 포함된다.

한편, 인권침해 여부를 판단할 수 있는 국제적으로 승인된 규약으로 시민적 및 정치적 권리에 관한 국제규약(ICCPR)과 경제적·사회적·문화적 권리에 관한 국제규약(ICESCR)이 있다. 이외에 특수인구의 보호를 위한 것으로 모든 형태의 인종차별철폐에 관한 국제규약(CERE), 여성에 대한 모든 차별 철폐에 관한 협약(CEDAW), 아동권리협약(CRC), 고문 및 잔혹한, 비인도적인 또는 굴욕적인 대우나 처벌 방지에 관한 협약(CAT), 모든 이주노동자와 그 가족의 권리 보호를 위한 국제협약(ICPRMW 또는 MWC), 장애인 권리에 관한 국제협약(CRPD) 등이 있다. 이 특수한 인구들은 모두 어느 국가에서나 가장 인권을 많이 그리고 쉽게 유린당하고 있는 약소 인구에 해당한다(김동수 외, 2013).

4 초국가주의

Bmneau(2010)는 디아스포라와 초국가주의를 구분하는 것이 장소와 영토와의 관계라고 보았다. 디아스포라는 모국에 매우 강하게 정박하는 것을 함축하고 있으며, 디아스포라 집단은 종족 정체성을 다시 만들어내기 위해 정체성을 끊임없이 재창조하고 재모델화하는 과정을 연속적으로 이루며 종족 정체성을 통해 집합적 연대감을 산출한다. 반면 초국가주의에서는 모국과의 단절이 일어나지 않으며, 또한 모국이라는 곳에 다시 뿌리내려질 필요도 없다고 본다. 따라서 초국가주의에서는 이주자 가족은 두 개 이상의 국가에서 평행적인 삶을 산다. 디아스포라가 '정체성', '종족관계'에 보다 초점을 맞춘다면 초국가주의는 1990년대 초반 이주연구 영역에서 사용되기 시작했으며 '이주자', '공간', '연계'를 강조한다(이윤경, 2013).

초국가주의는 다른 국가들 사이에 있는 사람들을 묶어내는 연계(linkage)이고, 초국가적 연계를 지속시키는 동시성(simultaneity)을 가지고 있다. 먼 거리의 이동과 커뮤니케이션을 더 빈번하고, 빠르고, 규칙성 있게 만든 과학기술의 발달이 이주자들이 모국과 그들이 사는 정착국가들에서 동시적으로 관여할 수 있도록 했으며, 이러한 동시적 관여(engagement)라는 것은 여기저기 다른 공간으로 분산된 사람들 사이를 좁히고, 사회적 제도를 변화시키고 새로운 삶의 기회를 출현시키는 역할을 하였다(윤인진, 2012). 한편, 초국가주의의 특징은 탈영토화의 의미를 공유하고 있는 지구화의 특징과 중첩되기도 하며 혼동되어 사용된다는 점에서 지구화 개념에 주목할 필요가 있다. 지구화의 영향은 보편적이며 전 세계적인 반면, 초국가주의는 특정 지역이나 국가의 제한적인 사회적, 지리적 공간 속에 발생하는 현상이다.

Faist(2010)에 따르면 초국가주의 접근은 세 가지 차원에서 지구화 접근과 차이가 있다. 첫째, 지구화 접근과 초국가주의 접근 모두 국경 가로지르기의 특성을 갖고 있지만 전자가 전 세계 지역을 모두 아우르는 반면, 후자는 국가적 ·

지역적 영토에 강한 연결을 강조한다. 즉, 국경 가로지르기의 초국가주의 현상은 분명한 영토적 선호가 있으며, 목표나 초점이 특정 국가 또는 지역으로 나타나는 특징이 있다. 둘째, 초국가주의가 국가주의, 가부장주의, 성차별주의, 민족주의 등 특정 종류의 주의(ism)와 믿음을 강화시키고 재창조하는 반면에 지구화 접근은 증가하는 보편적 규범의 중요성과 연관된다. 셋째, 지구화 접근이 권리나 시민권에 관한 포괄적인 이론을 제공하는 것과는 달리 초국가주의 접근은 지구적으로 확산된 보편화된 권리에 대한 명확한 전제가 없으며 국가적 그리고 초국가적 영역 내 권리를 둘러싼 논쟁적인 갈등에 초점을 맞춘다.

CHAPTER

05

국제개발협력과 ODA

1 국제개발협력의 목적

1957년 가나의 독립을 시작으로 아프리카의 식민지국가들과 카리브해 연안국, 그리고 아시아 국가들이 독립을 쟁취하면서 이들 국가들은 급속도로 신생독립국으로 부상하기 시작했다. 남아프리카의 많은 국가들은 19세기에 독립하였고, 인도는 1947년에 독립하였다. 많은 신생독립국가들은 유엔에 가입하여 점점 더 영향력을 행사하기 시작하면서, 1960년대 들어 유엔은 국제기구로서 '저개발'의 도전과제에 집중하기 시작하였으며, 드디어 1961년 '제1차 10개년 개발계획'을 출범시켰다. 당시에 개발은 명실공히 경제성장을 의미하였으며, 유엔의 프로그램은 산업과 경제를 위한 하부조직과 기계화된 농업지원에 초점을 맞추었다. 현대화 이론가들의 지침에 따라 이러한 접근방법들로 발생한 이익은 모든 사람들에게 스며들어 그들의 생활수준을 향상시킬 것이라 믿었다(KOICA 홈페이지, 2020).

하지만 1960년대 후반에 들어서면서 이미 성장의 이익이 모든 사람들에게 스며들지 않는다는 것이 명백해지기 시작했다. 고성장을 이룩한 국가들에서 국민들의 복지가 반드시 향상된 것은 아니었다. 사실 국민총생산(GNP)의 증가와 국민의 복지 향상과는 거의 관계가 없었던 것이다. 예를 들어, 1965년에서 1986년 사이에 브라질의 1인당 GNP는 연평균 4.3%씩 증가한 반면, 코스타리카는 1.6%씩 증가하였다. 하지만 같은 기간 코스타리카의 문맹률은 브라질 연평균의 거의 2배 이상씩 감소되었으며(각각 5%와 2.9%), 5세 미만 영유아사망률은 브라질의 2.3%에 비해 약 3배에 해당하는 6.8%씩 감소되었다(UNICEF, 1990). 이것은 수많은 사례 중 하나에 불과하지만 성장과 개발에 관한 직선론적 관점이 잘못된 것임을 제시하면서 동시에 경제성장이 반드시 사회 및 의료 복지의 향상과 연결되어 있지는 않다는 점을 보여 주고 있다.

이러한 현실은 개발이 복잡하며, 경제전략 이상의 것을 요구한다는 것을 깨닫게 했다. 1970년대 후반부터 현재까지, 개발 이론과 방법의 핵심에 몇 가지 추가적인 개념들이 경제학자들 사이에 하나의 구심점으로 자리 잡기 시작했다.

공적개발원조의 일차적 목적은 수원국의 경제적 발전과 복지향상에 있다. 유엔개발계획(UNDP)의 『인간개발보고서』(2003)에 의하면, 전 세계에서 주로 개발도상국을 중심으로 약 12억 명 이상의 인구가 하루 1달러 미만의 절대적 빈곤에 처해 있으며, 약 8억 명의 인구가 기아에 시달리고 있는 것으로 보고되고 있다. 공적개발원조는 이러한 개발도상국의 빈곤문제해결을 위한 개발원조라는 목적과 함께, 세계화의 진전에 따라 심화된 빈부격차, 민족대립과 종교적 분쟁, 테러, 자유와 인권 및 민주주의의 신장, 환경문제, 감염질환, 남녀평등, 난민 등의 다양한 범지구적 과제해결을 지향한다.

그러나 공적개발원조(Official Development Assistance, ODA)의 목적은 국가에 따라 다양한 양상을 보이며, 최근 들어 빈곤율 감소 및 빈곤층의 소득개선을 주요 목적으로 제시하는 선진 공여국이 증가하고 있다. 예컨대 미국의 경우 개발원조란 안정적이고 민주적인 세계질서의 형성 및 유지의 수단으로 정의되며, 미국의 외교정책을 포함한 광범위한 국가정책의 기본적 이념으로 간주된다(US Department of State and USAID, 2007).

한편 영국은 개발도상국의 빈곤감소를 원조의 주요 목적으로 제시하며, 빈곤감소에 기여하는 성장과 무역 및 투자를 포함한 비즈니스 활동과 원조의 관련성을 중시한다. 캐나다 개발원조의 목적은 빈곤감소와 더욱 안전하고 공평하며 번영된 세계를 위해 개발도상국의 지속적인 개발을 지원하는 데 있다.

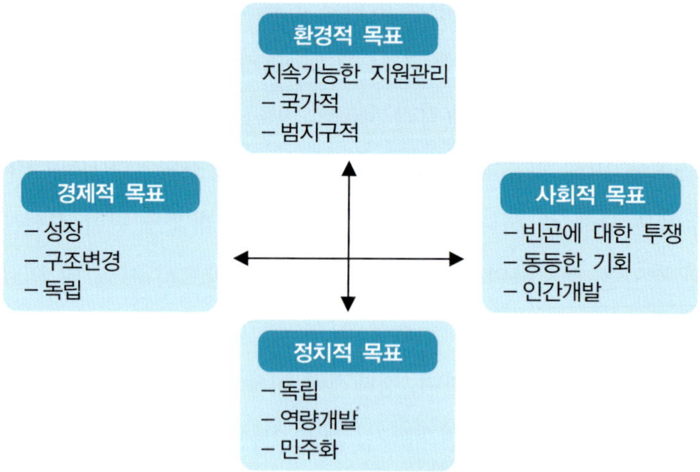

그림 5–1 대외원조의 목표

자료: Degnbol-Martinussen & Engberg-Pedersen(2003).

또한 많은 학자들은 개발의 핵심적인 가치로서 첫째, 인간의 기본적인 욕구를 충족할 수 있는 능력을 갖춘 생존, 둘째, 인간답게 살 수 있는 자기 존중, 셋째, 예속으로부터의 자유와 선택권의 확대를 들고 있다(Todaro & Smith, 2003). 특히 OECD/DAC는 2001년 4월에 책정한 'DAC 빈곤감소 가이드라인'에서 다음의 4가지 능력이 결여된 상태를 '빈곤'으로 정의하는데, 이를 반대로 해석하면 결국 개발의 목적은 다음의 4가지 능력을 확보하는 것이라 볼 수 있다.

① **경제적 능력**: 필요한 소비를 할 수 있고 자본을 보유할 수 있는 정도의 수입이 보장됨

② **정치적 능력**: 개인의 인권이 인정되는 가운데 정치·정책과정에 참가하고 의사결정을 영향을 줄 수 있는 여건이 보장됨

③ **보호능력**: 식품부족, 질병, 재해, 범죄, 전쟁, 분쟁 등에 의한 취약성으로부터 스스로를 보호할 수 있는 여건이 보장됨

④ **사회적 능력**: 인간으로서 존엄을 유지하고 사회의 일원으로서 사회적 지위가 인정되는 여건이 보장됨

2 국제개발협력의 동기

공적개발원조(ODA)의 주된 목적은 수원국의 경제사회발전과 복지증진에 있지만 개발원조를 지원하는 동기는 공여국의 국가목표와 국익 등 다양한 원인에 의해 발생한다고 볼 수 있다. 각 공여국은 각기 다른 국가목표와 수원국과의 특수한 양자관계를 가지고 있는 경우가 대부분이다. 이러한 국가관계는 다양한 역사·문화·정치 및 경제적 이해관계를 반영하게 되므로 공여국의 원조제공 동기와 목적을 일반화하는 것은 쉽지 않다. 원조의 다양한 동기를 크게 정치적·경제적·인도적 동기로 분류하여 정리하고 있다. 이 세 가지 중에서 인도적인

동기는 수원국 중심의 관점으로부터 파악한 것이다. 1980년대에 들어서는 상호 의존이 주요한 원조동기로 인식되기 시작했다(한국국제협력단, 2013).

1) 인도주의적 동기

인도주의적 관점의 개발원조는 개발도상국의 절대빈곤감소와 인간의 보편적 가치실현을 위한 도덕적 의무로 해석된다(OECD/DAC, 2006c). 이는 아직도 약 12억 명 이상의 사람들이 극도의 기아와 빈곤, 재해 등으로 고통을 받고 있으며 국제사회는 인도적인 차원에서 이를 간과해서는 안 되는 의무를 가졌음을 의미한다. 인도주의적 원조는 기독교의 자애(charity)를 근거로 하며, 그것이 오늘날 국제사회의 도의적 책임이라는 비종교적인 원조정책이념으로 전개되었다(Walters, 1970).

이러한 인도적 및 이타적인 관점을 강조한 대표적인 예가 1969년 발표된 피어슨 보고서(Pearson Report)이다(김상태 외, 2006). 피어슨 보고서는 인류가 하나의 세계사회에 살고 있다는 세계 공동체의 시각을 기조로 하며, 가족, 지역 공동체 및 국가 내에서 일반화된 인도주의적 지원을 세계 공동체로 넓혀나갈 도덕적 의무를 가지고 있다는 것을 강조한다. 최근에 들어 민족분쟁 및 내전 등에 의해 난민 발생이 대규모로 증가함에 따라 유엔난민기구(the United Nation High Commissioner of Refugee, UNHCR) 및 NGO 등의 인도적 지원이 주목을 받고 있다.

2) 정치 · 외교적인 동기

정치 · 외교적인 동기는 공여국과 수원국 간의 외교관계가 중시된다. 이러한 원조의 외교적 성격은 제2차 세계대전 이후의 공산주의와 민주주의의 양대 이데올로기 대립에서 찾아볼 수 있다.

미국과 소련의 동서냉전 시대에서 원조는 개발도상국을 각자의 진영으로 끌어들이기 위한 수단이었다. 특히 미국은 국제전략의 일환으로 제2차 세계대전 직후, 사람들의 생활수준 향상이 공산진영으로부터의 위협 방지와 안전보장 확보로 연계된다는 인식 아래 원조를 적극 활용해왔다. 제2차 세계대전 후 서유럽의 경제를 부흥시키기 위해 시작된 마셜 플랜(Marshall Plan)도 기본적으로는 공산주의의 영향력 확대방지가 주요 목적 중 하나였으며, 이러한 정책은 1947년에 발표된 트루먼 선언에 의해 구체화되었다고 볼 수 있다. 냉전 종식 후 미국의 안전보장의 관점에 입각한 원조의 중요성은 상대적으로 적어졌으나, 2001년 9·11 테러를 계기로 개발도상국 등의 빈곤국이 테러의 온상으로 부각되면서, 또 다시 원조가 국제전략의 맥락에서 논의되기 시작했다.

현재 미국 원조의 첫 번째 전략적 목표는 평화와 안전보장 달성이며, 대테러리즘 정책은 미국 원조의 주요 목표 중 하나로 제시되고 있다(US Department of State and USAID, 2007).

한편 원조를 외교전략의 일환으로 명확히 규정하는 또 다른 국가에는 프랑스가 있다. 프랑스의 원조는 '연대와 영향력'이라는 슬로건을 강조하는데, 이는 사실상 아프리카를 중심으로 한 구식민지 등 프랑스가 역사적으로 영향력을 행사했던 나라들과의 연대를 의미하며, 원조는 이들 국가에 대한 영향력의 유지 및 확대를 의미한다(Kuroda, 2003). 실제적으로 프랑스의 주요 원조실행기관인 프랑스개발기구는 양자원조(2007년 약 34억 USD)의 54%를 아프리카 지역에 제공하고 있다.

3) 경제적 동기

경제적 동기는 공여국의 전략적 자원 확보와 수원국에 대한 민간자본투자 확대에 유리한 환경조성, 수출시장 확대 등을 목적으로 원조를 실시하는 것을 말한다. 즉, 이러한 경제적 동기는 개발도상국을 선진 공여국의 잠재적인 투자 및 수출시장으로 간주하며, 원조를 통한 개발도상국의 경제성장과 무역환경 개선이 선진국 기업들의 수출 및 투자 촉진과 수익성 증대에 기여한다는 국익의 관점에 입각하고 있다(Burnell et al., 2004).

특히 자원개발과 관련된 분야에 대한 지원은 자원개발권이나 판매권을 획득하는 데 유리한 여건을 조성할 수 있으며, 수원국 정부 및 주요인사와 친밀한 관계를 형성하여 공여국 기업의 진출에 직·간접적인 도움을 줄 수 있다(김상태 외, 2006). 오늘날 이러한 자원 확보, 시장개척을 동기로 한 상업적 원조는 국제사회에서 비판의 대상이 되고 있다(한국국제협력단, 2013).

4) 상호의존의 인식

오늘날의 국제사회는 환경문제, 감염질환, 빈곤을 배경으로 한 분쟁 및 테러 등 국경을 초월한 인류 공통의 과제에 직면해 있다. 또한 미국의 9·11 테러와 같이 선진국과 개발도상국 간의 빈부격차가 국제평화 구축 및 국제사회의 안보 위협으로 발전할 가능성도 배제할 수 없다. 국제사회에서 상호의존의 중요성은 개발도상국의 빈곤문제를 포함한 글로벌 과제들에 대한 공통의 노력 없이는 선진국의 번영과 행복도 달성될 수 없다는 인식을 바탕으로 한다. 즉, 이는 개발원조를 통한 개발도상국의 빈곤감소와 보건의료서비스 향상, 환경보호 등이 개발도상국 국민들의 경제성장 및 삶의 질 향상뿐만 아니라 선진국의 지속적인 발전과도 밀접하게 연관되어 있음을 의미한다(한국국제협력단, 2013).

5) OECD/DAC가 본 ODA 동기

OECD/DAC는 1996년에 21세기 공적개발원조의 비전에 대해 정리한 '21세기 개발협력전략(Shaping the 21st Century: The Contribution of Development

Cooperation)' 보고서에서 당시 600억 달러에 이르는 공적개발원조 자금을 제공하는 회원국들의 주요 동기를 다음 세 가지로 제시했다.

첫 번째 동기는 인도주의적인 의도에서 비롯된다. 이것은 극도의 빈곤과 인간 고통을 목격하고 느끼는 동정적인 반응이다. 깨끗한 식수 및 의료시설에 대한 접근성, 생산적인 삶을 위한 기본적인 영양 등 인간의 가장 기본적인 존엄성을 해치는 극도의 빈곤 상태에 대한 원조 동기를 의미한다.

두 번째 동기는 보다 진보된 이기심이다. 개발은 원조 수원국에게만 혜택을 가져오는 것이 아니다. 개발도상국의 번영은 공여국의 경제적 이익과 연계되어 있다. 개발도상국의 번영은 선진국을 비롯한 산업국들의 상품과 서비스를 위한 시장 확대 기회를 가져온다. 개발도상국의 안정은 공여국의 정치·사회적인 이익과도 직결된다. 뿐만 아니라 정치적 안정 및 사회적 안정은 전쟁, 테러, 범죄의 위험을 줄이며, 이러한 위험들이 다른 국가로 넘어오지 않도록 한다.

세 번째 동기는 사람 간의 연대이다. 개발협력은 모든 국가의 사람들이 공동의 문제와 공동의 염원을 함께 추구하기 위한 방법이기도 하다. 지속가능한 개발은 이해의 일치와 환경보호, 인구증가 제한, 핵 확산방지, 불법적인 마약의 단속 그리고 전염성 질병통제와 같은 국경이 없는 세계적인 과제들을 관리하는 데 필요한 가치를 확장시킨다(한국국제협력단, 2013).

6) ODA 동기에 대한 다양한 시각

개발원조에 대해서는 다양한 시각이 존재한다. 이는 어떤 문제를 바라보는 시각, 즉 세계관이 다르므로 보는 사람이나 시대에 따라 전혀 다른 전제하에서 다른 해석이 나올 수 있기 때문이다.

제2차 세계대전 이후 국제개발원조는 많은 성과를 이룸과 동시에 많은 과제를 남겨서다. 국제개발에 관련된 어떤 학자들과 전문가들은 개발원조의 효과에 의문을 제기한다. 즉, 개발원조가 개발도상국의 경제성장, 빈곤축소 또는 사회발전에 도움이 되지 못한다는 것이다(Adam & O'Connell, 1999; Brunside &

Dollar, 2000; Dollar & Easterly, 1999; Easterly, 2001; 2003a; Tsikata, 1998; World Bank, 1998). 또한 거시적 관점에서 개발원조와 생활수준향상의 관계는 미미하고 미시적 관점에서 소수의 프로그램만이 그 효과를 보고 있다는 내용도 지적되어 왔다(Catterson & Lindahl, 1999; Elgstrom, 1992). 게다가 IMF와 세계은행 주도의 경험적 연구에 따르면 개발원조는 전반적으로 수원국의 경제성장에 큰 영향을 미치지 못했다는 결론이 도출된 바 있다(World Bank, 1998). 원조가 경제성장을 촉진시키고 따라서 외부로부터 원조의 필요성을 격감시킨다는 일반적인 믿음과는 달리 많은 나라들은 경제성장의 저조와 더욱더 많은 양의 원조에 의지하게 되는 것을 경험하게 되었다는 것이다.

그러나 정책 환경이 성장에 유리하게 조성되었을 때 원조가 매우 긍정적인 효과를 발휘한다는 몇 가지 증거가 제시된 바 있다(Tsikata, 1998; Burnside & Dollar, 2000). 원조성과 및 효과에 관한 이론적 배경에 의하면, 원조는 투자촉진과 국내저축 증가를 통해서 성장을 촉진시킬 수 있으며 구조적인 조정 노력이 지속되는 나라에서는 원조가 긍정적인 효과를 발휘할 수 있다는 논리가 지배적이다.

2000년대에 들어 새천년개발목표(MDGs)를 필두로 많은 개발 이니셔티브와 공여국들의 효과적인 원조노력이 진행되고 있다. 원조성과를 알아볼 수 있는 다른 접근방법은 원조가 빈곤퇴치를 위해 작용하는 공헌도를 살펴봄으로써 분석될 수 있다. 원조가 갖는 경제성장에의 기여 및 빈곤감소를 위한 역할은 상호연관되어 있으며, 최근 많은 공여국들이 빈곤감소를 원조의 주된 목표로 설정하고 그 효과분석에 중요한 기준으로 삼고 있다. 이를 감안하면 원조가 빈곤감소에 끼치는 영향을 측정하는 것이 원조효과분석의 유용한 방법이 될 수 있다고 하겠다.

2006년 유엔에서 발표한 새천년개발목표(MDGs) 보고서를 보면, 1990년 12억의 인구(당시 개발도상국 인구의 27.9%)가 극빈층에 존재했으나 2002년 19.4%로 극빈층 비율이 감소했다. 또한 만성적인 기아를 겪는 인구도 개발도상국의 20% 비율에서 17%로 소폭 감소했다. 교육에서도 1990년 개발도상국 어린이 중 79%만이 보편적 초등교육을 받았으나 2003년 그 비율은 86%로 증가했다. 그뿐 아니라 5세 미만 어린이의 사망률은 1990년에는 1,000명당 106명이었던 것이 2004년에는 87명으로 크게 감소했다(한국국제협력단, 2013).

따라서 몇몇 부정적 시각에도 불구하고 지난 50년 동안 빈곤이 그전 500년 동안보다 빠르게 감소했으며 주요 인간개발지수(HDI)에서 꾸준한 성장을 해온 것이 사실이다. 그러므로 원조성과의 명확한 계량적 분석은 어렵지만 개발원조가 일반적으로 경제성장과 빈곤해소에 중요한 역할을 했다고 평가할 수 있을 것이다. 다만 이러한 원조효과가 극대화되기 위해서는 개발도상국의 올바른 정책환경 구축이 필수적이라고 하겠다. 이에 따라 지난 반세기의 개발협력에 대한 평가와 대다수 개발도상국의 절박한 경제사회 현실을 직시하고, 변화하는 세계화 시대에 상호의존성 및 동반자 의식을 감안한 범지구적 국제개발협력의 중요성이 새롭게 인식될 필요가 있다.

3 국제개발협력의 접근방법

국제개발협력의 접근방법으로는 기본욕구 접근법(basic needs approach), 사회개발, 지속가능한 개발, 성 인지적 개발(gendered development) 그리고 측정방법과 목표에 대한 강조 등이 있다(한국국제협력단, 2013).

1) 기본욕구 접근법

이 접근법은 정부가 어떠한 개발전략을 통해서든지 국민들의 기본욕구를 충족시킬 것이라는 의식적인 노력을 필요로 한다. 따라서 이를 위해 정부는 생필품, 위생, 주거, 기본 초등교육, 일차 보건 등을 국민들이 이용 가능하도록 보장하는 것을 의미한다(Streeten & Burki, 1978). 이러한 기본욕구 접근법의 성공 사례를 살펴보면, 코스타리카와 인도의 케랄라(Kerala) 주 정부가 국민들의 기본욕구에 관심을 기울여 결과적으로 그들의 복지지표를 향상시키는 데 성공했다. 이 접근법은 종종 정부의 식품 및 필수서비스에 대한 보조금으로 지급되었으며, 이로 인해 정부지출에서 국민총생산 비율이 증가하였다. 1980년대와 1990년 구조조정 프로그램은 이러한 기본욕구 충족의 성공적인 노력을 감소시키게 만들었다. 하지만 최근 새로운 기본욕구 전략들이 성공을 보이고 있다. 케냐, 말라위, 우간다, 탄자니아 등은 학교등록금을 없애 결과적으로 초등학교의 등록률을 향상시켜 왔다. 잠비아와 부룬디는 농촌지역 의료서비스의 비용부담을 없애거나 여성과 아동들의 의료서비스 비용부담을 없애 버렸다.

2) 사회개발

사회복지에 특히 중요하다. 사회개발은 사회적 요인들의 중요성을 인정하여 개발이 인간의 복지를 향상시키도록 보장하며, 개발은 총체적인 과정(the holistic process)이어야 한다고 주장한다. 이 방법은 사회적 요인을 경제적 요인과 통합시키는 것이 목표이다. 미드글리(Midgley, 1995)는 사회개발은 "국민들의 복지를 향상시킬 의도로 계획된 사회변화의 과정이며, 경제개발의 역동적인 과정과 하나로 맞물려 있다."고 주장하였다.

사회개발은 빈민의 복지를 향상시키는 결과에 초점을 두고 있으며 참여에 초점을 둔 과정을 강조한다. 페이바(Paiva, 1977)가 제시한 다음의 초기 사회개발 개념은 이러한 점에서 매우 유용하다.

사회개발의 목표와 내용은 국민의 복지인데, 이는 국민들 스스로가 결정하는 것이며, 이를 위한 조직의 새로운 구성 혹은 수정을 통해 모든 수준(특히 하위층에 있는 사람들)에 있는 사람들의 욕구를 충족시킬 수 있는 능력을 만들어 내는 것이고, 인간관계 및 국민들과 사회기관의 관계의 질을 향상시키는 능력을 만들어 내는 것이다.

이는 참여, 조직구성 및 분배적 정의를 포함하는 사회개발의 중요한 개념들이다. 또한 사회복지 저자인 살리마 오머(Salima Omer, 1979)는 사회개발은 통합적이고, 균형 잡힌, 그리고 단일화된 개발을 성취하기 위한 목표이자 과정으로 정의하고 있다. 나아가 그녀는 사회개발은 인간과 환경 간 관계의 질적인 측면을 강조하고 "소득, 부, 서비스의 분배에서 변화를 가져오기 위한 구조적 · 조직적 개혁"을 강조하기도 했다.

초기 사회복지 저자들이 기술한 사회개발의 이러한 구성요소들은 유엔이 최근 제시한 개념 정의에 나타나 있다. 유엔사무국의 발의 중 하나인 사회개발을 위한 국제포럼(The International Forum for Social Development)은 사회개발을 일련의 목표와 과정, 그리고 미래로 규정하면서 사회개발의 향상을 다음과 같이 정의했다.

"사회개발의 향상은 개인의 복지와 사회의 조화로운 기능의 향상을 의미한다. 이것은 인권을 향유함으로써 개인 및 가족의 복지가 향상되는 것과 경제적 기회의 제공 및 빈곤의 감소, 그리고 사회 안전과 보안 및 사회서비스의 접근을 통한 복지향상을 포함한다. 이는 또한 사회관계의 형성 또는 유지와 함께 개인과 집단이 사회의 중요한 구성요소임을 통해 구조와 조직들을 형성, 유지하는 것을 포함한다(UN, 2002)."

또한 '사회개발은 다양한 형태의 기회, 소득, 자산 및 권력의 재분배를 의미하며, 사회개발은 가치에 기반한 접근법 혹은 개발에 대한 도덕적 관점을 포함한다'(UN, 2002). 이러한 개념 정의의 핵심은 사회개발이 가치에 기반한 통합적인 노력이며, 이는 개인의 복지향상과 사회조직의 강화와 같은 이중적인 초점을 갖고 있다.

일부 지역, 특히 아프리카와 아시아 일부 지역에서는 사회복지가 국가의 목표와 밀접하게 일관성을 유지하기 위해 사회개발로 재정의되기도 한다. 미드글리(1999)는 사회복지와 관련이 있는 사회개발전략으로서 인력자본의 개발, 사회자본의 개발, 그리고 생산적인 고용사업을 제안하고 있다.

3) 지속가능한 개발

지속가능한 개발의 개념은 물리적 환경에 대한 스트레스에서 나온 것이다. 역사의 여러 시기에 걸쳐 인구과밀화와 토지 부족으로 인한 대기근, 그리고 광물자원의 고갈로 세계가 멸망할 것이라는 예측이 있었다. 1972년 『성장의 한계(Limits to Growth)』가 발간되어 상당한 관심을 끈 적이 있는데(Meadows, Randers & Meadows, 1972), 이 책은 개발이 지속가능하지 않음을 천명하였다. 기하급수적이면서 소모적인 성장에 대한 예측은 잘못된 것으로 판명되었지만, 그럼에도 불구하고 자원을 고갈시키는 개발은 지속가능할 수 없다는 예측을 상당히 수용하게 되었다(Stoesz, Guzzeta & Lusk, 1999). 환경이나 근로자에 대한 안전조치 없이 급속도로 산업화된 구소련 국가들과 중국의 경험은 공격적인 성장의 위험과 대가를 잘 보여주고 있다. 심각한 오염, 오염된 토양, 위험한 근로환경으로 인한 근로자의 건강 파괴 등은 통제되지 않은 개발의 한 신화로 남아 있다. 최근에는 인간 활동과 연계된 기후 변화와 지구 온난화 과정이 우려를 낳고 있는 상황이다.

지속가능한 개발은 '현 세대의 욕구와 기대를 충족시키면서 후속세대의 욕구충족 능력을 저해하지 않는 인간발달의 진로'(World Commission on Environment and Development, 1987)로 정의되며, 이것은 하나의 대안으로 떠오르고 있다. 지속가능한 개발은 개발안을 계획할 때 적절한 기술과 재생가능한 에너지, 그리고 환경에 대한 고려를 강조한다. 지속가능한 개발에 대한 운동은 1970년대와 80년대 세계화의 환경에 대한 영향을 인식하면서 나타나기 시작하였다. 1987년 유엔환경개발위원회(UN Commission on Environment and Development)가 낸 「우리 공동의 미래(Our Common Future)」 보고서는 지속가능한 개발방법을 정의하는 데 중요한 계기가 되었다. 세계화의 영향, 특히 국제적인 물품생산과 무역은 지속가능성을 점점 더 위협하는 것으로 인식되기 시작했다(UNESCO, 2005).

유엔은 지속가능한 개발에 필수적인 세 가지의 '상호 연관된' 영역을 지적하고 있는데, 이는 사회, 환경, 경제이다. 세 가지를 포괄하는 주제는 문화로서,

이는 다시 말해 '지속가능한 개발을 위한 진도를 나가기 위해서는 '실천, 정체성 그리고 가치관'이 중요한 역할을 한다.'고 인식하는 것이며, 또 다른 주제는 빈곤의 제거이다(UNESCO, 2005). 따라서 지속가능성은 성장에 대한 자원과 물리적 환경, 그리고 경제적 압력뿐 아니라 사회조직과 인력개발에 관한 것이다. 이를 해결하기 위해서는 총체적인 접근법이 필수적이다.

지속가능성을 향상시키는 것은 복잡하면서도 국제관계의 정치와 얽혀 있다. 지속가능성 운동은 빈곤국이 부유국의 소비 형태를 모방할 경우 세계의 자원은 고갈될 것이라는 인식 때문에 더욱 지지를 받기 시작했다. 빈부는 세계의 자원을 손상시킨다. 빈곤한 사람은 자신의 상황으로 인해 땔감나무와 물 같은 환경을 파괴하고 재생시키지 못하는 방법으로 활용할 수밖에 없게 되며, 부유한 사람은 세계의 빈민들보다 몇 배나 빠른 속도로 에너지와 다른 자원을 소비하고 있다. 환경보존을 위한 정책입안은 때로 개발을 하는 데 빈곤국과 동등한 기회를 갖고 싶어 하지 않는 부유국의 행동으로 여겨지기도 한다. 하지만 '생태계의 파괴는 개발도상국, 특히 최빈국가들의 빈곤문제와 식량불안문제를 더욱 악화시키고 있다(Food and Agriculture Organization, International Fund for Agricultural Development, UN Centre for Human Settlements, World Food Programme, 2006).' 따라서 앞으로 필요한 것은 '선진국과 개발도상국의 두 배 이상의 노력이다. 즉, 책임 있는 생산과 소비, 그리고 모든 종류의 자원에 대한 적극적인 청지기의 모습이다(UNESCO, 2005).'

지속가능성의 개념은 개발의 모든 수준, 즉 지역사회 기반 방안에서부터 국제적 목표설정에 이르기까지 전 과정에서 중요하다. 다음에서 제시되는 지구 선언(The Earth Charter)은 세계시민사회가 주는 먼 장래를 위한 행동임을 보여 주고 있다.

지구 선언(The Earth Charter)

수년 동안의 협상 끝에 지구 선언은 2000년에 협약을 맺었다. 유엔의 지구 선언 초안이 1992년 리우데자네이루(Rio de Janeiro)에서 있었던 지구정상회의(Earth Summit)에서 지지를 받지 못하자 현재의 선언서에 대한 작업이 시작되었다. 시민단체들은 모리스 스트롱(Maurice Strong, 리우 정상회의 당시 사무총장 역임)과 미하일 고르바초프(Mikhail Gorbachev)의 지도력을 바탕으로 함께 모여 이 협약을 만들기 시작했다. 이것은 '지속가능성과 지속가능한 개발에 대한 도전과 비전, 그리고 지속가능한 개발이 성취하고자 하는 원칙에 대한 국제협약서로 인식되기 시작하였다(Earth Charter, 2000).' 이 선언서에는 "우리는 자연, 보편적인 인권, 경제적 정의, 그리고 평화에 대한 존중과 보살핌, 생태보전, 사회적 · 경제적 정의, 그리고 비폭력과 평화다. 상호의존에 대한 포괄적인 관점은 물리적 환경과 인간 환경의 모든 영역을 총체적으로 정의하고 있다.

이 선언서는 국제 상호의존뿐 아니라 보편적 책임성의 개념에 기반한 것이다. 이 선언서는 모든 사람들이 "지속가능한 삶의 방식에 대한 비전을 지역적 · 국가적 · 국제적 차원에서 창의적으로 개발하고 적용하기를 요구한다."고 하였다(Earth Charter, 2000). 수천 개의 기구들이 이 선언서를 채택해 오고 있으며, 유엔의 교육, 과학, 문화기구(UNESCO)의 지속가능한 개발에 관한 10년 교육계획에 중대한 영향을 미쳤다.

4) 개발에서의 여성: 성 인지적 시각의 중요성

초기 개발모델과 개입방법에서 여성은 대부분 제외되었다. 어떤 저자가 지적한 것처럼 "10년 개발계획의 모든 활동의 목표는 남성에 의해 계획되고 수행되었으며, 남성 근로자의 생산성을 향상시키는 것이었다"(Boulding & Dye, 2002). 덴마크의 여성 경제학자인 이스터 보스럽(Ester Boserup)이 수행한 연구에서 개발방법들의 실패사유를 지적하였는데, 바로 아프리카 및 타 지역에서 식량생산의 상당 부분을 책임지고 있는 여성들을 무시하였기 때문이라는 것이다. '식량생산자들의 상당수는 남성이 아닌 여성이었지만, 모든 농업보조금과 대출금, 그리고 기구들은 남성에게 주어졌다. 이러한 지원은 여성에게 미치지 못했으며, 남성은 수출을 통해 현금이 되는 농작물을 생산하였다'(Boulding &

Dye, 2002). 따라서 제3세계에서 '성차에 기반한 이중성은 생계유지 차원의 여성들을 가두고 있는 경제적 이중성과 연결되어 있다.'

보스럽과 많은 사람들의 연구를 통해 개발과정에 여성을 포함시키는 것의 중요성을 인식하게 되었다. 여성을 무시하는 것은 여성의 발전을 방해할 뿐 아니라 가족, 아동 그리고 개발과정 전체에 심각한 부정적인 영향을 준다. 여성의 읽고 쓸 수 있는 능력과 소득생산과정에서 여성의 참여는 아동의 생존 및 가족의 복지와 높은 상관관계가 있다. 따라서 여성에 주목한 개발이 포함되었는지, 많은 기구들이 일정 부분 여성에게 관심을 갖고 있는지를 확인하는 성 인지적 사전검토제도를 장려하고 있다(한국국제협력단, 2015).

역량강화는 오늘날 전 세계 많은 국가들의 개발과정에서 핵심과제 중 하나다. 이와 관련된 요인에는 여성교육, 여성의 소유형태, 고용기회와 노동시장에서의 노동 등을 포함하고 있다. 하지만 이들 요인에는 고용협약의 본질과 여성의 경제활동에 대한 가족 및 사회의 전반적인 태도, 그리고 이러한 태도를 변화시킬 것을 지지하거나 거부하는 경제 및 사회 상황 등도 포함된다. 그는 "정치경제적 측면에서 여성의 정치, 경제 및 사회 참여와 여성지도력을 적절하게 인식하는 것보다 더 중요한 것은 없다. 사실 이것은 '자유로서의 개발(development as freedom)'의 핵심요소다."라고 결론지었다.

현재, 개발접근법은 여기에서 소개한 모든 요소들을 포괄하고 있으며 이에는 경제 및 사회 개발, 지속가능성의 고려, 여성 및 기초생활을 필요로 하는 모든 사람들에 대한 관심을 포함하고 있다.

4 실천접근을 위한 개발자금의 흐름분석

초기의 국가 간 원조는 주로 미국 정부에 의한 자본 또는 기술의 무상 이전이 주된 형태였으나 점차 개발협력을 제공하는 공여국의 수가 늘어남에 따라 원조

형태도 무상원조, 유상원조, 기술협력 등으로 다양화되었다. 또한 공공부문뿐만 아니라 상업차관, 민간투자 등을 통한 민간부문에 의한 자본이전도 점차 증가하게 되었다.

1964년 OECD/DAC는 회원국들이 국민소득의 1%에 해당하는 자금을 개발도상국에 이전할 것을 권고했는데, 이 1%는 순수한 민간자금의 이전까지도 포함한 것이었다. DAC는 1969년 공적개발원조를 개발도상국의 경제사회개발을 증진할 목적으로 이루어지는 공적거래 중 양허적 성격의 금융조건하에 이루어지는 것만으로 확정하고 '기타공적자금의 흐름'을 공적개발원조와 분리했다. 이는 증여율이 일정 비율 이상(25% 이상)인 양허성 자금만을 공적개발원조로 정의하여 장려하려는 국제사회의 흐름을 반영한 결과이기도 했다. 개발협력 분야의 정책결정에 도움을 주고 원조 주체의 성과를 비교·평가하기 위해 마련된 'DAC의 통계지침'은 DAC의 공적개발원조 수원국 리스트에 속하는 국가와의 다양한 거래를 모두 개발협력의 형태로 보고 이를 공적개발원조, 공적개발원조 이외의 기타공적자금, 민간자금의 흐름, 순민간증여(NGO 등에 의한 지원) 등으로 구분하여 다음과 같이 정리하고 있다(한국국제협력단, 2015).

공적개발원조(Official Development Assistance, ODA)란 DAC가 정한 수원국 리스트에 있는 국가 및 지역, 또는 다자간 개발협력기구에 제공되는 자금 또는 기술협력을 말한다. OECD/DAC의 정의에 의하면, 공적개발원조는 ① 중앙 및 지방정부, 그 집행기관 등의 공적기관에 의해 제공되어야 하며, ② 개발도상국의 경제발전과 복지향상에 기여함을 주된 목적으로 해야 하고, ③ 공여조건이 완화된 원조, 즉 증여율(Grant Element)이 25% 이상인 양허성 조건의 자금이어야 한다. 한편 군사적인 목적과 관련하여 지원되는 자금은 공적개발원조에서 제외되나, 인도적 원조나 개발활동을 지원하기 위해 공여국의 군사력을 사용함에 따라 추가적으로 발생하는 비용은 공적개발원조로 간주한다.

기타공적자금(Other Official Flow)이란 공적개발원조의 조건을 충족시키지 못하는 공적부문 간의 거래를 말한다. 즉, 상업적 목적으로 개발도상국에 증여되는 경우, 개발 목적의 지원이지만 증여율이 25%에 미치지 못하는 경우, 주된 목적이 수원국의 수출 진흥일 경우, 수원국에 채권을 갖고 있는 민간부문에 지원되는 채권경감 지원금 등이 이에 해당된다(한국국제협력단, 2015).

표 5-1 개발도상국에 대한 개발자금의 흐름

구분	양·다자	유·무상	내용
공적개발원조(ODA)	양자간	무상	기술협력, 프로젝트 원조, 식량원조, 긴급재난구호, NGO에 대한 지원 등
		유상	양허성 공공차관
	다자간		국제기구 분담금 및 출자금
기타공적자금(OOF)	양자간	유상	공적수출신용, 투자금융 등
	다자간	유상	국제기관 융자
민간자금(PF)	–	유상	해외직접투자, 1년 이상의 수출신용, 국제기관융자, 증권투자 등
NGO 증여	–	무상	NGO에 의한 증여

민간자금의 흐름이란 시장거래조건에 의해 제공되는 지원의 종류로 DAC 수원국 리스트에 있는 개발도상국에 대한 직접투자, 국제금융기관의 융자, 채권 상환부 융자, 수출금융 등을 포함한다. 순민간증여[Net Private Grants(NGO)에 의한 공여]란 NGO 등의 민간부문으로부터 개발도상국, 다자간 국제기구, 국제 NGO 등에 대한 지원을 의미한다. 개발도상국으로부터 우리나라에 온 유학생 노동자 등에 대한 NGO의 지원 역시 이에 해당될 수 있다. 단, 국제협력 관련 민간단체가 자신의 활동을 위해 국가로부터 지원받은 것은 포함되지 않는데, 이 부분은 이미 공적개발원조에서 계상되었기 때문이다. 국제협력이 국가 간의 다양한 분야에 걸친 재원 및 인적 교류에 의한 상호 이익의 도모라고 한다면, 개발협력은 특히 경제 및 사회발전 수준이 선진국에 비해 저조한 상태에 있는 국가, 즉 개발도상국의 개발과 관련된 협력을 의미한다고 하겠다. 공적기관이 수원국의 경제적 발전, 사회복지의 증진을 목표로 지원하는 양허성 원조, 즉 공적개발원조를 중심으로 하고 있다(한국국제협력단, 2015).

한국의 국제개발협력: 그 이야기

1. 한국형 국제개발협력 모델

〈출처: KOICA NewsLetter지구촌가족/VOL.62/04/2010/제6회 KOICA 개발협력포럼 pp.4-7〉

1) 한국형 원조란 무엇인가?

원조(AID)에도 국적이 있을까. 인류 공영과 빈곤감소 등 전 세계적이고 인도적인 동기를 우선으로 하는 국제협력 분야에서 국적을 따지는 게 의미가 있을까?

그러나 원조에도 분명 국적이 존재한다. KOICA를 비롯해 미국의 USAID, 일본의 JICA처럼 정부를 대표하는 원조기관이 있고, 공여국의 국익이나 세계적 영향력 확대와도 긴밀하게 연결돼 있다는 비판 역시 늘 국면한 문제다.

나라별로 원조의 특징도 있다. 북유럽의 원조 선진국 노르웨이는 석유와 가스에너지를 지속가능한 개발로 연결하는 프로그램에 강점을 갖고 있고 이를 산유 생산 개발도상국과 공유하며, 일본은 외국인 직접투자를 통한 건설 등의 인프라 개발에, 오스트리아는 유기농 농업이라는 틈새시장에 특화돼 있다.

KOICA도 그간 한국만의 독자적 개발협력 모델 개발을 고민해왔다. 우리나라는 정부 주도로 짧은 기간 급속히 성장한 경험이 있고, 한때 원조를 받던 나라에서 주는 나라가 된 특수한 사례이다.

또한 올해부터 OECD 개발협력위원회(DAC) 회원국으로 활동하게 되어 수많은 ODA 주체들 사이에서 한국만의 자리 찾기가 절실한 시점이다. 여러모로 우리만의 특수성과 국제 원조 질서를 조화시켜야 하는 상황인 것이다.

2) 현지상황과 국제규범의 조화

지난 3월 30일 열린 제6회 KOICA 개발협력 포럼은 한국만의 독자적 개발협력 모델 개발에 대해 고민하고 대안을 찾기 위해 마련된 자리다.

KOICA개발협력 포럼은 개발협력에 관심 있는 전문가 및 학생들이 한 주제를 놓고 자유롭게 토론하는 형식의 공개 포럼으로, 지난해부터 운영됐다. 이번 행사는 KOICA 임직원 및 관련 전문가 등 40여 명이 참석한 가운데 KOICA 국제협력센터(ICC)에서 열렸다.

첫 번째 발표자로 나선 정우진 KOICA 연구원은 'KOICA의 한국형 섹터 프로그램, 성과와 과제'라는 주제로 그간에 시도한 한국형 개발협력 모델을 정리했다.

'한국형 개발협력 모델'이 무엇인지, 또 어떻게 선정하고 실행돼야 하는지에 대한 연구 결과를 발표한 것이다. 이 내용은 최근 발간된 보고서 '한국형 개발협력 모델: 한국적 경험과 비교우위에 근거한 섹터별 프로그램'에도 실려 있다.

정우진 연구원의 발표에 따르면 '한국형 원조'는 우리나라가 비교우위를 가지고 있으며 다른 국가와 차별화되는 성과를 낸 분야의 원조사업 중에 선정된다. 또 가능한 한 파급효과를 많이 낼 수 있는 규모로, 정책자문과 인프라 건설, 인적 역량강화 등의 방법이 통합적으로 이뤄진 프로그램형 접근법(Program-based approach)으로 수행하는 것이 특징이다. 이는 병원 건립, 도로 건설 등 특정 프로젝트만이 아니라, 그 지역 전반의 실질적인 변화를 이끄는 일련의 원조방법이다.

또한 한국형 개발협력 모델이라도 현지의 수요와 개발여건에 맞춰 지원해야 한다는 점, 국제규범 및 다른 공여기관과 조화를 이뤄야 한다는 점 등이 강조됐다.

그렇다면 어떤 분야, 어떤 형태의 사업이 실질적으로 적용될 수 있을까.

이에 대해 이태희 한국개발연구원(KDI) 국제개발협력센터 정책자문실장은 '경제협력 전략국가와의 경제발전경험공유사업(Knowledge Sharing Program, KSP)'이란 발표를 통해 사례를 제시했다.

경제발전경험공유사업(KSP)은 2004년부터 기획재정부와 한국개발연구원이 공동으로 우리나라의 경제발전 경험을 개발도상국과 공유하기 위해 추진한 지식 협력사업으로, 경제협력 전략 국가를 대상으로 실질적인 정책문제해결 등을 위해 컨설팅을 제공하는 것을 내용으로 한다.

그 결과 우즈베키스탄의 자유경제특구, 베트남의 국책개발은행(VDB)이 설립돼 운영되고, 알제리에서는 소비자 금융시장이 열리고 있다. 향후 콘텐츠 전문가, 사업기획력 등이 보완과제로 꼽힌다.

3) 통합된 브랜드 전략으로 관련 기관과 협력

이번 포럼은 정유아 KOICA 정책연구실과장의 '한국형 원조모델 발전 방안'이라는 발표로 마무리 됐다. 정유아 과장은 "한국형 원조모델은 우리나라의 개발경험을 개발도상국과 공유하는 데 핵심이 있다. 기반이 취약한 국가들이 어떻게 개발재원을 이용하고 경제와 사회개발에 연계할 수 있을지 고민해야 한다."고 밝혔다. 이러한 과정에서 통일되고 체계적인 방법론을 수원국에 제시해야 하며, 우리나라의 이미지 제고에 기여하기 위해 통합된 브랜드 전략이 필요하다는 점이 강조됐다. 또한 각 부처와 개발협력 관련 기관이 협조를 통해 국제 원조규범에 맞는 한국형 모델을 제시하고, KOICA가 그간의 원조 수행 경험을 살려 조정과 연결을 맡을 때, 원조 분절이나 중복에 따른 문제도 막을 수 있다고 말했다. 정유아 과장은 각 기관과 협조가 이뤄져야 원조 효과성을 살릴 수 있는 '선택과 집중' 전략에 기여할 수 있을 것이라고 덧붙였다.

이번 포럼은 우리나라가 새로운 DAC회원국이자 제4차 원조 표화성 고위급 회의(HLF4)의 주최국으로, 전통 공여국과 신흥 공여국 간 교량적 역할자로서 대안적인 원조 모델에 대한 화두를 던진다는 의미가 있었다.

KOICA는 올해 한국형 개발협력 모델의 구체적 실행방안에 대해 후속연구를 추진하고, 정부·학계·연구기관·민간부문 등 다양한 이해관계자들과 연구결과를 공유해, 한국형 원조 모델을 브랜드화하는 방안을 마련할 계획이다.

4) 한국형 원조가 국제 원조사업의 효과적 모델이 되려면

〈출처: KOICA 정책연구실 정유아 과장 인터뷰에서〉

제6회 KOICA 개발협력포럼에서 '한국형 원조모델 발전 방안'을 발표한 정책연구실 정유아 과장, 효과적이고 성과 지향적인 한국형 원조를 위해선 개발도상국의 특수성을 고려하고 우리나라의 원조 전문성을 키워야 한다고 말한다.

한국형 원조모델을 설명한다면 한국의 개발 경험을 개발도상국의 성장을 위한 원조 활동에 활용하자는 취지다. 우리나라는 개발도상국에서 압축 성장을 통해 경제성장과 민주화를 동시에 이룬 국가로 받는다. 한국이 성장 과정에서 원조를 잘 활용해 왔다고 볼 수 있기 때문에, 그 노하우를 공유하자는 것이다.

현재 '한국형 원조모델'이 중요한 까닭은 무엇인가 한국형 원조모델은 우리나라가 원조를 시작한 1990년대부터 논의됐지만 원조규모가 작아 '원조모델'을 논하기에 한계가 있었다. 하지만 최근 한국이 DAC에 가입하고, 원조규모가 2015년까지 GNI 대비 0.25%까지 증가될 예정이기 때문에, 원조활동과 그 성과에 대해 더 주목할 필요가 있게 됐다.

또한 우리나라의 국가 브랜드 제고 차원에서 원조사업의 '한국형 모델'이 주목받고 있으며, 국제사회에서도 우리나라가 성장 경험을 살려 국제 원조사업에 기여해 주길 원하고 있다.

한국의 고도성장은 시대적 배경, 예건대 고도 산업화 시기, 억압적인 정치 상황 등 특수성에 작용했다는 의견도 있는데, 최근의 세계적 상황과는 어떻게 조화가 가능한가? 수많은 개발도상국 원조사례가 주는 가장 큰 교훈은 수원국의 특수성을 간과하면 원조는 실패한다는 것이다.

개발은 결국 수원국 국민에 의해 결정되는 정치적·제도적 과정이다. 또 한국의 1970~1980년대와 달리 오늘날 개발도상국은 BRICs 등 경제대국들과 경쟁해야 하고 국제생산 분업체계에서 높은 단계로 올라오지 못하는 구조에 있다.

이런 측면에서 최근 북서유럽 일부 국가들은 원조와 더불어 자국 시장을 개발도상국에 열어주고, 개발도상국의 수출 역량을 높여주는 등 원조와 무역 정책 간 일관성을 높이는 노력을 하고 있다. 우리도 국제 경제 환경과 수원국 실정에 맞는 '조정된 원조'를 할 수 있도록 관련 분야의 원조 전문성을 키워야 한다.

'한국형 원조'라는 타이틀로 자칫 공여국 중심의 원조가 되진 않았을까 우려도 있다. 그런 우려가 있는 것은 사실이다. 그래서 KOICA는 한국의 경험을 기계적으로 수원국에 적용하는 게 아니라, 개발도상국 실정에 맞는 원조를 하기 위해 관련 연구와 원조방식의 개발을 지속적으로 추진해 왔다. 앞으로도 국내외 원조 관련 기관, 단체 등과 협력해 '한국형 모델'을 발전시켜 갈 것이다. 또 개발도상국 현장에서 성장 촉진의 실질적·차별적 기여를 해야 비로소 '한국형 원조모델'로 인정받을 수 있다고 본다.

5) 국제사회의 원조규범

OECD 개발협력위원회(DAC)는 환경, 젠더, 거버넌스 등 8개 분야에서 원조정책 및 사업의 성공을 위한 지침을 제공하고 있다.

예를 들어 우리가 개발도상국 원조활동을 기획할 때, 현지 주민의 가사분담 등 성역할 분석이나 환경영향 평가 등을 실시하는 방식이다. 이런 방법들은 원조사업의 지속가능성과 효과를 높인다. KOICA는 이미 원조효과성 및 환경 분야에서 DAC 규범을 부분적으로 적용하고 있다. 올해 KOICA의 젠더 가이드라인이 수립될 예정이다.

6) 한국형 원조모델개발전략

한국형 원조모델 발전의 확립과 발전을 위해 KOICA는 어떤 역할을 할까? 앞으로 더 많은 공공·민간기관 및 시민단체, 학계 등이 개발원조사업에 참여하게 될 것이다. KOICA는 많은 개발원조 참여자들이 개발도상국의 현황과 한국의 역할을 이해하고 활동할 수 있도록 '원조지원 조정자 및 정보 제공자'로서 역할을 하기 위해 노력하고 있다.

2. 한국형 국제개발협력모델의 예

1) 한국형 국제개발협력 모델의 아이돌!! 새마을운동!!

〈출처: ODA Watch: http://www.odawatch.net/58492010.07.01〉

제27차 월례토크가 열린 날은 유월의 뜨거운 항쟁이 일어난 지 23년째 되는 날이었다. 당일 신문기사에서 만난 느야드지아 탄자니아 코리안 밀레니엄 빌리지 프로젝트 팀장은 새마을운동을 배우며 당시 박정희 대통령의 리더십 측면을 마냥 부러워하고 있었다. 하지만 새마을운동이 가능했던 보다 중요한 핵심은 바로 한국 사람들이 근대사를 통해 보여준 자발적 협력과 단결하려는 의지가 아니었나 싶다.

새마을운동은 당시의 특수한 시대적 맥락에서 시작되었지만 그 핵심 가치들이 오늘날에도 국가발전의 원동력에 적용될 수 있음을 부정할 사람은 많지 않을 것이다. '잘 살아보세'를 모토로 하는 범국민운동으로 시작해 1980년대 전 국민 저항운동, 그리고 '대~한민국' 월드컵 4강신화로 이어지는 이 모든 과정을 원조 수원국 국민들은 어떻게 생각할까? 그리고 강력한 정치적 지도자건 일치단결하는 국민들이건 예나 지금이나 문제를 해결할 수 있는 것은 결국 문제에 가장 근접한 현지의 사람들이란 것을 현재 원조 공여국인 우리나라는 어떻게 성공적으로 전수할 수 있을까. 이런 고민을 안고 이 달의 월례토크는 이상훈 ODA Watch 실행위원의 사회로 진행되었다.

2) 국제개발협력 모델로써 새마을운동의 재조명

'새벽종이 울렸네 새 아침이 밝았네 / 너도 나도 일어나 새 마을을 가꾸세 / 살기 좋은 내 마을 우리 힘으로 만드세'로 시작하는 새마을운동 노래의 첫 부분은 '그때 그 시절'을 떠올린다. 아직도 많은 논쟁이 있지만 1970년대 당시 박정희 대통령의 절대적인 지원과 우수한 남녀 새마을 지도자, 그리고 정부(공무원과 정부지원)라는 삼박자가 맞아 떨어지면서 추진된 새마을운동은 근면·자조·협동을 생활화하는 의식개혁 운동으로 발전하였다. 이는 전쟁 후 빈곤을 탈피해 선진국 대열에 진입하려는 의지를 국민들에게 강하게 심어준 정부 주도하의 국민적 근대화 운동이라고 해석할 수 있다.

하지만 새마을운동을 오늘날 국제농촌개발협력 모델로 적용하고자 할 때 유념해야 할 것은 새마을운동이 당시 유신체제라는 정치적 기제와 더불어 진행되었다는 점이다. 즉, 유신체제를 지속시키기 위한 정치적 돌파구로 새마을운동을 추진하였다는 해석도 가능하다는 것을 유념해야 한다. 이러한 정치, 사회적 맥락을 고려하지 못하고 단순히 '개발 경험과 지식의 전수'를 전면에 내세울 경우 의도하지 않게 ODA의 본질적 목적과 가치를 희석시키고 또 다른 부작용을 가져올 수 있다.

첫 발제자인 한국국제협력단(KOICA) 박숙현 대리는 실제 새마을운동이 농촌개발에 적용된 사례와 연계방안에 대해 언급하였다. KOICA의 농어촌 개발 지원 규모가 점점 늘고 있음에도 불구하고 식민지 경험을 가진 국가나 공산체제로부터 체제 전환을 이루는 국가에서는 협동을 강조하는 집단성에 대한 거부감이 있다고 했다. 이는 새마을운동을 개발협력의 하나의 접근방법이 될 수는 있을지언정 완벽한 답안이 될 수는 없음을 보여주는 하나의 증거가 될 수 있다.

KOICA가 그동안 베트남, 라오스, 캄보디아에서 수행한 새마을운동 시범사업은 인프라구축이 주된 사업이었는데, 앞으로는 이를 소득 증대 사업에 적용을 할 때 어떻게 '자력갱생'이라는 새마을운동 성공요인과 결부될 지가 과제로 남아 있다. 박 대리가 소개한 새마을운동을 교육, 보건 등 비농업부문을 포함하는 광역단위의 종합개발 사업으로 인식한 점, 과거 부녀회처럼 여성의 참여를 이끌어내는 등 범 분야(cross-cutting) 이슈와 연계한 점 등의 특징은 그 긍정적인 면들을 잘 살려서 시대적 그리고 개발도상국 현지 상황이 고려된 종합적인 지역사회개발사업으로 발전해 나가야 할 것이다. 또한, 농촌 개발사업으로서의 새마을운동을 시행할 시 개발도상국의 국가발전전략을 존중하고 해당국에 대한 한국의 국가지원전략을 따르는 원조효과성의 핵심 요소들을 잘 고려해야 할 것이다.

3) 국제개발협력계의 아이돌로서의 새마을운동

성공회대 민주주의 연구소 하재훈 교수와 새마을운동중앙회 이경원 국제협력단장은 당시 새마을운동의 성공사례와 전략을 간략히 소개하고 앞으로의 방향에 좀 더 중점을 두어 발제하였다. 하재훈 교수는 1990년대 후반부터 국제개발협력단계로 접어든 새마을운동에 대해 양적·질적 평가를 구체적으로 하기에는 아직 연구와 논의가 부족한 한계가 있음을 지적하며, 과거 또는 기존 개발NGO들의 활동과 차별화될 수 있는 '새로움'을 새마을운동이 제시해야만 한다고 강조하였다.

더불어, 새마을운동 모델을 타 국가에 적용할 때 가장 먼저 이뤄지는 절차가 '새마을운동에 대한 이론적 정립'인데, 이것조차 쉽지 않다는 지적도 함께 하였다. 하 교수는 새마을운동이 국제농촌개발협력사업 모델로써 지속가능성을 갖기 위해서 전문성 있는 인재와 충분한 예산 확보, 정보교류의 장을 어떻게 확보할 것인지가 우리가 당면한 과제임을 상기시켰다.

이경원 새마을운동중앙회 단장은 새마을운동을 오랜 기간 접해온 전문가답게 새마을운동의 성공사례가 박정희 대통령의 리더십 때문만이 아니라 관민이 협력한 '위대한 거버넌스의 원리'라고 강조하였다. 그는 국제농촌개발협력 모델로써 새마을운동을 단순히 농촌·농업·농민 개발운동이라는 시대개념만으로는 진정성을 찾기 어렵고, 현지 사람들이 어떻게 자신들의 운명을 바꾸어 나아갈 것인가 하는 문제에서 그 실마리를 찾아야 한다고 하였다.

스스로 자립하고자 협동하는 마을공동체를 만들기 위해서 우리가 무엇을 할 것인지, 새마을운동으로 홍익인간의 이념을 실천할 수 있는 새로운 시각을 가져야 한다며 하나의 '정신적 기제'로써 새마을 "운동"을 강조하였다.

이 단장은 오늘날 새마을운동이 성공하기 위해서는 과거에 그랬듯 자발적 참여를 이끌어내는 '한 바가지의 물'의 역할을 강조하였는데, 즉 물을 퍼 올리는 펌프에 '한 바가지의 물'만을 제대로 지원해 줄 수 있다면 충분하다는 것이다. 그것이 바로 새마을운동의 핵심이고 단순한 농촌 개발협력사업과 차별될 수 있는 점임을 강조하였다. 또한 민주적으로 사업을 선정하고 추진하는 방식과 선의의 경쟁심을 유지할 수 있는 인센티브로써 '우수마을 우선 지원 원칙'을 지켜야 한다고 하였다. 더불어 그는 공무원의 의식변화를 위한 교육은 물론 공여국인 우리나라 개발 주체들의 바람직한 협력체계를 제시하였다.

마지막으로 다양한 주체들이 추진하고 있는 새마을운동에 대해 평가를 진행하는 국무총리실 개발협력정책관실 장지순 팀장의 발제가 이어졌다. 그는 현재 국무총리실이 시행하는 통합평가의 하나인 주제별 평가로 새마을운동에 대한 평가가 진행이 되고 있다고 소개하였다. 이와 관련하여, 장 팀장은 새마을운동평가와 관련하여 관련 부처들이 어떻게 객관적이고 통합적으로 제대로 평가할 수 있을지가 관건이라고 하였다.

4) 한국 국제개발협력 모델로서 새마을운동이 나아가야 할 방향

연사들의 발제 이후 이어진 질문시간은 향후 새마을운동의 방향에 초점이 맞춰졌는데 이는 곧 '새마을운동 농촌 개발사업이 갖는 차별성은 무엇이고 어떻게 적용할 것인가?'하는 질문과 다름없었다. 박숙현 대리는 새마을운동사업의 특징이 접근방식에 있어 참여형이라고 하는데 그 성공적인 예를 들어 달라는 질문에 대해, 현장에 필요한 요소들을 새마을운동과 관련해 어떻게 접목할지에 대한 고민이 적었기 때문에 문제들이 발생하고 있음을 이야기하며, 그 해결을 위한 고민과 노력이 필요함을 인정하였다.

개발원조의 효과성을 논하는 지금, 특정 국가나 지역 상황에 따라 개발에 필요한 다양한 요소들을 균형 있게 조정하는 것은 매우 중요하다. 이것이 그때 그 시절 우리의 성공경험을 바탕으로 과거 거버넌스 체계의 특성을 여러 수원국에게 단순히 이식할 수 없는 이유이다. 원조 그 자체는 수원국 입장에서 보았을 때 외부의 영향이라는 개발원조의 숙명적 한계를 벗어나지 못하기 때문에 타자 의존형태의 위험이 내재한다. 때문에 새마을운동은 '수원국의 자립'이란 하나의 목표 아래 개발협력 주체들 간 서로 협력해 그들이 스스로 일어설 수 있게 도와주어야 하는 것이지 '한국형 ODA'라는 브랜드 가치를 추구하는 등 목적이 전도되는 것은 바람직하지 않다.

한 질문자가 제기한 새마을 운동이 '사업인가 정신인가'에 대한 이경원 단장의 답변의 내용은 우리 모두가 되짚어 보아야 할 부분이다. 즉, '겉으로 보이는 단순한 인프라 조성이 새마을 운동의 전부는 아니다'라는 것이다. 이것은 수단, 즉 '한 바가지 물'을 가지고 마을 주민이 그 마을의 비전과 최종 목적을 마을 지도자와 함께 이루어 가는 것이다. 즉, 진정한 '자립'을 향한 정신적 기제가 사회자본적 인프라로써 핵심이고, 이것이 곧 새마을 운동을 지속가능하게 하는 차별성이라고 할 수 있다. 하지만 이 '새롭지 못한 새로움'을 우리 개발원조의 정체성이라고 연신 주장하는 것과 단순히 가시적인 성과로 국가 브랜드 홍보에 열을 올리는 것은 낯부끄러운 일이 아닐 수 없다.

〈출처: 기사 작성 일자: 2010-06-30/
작성: 엄태진, utj0808@naver.com/ODA Watch 청년 활동가 6기〉

3. 국제개발협력의 허와 실: 사례연구

1) 아프리카 역지사지(易地思之)

몇 해 전 아프리카 우간다에서 들은 이야기다. 어느 날 은퇴하신 한국인 의사 한 분이 우간다 수도 캄팔라(Kampala)에 소재한 물랑고(Mulango) 병원에 찾아오셨다. 옛날에 그 병원에 근무한 적이 있어 들르셨다고…. 그 병원에는 최근까지 한국에서 의사를 파견했기에 당연히 그 분도 봉사활동 차 우간다에 오셨었겠거니 생각했다. 그러나 그 분은 먹고 살기 위해서 오셨던 거라고…. 한국 사람이 먹고 살기 위해 아프리카까지 왔었다니!

그 분이 하시는 말씀은 점입가경이었다. 당시 한국에는 물랑고 병원정도 되는 종합 병원이 없었다고 한다. 우간다에 처음 왔을 때 주유소에서 자동차에 주유하는 것이 신기해 한참을 보았던 기억이 난다고…. 한국에서는 소위 '제리깡'이라고 불리던 들통에서 자동차 주유구에 깔때기를 꽂고 기름을 넣던 것만 보다가 우간다에서 '윙'하는 소리와 펌프소리가 나면서 기름이 나오는 기계를 처음 보았다고…. 그분은 자신이 근무했던 우간다가 오래 전보다 오히려 더 낙후한 모습에 마음 아파하며 돌아가셨다. 거짓말 같은 그 분의 회고담은 우간다에 살던 한국 사람들에게 많은 생각을 하게 했다.

나는 그 의사 선생님이 전해 준 이야기를 우간다 사람들에게 열심히 전했다. 당시 우간다 소득수준이 300불에 가까울 때 한국은 70불선이었고 지금은 2만불 대의 나라가 되었다고, 여러분도 할 수 있다고…. 믿을 수 없다며 놀라는 그 사람들을 보며 나는 더욱 신이 났다. 하지만 나는 그들의 얼굴에 지나쳐 가는 슬픈 미소를 보지 못했나 보다. 한 번은 나이 지긋한 한 현지인이 나를 찾아와 이야기의 의도는 충분히 알겠지만 자신들의 현재에 대해 더욱 슬프게 느끼게 되었다고…. 나는 부지불식간에 그들의 가슴에 깊은 상처를 주었다.

2) 슬픈 땅! 아프리카!

캄팔라의 서쪽 끝자락에는 상당한 규모의 만델라 스타디움(Mandela Stadium)이 서 있다. 이 가난한 나라에 축구장 하나는 제법 크게 지었구나 싶은데, 사실은 중국 정부에서 무상으로 지어준 것이라고 한다. 중국의 '축구장 ODA'라고 할까?

2007년 후진타오 주석이 우간다를 방문하여 6개의 경제협약을 체결하고 갔다. 그 후로 우간다에서는 각종 사회간접자본의 건설현장에서 심심치 않게 중국 인부들의 모습을 볼 수 있었다. 우간다의 알버트 호수에서 석유가 발견되었다는 소문이 나기 시작할 무렵이었으니까, 자세한 내막을 몰라도 후진타오 주석의 방문 목적을 추측하기는 어렵지 않았다. 지구 반대편에서 '세계의 공장'을 쉴 새 없이 돌려야 하는 후진타오 주석이 기린이나 사자를 보기 위해서 아프리카 오지 국가들을 방문하지는 않을 테니까….

아프리카의 가난한 나라에서 자원이 발견되어 현지 주민에게 그 혜택이 돌아가고 삶의 수준이 향상되었다는 이야기를 들어본 적이 없다. 자원은 고갈되고 환경은 파괴되며 정치인들의 부정부패는 심해지고 종국에는 내전에 휩싸이고 정작 그 땅의 주민들은 죽거나 피난민이 되어 국경을 전전한다. 제대로 된 나사못 하나 구하기 힘든 나라들에 그 많은 무기들은 어디에서 나는지…. 백인 무중구(Muzungoo; 동부 아프리카에서 통상 외국인을 지칭하는 말이나 원래는 약탈자라는 의미)들의 가렴주구(苛斂誅求)의 기억이 생생한데 이젠 동양인 무중구들이 몰려가고 있는 것일까?

3) 아프리카의 슬픔은 계속되어야 하나?

말 나온 김에 잘 알려진 이야기 하나 더…. 콩고민주공화국 동부에는 핸드폰의 부품을 만드는 데 필수적인 재료 탄탈륨(Tantalum)을 만드는 데 필요한 콜탄(coltan)이라는 광물이 풍부하게 나온다. 이 광물 덕분에 지금도 콩고는 내전이 그치지 않고 인근의 다른 나라들까지 내전에 개입한다. 이유는 묻지 않아도 뻔하다. 전쟁이 장기화되든 현지 주민의 삶이 어디로 떨어지든 핸드폰을 생산하는 모든 국가들은 콜탄을 확보해야 하니까…. 우리나라의 모(某)기업도 이 일에 연루되어 국제적인 지탄을 받았다고 들었는데 그냥 떠도는 소문이었기를 바란다.

한국의 ODA를 자원외교의 방법론으로 이해하는 목소리를 들으면 기분이 착잡해진다. 인간은 더불어 함께 살아간다는 단순한 사실을 깨닫는 데 얼마만한 시간이 필요할까? '자원외교'라는 단어를 사용하면 국제사회의 지탄을 받게 된다고 '문화외교'를 강화해야 한다고 하면 기분은 더욱더 우울해진다. 그거야말로 남의 눈을 의식해서 전자의 뻔뻔스러움을 감추는 언어유희일 수 있기 때문이다.

이래저래 슬픈 아프리카 사람들의 주민들은 자신들의 집 뒷마당에 뭐가 묻혀 있는지도 모르고 살아왔는데 느닷없이 나타나 무중구들이 흙과 돌들을 캐어가면 무슨 생각을 하게 될지…. 도대체 무엇을 가져가고 무엇을 가져다 주는지….

이 글을 읽게 되실 분들로부터 나중에 듣게 될 이야기의 일부는 짐작이 간다.

요약하면 'Don't be naïve.' '국가 이익(National Interest)'이 무엇인지 알기는 하냐고…. 지금 우리가 먹고 살아갈 수 있는 이유는 그 문제의 진흙탕에서 오명을 뒤집어 쓰는 노력이 있었기 때문이라고…. 보릿고개를 극복한 지가 언젠데 벌써 배부른 감상문이나 쓰고 있다고….

글쎄요…. 세상이 이쯤 되어 돌아가면 기소불욕(己所不欲)이면 물시어인(勿施於人)이라는 옛 성현의 말씀을 더 이상 우리 후손에게 가르치지 말아야 하지 않을까요? 입장 바꿔 한 번 생각해 보고 살아가면 어떨까요?

저는 개인적으로 역지사지(易地思之)는 오늘날에도 살아 숨 쉬는 삶의 지혜이고 정수라 믿습니다.

〈참고: 이 글은 제2의 고향인 아프리카로 다시 떠나는 이상훈 실행위원님의 국제개발에 대한 소회를 적은 글임/기사 입력 일자: 2010-06-30
작성: 이상훈/ODA Watch 실행위원, (전)국제 기아대책기구 우간다 지부장〉

CHAPTER

06

MDGs와 SDGs

1 새천년개발목표(Millenium Development Goals, MDGs)란

제2차 세계대전 이후 개발도상국에 대한 개발원조가 본격화된 이후 국제기구 및 각국 정부, NGO 등 다양한 주체에 의해 개발의 노력이 지속적으로 이루어졌지만, 지난 세기 개발의 성적표는 그리 좋지 않았다. 1978년 카자흐스탄 알마타에서 채택된 '2000년대에는 전 인류에게 건강을' 선언을 통해 전 세계 지도자들은 2000년까지 전 지구적 규모에서의 보건체제를 완비하여 전염성 질환을 획기적으로 감소시키자는 결의를 했으나, 새로운 천 년을 맞은 지구에는 AIDS, 말라리아 등 전염성 질환으로 인해 수많은 목숨이 경각에 처해 있었고 수십억의 인간이 기초적인 보건환경도 갖지 못해 각종 질병에 노출되어 있었다. 1990년 개최된 '세계 아동을 위한 정상회담'에서는 2000년까지 모든 어린이가 기초교육을 받을 수 있는 체제를 만들기로 결의했으나, 1억 3,000만 명 이상의 어린이가 학교교육의 혜택을 전혀 받지 못하고 있었다. DAC의 공여국들은 GNP의 0.7%를 공적개발원조에 사용한다는 목표를 세웠으나 공여국들의 원조액은 1990년대에 오히려 GNP 대비 0.3% 내지 0.2% 수준까지 하락하고 말았다(Sachs, 2005).

빈곤국에서의 이러한 비관적 상황과는 반대로 선진국에서의 새천년은 기대와 희망으로 가득 찬 것이었다. 미국·일본·유럽 등 선진 공여국의 경기는 1990년대 후반부터 점차 상승곡선을 그리고 있었고, 중국·인도·러시아·브라질 등 이른바 새로이 부상하는 시장경제가 국제경제에 활기를 불어넣고 있었다. 정보·통신 혁명으로 인한 정보화 시대가 본격화되면서 인적·물적 교류가 더욱 활발해졌고 이는 매일의 생활에서 체감할 수 있을 정도로 현실화되었다.

빈곤국과 선진 공여국과의 이러한 극명한 대비는 세계 각국의 리더들이 이전의 개발 패러다임에 대한 반성과 새로운 천 년에 대한 계획이 필요함을 인식하게 했고, 이는 새로운 개발 패러다임을 고민하는 계기가 되었다.

이에 2000년 9월 전 세계의 189개국 정상과 정부 대표들이 새로운 천 년에 인류가 맞게 될 미래에 대해 토론하기 위해 뉴욕의 유엔 본부에서 새천년정상회의를 갖고 지난 천 년간 해결하지 못하고 남겨진 각종 개발의 난제들을 공동으로 해결하자는 "새천년선언"에 서명했다. 그리고 이에 대한 세부 실천계획으로 "새천년개발목표(MDGs)"를 수립했다.

유엔총회에서 채택된 새천년선언과 새천년개발목표(MDGs)는 국제개발 및 원조 역사의 한 획을 긋는 대사건이었다. 1996년 OECD/DAC의 '21세기 개발협력전략'과 1990년대에 UN, OECD, IMF, 세계은행에 의해 채택된 국제개발목표는 새천년선언에서 채택된 개발목표에 부분적으로 언급되었으나, 새천년개발목표(MDGs)의 경우 전 지구적 규모의 개발을 위한 인류 공동의 청사진을 마련했다는 점과 이를 수행하기 위한 체계적이고 종합적인 계획에 전 세계의 정상들이 동의했다는 점에서 명실공히 앞으로의 천 년을 위한 인류 공동의 개발계획이었던 것이다.

특히 새천년개발목표(MDGs)는 1990년 이후 범세계적인 이슈 해결을 위한 목적으로 개최된 여러 국제회의에서 논의되고 합의된 목표를 종합하여 측정가능한 수치를 설정하고 있다. 뿐만 아니라 지금까지 개별 이슈로 취급되어 왔던 빈곤감소·환경·교육·여성개발 등의 상호 연관성이 강조되고 이러한 문제들의 종합적인 해결에 각국의 의지가 강하게 표명되었고 모든 이해당사자가 합의했다는 점에서 큰 의의를 갖는다.

현재 전 세계에는 약 11억의 인구가 1달러 미만으로 연명하고, 실용적인 학교 교육 습득은 고사하고 초등교육조차 받지 못하는 아동이 약 8,000만 명가량으로 추산되고 있다. 초등학교 입학생의 남녀평등 원칙도 실현이 요원한 상태이다(OECD/DAC, 2007). 해마다 1,000만 명의 5세 미만 어린이가 사전 예방을 할 수 있었던 질병으로 숨져가고, 에이즈는 전 세계적으로 심각하게 확산되고 있으며, 말라리아·결핵 등의 감염성 질환으로 대다수의 사하라 이남 아프리카의 평균 수명도 그다지 증가되지 못하고 있다. 나아가 인구증가와 소비증대는 인프라와 천연자원에 대한 압력을 계속적으로 가중시키고 있는 실정이다.

이러한 지구적 과제를 해결하기 위해, 새천년개발목표는 지난 2015년까지 ① 절대빈곤 및 기아 퇴치, ② 보편적 초등교육 달성, ③ 남녀평등 및 여성능력

고양, ④ 아동 사망률 감소, ⑤ 모성 보건 증진, ⑥ HIV/AIDS · 말라리아 및 기타 각종 질병 퇴치, ⑦ 지속가능한 환경보전, ⑧ 개발을 위한 범지구적 파트너십 구축의 달성 등의 목표를 제시하였다.

2 새천년개발목표(MDGs)의 수립배경

개발협력의 정책수립 및 공여국 간 의견조정을 담당하는 OECD/DAC는 1996년에 개최된 제34차 고위급회의에서 '21세기 개발협력전략'이라는 새로운 국제협력의 방향을 채택했다. 이는 1990년 이후 범세계적인 이슈 해결을 위한 목적으로 개최된 여러 국제회의에서 논의되고 합의된 목표를 종합하여 측정가능한 수치의 목표를 설정하고, 공여국과 수원국 간의 파트너십 강화 및 상호 간의 책임과 의무를 규정했다는 측면에서 국제개발협력의 새로운 패러다임 형성에 중요한 계기를 마련했다고 할 수 있다(한국국제협력단, 2015).

2000년에 개최된 유엔총회는 21세기 국제관계를 결정하는 가장 중요한 가치로서 자유 · 평등 · 연대 · 관용 · 자연존중 · 책임분담 등 6개를 들고 있으며, 이를 기초로 새로운 국제협력의 방향 설정과 이를 주류화하기 위한 여러 조치를 마련하기 위해 지난 2015년까지 달성할 8개의 목표와 18개의 세부목표가 포함된 새천년개발목표를 수립했던 것이다. 이는 개발도상국의 빈곤문제가 더 이상 개발도상국 자체만의 문제가 아니라 지구촌 전체의 문제라고 규정하면서 지구촌 모든 국가의 적극적인 참여를 요청한 사건이었다.

개발의 궁극적인 목표는 평화롭고 안정적인 방법으로 인류의 삶의 질을 개선하고 인간의 존엄성을 확보하는 것이다. 이러한 목표를 달성하기 위해서는 지속적인 고용창출, 빈곤감소 및 사회적 불평등 해소가 무엇보다 필요하다.

개발은 정치, 경제, 사회, 문화적 측면을 포함하는 다차원적 특성을 가지므로 이들 측면을 모두 고려한 종합적인 접근방법을 필요로 한다. 그러나 국제사회가 공동으로 추구해야 할 목표에 대한 합의의 부재, 이러한 목표를 언제까지 달성하였다는 기한 설정의 부재, 그리고 이러한 목표가 어느 정도 달성되고 있는지를 측정할 수 있는 지표의 부재는 충분하지 못한 국제사회 개발재원을 보다 효과적으로 활용하는 데 큰 제약 요건이 되어왔다.

이러한 점에서 2000년 9월 개최된 유엔총회에서 전 세계 189개국의 지도자들이 채택한 새천년선언은 국제사회가 공동으로 추구해야 할 새천년개발목표를 제시하고, 그 목표를 달성할 명확한 시점을 제시하는 한편, 이를 모니터링할 수 있는 측정지표를 합의하였다는 데 큰 의의가 있다.

표 6-1 MDGs(2001)의 세부목표와 밀레니엄 프로젝트 분야

목표	세부목표
목표 1. 절대빈곤 및 기아퇴치	1. 절대빈곤인구 반감 2. 기아인구 비율 반감
목표 2. 보편적 초등교육 달성	3. 초등교육의 이수
목표 3. 성평등 및 여성능력 고양	4. 교육에서의 성별 간 차이 제거
목표 4. 아동 사망률 감소	5. 5세 이하 아동사망률 줄이기
목표 5. 모성보건 증진	6. 출산과 관련된 산모사망률을 3/4 감소
목표 6. HIV/AIDS, 말라리아 및 기타 각종 질병 퇴치	7. HIV/AIDS 확산방지, 확산 저지 및 감소 8. 말라리아 및 여타 주요 질병 발병 억제, 발병 감소
목표 7. 지속가능한 환경 확보	9. 지속가능한 개발원칙을 각 개발국가의 정책과 프로그램에 통합시키고 환경자원손실 보전 10. 2015년까지 안전한 식수와 기본적인 위생 환경에의 지속적인 접근이 불가능한 인구비율의 반감 11. 2020년까지 최소 1억 명의 빈민가 거주자의 생활여건의 상당한 개선
목표 8. 개발을 위한 범지구적 파트너십 구축	12. 이전보다 더욱 개방적이고 원칙에 기초하여 운영되며, 비차별적인 무역 및 금융시스템 발전, 훌륭한 거버넌스, 개발 및 빈곤감소에 대한 국가적 및 국제적 공약 포함 13. 최빈국들의 특별한 요구 수용, 최빈국 수출품에 대한 관세 및 수량제한조치 면제, 중채무국가들에 대한 부채 탕감 및 양자 간 국가채무 면제, 그리고 빈곤감소에 대한 확고한 의지를 보이는 개발도상국들에 대한 보다 관대한 ODA 지원들 포함

	14. 내륙국과 군소도서개발도상국의 특별한 요구 수용 15. 장기적으로 지속가능한 외채수준 유지를 위한 개발도상국 외채의 포괄적 해결 16. 개발도상국과 협력하여 청년층을 위한 적정하고도 생산적인 일자리 창출 전략의 개발 및 시행 17. 의약품회사와 협력하여 개발도상국 국민들이 적절한 가격에 필수의약품을 구입할 수 있도록 함 18. 민간부문과 협력하여 신기술의 혜택, 특히 정보통신 관련 신기술의 혜택을 이용할 수 있도록 함

Millennium Development Goals

The eight Millennium Development Goals (MDGs), a set of time-bound goals designed to respond to the world's main development challenges, are drawn from the Millennium Declaration that was adopted unanimously by world leaders at the UN Millennium Summit in September 2000.

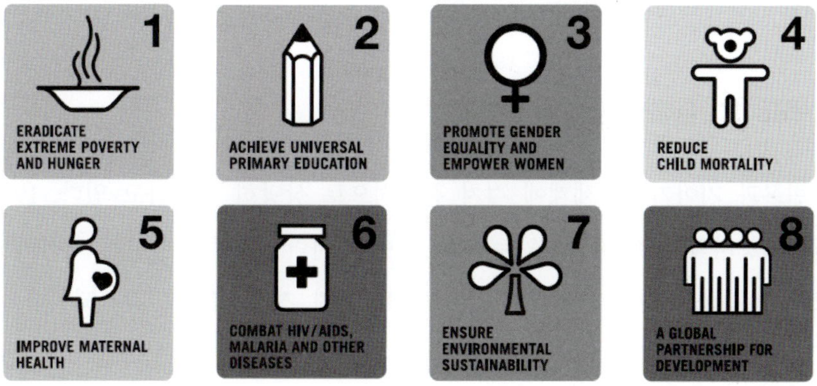

Source: UNDP Brazil

3 새천년개발목표(MDGs) 이슈분석

1) MDGs 달성현황

MDGs의 성과와 현황에 대한 평가는 그 성과를 살펴보고 문제점과 교훈을 바탕으로 새로운 방향을 설정하는 데 매우 중요한 일이 될 것이다. 우선 MDGs의 목표달성 성과에 대한 평가로서, 2014년 반기문 유엔사무총장이 제시한 바, 유엔새천년개발목표 보고서(The Millennium Development Goals Report)에서 나타난 현황을 살펴보는 것이 필요하다. 이 보고서는 현재까지 가장 포괄적이고 체계적인 분석을 하고 있는 자료이기 때문이다. 그 내용을 살펴보면 다음과 같다(유엔새천년개발목표 보고서, 2014).

목표 1: 절대빈곤 및 기아퇴치

빈곤과 기아가 전 세계에 걸쳐 전반적으로 상당히 감소하고 있다. 1990년, 개발도상지역에 거주하고 있는 거의 절반의 사람들이 하루 1달러 이하의 소득으로 생활하고 있었다. 이 비율은 2010년까지 거의 22%로 감소되었다. 이는 2015년까지 절대빈곤율을 절반으로 줄이겠다는 MDGs의 목표를 5년 앞당겨 달성했다는 의미이다. 같은 기간, 절대빈곤층의 규모는 1990년 기준 19억 명에서 2010년 12억 명으로 급격히 감소하였다.

이처럼 전 세계적으로 놀라운 성과를 달성했음에도 불구하고, 빈곤감소는 여전히 불규칙하게 진행 중이다. 동아시아 지역의 빈곤인구는 대폭 감소하여 이미 2015년 목표를 달성하였지만, 하루에 1.25달러 이하로 생활하는 사람의 대부분은 아프리카 사하라 사막 이남 지역과 남아시아 두 지역에 거주하고 있는 것으로 나타났다.

전 세계 영양결핍인구는 1990~1992년 기간 23.6%에서 2011~2013년 기간

14.3%로 줄어 들었다. 그러나 전 세계적으로 8명 중 1명은 만성적 영양결핍에 시달리고 있고, 5세 미만 아동들 중 1/7이 여전히 저체중 상태로 집계되었으며, 전 세계 아동 중 1/4은 발육부진 상태에 놓여 있는 것으로 보고되고 있다.

목표 2: 보편적 초등교육의 달성

개발도상국에서 초등교육 학령기 아동의 취학률이 2000년 83%에서 2012년 90%로 증가하는 등 약 7%가 증가한 것으로 나타났다. 2012년까지 초등교육 학령기 아동 10명 중 1명은 미취학 상태였다. 2000년대 초반에 전 세계적으로 1억 명에 달하던 미취학 아동의 수가 2012년은 5,800만 명으로 감소한 것이다. 그러나 분쟁지역에 살고 있는 아동은 전 세계 초등학교 학령기 아동의 22%에 지나지 않지만, 전 세계 미취학 아동의 50%를 차지하고 있다. 아프리카 사하라 사막 이남 지역의 분쟁지역이 미취학 아동의 44%를 차지하고 있으며, 남아시아는 약 19%를 그리고 서아시아와 북아프리카 지역이 약 14%를 차지하고 있다. 따라서 분쟁지역에서 사는 아동, 가난한 농촌 거주의 여아 그리고 장애아동들이 미취학 상태일 가능성이 높은 것으로 보고되고 있다.

목표 3: 양성평등과 여성능력 고양

남학생 대비 여학생 등록률을 나타내는 성평등지수(Gender-related Development Index, GDI)가 0.97과 1.03 사이를 기록함으로써 성평등이 이루어졌다고 평가할 수 있다. 성평등지수의 흐름을 통해 모든 개발도상국 지역의 초등, 중등 및 고등교육에서의 중요한 성과를 발견할 수 있다. 하지만 고등수준의 교육으로 갈수록 성차별 정도가 커지고 있으며 개발도상지역에서 그 차이가 더욱 크다. 특히 사하라 이남 아프리카, 오세아니아, 서아시아 및 북아프리카에서는 지난 20년간 상당한 진전을 이루었음에도 불구하고 오늘날까지도 여전히 많은 소녀와 여성들이 차별을 받고 있다.

노동시장에서 여성의 지위는 향상되었지만 성 차별은 여전히 존재한다. 남아시아, 북아프리카 및 서아시아 지역에서의 여성 취업가능성은 심각하게 낮은 수준이며, 여성 노동자의 2/3 정도가 근무환경이 열악한 직업 종사자나 자영업자, 혹은 무급가족노동자로 일하고 있는 상황이다. 현재 전 세계 46개국의 의회(상원 및 하원)에서 여성이 차지하는 비율이 30% 이상으로 정치 참여는 꾸준히 증가하고 있지만(2013년 20.3% → 2014년 21.8%), 승진을 막는 진입장벽은 여전히 존재한다.

목표 4: 아동사망률 감소

전 세계적으로 5세 미만 아동사망률은 1990년에는 1,000명당 90명에서 2012년에는 48명으로 약 절반가량 감소했다. 1990~1995년 사이의 전 세계 아동사망률 감소폭이 1.2%인 것에 비해 2005~2012년 사이 감소폭은 3.9%로 크게 증가하였다. 하지만 전 세계 아동 사망 건수의 5명 중 4명은 사하라 이남 아프리카 지역과 남아시아 지역들로 아직까지 2015년의 세부목표를 달성하기에는 부족한 상황이다. 현재 속도로 계속된다면 2028년이 되어야 유엔새천년개발목표를 전 세계적으로 달성할 수 있을 것으로 보인다.

목표 5: 산모건강 증진

전 세계적으로 산모 사망률은 1990년 출산 10만 건당 380명에서 2013년 210명까지 45%가 감소하였다. 그러나 이것은 2015년까지 산모사망률을 4분의 3으로 줄이겠다는 유엔새천년개발목표에 여전히 크게 못 미친다. 세계 모든 지역에서의 진전에도 불구하고, 2013년 한 해 출산 10만 건당 16명의 산모가 사망한 선진국에 비해 개발도상국은 230명에 달해 무려 14배나 높은 산모사망률을 기록했다. 특히 사하라 이남 아프리카지역은 출산 10만 건당 510명의 사망으로 개발도상국 중 가장 높은 산모사망률을 보였으며, 남아시아, 오세아니아와 카리브 제도가 각각 출산 10만 건당 190명을, 동남아시아가 그 뒤를 따르고 있다. 최근 다른 개발도상국에서의 산모사망은 출산 10만 건당 100명 이하로 매우 드문 현상이 되고 있다. 2013년 산모 사망의 대부분은 사하라 이남 아프리카 지역(62%)과 서아시아 지역(24%)에서 일어난 것으로 나타났다.

목표 6: HIV/AIDS, 말라리아 및 기타 질병 퇴치

전 세계적으로 성인 100명당(15~49세) HIV(인체면역결핍바이러스) 신규 감염자수는 2001~2012년 사이 44%까지 감소했다. 가장 발생률이 높았던 2개 지역인 남아프리카와 중앙아프리카에서는 각각 48%와 54%로 발생률이 급격히 하락했다. 그러나 모든 연령대에서 약 230만 명이 에이즈 관련 질병에 새롭게 감염되었고, 160만 명이 이로 인해 사망했다. 사하라 이남 아프리카지역은 2012년에 발생한 신규 감염 추정치의 70%, 즉 160만 명이 발병한 지역이다. 또한 2012년에 거의 600명에 달하는 아동들이 AIDS 관련 질병으로 매일 사망하였다.

2000~2012년 사이 말라리아 퇴치운동이 급속도로 확대되면서 말라리아 감염에 의한 사망률은 전 세계적으로 42% 감소했다. 새로운 수치에 의하면 지금껏 알려진 것보다 훨씬 많은 약 330만 명이 이 기간 동안 생명을 구할 수 있었다. 그중 90%(300만 명)는 사하라 이남 아프리카에서 사는 5세 미만의 아동으로, 영(유)아사망률 감소에 크게 기여했다. 동시에 1995~2012년 사이 2,200만 명이 결핵치료로 생명을 구했으나, 2012년 약 860만 명의 결핵 환자가 추가로 보고되어 총 1,100만 명이 해당 질병을 앓고 있다. 전 세계적으로 인구 10만 명당 신규 결핵 환자 수는 계속 감소하여 2012년에는 전년도 대비 2%가 감소하였다.

목표 7: 지속가능한 환경 확보

모든 국가에서 기후변화로 인해 환경지속성이 심각한 위협과 도전을 받고 있다. 1990년 이래 전 세계 이산화탄소 배출은 약 50% 증가했다. 또한 2012년까지 육지 및 해양지역 생태계의 14%가 보호구역으로 지정되어 관리되어 왔다. 개량된 식수를 이용하는 전 세계 인구는 2012년 89%를 기록했는데, 이는 1990년의 78%보다 많이 증가한 수치다. 동시에 1990년 이래 1/4 이상의 인구가 개량된 위생시설을 이용했으나, 아직 10억 명의 인구가 노상배변을 하고 있다. 상대적으로 농촌거주자, 빈곤층, 소수민족들은 개량된 수원 및 위생시설에 접근하기가 어려운 상황이다.

목표 8: 개발을 위한 국제파트너십 구축

경제협력개발기구(OECD)의 개발원조위원회(DAC)에 속하는 국가들의 공적 개발원조 순지출액은 1,348억 달러로, 지금까지의 기록 중에서 가장 높은 수치를 기록하고 있다.

2012년 개발도상국으로부터 선진국으로 수출된 물품 중 80%가 무관세로 수출되었다. 1995년 우루과이라운드 다자간 무역협상의 타결에 따라, 1996년과 2004년 사이에 선진국에 무관세로 들어간 개발도상국으로부터의 수입품(석유와 무기 제외)의 비율은 매해 평균 2.5%씩 증가했다.

2014년 말에는 30억 명에 가까운 세계 인구의 40%가 인터넷을 사용하고 있고, 이동전화 가입자수는 약 70억 명으로, 현대 정보통신기술의 사용은 성장을 계속하고 있다. 또한 광대역 인터넷의 사용 가격이 떨어지고 이동형 광대역 네트워크가 급속히 확대(선진국 보급률 84%, 개발도상국 보급률 21%)되면서 초고속 인터넷 접속이 급속히 증가하고 있다.

지난 14년간 MDGs의 추진 노력은 결과적으로 대다수 국가들의 노력과 참여로 전반적으로 뚜렷한 성과를 거두었으며, 그 결과 주요한 목표들이 전 세계적 수준이나 개별국가 수준에서, 특히 일부 최빈국가들에서도 달성되었다. 하지만 이러한 개선은 충분치 않을 뿐만 아니라, 특히 농촌지역 및 소외지역, 그리고 분쟁 및 재난지역 등을 포함하여 매우 불균형적으로 이루어졌다고 할 수 있다.

2) 새천년개발목표(MDGs)의 한계점 분석

유엔을 중심으로 전개되고 있는 MDGs는 역사상 가장 단시간 내 빈곤감소가 이루어졌으며, 개발도상국의 초등교육과 보건 분야에 있어서는 주목할 만한 성과를 거둔 것으로 평가되고 있다(김인 외, 2015). 그러나 목표의 타당성, 정당성 등에 관한 비판이 제기되고 있는 상황이다. 이들 비판은 주로 목표 설정의 타당성과 MDGs의 정당성에 관한 것이며, 인권문제나 환경의 지속 가능성에 관한 것으로 간략하게 요약하면 다음과 같다.

첫째, MDGs 자체의 정당성 및 타당성이 부족하다는 점이다. MDGs의 목표가 새천년선언의 내용과 정신을 충분히 반영하고 있지 못하다는 비판이다. 새천년선언은 보다 국제인권적 측면에서 인간존엄, 평등 및 단결 등의 보다 적극적인 국제원칙들을 표방한 반면, MDGs는 주로 '기본적 욕구접근'으로서, 절대빈곤 및 기아해소 등의 소극적 목표를 담고 있다는 것이다. 따라서 MDGs의 개발의제와 목표는 부채경감, 구조조정 등 국제경제질서 등에 관한 상반된 입장을 타협한 결과물이라고 보는 것이다.

둘째, MDGs가 사회발전과 인간개발 측면을 강조한 나머지, 교육 및 보건분야의 장기적으로 지속가능한 발전이 경제발전 없이도 이루어질 수 있다는 잘못된 인식을 가져오기도 하였다(UNECA, 2012). 뿐만 아니라 MDGs는 불평등, 인권, 양성평등, 평화와 안보, 환경지속성 및 기후변화와 같은 글로벌 이슈들을 포함하지 않았기 때문에 분야별 선택에 있어서 제한적이라는 아쉬움이 있다.

셋째, MDGs가 빈곤과 박탈의 근본적인 원인을 해소하지 못하는 너무 단순한 목표라는 비판이 제기된다. 지형, 기후, 정치, 사회, 문화 등에 따른 빈곤의 다양한 양상을 고려하지 않은 채 소득수준의 개선과 같은 획일적으로 단순한 차원만의 목표를 설정하고 있었고 경제수준에 상관없이 모든 국가에게 나타나는 불평등의 구조적인 문제에 대해서도 다루지 못했다는 점이다. 단지 몇 가지 사항에 국한하여 도식화된 자료를 가지고 개발의 척도를 측정하는 것은 상당히 미흡하다는 것이다. 특히 15년이라는 비교적 단기간에 이러한 목표를 달성하는 것이 어려울 수 있다는 비판이 있다.

넷째, MDGs의 또 다른 한계점으로 개발도상국에게만 MDGs 보고서를 의무적으로 제출하도록 하여 마치 MDGs 이행이 공여국에게는 의무사항이 아닌 것처럼 이해되었다는 점이다. 예를 들어, 유엔은 독립적 자문위원회에 의한 2005년 밀레니엄 프로젝트를 통해 'MDGs 달성을 위한 실질적 계획'을 발표하였으나, 이 계획은 주로 개발도상국들의 MDGs 달성을 위한 개발전략 수립 및

MDGs와 빈곤감소전략보고서의 연계를 강조하는 것이었다. 극단적으로는 MDGs 이행이 마치 개발도상국만의 책무인 것으로 이해되는 경향이 있다.

다섯째, 마지막으로, MDGs가 글로벌 차원의 목표라고 하지만 과연 MDGs 이행이 글로벌 차원에서 이루어지고 있는가에 대한 의문이 제기되고 있다. 즉, MDGs는 글로벌 리더십이 없는 상태에서 국가단위의 목표로 이행되고, 국가차원에서 이행에 대한 평가가 이루어지고 있다는 점이다(UNECA, 2012).

4 지속가능개발목표(Sustainable Development Goals, SDGs)란?

2015년 9월 25일 유엔총회에서는, 2015년에 이행기간이 만료된 새천년개발목표(MDGs)를 대체하는 지속가능개발목표(Sustainable Development Goals, SDGs)를 향후 2030년까지 15년간의 세계발전과 번영을 위해 추구해야 할 국제규범으로 채택하였다.

이후 전 세계 각국은 이를 이행하기 위한 노력을 경주하고 있으며, 한국도 '지속가능발전위원회', '국제개발협력위원회', '저탄소 성장위원회' 등을 중심으로 관련 이행계획을 수립하여 진행하고 있다. 또한 기존 정부정책 및 관련법을 통해 유엔 SDGs의 개별목표를 이미 이행하고 있는 것으로 알려지고 있다. 그러나 이 같은 한국의 유엔 SDGs 이행을 위한 노력이 효율적이고 효과적으로 진행될 수 있을지에 대해서는 논란의 여지가 있다. 특히 추진체계가 분산되어 있어 유엔 SDGs 이행을 위한 정책 및 사업이 중복될 가능성이 있기 때문이다.

유엔 SDGs 의 주요내용과 이를 이행하기 위한 한국의 추진체계 현황을 정리하면 다음과 같다.

1) 유엔 SDGs 형성과정

유엔 SDGs는 2010년 이후 전 세계 각국 정부는 물론 시민사회, 기업, 연구기관, 학계, 개인 등 민간부문에 이르기까지 약 140만 명의 인원이 참여하여 5년간의 논의를 거쳐 마련되었다. 이 과정에서 유엔은 2011년에 '유엔시스템 작업반', 2012년 7월에 'Post-2015 개발의제를 위한 고위급 패널'을 구성하였다.

한편 2012년 6월에 개최된 '환경 및 개발에 관한 유엔회의'(UNCED, 또는 '리우+20')는 Post-2015 발전의제의 핵심이 SDGs가 되어야 함을 선언하였다. 2013년 유엔총회에서 이상의 논의를 구체화하는 차원에서 공개작업반(OWG)을 구성한 후 2014년 7월까지 총 13차례 회의를 거쳐 최종문서를 유엔에 제출하였다. 이를 토대로 2014년 12월 유엔사무총장 명의로 '2030년까지의 존엄성을 위한 여정: 빈곤퇴치, 모든 삶의 변혁, 지구 보호'라는 종합보고서를 제시하였다. 이후 정부 간 협상을 진행하여 최종적으로 합의된 내용을 토대로 2015년 9월에 유엔 정상회의에서 SDGs가 채택되었다(조미숙, 2013).

2) 지속가능개발목표(Sustainable Development Goals, SDGs)

MDGs의 성과와 한계를 바탕으로 국제사회는 2012년 Rio+20을 계기로 지속가능개발목표의 수립을 논의하기 시작하였고 2016~2030년까지의 국제사회의 목표로 정하였다.

목표 1. 모든 국가에서 모든 형태의 빈곤 종식

목표 2. 기아의 종식, 식량안보 확보, 영양상태 개선 및 지속가능농업 증진

목표 3. 모든 사람의 건강한 삶을 보장하고 웰빙(well-being)을 증진

목표 4. 모든 사람을 위한 포용적이고 형평성 있는 양질의 교육 보장 및 평생교육 기회 증진

목표 5. 성평등 달성 및 여성 · 여아의 역량강화

목표 6. 모두를 위한 식수와 위생시설 접근성 및 지속가능한 관리 확립

목표 7. 모두에게 지속가능한 에너지 보장

목표 8. 지속적 · 포괄적 · 지속가능한 경제성장 및 생산적 완전고용과 양질의 일자리 증진

목표 9. 건실한 인프라 구축, 포용적이고 지속가능한 산업화 진흥 및 혁신

목표 10. 국가내 · 국가간 불평등 완화

목표 11. 포용적인 · 안전한 · 회복력 있는 · 지속가능한 도시와 거주지 조성

목표 12. 지속가능한 소비 및 생산 패턴 확립

목표 13. 기후변화와 그 영향을 대처하는 긴급 조치 시행

목표 14. 지속가능발전을 위한 해양 · 바다 · 해양자원 보존과 지속가능한 사용

목표 15. 육지생태계 보호와 복구 및 지속가능한 수준에서의 사용 증진 및 산림의 지속가능한 관리, 사막화 대처, 토지황폐화 중단 및 회복 및 생물다양성 손실 중단

목표 16. 지속가능발전을 위한 평화적이고 포괄적인 사회 증진과 모두가 접근할 수 있는 사법제도, 모든 수준에서 효과적 · 책무성 있는 포용적인 제도 구축

목표 17. 이행수단 강화 및 지속가능발전을 위한 글로벌 파트너십 재활성화

지속가능개발목표(Sustainable Development Goals, SDGs)는 2015년에 기한이 만료된 MDGs 이후의 대안으로서 Rio+20회의에서 합의한 것이다. 즉, 경제성장 중심에서 탈피하여 사회개발과 환경보호 등과 함께 포괄적이고 총체적인 발전을 추구하는 새로운 패러다임이라고 할 수 있다. 이러한 SDGs는 MDGs에 대한 많은 비판과 우려, 그리고 MDGs의 단점을 극복하고 더 나은 개발목표를 수립하고자 한다는 데 의의가 있다. SDGs에서는 단순한 경제개발이 아닌 포괄적 경제성장을 강조하고 있다. SDGs는 기존의 개발목표와 달리 선진국을 포함한 모든 국가에 해당하는 보편적인 목표를 설정하고 있으며, 경제, 사회, 환경을 통합적으로 고려하는 체제이다. 또한 시민사회, 민간기업 등 모든 이해관계자의 참여를 촉진하는 포용성을 강조하고 있다(UN, 2015).

SDGs는 2030년까지 빈곤을 종식하고 지속가능발전을 실현하기 위한 17개의 목표와 169개의 세부목표로 구성되어 있으며, 인간(people), 지구(planet), 평화(peace), 번영(prosperity), 파트너십(partnership)을 핵심주제로 모든 인간이 빈곤, 기아, 폭력으로부터 자유롭고 교육과 보건위생, 안전한 주거와 에너지 접근이 보장되는, 정의롭고 평등한 사회를 비전으로 제시하고 있다. 특히 SDGs는 개발도상국과 선진국 모두에게 보편적 의제, 경제, 사회, 환경을 포괄하는 변혁적 의제, 소외, 취약계층까지 고려하는 포용적 의제이자, 구체적인 이행수단, 강력한 후속조치 및 평가 시스템과 관련한 내용까지 포함한다(UN, 2015).

SDGs는 인권·평등·지속가능성의 3대 기본 원칙과 ① 포용적 사회개발, ② 환경 측면의 지속가능성, ③ 포용적 경제개발, ④ 평화와 안보라는 4대축을 기본으로 기존 MDGs를 대체하는 후속 글로벌 목표로 제시되고 있는데(UN, 2015), 자세히 살펴보면 다음과 같다.

첫째, 포용적 사회개발은 양질의 의료 및 교육 서비스에 대한 보편적 접근성을 보장하여 빈곤과 불평등을 해소하는 데 필수적인 인적 역량의 격차 문제를 해결하고, 기아 해결·식품 안정성 확보·필수 영양 섭취를 위해 지속적으로 노력하여야 한다.

둘째, 환경측면의 지속가능성은 기후변화, 토지황폐화, 생물다양성 악화 등의 문제를 해결하기 위해 노력하고, 특히 취약계층의 회복력(resilience)을 강화해야 한다.

셋째, 포용적 경제개발은 지속가능한 생산 및 소비 패턴으로 전환, 안정적이고 평등한 경제성장을 위한 거시적 목표 및 무역 정책 수립을 규정하고 있다.

넷째, 평등화 및 안보는 취약국가 정부의 역량 구축, 취약 계층의 권한 강화, 제도, 법 등 지속가능발전을 위한 효과적인 거버넌스 구축과 함께 구체적인 이행수단 강화와 국가 간, 지역 간 협력을 통한 글로벌 파트너십을 인류 공통의 관심사로 보고 있다.

표 6-2는 SDGs의 목표 17개안에 경제분야, 사회분야, 환경분야 그룹으로 구분되어 있다.

첫째, 경제분야에서는 공정한 무역 시스템, 안정된 금융 시스템, 적정규모의 개발재원 확보, 기술과 지식에 대한 접근성 제고, 지속가능한 에너지 공급, 포용적 저탄소 경제성장을 위한 거시경제 및 개발 정책의 일관성 강화의 내용을 담고 있다.

둘째, 사회 분야에서는 지속가능한 식량 및 영양 공급, 양질의 의료 및 교육서비스 제공, 사회적 약자 보호 시스템구축, 인구 고령화 고려, 이주정책 개선이 주요내용이다.

셋째, 환경분야에서는 자연자원의 지속가능한 사용, 폐기물 관리, 재해 방지 및 예방 시스템 개선과 함께 평화 및 안보의 민주적이고 일관된 글로벌 거버넌스 메커니즘, 법과 규제에 기초한 거버넌스 확립, 분쟁 예방, 인권 보호, 여권신장 확대의 내용을 포함하고 있다.

표 6-2 지속가능개발목표(SDGs)

그룹			내용	분야
경제/사회발전	총괄	목표 1	모든 곳에서 모든 형태의 빈곤을 종식	빈곤
		목표 10	국가 내, 국가 간 불평등을 감소	불평등
	사회발전	목표 2	기아의 종식, 식품안정성 확보, 영양 상태 개선 및 지속가능 농업 향상	식량/농업
		목표 3	모두의 건강한 삶의 보장, 모든 연령대의 인구의 복지증진	보건/건강
		목표 4	모두를 위한 평생교육의 기회 증진과 포용적이고 공정한 양질의 교육보장	교육
		목표 5	양성평등 및 모든 여성과 여아의 역량을 강화하여 권익을 실현	젠더
		목표 6	모두를 위한 식수와 위생시설에 대한 지속가능한 관리 및 접근성 보장	물/위생
	경제발전	목표 8	지속가능한 경제성장, 생산적 완전고용과 양질의 일자리 증진	노동
		목표 9	회복가능한 인프라 건설, 포괄적이고 지속가능한 산업화 및 혁신 촉진	경제
		목표 11	안전하고 재생 가능하며 지속 가능한 도시와 거주 지역을 조성	주거
		목표 12	지속가능한 소비와 생산 패턴을 확립	소비
환경		목표 7	모두를 위한 적절한 가격의 지속가능한 에너지 접근 보장	에너지
		목표 13	기후변화와 그 영향에 대한 긴급대응	기후변화
		목표 14	지속가능한 발전을 위해 바다와 해양 자원을 지속적으로 사용하고 보존	해양
		목표 15	육지 생태계의 보전, 회복 및 지속가능한 이용 증진, 지속가능한 숲관리, 사막화 방지, 토지 파괴 방지 및 복원, 생물다양성 감소 방지	생물다양성
거버넌스, 이행수단, 파트너십		목표 16	지속가능발전을 위한 평화롭고 포용적인 사회 촉진, 모두가 접근할 수 있는 사법제도, 효과적이고 책임성 있고 포용적인 제도	거버넌스
		목표 17	목표달성을 위하여 지속 가능한 이행 수단과 글로벌 파트너십 활성화	이행수단, 글로벌 파트너십

출처: UN General Assembly(2015).

표 6-2의 17개 목표는 사람, 환경, 번영, 평화, 파트너십 등 5개 차원에서 방점을 두고 제정되었으며, 이들은 개별적인 목표임과 동시에 서로 간의 중요한 쟁점을 공유하는 것이다. 각 목표 및 세부 목표는 다른 분야의 발전에 의존하기 때문에 함께 추진되도록 하고 있다. 따라서 목표하고 있는 SDGs의 많은 지표는 하나 이상의 목적에 기여하게 된다. SDGs은 기존의 MDGs를 바탕으로 한 가운데 절대빈곤을 완전히 해소하는 목표와 함께 변화하는 개발환경, 인구, 도시, 환경문제, 과학기술 발전 등 모든 영역의 요구를 반영하고 있다.

3) MDGs와 SDGs의 비교

2000년 유엔 새천년정상회의에서 채택된 MDGs는 '절대 빈곤 및 기아 퇴치'와 '보편적 초등교육 실현' 등의 8개 의제를 제시하였다. MDGs는 국제사회를 한 방향으로 나가게 했으며, 공통으로 추구해야 할 공통의 목표를 설정했다는 점에 큰 의의가 있다. 또한 지난 2015년 7월에 유엔이 발표한 〈2015년 MDGs 보고서〉에 따르면 하루 1.25달러 미만으로 살아가는 빈곤인구가 1990년 45%정도에 육박했었지만, 2015년에는 14%로 현저하게 감소하였고, 영양실조 인구도 23%에서 13%로 줄어 MDGs를 통한 성과가 있었음을 확인할 수 있었다.

그러나 MDGs는 표면적 사회변화에 초점을 맞췄을 뿐이며, 직접적인 불평등 해소를 통한 근본적 빈곤해결에 접근하지 못했다는 평가이다. 특히 취약계층을 충분히 고려하지 않았다는 비판이 대부분이었다.

MDGs가 개발도상국의 절대빈곤퇴치와 기초보건 및 교육환경 개선 등을 통한 개발 과제의 해결을 목적으로 하였다면, 표 6-3과 같이 SDGs는 MDGs의 형태와 성과를 유사하게 유지하면서도 보편성, 포용성, 평등 등을 새로운 기조로 강조함으로써 21세기의 변화된 환경과 사회적 욕구를 반영하고 있음을 알 수 있다.

표 6-3 MDGs와 SDGs 관계 비교

구분	MDGs(2001~2015년)	SDGs(2016~2030년)
구성	8개 목표 + 21개 세부목표	17개 목표 + 169개 세부목표
대상	개발도상국	보편성: 개발도상국 중심, 선진국도 대상
분야	빈곤/의료/교육 등 사회분야 중심	변혁성: 경제성장, 기후변화 등 경제, 사회, 환경 통합 고려
참여	정부중심	포용성: 정부, 시민사회, 민간기업 등 모든 이해관계자 참여
특징	• 절대빈곤과 기아퇴치 중심 • 개발도상국의 사회발전 중심 • 개발도상국의 개발원조 • 정부의 재원조달 • 자잘적 성과보고	• 지속가능개발목표 • 모든 국가와 영역에서 지속가능발전 • 모든 형태의 빈곤과 불평등 감소 • 모든 국가의 적용되는 보편성 • 민간협력 파트너십 강화/기업참여 확대 • 성과보고 책임성 강화

출처: 김경철(2016). p.20.

따라서 유엔 SDGs의 주요내용을 MDGs와 비교하여 살펴보면 다음과 같다.

첫째, 발전범주와 이행목표에 차이가 있다. MDGs는 인류가 지향해야 할 발전방향을 주로 경제발전과 사회·인간개발에 초점을 맞춘 반면, SDGs는 경제발전과 사회·인간개발뿐만 아니라 환경의 지속성이라는 매우 포괄적인 내용을 포함하고 있다.

둘째, 발전대상에 차이가 있다. MDGs는 개발도상국과 저개발국의 발전만을 대상으로 했던 반면, SDGs는 선진국도 발전대상에 포함하고 있다. 구체적으로 여성역량강화나 일자리 증진, 지속가능도시 구축, 지속가능 소비·생산, 기후변화대응 등 많은 발전목표는 선진국도 추진해야 하는 과제들이다.

셋째, 발전재원에 차이가 있다. 국제사회의 발전을 이행하기 위해서는 이를 위한 재원이 필요한데, MDGs의 경우 공적개발원조(ODA)를 핵심적인 재원으로 했던데 반해, 유엔 SDGs는 ODA를 포함하는 국내외 공공 및 민간 재원을 활용하기로 했다는 점에서 차이가 있다.

넷째, 참여 주체와 국내·외 거버넌스에 차이가 있다. 국제적 측면에서 MDGs는 OECD 산하 개발협력위원회(DAC) 회원국, 소위 선진국이 중심이 되어 개발도상국과 저개발국의 발전문제를 고민하는 '남-북 협력'이 주요한 형태였다고 하면, SDGs는 DAC 회원국뿐만 아니라 중국이나 인도, 브라질, 아랍지역 국가 등의 기여를 포괄하여 '남-북 협력' 및 '남-남 협력'의 형태도 포괄한다. 또한 국내적 차원에서는 앞에서 개발재원에 대한 논의에서 언급한 바와 같이 정부와 민간도 매우 중요한 참여주체로 인식되고 있다.

특히, 여기서 거버넌스(governance)란 국가의 여러 업무를 관리하기 위해 정치·경제 및 행정적 권한(authority)을 행사하는 방식, 즉 국정관리 체계를 의미한다. 국정관리 체계(國政管理體系), 공치(共治), 협치(協治) 등의 용어로 번역되어 사용된다. 넓은 의미에서의 거버넌스는 일반적인 국정관리 체계를 가리키는 용어이나 다른 한편으로는 '네트워크식 국정관리 체계'만을 지칭하는, 즉 뉴 거버넌스의 의미로 사용됨으로써 혼란이 초래된다.

넓은 의미의 거버넌스, 즉 국정관리 체계의 주요 양식으로는 계층제(관료제 또는 전통적 형태의 정부조직), 시장, 네트워크(network) 등이 있다. 정부에 의한 일방적 통치를 의미하는 전통적 행정(government)과 대비되는 뉴 거버넌스의 개념은 공공문제의 해결을 위한 정부와 시민사회(civil society) 그리고 여러 공사조직들과의 연결 네트워크를 강조하는 개념이다.

다시 말해 뉴 거버넌스는 오늘날의 행정이 시장화·분권화·네트워크화·기업화·국제화를 지향함에 따라, 종래의 집권적 관료구조에 바탕을 둔 전통적 행정을 대체하는 개념(from government to governance)으로 사용된다. (뉴)거버넌스의 속성 개념으로는 민·관의 협력적 네트워크 또는 자기조직화 네트워크(self-organizing network), 민·관의 파트너십(partnership), 공공 서비스의 민·관공동생산(coproduction), 신공공관리(new public management) 기법의 도입 및 기업적 거버넌스(corporate governance), 최소국가(minimal state), 사회적 인공지능 체계(socio-cybernetic system) 등을 들 수 있다.

이상과 같이 유엔 SDGs와 MDGs의 주요내용 비교에도 불구하고, 국제시민사회의 관점에서 SDGs의 주요 쟁점에 대해 살펴볼 필요가 있다.

1) 보편성의 의미와 국내적 적용: SDGs는 모든 나라에 적용한다는 보편성의

토대에서 구축, 즉 개발도상국과 선진국 모두 모든 SDGs를 적용하기 위한 정책 수립이 요구되고 있으며, 여기서 정책일관성이 강조되어야 한다.

2) 적정한 목표의 수: 현재 SDGs는 17개의 목표와 169개의 세부목표로 구성되어 있다. 이를 소통하기 쉬운 10개 내외로 줄여야 한다는 주장이 제기되지만 소수에 머물고 있다. 기존 목표의 내용을 축소 누락하지는 않으면서 효과적으로 재구성해서 이해 및 소통하기 쉬운 형태로 만들 필요가 있다.

3) 지속가능개발 재원 마련: 빈곤퇴치에서 ODA의 역할과 비중 감소에 따른 새로운 혁신 재원의 중요성 대두, 국제적 차원의 공공재원 마련이 중요하다. 한편 국내개발재원으로서의 세금의 중요성이 증대되면서 조세회피가 중요한 과제이다. 이는 세무분야의 거버넌스로 투명한 거버넌스 제도의 중요한 요소이며, 재원 구축과 함께 주민참여 예산제 등 다양한 제도적 장치를 포함하는 것도 중요하다.

4) 글로벌 파트너십: 빈곤퇴치 관련 다양한 분야에서 다양한 형식의 글로벌 파트너십이 형성, 시행되고 있다. 특히 SDGs 이행 관련 부산 파트너십의 중요성이 중요하게 대두되었으나 정치적인 이유로 BRICs 국가는 소극적인 태도를 견지하고 있다. 따라서 국가 간 정치적 이해관계와 헤게모니가 아닌 지구적 빈곤퇴치를 위한 책무성과 효과성 증진 차원에서 접근하는 정치적 환경 조성이 중요하다.

5) 책무성 메커니즘: 책무성 메커니즘은 매우 취약하다. 인권분야의 보편적 정례검토처럼 시민사회 등 다양한 이해관계자의 참여하에 정기적으로 공개적으로 심사를 받는 제도적 장치가 마련되어야 한다. 특히 국내적, 지역적, 글로벌 차원의 다층적 메커니즘 수립이 매우 중요하다.

6) 모니터링: 정부의 통계 작업반 역량강화와 더불어 시민이 참여하는 모니터링 메커니즘을 구축하는 것이 매우 중요한데, 이는 주인의식 제고를 통한 정당성 증대와 개발 정책의 효과성 보장 차원에서도 전략적으로 매우 중요하다.

7) 시민사회의 역할과 참여: 실제 정부 간 협상과정에 시민사회의 의견을 반영하는 메커니즘 구축이 중요하며, 이는 이후 SDGs 이행과정에서 시민사

회의 주인의식에 기반한 참여를 구축하는 데 필수적이라고 본다. 따라서 다양한 형태로 협상 과정을 감시하고 참여하는 전략이 필요하다(조미숙, 2019).

4) 한국의 SDGs 추진체계 이슈분석

(1) 추진체계 현황

현재 한국의 유엔 SDGs 이행은 「지속가능발전법」, 「저탄소 녹색성장기본법」, 「국제개발협력기본법」, 기타 개별목표에 해당하는 관련법 등에 의거하여 '지속가능발전기본계획'과 '국제개발협력기본계획' 그리고 기타 개별목표에 해당하는 국정과제를 통해 추진되고 있다.

우선 '지속가능발전기본계획'은 「저탄소 녹색성장 기본법」 제50조에 의거하여 2006년에 처음으로 마련되었고, 2015년에 제3차 계획을 마련하여, 이 계획에 유엔 SDGs를 반영하고 있다. 이러한 기본계획은 관계부처(국무조정실 등 총25개 관계 중앙행정기관) 의견수렴 및 협의와 전문가 회의, 지속가능발전위원회 전문위원회 의견수렴, 지속가능발전위원회 심의, 녹색성장위원회 심의, 국무회의 심의를 거쳐 확정된다. 한편 '국제개발협력기본계획'은 「국제개발협력기본법」 제8조에 의거하여 5년마다 수립하고 있다.

(2) 추진체계 한계점

첫째, 유엔 SDGs 이행에 대한 통합적인 추진체계가 부재하다. 현재 한국 유엔 SDGs 이행을 위한 기본계획은 '지속가능발전 기본계획'과 '국제개발협력기본계획', 그리고 기타 개별계획으로 다원화되어 있다. 이로 인해 정책결정은 물론 집행 및 평가 등이 각 계획에 의거하여 개별적으로 추진될 수밖에 없는 상황이다.

둘째, 국내적 이행과 국제적 이행에 대한 개념과 이에 따른 추진체계가 미흡하다. 지속가능발전 기본계획에는 국내적 이행과 국제적 이행에 대한 사항을 포함하고 있으며, 국제개발협력 기본계획에는 국제개발협력 차원의 이행에 대한 사항을 담고 있다. 이 중에서 지속가능발전 기본계획의 국제적 이행에는 국제개발협력차원뿐만 아니라 국제협력차원까지 포함하고 있다. 이로 인해 지속가능발전 기본계획과 국제개발협력 기본계획 간에 중복되는 사항이 있는데, 이러한 사항이 상호 배타적인지 보완적인지가 불명확하다.

셋째, 행정부처의 위상과 업무영역에 대한 고려가 미흡한 것으로 판단된다. '지속가능발전 위원회'는 환경부 장관이 위촉하는 위원과 관련 부처의 고위공무원으로 구성되어 있는데 반해, '국제개발협력위원회'는 국무총리를 위원장으로 하고 관련 부처의 장관을 위원으로 하고 있다. 즉, 국제개발협력위원회가 지속가능발전위원회보다는 상위에 있다. 따라서 각 위원회가 마련한 국제개발협력 기본계획과 지속가능발전 기본계획을 실행하는 데 있어서 한계가 있을 것으로 판단된다. 이와 함께 유엔 SDGs는 환경뿐만 아니라 사회통합과 경제발전 등 환경부 업무영역을 넘어서는 사항이 포함되어 있다. 따라서 이에 대한 검토가 필요한 것으로 판단된다.

넷째, 개발재원에 대한 고려가 미흡하다. 유엔 SDGs 이행에 있어서 핵심적인 사항 중의 하나가 ODA뿐만 아니라 국내외 공적 및 사적 재원의 활용이다.

다섯째, 정부를 제외한 시민단체나 기업 및 전문가 등의 제도적 참여가 부족하다는 점이다. 지속가능발전 기본계획이나 국제개발협력 기본계획을 마련하는 과정을 살펴보면 각 위원회에 민간이 위원으로 참여하도록 되어 있으나, 다소 형식적인 측면이 강하다. 특히 한국은 2011년에 '열린정부 파트너십(OGP)'에 가입하고 <정부 3.0>을 통해, 정부의 투명성과 의사결정과정에 시민의 참여를 제고하고, 부패방지 등의 노력을 기울이고 있으나 유엔 SDGs의 한 축인 거버넌스 차원에서 보완되어야 할 사항이라고 본다.

CHAPTER

07

국제사회복지 기구

1 국제기구의 정의

국제기구란 구성원의 공동이익을 추구할 목적으로 둘 또는 그 이상의 국가로부터 정부 또는 비정부회원들 간의 동의에 의해 설립된 공식적인 조직이라고 할 수 있다. 정부에 의해 설립된 조직체로서 정기적인 회합, 의사결정을 위한 규칙, 상근 스텝과 본부조직이 제도화되어 있는 조직으로 정의된다(Jacobson, Reisinger & Mathers, 1986). 따라서 정부를 회원자격으로 하는 정부 간 기구만을 국제기구로 바라보는 시각과 비정부 회원들도 회원자격으로 포함하는 견해도 있으나 기본적인 기능이나 역할 수행에 큰 차이가 없어 정부 간(governments) 및 비정부 간(non-governments) 모두를 포함하고 있다. 단, 설립주체에 따라 정부 간 기구(Inter-Governmental Organization, IGO)와 비정부 간 기구(International Non-Governmental Organization, INGO)로 나뉜다. 또한, 설립 주체에 따라 구분되는 정부 간 기구(IGO)는 국가 간의 협력업무를 수행하는 기관으로 정부 간의 조약이나 합의를 거쳐 국제법에 의해 설립된 기구로서 적어도 3개국 이상의 국가들이 공식적으로 참여하여 여러 국가 내에서 활동하는 조직이라 할 수 있다(정정숙 외, 2005). 반면, 비정부 간 기구(INGO)는 공동목표를 달성하기 위한 개인이나 조직을 구성원으로 하는 자발적인 비정부 기구로서, 지방 또는 공동체에서 국가 또는 국제정치 수준에까지 거버넌스의 모든 차원에서 활동하고 있다(Karns & Mingst, 2004).

2 국제기구와 사회복지

사회복지 분야의 다양한 국제기구들은 세계화의 과제들과 국제사회복지 문제들을 다루고 있다.

대부분의 국제기구들은 '사회복지'라고 명명할 만한 구체적인 역할이나 기능을 갖고 있지 않다. 그러나 주로 개발 혹은 사회개발과 복지증진, 전 세계의 사회 및 경제적 복지의 기준 향상, 그리고 전문교류활동의 후원 등에 개입해 오고 있다. 그러므로 이들의 업무는 국제사회복지(global social welfare)의 개념과 일치하며, 상호의존적인 세계에서 전문활동을 이해하기 위해서는 유엔의 국제기구와 사회복지의 기능을 이해하고 있어야 한다.

대부분의 국제기구들은 개발(development)과 인권 향상(promotion of human rights)에 관여하고 있다. 개발원조활동은 국제기구들의 연계망을 통해 제공된다. 개발원조는 양국 간의 합의, 즉 한 국가가 원조나 기술을 다른 나라에 제공하는 방법이나 여러 국가의 노력을 통해 제공된다. 양자 간의 원조는 부분적으로는 공여국이 수원국을 도우려는 인도적 목표에 있지만, 공여국의 외교정치적 목적도 있는 것이 사실이다. 즉, 다양한 측면의 원조가 실제로 존재하지만 아주 넓게는 국제협력(global cooperation)의 개념 속에서 이해할 수 있다.

따라서 사회복지활동을 직접적으로 수행하거나 혹은 간접적으로 사회복지분야에 영향을 미치는 국제기구를 크게 4개의 범주로 분류할 수 있다(박성희, 2002).

첫째, 유엔경제·사회기관이다. 여기에는 경제·사회복지 증진의 책임을 지고 있는 유엔경제사회이사회(ECOSOC)를 비롯한 유엔아동기금(UNICEF), 유엔개발계획(UNDP), 유엔난민고등판무관사무소(UNHCR), 국제노동기구(ILO), 유네스코(UNESCO) 같은 유엔의 전문기구가 포함된다. 이 기구들은 사회복지의 주요한 활동가로서 역할을 한다.

둘째, NGO로 명명되는 단체들로, 인도주의적 원조와 사회복지서비스를 제공하는 데 참여하는 NGO, 즉 개발 NGO로 분류할 수 있다. 개발 NGO는 구호나 복지사업으로부터 시작하여 개발프로그램이나 개발교육 등으로 그 활동을 넓혀 가고 있는 조직들로서 제3세계의 상대적 소외계층이나 사회문제지역의 개발을 도우며 사회복지적인 접근을 하는 민간단체들을 의미한다. 대표적인 단체로는 옥스팜(Oxfam), 국경없는의사회(Medecins Sans Frontiers), 월드비전(World

Vision) 등이 있으며, 사회개발이나 지역사회의 복지를 향상시키기 위한 목적을 공유하고 있다.

셋째, IMF, 세계은행과 같은 세계경제기구들로 국가의 경제 · 사회정책에 영향을 미친다. 특히, 이들은 경제적 감시와 개발도상국에 대한 재정적 원조로 개별 국가의 경제 · 사회 정책에 상당한 영향력을 행사한다.

넷째, 국제사회복지사협회(IFSW), 국제사회복지협회(ICSW)와 같은 국제적인 사회복지전문가 협회들로, 사회복지에 종사하고 있는 전문직들의 이익을 대변하고 있다.

3 유엔과 국제사회복지 관련 기구

초기 유엔 활동 가운데는 사회적 임무에 관한 활동이 포함되어 있었다. 유엔이 공식적으로 설립되기 이전에 다수의 국가들이 유엔구제부흥기관(UN Relief and Rehabilitation Administration, UNRRA)을 통해 전쟁으로 폐허가 된 유럽과 아시아에서 구호와 재건사업을 제공하였다. 사회복지 전문가들은 유엔구제부흥기관의 리더로서 이들 프로그램에 깊게 관여했으며, 이를 통해 경험을 축적한 상당수의 사회복지사들이 국제사회복지의 경력을 쌓아 나갔다.

유엔(United Nations, UN)은 1945년 6월 26일(발효, 1945년 10월 24일) 협정서에 서명함으로써 창립되었다. 이 협정서는 유엔의 목적을 다음과 같이 정의하고 있다.

(1) 세계 평화와 안보를 유지하며,

(2) 국가 간의 우호적인 관계를 발전시키고,

(3) 경제, 사회, 문화 혹은 인도적 성격의 국제문제를 해결하는 데 국제 협력을 이끌어 내고 인권존중을 향상시키며,

(4) 이러한 공공목적을 성취하는 데 국가들 간 화합의 구심점이 된다.

이 중 세 번째 목적은 유엔의 사회복지 및 사회개발 노력을 합법화하고 있다. 유엔에는 현재(2020년) 193개 회원국이 있으며, 초창기 설립 회원국이 51개국이었던 것에 비하면 놀라운 성장을 하였다. 유엔의 업무는 모든 회원국으로 구성된 유엔총회(General Assembly), 국제평화와 안전유지를 책임지고 있는 15개 국가로 구성된 안전보장이사회(Security Council), 그리고 경제사회이사회(The Economic and Social Council, ECOSOC)를 통해 이루어진다. 유엔의 개발 노력 중 상당 부분은 다음과 같은 유엔의 특수기관들을 통해 수행된다(Healy, 2008).

- 유엔아동기금(the UN Children's Fund, UNICEF)
- 유엔개발계획(United Nations Development Programme, UNDP)
- 세계보건기구(World Health Organization, WHO)
- 유엔인구활동기금(United Nations Fund for Population Activities, UNFPA)
- 유엔난민고등판무관사무소(The United Nations High Commission for Refugees, UNHCR)
- 식량농업기구(Food and Agriculture Organization, FAO)
- 세계식량프로그램(World Food Program, WFP)

1) 경제사회이사회(ECOSOC)

경제사회이사회(The Economic and Social Council, ECOSOC)의 목적은 질 높은 생활수준과 완전고용을 도모하고, 경제적·사회적 발전을 향상시키며, 세계의 경제·사회·보건 및 관련 문제와 세계의 문화적·교육적 협력을 증대하고, 인종, 성, 언어 혹은 종교의 차별 없이 모든 인간의 인권 및 근본적 자유를 존중하고 준수하는 것이다. 특히 경제사회이사회는 유엔총회에 보고를 하며 경제 및 사회 문제와 관련된 조정기능의 역할을 수행하는데, 이 기구는 다음과 같은 위원회가 있다.

- 사회개발위원회(Commission for Social Development)
- 인구 및 개발위원회(Commission on Population and Development)
- 지속가능 개발위원회(Commission for Sustainable Development)
- 여성지위위원회(Commission on the Status of Women)
- 인구위원회(Population Commission)
- 마약위원회(Commission on Narcotic Drugs) 등

뿐만 아니라, 사회복지의 주요 보고서라 할 수 있는 「세계의 사회현황보고서」를 4년 주기로 발간하고 있는데, '불평등의 곤경(inequality predicament)'에 대해 집중적으로 다루고 있다. 즉, '세계화로 인한 세계적인 불균형'에 대해 우려를 표명하면서 빈곤감소를 위한 노력과 함께 비공식적인 경제활동에 참여하고 있는 사람들의 근로조건 향상, 개발과 평화 및 안전보장에 필수적인 사회통합과 응집력 향상을 강조하고 있다(조미숙, 2019 재인용).

2) 유엔아동기금(UNICEF)

유엔아동기금(the UN Children's Fund, UNICEF)는 유엔의 중요한 기관으로서 제2차 세계대전 이후 유럽과 중국에서 구호활동을 하기 위해 1946년 설립되어 개발에 집중하는 영구기관이 되었다. 1989년 유엔총회에서 유엔아동권리협약의 채택과 함께 1990년에 개최된 아동을 위한 세계정상회의(World Summit for Children), 2002년 유엔총회에서의 아동에 관한 특별회의를 개최하여 아동문제에 대한 관심을 이끌어 내고 아동권익을 옹호하는 계기를 마련하였다. 현재 유엔아동기금은 2016년 현재 190여 개 국가에서 운영되고 있는 세계적인 프로그램으로, 전체 예산은 16억 달러가 넘었다. 유엔아동기금의 목표는 개발도상국의 지역사회에 기반한 일차 의료, 사회복지서비스, 식수, 공식적·비공식적 교

육, 영양 및 긴급 지원활동 등을 제공하여 아동 및 청소년의 삶을 향상시키는 것이다(Hoy, 1998).

전 세계 대부분의 국가들이 아동권리협약에 서명한 가운데 유엔아동기금의 주요 초점은 '유엔아동권리협약의 틀 안에서 아동의 생존, 보호, 발달을 보장하기 위한 것'으로 사회복지의 관심 대상이다. 이 기관은 '특별히 어려운 상황에 처한 아동에 관한 대책방안'을 통해 아동학대와 착취문제를 다루고 있으며, 무력분쟁과 위험하거나 착취적인 아동노동, 성 착취, 아동기 장애 및 후천성면역결핍증과 에이즈에 영향을 받은 아동들을 돕고 있다. 특히 UNICEF는 인종, 종교, 국적, 성별과 관계없이 전 세계 개발도상국에서 거리의 아동들과 아동 노동자, 난민아동 등 어려운 처지에 놓인 아동을 위해 영양, 보건, 식수공급 및 위생, 기초교육 분야에서 다양한 보호사업을 펼치고 있다. 뿐만 아니라, 1989년 유엔아동권리협약의 채택으로 아동권리문제가 국제적인 의제로 떠오르면서 유엔아동기구의 활동은 아동의 생존과 보호, 발달, 참여 분야에 이르기까지 아동권리 전체로 확대되었다.

현재 유엔아동기금(UNICEF)은 유엔이 채택한 지속가능개발목표(SDGs)를 달성하기 위해 보건, 에이즈, 식수와 위생, 영양, 교육, 아동 보호, 사회통합 등 7가지 중점 사업 분야를 정하고 190여 개국에서 활동하고 있다(UNICEF, 2016).

한국은 1950년 당시 한국전쟁의 폐허 속에서 고통받던 우리 어린이들에게 유엔아동기금(UNICEF)은 분유와 담요, 의약품 등 긴급 구호물자를 대량 지원해 주었으며, 그 이후 한국의 경제 발전 단계에 맞춰 농어촌 어린이 영양 개선, 저소득층을 위한 유아교육 등 다양한 사업을 개시했다. 43년 동안 유엔아동기금의 지원을 받던 한국은 1994년 1월 1일 UNICEF한국위원회가 설립됨으로써 세계 최초로 도움을 받던 나라(수원국)에서 다른 개발도상국을 도와주는 나라(공여국)로 발전했다.

2016년 현재 UNICEF한국위원회를 통해 전 세계 어린이를 돕는 후원자는 37만 명에 이르고 있는데, 한국위원회가 직접 돕는 나라는 북한, 콩고민주공화국, 중앙아프리카공화국, 베트남, 시리아, 캄보디아, 몽골 등 약 15개국에 이르며, 기금 모금 외에도 아동권리 홍보 및 옹호와 학생들을 대상으로 한 나눔 교육, 모유수유권장 등의 사업을 펼치고 있다(조미숙, 2019 재인용).

3) 유엔난민고등판무관사무소(UNHCR)

1949년 12월 3일 유엔총회에서 창설된 유엔난민고등판무관사무소(UNHCR)는 임시기관으로 설립되었지만, 난민을 보호하고 이들에게 서비스를 제공하는 업무를 주요기능으로 난민보호, 임시거처에 있는 난민에 대한 원조 및 구호, 가능한 경우 자발적인 강제송환, 정착 및 첫 번째 일시 피난국가에의 통합지원 등의 기능을 수행하고 있다. 유엔난민고등판무관사무소는 특정 난민들의 구호 및 이주 문제를 해결하기 위해 직접적으로 일하는 것 이외에도 전 세계 난민들에 대한 처우기준을 설정하는 업무를 수행하고 있다. 유엔난민고등판무관사무소는 지난 몇십 년 동안 원조 제공보다는 난민 파악 및 처우에 관한 기준을 설정하는 데 역점을 두어왔다.

유엔난민고등판무관사무소의 임무는 비정치적·인도적인 차원에서 난민들에게 국제적 보호를 제공하고, 이들을 위한 영구적인 해결책을 모색하는 것이다. 유엔난민고등판무관사무소의 핵심 임무는 1950년 유엔총회 결의로 만들어진 유엔난민고등판무관사무소 규정에 처음으로 정리되었고, 그후 유엔총회 및 경제사회이사회의 결의문에 의해 확대되었다. 유엔난민고등판무관사무소의 임무는 유엔총회에서 3년마다 연장되어 오다가, 2003년에 난민문제가 완전히 해결될 때까지 계속 업무를 수행하도록 승인을 받았다(유엔난민기구, 2016). 또한 유엔난민고등판무관사무소는 각국 정부나 기타 기관이 기부한 기금을 토대로 각국의 정부기관이나 민간단체를 재정적으로 지원하여 그들로 하여금 구호사업을 담당하게 하고 있다(김세니, 2004).

4) 국제노동기구(ILO)

국제노동기구(International Labour Organization, ILO)는 최초의 국제연합 전문기구로서 가장 오랜 역사를 지니고 있는 국제기구 중 하나이다. 국제노동기구는 현재 유네스코(UNESCO)나 세계보건기구(WHO)와 같이 전문기구인데, 유엔보다 빠른 1919년에 설립되었다. 노동자의 지위향상이 세계의 항구적 평화에 불가결하다는 생각에 제1차 세계대전 직후 베르사유 조약에 의해 설립된 것이다(정진성, 2001).

국제노동기구가 이처럼 이른 시기에 설립됐던 것은 19세기 후반 산업화가 진행된 유럽 각국에서는 노동입법 문제가 중요한 사회적 문제로 떠올랐기 때문이다. 19세기 산업혁명 이래 노동자의 인권과 권리에 대한 침해가 극심했고 그로 인한 사회갈등이 깊어졌다. 특히 사회주의 국가의 탄생은 자본주의 국가들로 하여금 노동조건의 일정한 개선을 통해 노동자들의 반발을 완화시킬 필요가 존재하게 되었다. 또한 나라 간의 무역이 늘어나면서 한 국가에서만의 노동조건의 개선이 아닌 각국에 공통적으로 적용될 수 있는 국제노동기준을 설정하는 것이 필요하다는 데 공감대가 형성되었다.

국제노동기구의 주요 활동은 각국의 노동입법 수준을 발전시켜 노동조건을 개선하고 사회정책과 행정·인력 자원을 훈련시키며 기술을 지원하는 것이다. 뿐만 아니라 협동조합과 농촌에 공장을 세우는 것도 지원한다. 이러한 활동을 하기 위하여 국제노동통계를 수집하고 불완전고용, 노사관계, 경제발전 등에 관해 연구한다(국제노동기구, 2016).

노·사·정이 대등한 입장에서 참가하는 국제노동기구는 세계에서 유일하게 비정부기구(NGO)가 단위구성원인 국제기구이다. 국제기구에서 정부 대표 이외의 대표에게 결의권을 포함한 참가권을 인정하는 곳은 국제노동기구 외에는 어디서도 찾아볼 수 없다. 다른 국제기구와 유사하게 총회, 이사회, 사무국으로 구성되어 있고 그 산하에 각종 위원회가 있지만, 3자의 대표가 동등한 자격으로 참여하는 독특한 성격으로 인해 민주적 조직이라는 평가를 받는다(정효민, 2010). 2018년 기준 187개국이 회원국이 가입해 있으며, 1969년 노벨평화상을 받았다. 자유롭고 평등하고 안전하게 인간의 존엄성을 유지할 수 있는 노동을 보장하는 것을 목표로 한다. 국제노동기구는 이러한 당면 과제를 수행하기 위해 노동기본권, 고용, 사회보장, 사회협력과 같은 분과를 운영하고 있다(조미숙, 2019 재인용).

5) 유네스코(UNESCO, 유엔교육과학문화기구)

유네스코(United Nations Educational, Scientific and Cultural Organization, UNESCO)는 유엔체제 중 경제사회이사회(ECOSOC) 산하 16개 유엔 전문기구의 하나로 국제기구라는 조직의 점진적인 발달과 학술과 문화 분야에서의 국제적 협력에 대한 필요성이 제기됨에 따라 창설되었다(이서현, 2015).

이러한 국제적인 움직임으로 1945년 11월 16일, 영국 런던에서 유네스코 창립회의가 개최되었고, 37개국 대표들이 '유네스코 헌장'을 채택하면서 유네스코가 창설되었다(UNESCO, 2007). 유네스코의 주요 목적은 국가 간 교육, 과학, 문화 분야의 협력을 통해 세계 평화와 안보를 도모하는 데에 있으며, 정의, 법, 질서 및 인권과 기본적 자유의 신장에 중점을 둔다

유네스코의 역할을 살펴보면 다음과 같다.

첫째, 강대국, 중진국, 약소국에 따라 국제사회에서 영향력이 달라지며, 국제기구를 외교정책의 수단으로 사용하기도 한다는 것이다.

둘째, 유네스코는 교육, 문화, 과학 분야의 국제적 관심사에 대해 다자 포럼을 상시 개최하여 국가 간 상호이해와 협력을 촉진하고 갈등을 해소하는 역할을 수행한다.

셋째, 유엔산하 기구이면서 동시에 독립기구의 성격을 갖는다. 유네스코의 기능으로는 규범설정, 투명성 확보, 전문지식 혹은 자원 제공, 정당성 확보 등을 들 수 있다. 유네스코는 모든 이를 위한 평생교육, 인류에 기여하는 과학, 세계유산보호와 창의성을 바탕으로 하는 문화발전, 정보와 정보학의 기반 구축에 활동목표를 두고 있으며, 각 분야별 주요 활동은 다음과 같다.

① 교육 분야: 문맹퇴치, 초등의무교육의 보급, 난민교육 등
② 과학 분야: 생물학 · 해양학 · 환경문제에 대한 국제적인 연구, 정보교환 등
③ 사회과학 분야: 인권문제에 관한 연구 · 분석, 개발도상국의 통신설비 · 정보시설 지원, 언론인 육성 지원 등
④ 문화 분야: 세계문화유산 지정, 가치 있는 문화유적의 보존 및 보수 지원, 세계 각국의 독자성 있는 전통문화 보존지원, 세계 각국의 문학 및 사상에 관한 문헌의 번역소개 등이다(윤지예, 2014).

2015년 기준 회원국은 195개국이며, 9개의 준회원국이 있다. 준회원국은 총회의 투표권이 없고 이사회의 직책을 맡을 수 없다는 점 외에 회원국과 같은 권한을 갖는다. 한국은 1950년에 가입했고, 1987년 제24회 총회에서 집행위원국에 선출된 바 있다(조미숙, 2019 재인용).

6) 유엔개발계획(UNDP)

유엔개발계획(United Nations Development Programme, UNDP)은 1965년 설립되어 1990년 중반까지 다국적 원조의 가장 큰 원천이 되었으며 '빈곤감소, 민주적인 통치체제의 장려, 지속가능한 개발을 위한 에너지 및 환경, 위기 예방 및 복구, 후천성면역결핍증 및 에이즈에 대한 대응'의 다섯 가지 영역에 초점을 두고 있다. 유엔개발계획은 어떤 개발기관보다도 가장 많은 국가에서 가장 많은 국민들에게 가장 다양한 종류의 원조서비스를 제공하였다(Hoy, 1998). 유엔개발계획은 지난 새천년개발목표(MDGs)의 강력한 옹호자이며, 최근엔 지속가능개발목표(SDGs)와 전략을 국가 계획과 통합시켜 성취하기 위해 노력하고 있다.

1986년 유엔개발계획은 개발에서의 여성분과(Division for Women in Development)를 만들고 여성을 위한 유엔개발기금(UN Development Fund for Women, UNIFEM)을 관장하여 빈곤국 저소득 여성들을 지원하기 위한 특별기금을 마련하였다. 이 기금의 네 가지 주요 '전략영역'은 ① 여성 빈곤의 감소,

② 여성 대상의 폭력 종식, ③ 여성과 여아의 후천성면역결핍증과 에이즈 감소, ④ 전쟁이나 평화 상황에서의 '민주적인 통치체제에서 여성평등 성취'이다(조미숙, 2019 재인용).

7) 세계보건기구(WHO)

세계보건기구(World Health Organization, WHO)는 유엔의 또 다른 전문기관으로서, 이 기관의 목표는 모든 사람들이 가능한 한 최고의 건강 수준을 갖도록 장려하는 것이다. 이를 위해 WHO에서는 국제보건 관련 문제들을 감시하고 있으며, 전염가능한 질병을 통제하기 위해 노력하고, 약품이나 백신의 국제보건 기준을 설정하며, 연구조사를 실행하고 건강문제를 해결하기 위해 보다 직접적인 노력에 관여하면서 국민의료체계를 강화하고 있다. 특히 관심 대상이 되는 것은 일차보건체계로서, 위생, 식수, 예방접종, 모성-영아의 건강에 대한 간단한 개입에서 건강의 기본이 나온다는 점을 인식하게 하는 캠페인을 벌이는 것이다(조미숙, 2019 재인용).

WHO는 후천성면역결핍증의 확산·억제 캠페인의 선도기관으로서, 말라리아, 천연두, 소아마비를 없애는 데 중요한 역할을 수행하였으며, 중증 급성호흡기질환(Severe Acute Respiratory Syndrome, SARS), 메르스, COVID-19(Coronavirus Disease 2019)와 같은 새로운 도전과제에 직면하고 있다.

8) 유엔인구활동기금(UNFPA)

유엔인구활동기금(United Nations Fund for Population Activities, UNFPA)은 개발도상국의 가족계획 관련 프로그램을 지원하는 가장 큰 재원 가운데 하나이다. 이 기금의 2/3 이상이 생식건강서비스(reproductive health services)에 투입되고, 나머지는 주로 개발도상국에서 교육과 인구통계 정보를 수집하는 데

쓰인다. 최근 유엔인구활동기금은 가족계획과 생식건강을 개발목표와 연계하는 일에 집중하고 있는데, 이는 1994년 '유엔의 인구 및 개발에 관한 국제회의(UN International Conference on Population and Development)'의 제안 사항을 수행하기 위한 것이다.

9) 국제통화기금(IMF)

국제통화기금은 유엔 산하 국제금융기관이다. 흔히 IMF(International Monetary Fund)라는 약칭으로 불린다. 1944년에 설립되었으나 실제 조직이 구성돼 출범한 것은 1946년이다(김성국, 2015). 2016년 3월 현재 가맹국은 188개국이다. 1944년 브레턴우즈협정에 의거해 발족된 이 기구는 국제적인 통화협력을 보장하고 환율을 안정시키며 국제 유동성을 확대시키기 위해 세워졌다. 브레턴우즈협정에 따라 설립된 또 다른 기구인 세계개발은행(International Bank for Reconstruction and Development, IBRD)과 함께 흔히 브레턴우즈기구라고 불린다.

이 두 기구는 제2차 세계대전 이후 수십 년간 국제경제체제의 양 축이 되어 왔다. 한국은 특히 1997년 외환위기로 이른바 IMF 국제금융을 받으면서 이 기구와 깊은 인연을 맺은 바 있다. 한국 외에도 멕시코, 영국, 아르헨티나, 태국, 인도네시아 등이 IMF로부터 국제구제금융을 받은 바 있다. 국제통화기금은 세계무역의 안정된 확대를 통하여 가맹국들의 고용증대, 소득증가, 생산자원개발에 기여하는 것을 궁극적인 목적으로 한다(양진용, 2009).

국제통화기금(IMF), 세계은행(World Bank)과 같은 세계 경제기구들은 국가의 경제 사회정책에 영향을 미친다. 국제통화기금은 각국에 금융, 상환금 잔액, 세금, 기타 관련 사항 등에 대한 기술을 지원한다. 세계은행의 주요 목표는 경제개발을 장려하기 위한 대출금을 제공하는 것인 반면, 국제통화기금은 통화 및 환율정책을 감독하는 일을 한다. 따라서 세계은행은 개발기구로 간주되는 것에 비해, 국제통화기금은 질서정연한 세계 경제체계를 보장하는 것이 목표이다. 두 기구 모두 대출에 관여하지만 대출금에 대한 정책은 다른데, 어떤 회원국이든 국제통화기금으로부터 자금을 대출받을 수 있지만, 세계은행은 개발도상국에게 자금을 대출하고 있다.

10) 식량농업기구(FAO) & 세계식량프로그램(WFP)

유엔에서 최초로 특수 목적으로 설립된 기관인 식량농업기구(Food and Agriculture Organization, FAO)의 목표는 세계의 식량 확보를 위해 일하는 것이다. 이 기구는 농업 기획 및 생산, 식량분배에 기술적인 원조와 자문을 제공하며, 세계 정보 및 조기 경보체계(World Information and Early Warning System)를 통해 식량부족 위험지역을 파악하고 있다.

유엔과 함께 식량농업기구는 세계식량프로그램(World Food Program)을 후원하고 있는데, 세계식량프로그램은 세계 식량원조의 25%를 담당하고 있다. 세계식량프로그램의 목표는 위기상황에서 식량을 제공할 뿐만 아니라 개발을 지원하는 것이다.

『유엔연감(The Yearbook of the United Nations)』 혹은 유엔의 다른 출판물 등과 이들 기관들이 운영하는 많은 웹사이트를 통해 유엔 산하기구 및 그들의 활동에 대한 지식을 확충할 수 있다(조미숙, 2019 재인용).

4 NGO · 개발 NGO · NPO

시민사회란 일반적으로 국가 · 정부 · 기업이 소유 관리할 수 없으며, 자주적으로 활동하는 개인, 단체 또는 그 네트워크를 총칭하는 개념으로 사용된다. 구체적으로는 비정부기구(NGO) · 비영리기구(NPO)나 종교단체, 연구기관 등이 포함된다. 최근 NGO를 포함한 시민사회는 정부의 개발협력 파트너이자 주역으로 활발한 활동을 전개하고 있다.

1) NGO와 개발 NGO

비정부기구(Non-Governmental Organization, NGO)는 지역·국가·국제적으로 조직된 자발적인 비영리 시민단체로, '비정부성'이 강조된 정부기구 이외의 기구를 말한다. 'NGO'란 유엔에 의해 공식적으로 사용된 개념으로, 국가주권의 범위를 벗어나 사회적 연대와 공공목적을 실현하기 위해 1946년에 설립된 각국의 비정부단체에서 출발하였다. 국제기구와 관계를 맺고 협의하는 자발적인 비공식조직으로서, 공동의 이해를 가진 사람들이 특정한 목적을 위해 조직하여 다양한 서비스와 인도주의적 기능을 수행한다. 이에 따라 정부의 정책을 감시하고, 정보 제공을 통해 시민의 정치 참여를 장려하며, 인권·환경·보건·성차별 등의 특정 부문을 중점적으로 추구하기도 한다. 1863년 스위스에서 시작된 국제적십자사 운동을 효시로, 1970년대 초부터 유엔이 주관하는 국제회의에 민간단체들이 참가, NGO포럼을 열면서 'NGO'라는 용어가 널리 사용되었다(방은진, 2015).

그러므로 NGO란 개발과 빈곤, 인권, 환경, 평화·군비축소, 여성 등의 지구적 과제의 해결을 위해 노력하는 시민단체의 총칭이라고 하겠다. 이 중 개발과 빈곤문제에 관여하는 NGO를 '개발 NGO'라 하며, 대부분의 단체가 제2차 세계대전 후 자선·구제단체로 활동을 시작하였다. 개발도상국의 빈곤문제와 개발에 대한 국제적인 관심이 고조되면서 지속가능한 개발을 개발협력의 방향으로 설정하여 활동하고 있다.

2) NGO의 활동분야

활동분야로는 지역주민의 자립을 위한 인간의 기본적 필요부문의 소규모 프로젝트와 지역주민이 자신들의 장래의 선택을 넓히기 위한 지위 · 영향력 · 조직능력 등의 강화활동(empowerment)을 주로 실시하고 있다. 구체적으로는 참여적 개발(participatory development) 프로젝트, 개발교육의 실시, 정책과제에 대한 조사 · 연구, 옹호(advocacy), 국제회의 참가 등이 있다. 오늘날 NGO를 포함한 시민사회와의 협력관계 구축은 지구적 과제해결 및 개발협력에 있어서 선택사항이 아닌 필수사항이 되었다고 하겠다(조미숙, 2019 재인용).

(1) 옹호(Advocacy)

대부분의 비정부기들은 옹호활동이 주요 기능 가운데 하나가 된다. 미국에 기반을 둔 비정부기구들은 보다 효과적인 국제원조 프로그램과 책임 있는 국제정책에 대해 목소리를 낼 필요성을 느끼게 되었다. 인터액션(InterAction)은 미국이 유엔아동권리협약을 비준할 것을 독촉하는 캠페인을 벌였지만 성공하지는 못했다. 1980년대에 비정부기구들은 개발도상국에서의 분유판매를 반대하는 캠페인을 벌이고, 모유의 가치와 열악한 위생시설을 갖춘 지역에서 분유를 사용하는 것의 위험성에 대해 대규모 공공교육을 실시하였다.

또 다른 형태의 옹호활동에는 유엔과의 협위지위를 통해 정부 간 차원에서 수행하는 활동이 있다. 코펜하겐의 사회개발에 관한 정상회의(1995)와 베이징에서 있었던 세계여성대회(1995)에 수천 개의 비정부기구들이 참여하였다.

일부 비정부기구들은 인권 옹호활동에 전념하기도 한다. 그 예로는 인권남용을 문서화하고 죄수들의 인도적 처우 및 석방에 관한 캠페인을 후원하는 국제사면위원회(Amnesty International)가 있다. 또 다른 인권 관련 비정부기구인 디펜스 포 더 칠드런 인터내셔널(Defense for the Children International)은 많은 국가에서 아동들의 인권을 감시하고 옹호하는 활동을 적극적으로 추진하였다.

(2) 개발교육(Development Education)

많은 비정부기구들이 개발교육 프로그램을 운영하고 있으며, 이 프로그램은 개발대상국가의 상황에 대해 일반인들에게 교육을 실시하고 일반인들이 세계의 빈곤자들의 욕구충족을 위해 행동을 취하도록 촉구하는 노력을 한다. 즉, 비정부기구들은 부분적으로는 기부자들에게 호소할 목적으로 그리고 부분적으로는 자신들의 개발에 관한 지식과 경험을 일반 대중과 공유할 필요성을 느끼게 된 것이다. 미국의 해외원조에 대한 '비덴-펠 수정조항(The Biden-Pell Amendment)'법은 개발교육에 관한 특별교부금을 제공하도록 하였다.

- YWCA(Young Women's Christian Association)
- 전미(全美) 사회복지사협회(NASW)
- 세이브 더 칠드런(Save the Children USA)
- 브레드 포 더 월드(Bread for the World)
- 국제교육을 위한 미국 포럼(American Forum for Global Education)

(3) 교류 프로그램(Exchange Programs)

사회복지를 비롯하여 다른 분야에서도 활용되고 있느 교류 프로그램은 지식과 서비스 모델을 전이시키는 기제 역할을 할 뿐 아니라 문화적 장벽을 해소하고 이해를 돕는 역할을 한다. 국제프로그램협의회(Council of International Programs, CIP)는 교류기관의 하나로서, 1956년에 설립되어 봉사기관의 전문가들 및 청소년지도자들의 교육적 교류활동을 후원한다. 1932년에 설립된 세계학습(World Learning) 및 세계생활체험(Experiment in International Living)과 같은 기관들은 교차문화적 사례를 돕기 위해 청소년 교류 프로그램을 후원하고 있다. 사회복지 분야를 포함한 학문적 교류 가운데 일부는 풀브라이트 장학 프로그램(Fulbright Scholor Program)을 통해 미국 학자들이 타국에서 강의, 자문 및 연구조사할 수 있도록 지원하고 있다.

이상과 같이 NGO는 자율·참여·연대 등을 주요이념으로 하며, 활동영역에 따라 인권·사회·정치·환경·경제 등의 분야로 나눌 수 있다. 대표적인 NGO로 세계자연보호기금(WWF), 그린피스(Greenpeace), 국제사면위원회(Amnesty International, AI) 등이 있다. 한국의 경우 1903년 설립된 YMCA와 1913년 안창호가 설립한 흥사단이 국내 최초의 NGO이며, 1987년 6월 29일 민주항쟁과 6월 29일 민주화선언을 거쳐 민주화 세대를 비롯한 비판적 지식인들이 시민운동에 참여하며 다양한 NGO가 결성되기 시작했다.

인도주의적 원조와 사회복지서비스를 제공하는 데 참여하는 NGO, 즉 개발 NGO는 구호나 복지사업으로부터 시작하여 개발프로그램이나 개발교육 등으로 그 활동을 넓혀가고 있다. 이들은 제3세계의 상대적 소외계층이나 사회적 문제지역의 개발을 도우며 사회복지적인 접근을 하는 민간단체들을 의미한다. 미국에 기반을 둔 대규모 비정부기구들 가운데는 케어(the Cooperative for American Relief Everywhere, CARE), 가톨릭구호서비스(Catholic Relief Services), 세이브 더 칠드런(Save the Children), 기독교아동복리회(Christian Children's Fund), 재림교 개발구호기구(Adventist Development and Relief Agency, ADRA) 등이 있다. 여기서는 대표적인 단체로 옥스팜(Oxfam), 국경없는의사회(Medecins Sans Frontiers)에 대하여 알아보겠다.

3) 대표적인 NGO들

(1) 옥스팜(Oxfam)

1941년 제2차 세계대전 당시 그리스는 인근 해역의 봉쇄로 인해 심각한 기아상태에 직면하였고, 이 같은 상황을 돕기 위해 영국에서 전국기아구호위원회가 1942년에 발족되었다. 이후 음식물 반입, 모금활동을 벌이게 되는데, 옥스팜은 옥스퍼드 지역의 전국기아구호위원회의 지부로 1942년 10월 처음으로 활동을 시작하였고, 이 조직이 현재의 옥스팜으로 이어지고 있다. 활동초기엔 제2차 세계대전으로 인한 피해 복구를 목적으로 하였으나, 점차 활동 폭을 넓혀 "전 세계 전쟁과 재난으로 발생한 고통의 경감"을 목표로 활동하였다. 1960년 이후 전 세계적으로 급증한 기아문제, 특히 제3세계 빈곤국들이 지닌 문제에 대한 서방의 선진국이 갖는 책임을 강조하였다. 이후 1970~80년대에 걸쳐 아프리카 지역의 긴급구호활동과 사회복지활동을 중심으로 발전해 왔으며, 1995년에 국가 단위의 회원조직을 갖춘 국제단체로 변모하였고 100여 개 국가에 3,000개 이상의 협력단체와 연계하여 활동을 벌이고 있다.

(2) 국경없는의사회(Medecins Sans Frontieres)

국경없는의사회는 국제 인도주의 의료 구호 단체로 의료 지원의 부족, 무력 분쟁, 전염병, 자연재해 등으로 인해 생존의 위협에 처한 사람들을 위해 긴급구호활동을 펼치고 있는 NGO이다. 이들의 모든 의료 지원 활동은 인종, 종교, 성별, 정치적 성향에 따른 어떠한 차별 없이 제공하는 것을 원칙으로 한다. 1968년 나이지리아에서 활동하던 프랑스 의사들과 1970년대 방글라데시 홍수 현장에서 활동하던 SMF라는 두 단체가 통합되어 1971년에 탄생한 것이 국경없는의사회(Medecins Sans Frontieres: 메드신 상 프롱티에르, 영어로는 Doctors Without Border)이다. 1970년대 초반은 필요한 지역에 의료진 파견에 집중하였고, 이후 70년대 후반부터는 독자적인 난민구호 프로그램을 기획하기 시작하였는데, 이로써 의료진의 단독적 활동을 위한 조직에서 종합적 형태의 국제개발 NGO로 변모하였다. 현재 벨기에 브뤼셀에 본부를 두고 프랑스, 네덜란드, 스페인 등 총 19개 국가에 지부를 둔 대형 단체로 성장하여 1999년 노벨평화상을 수상하기도 하였다.

개발 노력이 효과를 거두기 위해서는 자족적(self-sustaining)이어야 한다는 인식이 점차 확산되고 있다. 이 접근법은 참여지향적, 지역사회 차원의 노력으로 '아래에서부터 위로(bottom-up)' 향하는 방법을 선호하며, 해결하고자 하는 문제를 실제 경험하고 있는 사람들이 계획하고 수행하는 전략이다(top-down ↓ => bottom-up ↑).

정부나 정부부처들로 구성된 기구들에 비해 비정부기구들은 더욱 창의적이고 유연하고 비용효과적이며, 풀뿌리 접근법을 통해 빈민들에게 더 잘 접근할 수 있다는 인식이 있다. 그러나 비정부기구들이 정부지원금에 대한 의존이 많으면 정책 우선순위와 정부규정의 '조건들'에 따라 매우 제한적으로 활동할 수밖에 없다는 한계점이 있다.

- 남반구의 비정부기구들(Southern NGOs): 방글라데시의 그라민은행, 케냐의 그린벨트운동(Green Belt Movement) 등
- 북반구의 비정부기구들(Northern NGOs): 인터액션(InterAction)은 160개 이상의 미국 비정부기구들로 구성된 협의체로서, 전미(全美) 사회복지사협회(National Association of Social Workers, NASW)도 인터액션에 동참하고 있다.

국제기구의 사회복지 관련 기능은 방대한 영역을 다루고 있으며, 이런 업무를 수행하는 기관도 매우 많다. 개발의 필요성 평가와 함께 개발에서 사회적 요인의 중요성을 볼 때 앞으로도 이와 관련한 업무활동은 상당히 증가할 것으로 예측된다.

국제 상황에 대한 사회복지의 욕구에 관한 설문조사를 볼 때 많은 과제가 남아 있고, 이러한 과제는 더욱 증가할 것으로 예측된다. 많은 개발도상국에서는 음식, 주거, 일차 의료보호, 초등교육과 같은 기본적인 욕구 등이 아직도 적절하게 제공되지 못하고 있다. 아동, 여성, 장애인, 그리고 소수민족집단 및 특정 인종집단의 권리를 보장하는 것 또한 해결과제로 남아 있다. 이와 함께 인구변화 및 근대화는 노화, 정신건강, 약물남용과 같은 새로운 문제들을 야기하고 있다. 개발 관련 정책 및 의사결정에 사회영역 분야는 개발전략의 궁극적인 목표, 즉 삶의 기준 향상을 충족시키는 것은 매우 중요하다. 따라서 사회복지(social welfare) 및 사회개발(social development)은 더욱 중요하다.

역현상(counterindication)이라고 할 수 있는 것은 국내 사회안전망의 감소 및 서구의 복지국가의 축소가 개발원조에 영향을 주고 있으며, 앞으로도 많은 영향을 줄 것으로 예상된다는 점이다. 사유화에 대한 강조, 시장역할의 증가, 정부의 사회복지 역할 감소 등은 이미 국제개발에 대한 태도와 실천에 영향을 주고 있다는 사실이다.

미래를 향해 앞으로 나아가기 위해서는 국제사회개발 및 사회복지에 관여되어 있는 기구들이 이제까지의 성과와 실패를 적절히 평가해야만 한다. 국제사회복지 분야에서 직면하고 있는 문제들이 많이 있지만, 평균수명 연장, 천연두와 같은 질병 제거, 아시아에서의 굶주림 감소, 글을 읽고 쓸 줄 아는 성인의 증가, 인권에 대한 기준 인식, 아동생존을 향상시키기 위한 새로운 전략 도입과 같은 주요 성과도 있었다. 21세기 초반 유엔의 국가들은 지속가능개발목표(SDGs)에서 정한 중요한 목표치를 달성하려는 의지를 표명하기도 하였다. 그리고 여성, 아동, 장애인, 특정 인종 및 민족 집단에 대한 인권정책에 관해 광범위한 국제협약이 만들어졌다.

따라서 국제사회복지의 미래를 고려할 때 성공과 실패, 도전적인 과제와 성과 등이 보고되고 분석되어야 할 필요성이 제기된다(조미숙, 2019 재인용).

4) NPOs(비영리단체; Non-profit organizations)

NGO에서 사용하는 '민간'이란 민간기업(private sector)과 학교, 종교기관, 사회복지기관, 연구기관을 포함한 비영리단체(Non-profit organizations, NPOs) 등을 의미한다. 국제원조 규모의 양적 확대와 질적 효율성 제고의 움직임과 함께 개발지원방식도 다양화되고 있다. 또한 국제기관 및 정부개발기구의 대외원조사업에 대한 효율성 제고의 논의가 일어남에 따라, 민간부문(민간기업 · NPO)의 자금과 기술, 전문성을 ODA 사업에 적극 도입하자는 움직임이 더욱 활발해졌다.

특히 개발도상국의 지속가능한 개발에 대한 중요성이 대두됨에 따라 ODA 사업방식의 큰 인식변화가 있었는데, 종래의 ODA 사업방식은 공여국이 원조사업을 실시한 뒤 그 후의 사업운영은 기본적으로 수원국 정부의 책임 아래 실시되었다. 그러나 근래에는 유지관리를 포함한 사업 전체의 운용까지 관여해야 한다는 인식이 확산되고 있다.

또한 경영활동이 국제화되면서 기업들의 개발도상국 및 최빈국의 빈곤, 환경,

의료 및 교육 등의 지구적 과제에 관한 관심과 사회적 책임도 높아지고 있다. 선진국의 주요 기업들은 단기적인 이익실현을 떠나 개발사업 참여를 통해 현지에서의 기업이미지의 제고와 비즈니스 환경 조성을 추진하고 있다.

이러한 흐름을 배경으로 전통적으로 정부가 주도하던 개발협력사업에서 민간의 역할을 결합하는 민관협력(Public-Private Partner, PPP) 형태가 활성화되었다. 민관협력이란 보다 효율적인 공공서비스의 실현을 위한 정부, 민간기업, NPO, 지역주민 등이 업무를 분담하는 협력관계를 말한다. 그 대상 분야는 인프라 구축과 같은 공공사업에서 교육, 보건의료 등의 사회개발 부문에 이르기까지 다양하다.

사례: 미국 국제개발 NGO들의 축제: 인터액션(InterAction)

〈출처: 2010-06-30/작성:최수영, swimmingsun@hanmail.net2010-06-30〉

인터액션은 약 180여 개의 개발 관련 NGO들의 협의체로 미국 내 최고 규모를 자랑하는 네트워크 조직이다. 참고로 우리나라는 67개의 회원단체를 두고 있는 해외원조단체협의회(해원협)라는 협의체가 있다.

사실 국내에서 많은 포럼에 참석해 본 경험이 있는지라 큰 기대는 하지 않았다. 단지 직업의 특성상 개발도상국에 국한된 출장을 선진국으로 간다는 특별함에 동료들의 부러움을 받으며 비행기를 탔다.

1) 포럼의 성대한 규모, 그들의 축제

워싱턴 컨벤션 센터(Washington Convention Center)의 1층 모든 연회장과 10개가 넘는 소규모 강의장이 포럼 개최장이었고, 참석인원만도 1,000명이 넘었다. 규모는 마치 우리나라 코엑스의 전 관을 대여한 것 같았으며, 화려함은 유명가수의 디너쇼를 연상시켰다. 둘째 날 밤에는 갈라(Gala)쇼가 있었는데 어느새 참석자들은 연미복과 드레스로 옷을 갈아입고 있었으며 와인과 음식을 즐기고 밴드의 음악이 어우러져 대규모 파티를 벌이기까지 했다.

함께 일하는 동료가 한자리에 모였고, 그동안의 개발현장 경험과 논의할 이야기 거리가 있었으며 동시에 음식과 음악이 있으니 InterAction의 포럼은 국제개발협력의 현장에서 일하는 모든 관계자들을 위한 2박 3일의 긴파티를 연상시켰다.

2) 폭넓고 다양한 포럼 참석자들

두 번째 놀라움은 초청 발제자들이었다. 포럼의 첫날 첫 행사에는 미국 하원의원(외교담당)과 USAID 대표가 참석하여 향후 미국 외교정책의 방향과 개발에 대한 연설을 하였다. 부득이하게 참석하지 못한 세계은행(World Bank)의 로버트 졸릭(Robert Zoellick) 총재는 비디오 컨퍼런스를 통해서 미국 내 개발 NGO 관계자들과 깊은 토론을 하였다. 그 외에도 미국 정부, 외교 대사, 국제기구, INGO, NGO, 대학, 연구소, 기업, 벤처회사, 리서치 기관, 컨설팅회사 등 너무나 많은 이해관계기관에서 최고의 권위와 전문성을 자랑하는 사람들이 초청되었다.

한 예로 소규모로 이루어진 워크숍에서는 세계 각지의 개발현장에서 막 날아온 실무자들이 현장의 경험을 서로 나누고 있었으며, 중소기업 관계자들은 개발협력 사업 이행에 도움이 될 수 있도록 자신들이 개발한 신기술과 새로운 컨설팅 시스템을 홍보하였다.

이들은 포럼 기간 동안 함께 향후 국제개발의 방향을 논의하고, 자신의 지식과 경험을 나누는 동시에 상대에 대한 질책과 응원을 하며 진정한 동료가 되어 가는 것 같았다. 같은 비전을 가지고 있지만 서로 다른 곳에서 각자의 방법으로 세계빈곤퇴치와 국제평화를 위한 노력을 해온 지난 경험을 나누는 그 장소가 못내 부러웠다.

3) 풍성한 논의 주제, 현장 사례 공유

주제별 소그룹 워크숍은 약 45개가 넘었다. 이는 전체 토론 세션을 제외한 것이며, 필요에 따라 그때그때 조직된 긴급 워크숍도 이루어져 포럼 장에는 참가자들을 유혹하는 다양한 워크숍 광고들이 군데군데 붙어 있었다. 워크숍은 보통 5~6개가 같은 시간대에 별도 소강연장에서 진행되어 그 중 하나만 선택해야 하는 행복한 고통을 가져다주었다.

소강연장에는 기본적으로 1명의 진행자(Moderator)와 3명의 발제자(Speaker)들이 있었으며 20~30명의 일반 참석자들이 있었다. 워크숍은 미리 준비된 발제자들의 짧은 주제 발표 후 대부분의 시간을 참석자들 자유토론에 할애하였다. 참석자들의 수준도 놀라웠다. 모두 개발 관련 현직자 또는 전문가로서 토론의 수준도 전문적이고 세부적이었으며 실증적인 경험 사례들도 공유되었다.

워크숍의 주제는 “개발 이론을 실제 사업에 정말 적용할 수 있는가?(Can we really apply Development Principles in Practice?)”이었다. 발제는 월드비전(World Vision) 모잠비크 사업(지역도로구축사업)과 루터교 세계구호기구(Lutheran World Relief)의 우간다 사업(여성조직 역량강화) 담당자, 그리고 머시콥(Mercy Corp)의 카자흐스탄(친환경 소규모 농업개발) 사업 담당자가 와서 각자의 현장경험을 소개하고 그 과정에서 겪은 다양한 도전과 에피소드를 공유하였다.

자칫 원론적인 논의를 위한 말잔치로 끝날 수 있었던 워크숍은 다양한 현장 사례를 공유하면서 국제개발 이론과 현장이 자연스럽게 연결되고 있었다. 참석자들은 날카로운 질문을 하였고 때로는 미리 준비된 대답을 할 수밖에 없었던 사항들도 실무자들끼리라 더 진솔한 논의가 이루어지는 것 같았다.

또한 논의는 국제개발협력이라는 포괄적인 테두리 안에 있었지만 그 핵심은 개발 NGO적 접근에 포커스가 맞추어져 있어 보다 직접적이고 구체적인 논의가 이루어지고 있었다. 또한 논의에 참석한 발제자와 참석자의 대부분은 현장 경험이 있거나 관련 분야의 실무진이었기에 누구보다도 더 따끔한 비판과 회의적인 반응을 보였으나, 반면 동 분야에서 함께 길을 걸어가는 따뜻한 동료의식도 엿볼 수 있었다.

특히 지식공유와 자유토론 그리고 네트워킹을 위한 축제의 시간이었다. 국제개발의 이론과 실제사례가 공유되었고, 향후 발전을 위한 진취적인 발전제안들이 다양하게 소개되었다.

이를 위해 미국 개발협력 분야는 그 양적 확대와 질적 성장을 위해 다양한 행위자 간의 파트너십 강화와 사업에 대한 모니터링 및 평가체제의 강화에 박차를 가하고 있으며, 이를 위한 NGO들의 적극적인 협력과 감시자로서의 역할을 요청하고 있었다.

하지만 미국의 개발협력 행위자들(정부와 NGO 그리고 관련 학계 등)은 그 관계가 긴밀하여 오히려 각 행위자 간의 정확한 영역을 구분하는 것이 힘들어 보였다. USAID에서 진행되는 개발원조 사업의 절반 이상이 우리의 NGO 개념과 비슷한 PVO(Private Volunteer Organization)를 통해서 집행되고 있다는 것과 각기 다른 기관 사이의 인력교류로 민·관·학계를 넘어 활발하게 이루어지고 있다는 것으로도 쉽게 짐작할 수 있었다.

4) 한국 개발 NGO에 시사점

한국의 ODA 규모는 해가 갈수록 눈에 띄게 커지고 한국은 2011년 원조효과성 고위급포럼(HLF-4) 개최 등 국제개발협력의 논의의 중앙에 있다. 이는 동시에 한국 개발 NGO의 역량강화와 국내외 이해관계자들과의 긴밀한 파트너십을 요구하고 있다.

아직 한국은 InterAction Forum과 같은 NGO들이 중심이 되는 열린 토론의 장과 확대된 네트워킹 공간이 마련되지 못하고 있다. 2008년 아크라 회의 이후, 보다 공식적이고 명료하게 CSO(Civil Society Organization)는 국제개발에 있어 중요한 행위자로 고려되고 있다. 한국을 기반한 CSO들도 그 역할이 커지고 활동 영역도 다양해지고 있다. 이들을 함께 모으고 서로 교류할 수 있는 기회가 절실해지고 있다. InterAction의 규모와 화려함을 그대로 가져오지는 않지만 우리의 실정에 맞게 그 취지를 펼칠 수 있는 장은 시급히 마련되었으면 한다.

이를 위해 한국 개발 NGO들 간의 네트워킹과 이들 간의 조정의 중요성에 대한 인식을 함께 해야 할 것이다. 한국 원조에 대해 단독체제(Stand-alone)라며 비판할 것이 아니라, 우리 스스로는 얼마나 협력하며 파트너십을 형성하였는지에 대한 반성이 있어야 할 것이다. 또한 해원협이나 지구촌빈곤퇴치시민네트워크 등을 통해 그동안 이루어진 우리의 네트워킹 현실을 바로 인식하고, 개선을 위한 적극적인 의견 개진에 더 많은 노력이 경주되어야 한다.

미국 기반의 NGO들이 중심이 된 자리였기에 한국 개발 NGO 실무자들의 적극적인 참여가 다소 어려웠다는 한계가 있었다. 하지만 우리보다 앞선 곳에서 국제개발협력 분야를 접할 수 있었으며, 이를 통해 우리의 현실을 다시 볼 수 있었다는 점에서 의미있는 시간이었다.

CHAPTER

08

수원국과 공여국

1 수원국 · 공여국 정의

공적개발원조의 대상인 개발도상국이란, 경제 및 사회발전 수준이 선진국에 비해 저조한 경제성장의 도상에 있는 국가를 말한다. 이전에는 저개발국 또는 후진국으로 불렸으나, 차별적이라는 비판이 일반화되면서 개발도상국이라는 용어가 일반적으로 사용되고 있다. 공업을 중심으로 고도의 발전을 이루고 있는 소수의 국가를 제외한 다수의 국가가 여기에 포함되며, 이들 국가의 대부분이 아시아 · 아프리카 · 중동 및 중남미에 위치한다.

OECD/DAC의 경우 3년마다 '수원국 리스트'를 발표하며, 수원국은 최빈개발도상국(Least Developed Countries, LDCs)과 저소득국(Low Income Countries, LICs), 저중소득국(Low Middle Income Countries, LMICs), 고중소득국(Upper Middle Income Countries, UMICs)의 4단계로 분류된다. 유엔 규정에 따른 최빈개발도상국은 49개국이며, 저소득국은 12개국, 저중소득국은 45개국, 고중소득국은 39개국으로 보고되고 있다(조미숙, 2019 재인용).

2 OECD의 개발원조위원회(DAC)

OECD의 개발원조위원회(DAC)는 1960년도 OECD가 유럽경제개발기구였을 당시 개발원조그룹(DAG)의 이름하에 설립된 조직이다. 개발원조위원회는 OECD 산하 26개 위원회 중 하나인데, OECD 국가라 하더라도 일정조건을 갖추어야 가입이 가능하며 경제정책위원회, 무역위원회와 함께 OECD의 3대 위원회로 간주될 만큼 높은 위상을 갖고 있다.

1) 우리나라의 개발원조위원회(DAC) 진입과정

우리나라는 1996년 OECD 가입 당시 공적개발원조(ODA) 여건이 미비하여 개발원조위원회(DAC)가입을 고려하지 않았으나, 1997년부터 개발원조위원회 관찰자 자격을 취득하여 주요 회의에 참석해 왔다. 그러면서 개발원조위원회 가입 시기에 관하여 주요 정부 부처 간 논의를 계속해 왔다. 2005년도 11월 국무회의에서 국제개발협력 개선방안을 채택하고, 2010년 전후를 개발원조위원회 가입시점 기준으로 검토하되 원조목표달성추이와 재정여건을 고려하여 결정하기로 하였다. 2007년 11월, OECD 개발원조위원회는 한국개발협력에 대한 특별 검토 실시를 결정한 후, 2008년 3월 개발원조위원회 실사단은 한국의 ODA 관련 3개 부처 및 유관기관을 방문하고 동료 검토를 실시하였다. 2008년 9월, OECD 개발원조위원회의 한국 대외원조 특별검토회의 서울 개최, 2009년 4월, 우리 정부의 서면심사 자료 제출, 6월 개발원조위원회 방한 실사를 거친데 이어, 11월 25일 최종적으로 한국의 개발원조위원회 가입심사 특별회의가 개발원조위원회에서 개최되어 회원국 전원합의로 우리나라의 개발원조위원회 가입이 확정되었다(KOICA 홈페이지, 2020).

따라서 개발원조위원회(DAC) 가입으로 우리나라는 향후 국제규범의 준수와 원조규모 확대 및 실시체제의 선진화 등에 보다 많은 노력을 기울여야 한다. 특히 우리나라는 최빈국에서 선진 공여국으로 탈바꿈한 대표적인 국가로서, ODA를 통해 선진국과 개발도상국 간의 충실한 가교 역할을 수행하고, 빈곤, 질병, 환경 등 글로벌 이슈 해결을 위한 우리나라의 역할을 제고함으로써 국제사회에서 한국의 국격과 국가 브랜드 가치를 높이고 '성숙한 세계국가'로 발돋움해 나가야 할 과제를 갖게 되었다.

OECD 회원국 중 한국을 비롯한 23개 원조 공여국 및 EU 집행위원회가 개발원조위원회 회원국이며, 아이슬란드, 터키, 멕시코, 헝가리, 폴란드, 체코, 슬로바키아는 개발원조위원회 관찰자 신분으로 참여하고 있다. 특히 개발원조위원회는 개발도상국과의 협력문제를 다루는 곳으로 원조규모 확대 및 원조프로그램의 효율성 제고를 위한 회원국 간 정책 협의 및 조정의 기구이다. 개발원조위원회는 개발도상국의 지속가능한 경제·사회개발을 지원하기 위해 효과적이며 상호 조화된 국가 간 협력을 증진하는 데 기여하기 위해 다음의 활동을 전개하고 있다.

① 국제사회가 저개발국들을 어떻게 세계경제에 성공적 참여 및 빈곤 극복에 기여하는지
② 회원국들이 개발협력 프로그램을 시행하는 데 지침이 되는 정책 가이드라인 작성
③ 회원국들의 원조정책에 대한 정기적인 검토
④ 개발정책 관련, 회원국 상호 간의 경험교환 및 전략목표에 대한 국제적인 합의 형성
⑤ 개발원조위원회가 정의한 수원국에 대한 원조흐름에 대한 통계 집계 등이다.

개발원조위원회 산하에는 8개의 작업반이 활동하면서 개발정책 관련 내용을 보다 심도 있게 논의하고 있다. 이러한 작업반의 활동은 3~4년 주기로 검토되며, 업무회의는 각 작업반별로 상이하나 보통 연 1~2회 개최되고 있다(KOICA 홈페이지, 2020).

2) 개발원조위원회(DAC)의 조직별 역할

(1) 통계작업반(WP-STAT)

통계작업(WP-STAT)반은 개발도상국, 체제전환국 및 다자개발기구에 지원되는 개발 자금에 관한 통계보고의 개선사항을 재검토하고 제안한다. 특히 ODA 적격성, 보고 지침 및 정의, 데이터 비교가능성과 개발원조위원회 통계의 사용에 관하여 개발원조위원회에 권고한다.

(2) 원조효율 및 원조관행 작업반(WP-EFF)

원조효율 및 원조관행 작업(WP-EFF)반은 개발도상국, 체제전환국 및 다자개발기구에 지원되는 개발자금에 관한 통계보고의 개선사항을 재검토하고 제안한다. 뿐만 아니라 ODA 적격성, 보고 지침 및 정의, 데이터 비교가능성과 개발원조위원회 통계의 사용에 관하여 개발원조위원회에 권고하고 모범관행의 시행을 확산시킨다.

(3) 개발평가 네트워크(EVALUNET)

개발평가 네트워크(EVALUNET)반은 회원국 간 평가 관련 정보 교환, 경험과 협조를 강화한다.

- 각 회원국의 개발사업 관련 평가업무 관련 능력 배양
- 사업평가를 위한 수단의 조화와 표준화
- 평가 관련 각 회원국의 평가 관련 업무 조화
- 평가와 관련한 새로운 방법 개발
- 수원국의 평가 능력개발을 촉진하고 지원

(4) 성평등 네트워크(GENDERNET)

성평등 네트워크(GENDERNET)반은 양성평등 시각에서 개발원조 관련 전문적인 지식을 제공하고, 회원국의 정책에 반영시키기 위한 노력을 지원한다.

(5) 환경 및 개발협력 네트워크(ENVIRONET)

환경 및 개발협력 네트워크(ENVIRONET)반은 환경과 지속가능한 개발 차원에서 개발원조의 세부적인 지침을 마련한다.

(6) 빈곤퇴치네트워크(POVNET)

빈곤퇴치네트워크(POVNET)반은 빈곤의 다양성과 개발도상국의 불평등, 경제성장, 빈곤퇴치 간의 관련성을 중점 연구한다. 뿐만 아니라, 빈곤감소에 기여하는 성장에 관한 경험과 본보기가 되는 실행 사항의 교환을 위한 포럼을 제공하며, 인프라 구축, 농업, 무역과 투자 관련 역량개발, 정보통신기술, 민·관 파트너십의 역할을 연구한다. 특히 지속가능개발목표의 추구와 국가적 빈곤퇴치를 전략 지원한다.

(7) 공공관리네트워크(GOVNET)

공공관리네트워크(GOVNET)반은 선정와 개발능력 지원에 있어서 효율성을 증진하고, 부패 척결, 공공서비스 개혁, 개발 능력, 인권, 민주주의, 법치, 선정 개발업무 등 다양한 분야에 대한 개발원조의 효과성을 제고하는 역할을 한다.

(8) 분쟁 및 취약국 관련 국제네트워크(INCAF)

분쟁 및 취약국 관련 국제네트워크(INCAF)반은 개발원조위원회(DAC)분쟁지침과 폭력분쟁예방 성명서의 합의를 증진시키고 개발협력의 효과성 제고에 기여하는 역할을 수행한다. 특히 분쟁 취약국가에 대한 구조적 안정성, 평화, 분쟁예방과 관리, 원조 제공, 위기상황에서의 재건 원조를 위한 공여국 간 사업을 강화하고, 양자간·다자간 공여기관들이 통치결여 및 분쟁 취약국에 제공하는 원조의 효과성을 향상하기 위한 이들 기관 간 조정을 한다.

3 OECD/DAC 및 세계은행의 소득별 국가 분류

세계은행의 경우, 개발도상국과 선진국을 포함해 1인당 GNI를 기준으로 크게 저소득국(Low-income economies), 저중소득국(Lower-middle-income economies), 고중소득국(Upper-middle-income economies), 고소득국(High-incom economies)의 4단계로 분류하고 있다. 대부분의 개발도상국은 저소득국에서 고중소득의 범주에 포함된다(UNDP, 2007).

OECD/DAC (2007년 1인당 GNI 기준)	• 최빈국: 유엔 지정 49개국 • 저소득국: 935달러 이하 • 저중소득국: 936달러~3,705달러 • 고중소득국: 3,706달러~1만 1,455달러
세계은행 (2007년 1인당 GNI 기준)	• 저소득국: 935달러 이하 • 저중소득국: 936달러~3,705달러 • 고중소득국: 3,706달러~1만 1,455달러 • 고소득국: 1만 1,456달러 이상

4 DAC 수원국 리스트

소득별 분류에 의한 국가 수는 저소득국이 49개국, 저중소득국이 54개국, 고중소득국이 41개국, 고소득국이 65개국이다. 세계은행이 분류한 고중소득국은 대개 OECD/DAC의 고중소득국에 해당된다. 유엔개발계획(UNDP)은 「인간개발보고서」를 통해 인간개발지수(HDI)에 의한 국가별 순위를 발표하고 있다. 2007/2008년도 보고서는 177개국에 대한 인간개발지수 순위를 게재하고 있으며, 한국은 26위에 해당한다(UNDP, 2007).

표 8-1 DAC 수원국 리스트 (2007년 기준)

최빈개발도상국	저소득국 (1인당 GNI 935달러 이하)	저중소득국 (1인당 GNI 936~3,705달러)	고중소득국 (1인당 GNI 3,706~1만 1,455달러)
아프가니스탄	코트디부아르	알바니아	앙귈라 섬
앙골라	가나	알제리	앤티가바부다
방글라데시	케냐	아르메니아	아르헨티나
베냉	북한	아제르바이잔	바베이도스
부탄	키르기스스탄	볼리비아	벨로루시
브루키나파소	나이지리아	보스니아헤르체고비나	벨리즈
부룬디	파키스탄	카메룬	보츠와나
캄보디아	파푸아뉴기니	카보베르데	브라질
중앙아프리카공화국	타지키스탄	중국	칠레
차드	우즈베키스탄	콜롬비아	쿡 제도
코모로스	베트남	콩고	코스타리카
콩고민주공화국	짐바브웨	도미니카공화국	크로아티아
지부티		에콰도르	쿠바
적도기니		이집트	도미니카
에리트레아		엘살바도르	피지
에티오피아		그루지야	가봉
감비아		과테말라	그레나다
기니		가이아나	자마이카
기니비사우		온두라스	카자흐스탄
아이티		인도	레바논
키리바시		인도네시아	리비아
라오스		이란	말레이시아
레소토		이라크	모리셔스
리베리아		요르단	마요트 섬
마다가스카르		마케도니아	멕시코
말라위		마셜 군도	몬테네그로
몰디브		미크로네시아	몬테라트 산
말리		몰도바	나우루
모리타니		몽골	오만
모잠비크		모로코	팔라우
미얀마		나미비아	파나마
네팔		니카라과	세르비아
니제르		니우에	세이셸
르완다		팔레스타인 자치구	남아프리카
사모아		파라과이	세인트헬레나
상투메 프린시페		페루	세인트키츠네비스
세네갈		필리핀	세인트루시아
시에라리온		스리랑카	세인트빈센트그레나딘
솔로몬제도		스와질란드	수리남

최빈개발도상국	저소득국 (1인당 GNI 935달러 이하)	저중소득국 (1인당 GNI 936~3,705달러)	고중소득국 (1인당 GNI 3,706~ 1만 1,455달러)
소말리아 수단 탄자니아 동티모르 토고 투발루 우간다 바누아투 예멘 잠비아		시리아 태국 토켈라우 섬 통가 튀니지 투르크메니스탄 우크라이나 월리스푸투나 제도	트리니다드토바고 터키 우루과이 베네수엘라

*는 속령./ 자료출처: OECD/DAC(2008).

5 최빈개발도상국(LDCs)의 인정기준

최빈개발도상국을 지정하기 위한 3가지 기준을 책정했는데, 그 기준은 다음과 같다.

첫째, 낮은 소득, 즉 1인당 GNI의 3년간 평균치가 750달러 이하일 것(900달러 이상이면 졸업)

둘째, 인적 자원 부족. 즉, 인적자원지표라 불리는 지표가 일정치 이하일 것(인적자원지표는 칼로리 섭취량, 건강, 교육, 성인 식자율에 의해 산출됨)

셋째, 경제적 취약성 지표가 일정치 이하일 것(경제적 취약성 지표는 농산물 생산량과 상품 및 서비스 수출이 어느 정도 안정되었는지, GDP에 반영되는 제조업, 서비스업의 활동이 전 경제활동에 어느 정도의 비율을 차지하는지, 인구 대수로 산출되는 해당 국가의 국내시장규모, 자연재해의 영향을 받는 인구의 비율 등에 의해 산출됨)

최빈개발도상국은 북부와 남부를 제외한 아프리카 국가들과 동남아시아의 일부에 분포하여, 유엔은 2003년 50개국의 최빈개발도상국을 지정했다. 한편 최빈개발도상국에서 벗어나기 위해서는 3가지 기준 중 2가지 이상을 2년 연속으로 달성해야 한다.

6 국별지원전략(Country Assistance Strategy, CAS)

OECD/DAC의 공여국들은 대화 및 협의절차를 거쳐 수원국이 필요한 지원을 제공하고 있다. 즉, 공적개발원조는 공여국의 일방적인 의사결정에 의해 이루어지지 않고 수원국 개발정책상의 우선순위가 담겨 있는 빈곤감소전략(poverty reduction strategy, PRS) 또는 국가개발계획(national development plan, NDP)을 근간으로 공여국의 무상원조정책, 비교우위분야, 개발원조 경험, 타 선진원조공여국의 지원 활동 등을 고려하여 수원국과의 협의를 통해 수립되는 것이다. 통상 공여국은 이러한 과정을 통해 중점협력국에 대한 국별지원전략(country assistance strategy, CAS)을 수립하고 있는데, 이는 수원국의 개발과제, 공여국의 대외무상원조 지원목적 및 목표, 중점지원분야, 목표별 평가지표 등이 유기적으로 연결하여 제시하고 있다(한국국제협력단, 2015).

특히, 1990년 후반부터 개발원조기관은 '분야별원조방법(Sector-wide Approach, SWAp)'이라는 새로운 원조방법을 도입하기 시작하였다. 이것은 종래의 개별 프로젝트 단위의 원조방법에서 특정 분야와 관련된 제반 협력수단을 종합적으로 고려하여 지원하는 원조방법으로 다음과 같은 실행원칙을 가지고 있다.

첫째, 수원국의 주인의식 및 리더십 지원

둘째, 제도적 역량 및 책임성을 강화시키기 위해 수원국 정부와 협력

셋째, 분야별 프로그램을 현지 상황 반영

넷째, 장기적 · 전략적 시각
다섯째, 실용적이고 유연하게 실시

7 국제개발협력에서 유엔의 역할

유엔은 국제평화 및 안전유지, 국가 간 우호관계 발전, 경제 · 사회 · 문화 · 인도적 문제해결 및 인권과 기본적 자유의 존중을 증진하기 위한 국제적 협력과 국가 활동을 조화시키는 것을 목적으로 설립된 국제기구이다. 우리나라는 1991년 9월에 북한과 함께 유엔에 가입되었는데, 유엔가입 실현은 우리의 대 유엔외교는 물론 외교 전반에 질적 변화를 가져왔으며, 특히 냉전 이후 유엔이 새로운 역할을 수행하게 된 가운데 이루어졌다는 점에서 그 의미는 더욱 크다고 하겠다. 유엔의 주요기능을 살펴보면, 다음과 같다.

첫째, 국제평화와 안전(Peace and Security) 유지
둘째, 경제적 · 사회적 개발(Economic and Social Development) 촉구
셋째, 인권(Human Rights) 보호
넷째, 인도주의(Humanitarian) 실현
다섯째, 국제법(International Law) 발전 촉진 등이다.

특히, 유엔은 1990년대 개발에 관한 세계적 규모의 회의를 주도적으로 진행해왔으며, 2000년대 들어서는 새천년개발목표(MDGs)를 발표하여 목표달성을 위해 그리고 2030년 지속가능개발목표(SDGs)의 목표달성을 위해 국제사회에서 유엔의 역할은 점점 커지고 있다. 따라서 유엔은 목적에 따라 다양한 내부조직을 갖고 있으나, 일반적으로 총회라는 이름으로 불리는 전체 회원국으로 구성되는 심의기관, 이사회 또는 집행부라고 흔히 불리는 일부의 회원국으로 구성되

어 있다. 또한, 국가의 대표가 아닌 독립된 인원으로 구성되어 국제기구가 그 목적을 달성할 수 있도록 준비하고 운영을 담당하는 사무국으로 구성되어 있는 것이 특징이다.

8 국제개발은행

제2차 세계대전 이후 국제화의 바람이 불고 세계경제가 질서를 잡아가면서 다양한 목적을 지닌 경제기구들이 대거 등장하게 되었으며, 이와 동시에 금융시장의 통합과 저개발국가들의 개발을 지원하기 위한 협력체들 또한 속속 등장하기 시작하였다.

먼저 전 세계를 대상으로 하여 저소득국에 대한 양허성 자금을 지원하는 국제개발협회(IDA)가 1956년 설립되었고, 잇따라 지역별로 각 국가들의 경제개발을 지원하기 위한 지역개발은행들이 등장하게 된다. 주요 국제개발은행은 다음과 같다.

첫째, 세계은행그룹(World Bank Group)

둘째, 아시아개발은행(Asian Development Bank, ADB)

셋째, 아프리카개발은행그룹(African Development Bank Group, AfDB Group)

넷째. 미주개발은행그룹(Inter-American Development Bank, IDB)

다섯째, 유럽부흥개발은행(European Bank for Reconstruction and Development, EBRD)

이상과 같이 지역개발은행들은 세계은행을 모델로 하였기 때문에 조직과 기능면에서 많은 유사점이 발견되기도 하지만, 지역개발은행만의 독자적인 특징도 가지고 있다. 세계은행은 경제개발, 빈곤퇴치 등 개발도상국이 직면하고 있는 문제에 관심을 갖고 있는 반면, 지역개발은행은 해당 지역의 특성에 맞는 각 지역별 맞춤형 목표를 설정하여 특정사업 분야에만 지원하는 비중이 높다. 특히 사업을 추진하는 과정에서도 세계은행은 민간부문 주도의 발전전략을 채택하는 반면, 지역개발은행은 공공기관에 대한 지원 비중이 높다고 할 수 있다. 따라서 지역개발은행은 세계은행에 비해 각국의 특성을 충분히 고려한 수요를 충실히 반영한다는 평가를 받고 있다.

9 지역개발기구

지역개발기구는 기구가 속한 지역의 특성, 역사, 발전 정도에 따라 서로 다른 양상으로 성장해왔다. 지역기구는 같은 지역 내에 있는 국가들이 모여 공동의 이익을 추구하며 각 국가 간에 협정을 체결하고 공식적인 관계를 맺음으로써 경제적인 협력을 추진한다. 또한 다른 국가들과의 대내외 정책에 영향을 주고받음으로써 국가 간 협력의 틀을 마련해 왔다. 자국의 이익을 창출해 낼 수 있어 약소국에게는 국가의 역량을 확대할 수 있는 좋은 기회의 장이 될 수 있다고 하겠다.

현재, 우리나라는 1989년 ASEAN과 부문별 대화관계(sectoral dialogue)를 수립한 이후 1997년부터 “ASEAN+3 정상회의” 및 “한 · ASEAN 정상회의”를 개최하는 등 활발한 교류를 하고 있다. 또한, 우리나라는 APEC을 통하여 과거에 시장개방의 진출이 미진하였던 동남아시아 국가에 진출할 수 있는 계기를 마련하였으며, AU에 옵저버 자격으로 참가하는 등 활발한 활동으로 지역개발기구와 협력하고 있는데, 대표적인 지역개발기구는 다음과 같다.

첫째, 동남아시아국가연합(Association of Southeast Asian Nations, ASEAN)

둘째, 아시아-태평양 경제협력기구(Asia-Pacific Economic Cooperation, APEC)

셋째, 아프리카연합(African Union, AU)

넷째, 유럽연합(European Union, EU)

10 OECD/DAC와 국제개발협력

1980년대 DAC에서는 다양한 분야의 자문 그룹들을 만들어 각 회원국과 그룹들 간의 원조 조정을 향상시키고, 특히 수원국 측의 원조에 대한 조정 능력도 강화시키는 데 주력하고 있다. 또한 1986년 DAC 고위급 회담에서는 '원조 조정을 위한 개발전략 및 프로그램 향상'에 대한 원칙을 채택하고, 원조 조정에 대한 일차적 책임은 각 수원국에게 있다는 뜻을 명백히 밝혔다(OECD/DAC, 2006c). 뿐만 아니라 원조의 효과성 평가에 대한 해석에 초점을 맞추기 시작했다. 1980년 DAC는 원조의 효과성에 대한 평가 틀을 마련하는 데 공동으로 노력할 것을 합의하고, 원조평가 전문가 그룹이 1982년에 정식으로 발족되었다. 1988년에는 프로젝트 심사를 위한 원칙을 채택했는데, 이러한 원조평가는 원조를 효율화하는 수단이었을 뿐만 아니라 공여국의 국내 여론을 환기하는 데에도 영향을 미쳤다(전장수, 1996). 원조의 효과성에 대한 높아진 관심은 DAC가 발표한 여러 문서에서도 확인되는데, 특히 DAC 의장 보고서는 '원조효과성에 대한 중요하지만 정의하기 어려운 안건들'이라는 주제로 원조효과는 과학적으로 증명하기 어려우나 공여국과 수원국에 학습효과가 있다는 것을 강조하고(1980), '개발협력의 25년사'에서는 비록 사하라 이남 아프리카와 몇몇 라틴아메리카 국가에서 원조의 효과성이 불투명하게 보이는 것은 사실이지만 많은 나라들이 원조를 통해 성공적인 경제적·사회적 발전을 이룩했다고 평가했다

(OECD/DAC, 2006c).

또한 DAC는 1984년 DAC 회원국의 원조 효율화 방안을 정리한 「사하라 이남 아프리카 원조에 관한 목록」을 발표, 원조기관 간의 조정과 협조를 강조했다. 특히, 세계화의 진전과 함께 1990년대에 범지구적 문제들이 이슈화되었다. 즉, 채무문제 및 통상 개방·보호 등의 문제는 이미 공론화되었고 HIV/AIDS, 인구, 국제이주, 지구환경, 여성문제, 빈곤 등이 중요한 이슈로 떠오르며 범세계적인 해결책을 찾아야 한다는 목소리가 높아졌다(한국국제협력단, 2015).

따라서, OECD/DAC는 1989년 12월 고위급회의에서 '1990년대 개발협력에 관한 정책 성명'을 통해 1990년대 개발협력의 정책방향과 우선과제로 '참여적 개발'과 '지속가능한 성장'을 제시하고 인간의 기본적 욕구가 충족되어야 한다는 기본 입장에서 개발협력을 주도해왔다(한국국제협력단, 2015).

1991년 12월에 개최된 환경개발 장관회의에서의 합의와 1992년 6월에 개최된 유엔환경개발회의에서의 논의를 바탕으로, DAC는 개발도상국의 지속가능한 발전을 유도하기 위해 더욱 합리적인 지원방향을 정립할 필요성을 느끼게 되었다. 즉, 환경문제는 단지 환경부문에서의 문제일 뿐 아니라, 개발도상국 전 부문에 걸친 문제와 밀접한 관계가 있기 때문에 환경문제해결을 국가개발전략의 중요 부문으로 명백히 해야 한다는 것을 분명히 한 것이다(정성춘, 2004).

1990년대에 들어 미국 등 회원국의 공적개발원조 지원 감소추세가 나타나고 유엔 기구 등을 통해 새로운 개발협력 논의가 활발하게 진행되는 상황에서 OECD/DAC는 1995년 고위급 회담에서 '새로운 세계 상황에 대응한 개발 파트너십을 채택하여 각 해당 국가의 주체적 협력을 도모하고 개발협력에 대한 통합적 접근을 제고하며, 공여국 공통의 개발협력 목표와 중장기적 전략을 제시했다.

1996년에는 OECD/DAC의 "21세기를 구상하며: 개발협력의 공헌"이 선언되었다. 이 보고서에서는 경제사회개발 및 환경과 관련된 구체적인 7가지 국제개발목표와 목표달성 기한을 설정하는 한편, 이를 달성하기 위해 '파트너십', '주인의식', '공여국의 원조일치'를 강조하고 있다. 이 보고서는 역사적으로 매우 중요한 의미를 갖는데, 그 이유는 정확한 목표를 세워 파트너십 전략을 현실에 이행하기 위한 노력을 꾀했고, 언급된 목표는 대부분 개인생존, 환경과 직접 관련된 것으로 1990년 이후 유엔이 주최한 일련의 개발 관련 정상회의에서 확인한 인간 중심의 개발과 맥을 같이하고 있기 때문이다. 더구나 이 보고서는 후에 유엔의 새천년선언 및 새천년개발목표의 기초가 되어 더욱 큰 의의가 있다고 하겠다(한국국제협력단, 2015).

1) 정보화 격차

정보통신기술의 발전은 기업의 생산·유통·경영 및 교육·의료·행정·언론 등 전 분야에서 생산성을 높이고 사회적 비용을 낮추는 정보혁명을 초래했다. 정보통신기술은 경제성장, 사회적 평등, 민주주의 발전 등 다분야적인 이슈로서 사회의 발전에 큰 영향을 미치는 것으로 평가되고 있다. 이에 따라 정보통신기술에 대한 접근성 및 정보 격차는 개발협력의 중점 과제로 대두되었다.

1990년대 이후 전 세계적으로 급속하게 확산된 정보통신기술은 정보를 가진 자와 못 가진 자 간의 '부익부 빈익빈' 현상을 더욱 심화시켜 정보격차라는 새로운 형태의 '불평등'을 야기했다. 선진국과 개발도상국 간의 정보화 격차는 2005년 기준 4배 이상 발생하는 등 점차 심화되고 있으며, 이는 소득격차를 심화시키고 개발도상국의 빈곤감소와 지속가능한 경제성장을 저해하는 요인으로 작용하고 있다. 또한 개발도상국에서는 기본 IT 인프라와 기술 인력의 부족, 정부 고위관리자들의 정보화 마인드 부족으로 국가정보화가 제대로 이루어지지 않고 있는 실정이다.

2) 재난구호·방재 및 인도적 지원 확대

우리가 익히 잘 알고 있는 1980년대의 멕시코시티 지진, 1990년대의 고베 지진, 터키 지진, 그리고 2000년대의 아시아의 쓰나미 등은 자연재해였다. 한편 1970년대의 아메리칸 항공 및 뉴질랜드 항공 사고, 1980년대의 KAL기 폭파,

우크라이나 체르노빌 핵시설공장 사고, 2000년대의 9·11 테러, 전쟁과 분쟁 등은 대표적인 인위재해(인재)라고 볼 수 있다.

이렇게 막대한 인명과 재산의 손실을 가져오는 재해는 그 사회에 엄청난 사회적·정치적·경제적 파장을 불러오게 되는데, 자연재해와 인재에 대한 대응방법과 체계를 개선하는 것은 재해복구를 하는 지역사회 개발에 핵심요소임이 크게 부각되었다. 이에 대해 1987년 제42차 유엔총회에서는 1990년대를 자연재해감소 10년으로 정하고, 1999년 유엔아시아·태평양경제사회이사회(UNESCAP)는 방콕에서 개최된 제55차 회의 '재해와 관련한 새로운 이슈와 개발문제'에 관한 논의에서 각 지역적 경험을 고유함과 동시에 재해로 인한 인적·재정적 손실을 어떻게 줄여나갈 것인지를 토의했다.

또한 2005년 일본 고베에서 재해감소를 위한 세계회의를 열고, 재해를 줄이고 손실을 최소화하기 위해 정부 간, 주제 간, 공공포럼이라는 3가지 주요 방법에 대해 각 주체가 어떤 노력을 경주해야 할 것인가에 대해 토의하고 프레임워크를 발표했다.

특히 개발도상국의 빈곤감소를 목적으로 한 인도적 지원의 규모 확대와 지원 메커니즘의 신속성 및 체계화는 절대빈곤 해소와 인간의 보편적 가치실현을 위한 도덕적 의무달성이라는 원조의 순수목적 강조와 함께 더욱 활성화될 것으로 예상된다.

3) 평화구축의 중요성

2001년의 미국 9·11 테러 사건과 아프가니스탄 지원 등을 계기로 빈곤문제와 테러의 관계 그리고 평화구축의 중요성에 관한 국제사회의 관심이 고조되었다. 또한 취약국가들에 대한 안보의 입장에서 지원을 고려하게 되었다. 이에 따라 새천년개발목표(MDGs)와 몬테레이 합의를 고려하면서 원조를 효과적으로 수행할 수 없거나 개발의 의지가 없는 국가들에게 어떻게 지원해야 하는가가 핵심문제로 등장했다. 인도주의적 대참사, 대량의 피난민 발생, 환경파괴, 에너지 불안, 전염병, 지역불안정, 대량살상무기 확산과 국제테러리즘이 주로 이 취약국가들에게서 온다는 것도 문제의식을 확산시키는 데 일조했다(박형중, 2007).

이에 따라 국제개발기관과 공여국도 빈곤감소 문제를 최상위 원조목표이자 개발의제로 설정하고 있다. 이와 관련하여 2001년 세계은행은 '스트레스하의 저소득국가'라는 개념하에 실무작업반을 발족시켰고, OECD/DAC도 2001년부터 관련 연구를 강화하면서 2003년 '파트너십이 어려운 국가에 대한 연구와 자문'을 위한 그룹을 결성하고 「테러리즘 방지에 대한 개발협력」 보고서를 냈으며, 이라크 재건에 관한 회의를 진행하기도 했다. 최근의 빈곤감소전략 및 접근은 종래의 노동집약형 성장전략, 사회개발, 사회안전망 구축 등과 함께 거버넌스 향상과 최빈층의 취약성에 대한 관심에 이르기까지 다양화되고 있다(JICA, 2003).

4) 공적개발원조(ODA)의 규모 확대

공적개발원조(ODA)의 지속적인 규모 확대의 논의는 2005년에 개최된 OECD/ DAC의 고위급 포럼과 글렌이글스 G8 정상회담, 유엔의 새천년개발목표 중간평가 등의 주요 국제회의를 통해 지속적으로 강조되는 개발이슈 중 하나이다. 공적개발원조의 공여국 GNI 대비 0.7% 확대 권고는 이미 1960년대와 1970년대의 유엔총회에서 언급된 바 있으나, 특히 영국을 의장으로 한 2005년의 글렌이글스 정상회담에서 공적개발원조의 GNI 대비 0.7% 달성과 국제금융기관을 포함한 공여국의 최빈국에 대한 부채탕감이 재차 강조됨으로써 공여국의 적극적인 아프리카 원조확대가 본격적으로 추진되었다.

한편 새천년개발목표 및 지속가능개발목표 달성을 위해 부족한 재원을 보충하기 위한 다양한 금융메커니즘에 대한 고려, 즉 혁신적인 개발재원에 대한 논의 또한 활발히 이루어지고 있다. 혁신적인 개발재원에는 항공권연대기금, 수출소득, 세금회피 및 자본도피 방치, 이주자 송금, 무기거래세, 개발을 위한 외환

거래세, 선 시장공약 등이 있으며, 2002년 몬테레이 유엔개발재원회의를 계기로 본격화되었다(한국국제협력단, 2015).

5) 무상원조 및 비구속성 원조 확대

최근 국제사회는 수원국의 변제의무가 없는 무상원조 확대와 증여율 제고가 인도적 차원의 빈곤감소 목적과 개발원조의 질적 개선에 효율적이라는 데 의견을 일치하고 있다. 즉, 유상원조는 특히 차관관리 및 변제능력, 책임설명 능력이 다른 수원국에 비해 현저히 낮은 최빈국에게 과도한 대외채무 부담을 초래하기 때문에 원조는 그 본래의 이념에 따라 인도주의적 목적을 위해 무상으로 지원되어야 한다는 주장이 국제적으로 보편화되고 있다(전승훈 외, 2006). 특히 2000년도에는 유엔은 물론 미국 의회 국제금융기구자문위원회는 빈곤감소를 위해 유상원조보다 무상원조가 보다 현실적인 대안(Meltzer, 2000)임을 지적했다.

한편 OECD/DAC는 2001년 원조의 효율성을 제고하기 위해 최빈국 대상 공적개발원조의 비구속화를 합의했다. 회원국은 권고대상 안건에 대해 안건마다 수원국명, 프로젝트명, 프로젝트 금액, 입찰 최종일, 조달담당자 연락처, 낙찰자 등을 DAC 사무국에 보고하게 되어 있고, 사무국은 권고가 공적개발원조의 규모와 효율성에 미치는 영향과 각 회원국의 권고사항 실시현황 등을 매년 평가하고 있다.

6) 환경 문제와 지속가능한 개발

성장 위주의 개발을 추진한 결과 발생된 환경문제와 자본주의의 팽창에도 불구하고 증가한 빈곤층의 문제는 국제사회의 주요 관심사가 되었다. 오존층 파괴, 지구 온난화, 열대림 파괴는 국경을 초월하여 선진국·개발도상국 모두에게 심각한 피해를 주고 있었다.

1960년대 말 지구의 벗과 같은 압력단체에 의해 시작된 환경보존운동은 1972년 로마 클럽의 「성장의 한계」라는 보고서 발간과 스톡홀름에서의 유엔 인간환경회의 '단 하나뿐인 지구' 개최, 1987년 유엔 환경 및 개발위원회의 「브룬트란트 보고서」(원명: Our Common Future)를 거쳐 본격화되었다. 특히 1989년 12월 DAC는 고위급 회담에서 '1990년대 개발협력에 관한 정책 성명'을 통해 1990년대 개발협력의 정책방향과 우선 과제로 환경과 조화를 이루는 지속가능한 성장과 참여적 개발을 제시하여 브룬트란트 보고서가 정의한 지속가능성이 1990년대의 개발협력 화두로 등장할 것을 예고했다. 브룬트란트 보고서에서 정의한 지속가능한 개발의 개념이란 미래세대의 욕구를 충족시킬 수 있는 능력과 조건을 저해하지 않으면서 현 세대의 욕구를 충족시키는 것'이라는 개념은 당초 환경에 중점을 둔 개념이었으나, 1990년대에 들어 지속가능한 개발이란 환경과 개발 문제를 포괄하는 개념으로 정립되었다.

1992년 리우데자이네이루에서 열린 유엔 환경과 개발 컨퍼런스에서의 「리우 선언문」과 '의제 21의 채택은 환경과 개발을 포괄한 개념으로서 지속가능한 개발의 의미를 잘 보여주고 있다. 특히 의제 21은 환경보전과 경제개발을 전 세계적인 수준은 물론 국가적·지역적 수준으로 연계한 중요한 의미를 지닌다. 또한 지구 온난화에 대한 세계적 관심이 높아져, 1997년 12월 일본 교토에서 열린 제3차 당사국 총회에서는 1992년에 채택된 기후변화협약의 구체적인 이행방안, 즉 선진국들의 의무 감축 목표와 감축 시기를 설정한 '교토 의정서'를 채택하기에 이른다(윤순진, 2005).

특히 OECD/DAC에서는 지속가능한 개발을 위한 정책적 틀을 개발하기 위해 상당한 노력을 기울였다. 1989년 DAC 고위급회의에서 채택한 '1990년대를 위한 개발협력' 선언은 지속가능한 개발을 개발의 핵심적 측면으로 정립하여 이를 정책화했으며, 1996년 21세기 개발협력전략에서는 사회개발, 경제적 풍요, 환경의 지속가능성 등을 3가지 축으로 삼아 개발전략을 다루었다.

7) 참여적 개발

참여적 개발이라는 용어가 처음 등장한 것은 1989년 12월 OECD/DAC에서 채택한 '1990년대의 개발협력에 관한 정책성명'에서인데, 특히 생산적인 에너지를 촉진하기 위해 인적 자원에 대한 투자와 함께 참여적 개발의 중요성이 강조되었다. 또한 1993년 DAC 고위급회의가 승인한 '참여적 개발을 위한 방향'에서는 민주화, 선정 및 인권과 더불어 참여적 개발이 개발의 주요과제 분야로 정립되었다. 이에 따라 DAC는 1994년에 참여적 개발과 선정에 관한 특별작업반을 구성하고 1995년에는 '참여적 개발과 선정을 위한 가이드라인'을 발표했으며, 최종 보고서를 채택하기에 이르렀다(최성호, 1999).

참여적 개발을 촉진하기 위해서 이를 위한 여건 조성에 필요한 정부 역할의 중요성도 부각되었는데, 도덕적 가치 측면과 능력 또는 역량적인 측면을 포함한 선정이 전제되어야 하고, 역으로 선정을 위해서는 참여적 개발이 이루어져야 하기 때문에 이 둘은 상호 보완관계에 있다고 이해되었다.

특히 세계은행 및 아시아개발은행 등은 경제 및 사회개발의 관점에서 선정의 역할에 중요성을 부여하고 있다. 세계은행은 1980년대 이래 경제성장과 빈곤감소와 관련된 수원국의 정책과 제도적 성과에 대한 평가를 통해, 원조효과를 높이는 데 선정이 결정적인 역할을 해왔다는 것을 강조하고 수원국의 선정을 장려하기 위한 다양한 정책적 수단을 마련했다(한국국제협력단, 2015).

8) 사회개발과 인간안보

1990년대에 들어 냉전의 종식과 세계화로 인한 국제정세의 변화와 함께 환경, 여성, 인구, 인간개발 등에 관심이 고조되면서 사회개발이 중시되었다. 인간의 자유 확대, 복지의 증진이 개발의 최종적인 목적이며 사회개발이 이 목적을 달성하는 가장 효율적인 방법이라는 인식이 널리 받아들여지면서 각종 국제기구와 국제회의에서 인간 중심의 사회개발이 활발히 논의되었다. 1994년 유엔개발계획(UNDP)은 「인간개발보고서」에서 인간안보라는 새로운 개념을 제시하면서, 인간안보를 위협하는 요인이 존재하는 분야로 식료 · 건강 · 환경 · 개인 · 지역사회 · 정치 · 경제 등 7가지를 들고 이에 대한 대응책을 논의했다. 또한 유엔개발계획은 빈곤이란 인간의 잠재능력이 개발되지 않은 상태에서 초래된다는 시각에 입각하여 빈곤 · 교육 · 모자사망률 등 개발의 주요 부분을 종합적으로 고려한 인간개발지수를 작성했다.

오래전부터 사회개발의 중요성을 인식하고 있던 유엔은 범세계적으로 의견을 일치시키고 특정 분야에서의 행동계획에 정치적 계기를 부여하기 위해 제4차 유엔개발 10년 계획에서 국제개발전략을 선포하고, 수많은 국제회의를 개최하면서 개발에 대한 대중의 인식을 제고하고 해결책을 제시하는 등 적극적인 리더 역할을 수행했다(King & McGrath, 2004). 특히 1995년 덴마크 코펜하겐에서 열린 '세계사회개발정상회의'에서 코펜하겐 선언과 10대 행동강령이 채택되고 사회개발을 위한 '이니셔티브'가 제안되었다. 이 밖에 1990년 아동문제, 1990년 교육문제, 1993년 인권문제, 1994년 인구문제, 1995년 여성문제, 1996년 식량문제 등에 관한 국제회의가 개최되었고 많은 결의문이 채택되었으며 그 내용의 상당 부분은 이후 국제개발협력의 중심축이 되었다(박형중, 2007).

11 ASIA-CPS-KOICA(*출처: KOICA 홈페이지, 2020)

최근 세계경제위기에도 불구하고 아시아 지역의 경제는 중국이 연평균 13%, 인도가 9%의 경제성장률을 보이는 등 꾸준한 성장세를 보이고 있다.

그 외 캄보디아, 라오스, 말레이시아, 몽골, 필리핀, 베트남 등의 아시아 개발도상국들도 6% 이상의 경제성장을 이루는 등 이러한 경제성장은 향후 새천년개발목표(MDGs) 달성에 긍정적인 요소로 작용할 것으로 보인다. 현재 아시아 지역은 세계 최고의 인구과밀 지역으로, 세계 빈곤층의 2/3가 살고 있는 빈곤인구 최대 거주 지역으로 분석되고 있다. 특히 동북아시아, 동남아시아, 서남아시아 등 지역별로 언어와 관습을 달리하는 다양한 종족이 혼재하고, 지역과 국가에 따라 다양한 역사성과 문화 양상을 보유하고 있어 공적개발원조(ODA) 접근 시 국별, 지역별로 문화적 다양성을 기반으로 하여 국별협력전략(Country Partnership Strategy, CPS)을 세워야 한다.

그러나 아시아 지역 내 개발격차는 국가 간 그리고 국가 내의 도농 간, 계층 간에 크게 나타나고 있는 것으로 보고되고 있다. 즉, 동아시아 지역의 보편적 초등교육 달성은 인도네시아, 몽골, 베트남 등 저중소득국 중심으로 많은 진전을 이루었으나 남아시아 지역은 향상된 입학률 대비 졸업률은 현저히 낮은 것으로 보고되고 있다. 아울러 교육의 양성평등(gender equalibrium) 달성은 좋은 편이나, 여성의 정치참여 및 권한위임 부분 등에 있어서는 여전히 미흡한 편이다.

또한, 모성사망률, 유아사망률에서의 진전은 파키스탄 등 서남아 지역에서 느리게 진행 중이며, 아프가니스탄에서의 유아사망률은 여전히 심각한 상황이다. 이렇게 볼 때, 아시아 지역의 개발격차 완화를 위해 우리나라는 경제, 외교, 문화 등 전 분야에 걸쳐 긴밀한 협력관계를 유지하고 있으며, KOICA 무상원조사업도 아시아 지역을 중점 지원하는 기조를 유지하고 있다. 특히 2009년 6월에 개최된 '한-아시아 정상회담'을 계기로 아시아 개발격차 해소 및 지원, '신아시아'외교 지원 등의 개발협력 강화 노력이 지속될 것으로 보여 향후 아시아 비중은 점차 확대될 전망이다.

1) 동남아시아

동남아시아 지역은 최근 높은 경제성장률을 바탕으로 빈곤감소, 문맹 타파 등에 있어 괄목할 만한 진전을 기록하였다. 그러나 각 국가 내부적으로 경제성장 과정에서의 불평등한 분배로 인해 빈부격차가 심화되었고, 급격한 산업화 및 도시화로 인해 도농 간 빈곤 격차가 심화된 상황이다. 동남아시아 역내 국가 간 측면에서도, 개발속도 및 취약분야에 있어 커다란 격차가 존재하는데, 예를 들면 베트남은 직업훈련, 녹색성장 및 교통인프라 분야에 있어 지원이 시급한 반면, 라오스는 농촌지역 빈곤 문제가 심각한 상황이다. 또한 양질의 노동력이 부족하여 직업훈련 분야에 대한 지원이 필요하며 아동 및 유아사망률이 주변지역에 비해 높아서 모자보건에 대한 지원 역시 절실히 요구된다. 이를 해소하기 위해 국별 발전수준에 맞는 맞춤형 지원이 요구되며, 각 국별 현황에 따라 행정제도개선, 농어촌개발, 보건의료, 경제사회 인프라 구축 등으로 특성화하여 지원할 예정이다.

이러한 요구하에, 대한민국 정부는 무·유상통합으로 수원국의 개발우선순위와 정책협의를 통하여 국별협력전략을 수립하고 있다.

2) 서남아시아

1일 1달러 미만 생계유지 빈곤층의 40%가 거주하고 있는 서남아시아 지역의 최대문제는 빈곤퇴치이다. 서남아 지역의 주요 산업은 농업으로 1차 상품에 대한 수출 의존도가 높고 식량가격 및 유가 상승 등 대외여건변화에 취약하며, 전쟁 및 빈번한 자연재해 등으로 인하여 만성적인 절대빈곤 상황이 지속되고 있다. 1990년대 이후 평균 5.4%의 높은 경제성장률을 기록하면서 유아사망률이나 초등학교 입학률 등 많은 진전이 있었으나 아동 영양결핍, 모성보건, 초·중등학교 졸업률, 여성분야 등은 지속적인 관심이 필요한 실정으로 서남아시아 지역의 성인문맹률은 여전히 높은 수준이며, 영양결핍, 모자사망률은 세계에서 가장 높은 수준이다.

또한, 이 지역은 국별, 각 국내의 지방별, 인종별, 계층별, 성별 발전 격차가 크다. 지역의 평균 새천년개발목표(MDGs) 달성현황은 비교적 양호한 편이나 네팔, 방글라데시, 인도 등 많은 국가에서 지역 간 새천년개발목표 달성률은 격차가 크므로 국내 상황에 대한 보다 깊은 이해를 통해 소외된 계층과 지역에 대한 지원이 필요하다. 더욱이, 국제적 분쟁, 내전이 빈발한 지역으로서 사회적 불안정 해소를 위한 질서유지 및 개발정책 능력 향상 부문 등에서도 지원이 필요한 실정이다.

3) 동북아시아

동북아시아 지역은 중국을 중심으로 적극적인 시장경제를 추구하고, 풍부한 광물자원, 국민의 교육열 등을 바탕으로 역동적인 경제발전을 추구하고 있다. 이 지역은 우리나라와 지정학적 인접성을 고려하여, 환경 및 SARS, 조류독감 등 글로벌이슈 문제, 빈곤완화 지원에 대해 보다 중장기적 관점에서 관심이 필요하다. 특히, 중국 및 몽골의 산업화, 공업화 과정에서의 삼림 파괴 및 지구온난화로 인한 사막화, 중국 및 몽골의 황사로 인하여 각종 건강 질환과 농작물 피해 등 우리나라의 '환경문제'에 막대한 영향을 미치고 있음에 따라 환경 분야에 대한 관심이 필요하다. 특히 몽골은 시장경제체제로 전환하는 과정에서 장기적 발전전략이나 비전이 필요한 바, 시장경제체제로 전환하는 과정에서 경제개발전략을 수립하는 데 한국의 개발경험 전수가 요구되고 있다.

4) 남태평양 도서지역

남태평양 지역 도서국가는 상대적으로 자원빈국, 경제적·환경적 취약성, 협소한 국내시장, 불충분한 재정구조 및 글로벌 경제로의 접근 제한 등의 과제에 직면하고 있다. 또한, 피지, 솔로몬 제도 등은 정치적, 사회적 불안을 겪고 있음에 따라 경제개발에 장애로 작용하고 있다. 최근, 태평양 도서국은 경제협력을 효과적으로 추진하기 위해 안전 및 안보, 투명성 확보 등을 위한 거버넌스(governance) 개선의 중요성이 강조되고 있다. 또한, 낮은 평균수명, 높은 모자사망률 등을 감안한 보건 분야 및 교육훈련 분야의 지원이 필요한 실정이다.

5) 향후 지원전략

아시아 지역의 무상원조는 중점협력국 국별협력전략 수립 및 균등한 경제성장을 통한 개발격차 완화, 인프라 구축 지원, 역량강화를 통한 공공부문 제도개선 및 투명성 확보, 기후변화, 식량안보 등의 글로벌 이슈에 대한 지원확대와 같은 방향으로 추진될 예정이다. 더불어 아시아 후발개발도상국, 최빈국 중심으로 국가별 개발단계 및 다양한 국별 개발과제 등을 고려하고, 유엔 새천년개발목표 및 파리선언, 부산 HLF-4 등 국제사회가 권고하는 목표 및 원조방향과 일치된 전략 수립을 통하여 무상원조사업의 효과성이 제고될 필요가 있다.

CHAPTER

09

지속가능개발
(Sustainable Development)

1 지구환경의 위기

세계화는 경제를 비롯하여 정치, 사회, 문화 등 모든 영역에서 다양한 행위주체 간에 상호의존성이 심화되고 있는 가운데, 그에 따라 더불어 풀어야 할 공통의 문제도 점점 더 많아지고 있다. 지구 온난화, 오존층의 파괴, 생태계 파괴와 생물종의 감소, 그리고 이상기후의 만연 등 고도의 산업화 과정에서 생겨난 지구환경의 위기는 현대문명과 인류의 생존 자체를 위협하고 있다. 따라서 우리가 해결해야 할 가장 시급한 문제 중의 하나는 바로 환경문제라고 본다.

1) 생태안보(ecological security)

지구생태발자국네트워크(Global Footprint Network, GFN)라는 국제환경단체에 따르면, 2013년 8월 20일이 '지구 용량 초과의 날(Earth Overshoot Day)'로 인류가 자연에 빚을 지기 시작했으며 인류가 올해 자연으로부터 받은 생태예산을 모두 소진하고 '채무' 상태에 들어갔다고 밝혔다(한겨레신문, 2013). 이렇게 생태계 파괴는 전 지구적인 규모로 확대되고 있으며, 인류의 지속적 존속을 위협하고 있는 실황이다.

특히, 오존층 파괴로 인한 지구 온난화는 해수면 상승, 강수량 변화, 기후 변화 등 지구 생명권 안에 막대한 자연적 재앙과 혼란들을 초래할 것으로 예견된다(Singer, 2002). 뿐만 아니라 끊임없이 소비를 조장하는 자본주의 경제는 반환경적인데, 이로 인해 자연에 내재된 생태적 가치는 무시되고 자연은 파괴되며 오염된다. 국가와 다국적 기업들은 자율성, 이익이라는 명목을 내세우며 인간과 자연을 계속적으로 상품화시키고 있다(Jeremy Rifkin, 1991).

선진국들은 전 세계에서 매년 90%의 위험한 쓰레기들을 생산하는데, 매년 2억 7,500만 톤 이상의 유독성 쓰레기들을 만들어낸다. 선진국에서는 쓰레기를 지속적인 방식으로 폐기하고 처리하는 비용이 너무 높아 비용 효율성의 관점에서 제3세계에 쓰레기를 수출하고, 그것은 안전하게 처리되지 못하고 땅에 매립되거나 소각되고 있는 실정이다. 이는 국제법에 완전히 배치되는 행위임에도 불구하고 이러한 상황이 계속되고 있다는 점이다(Giddens, 1990).

최근 지구생태발자국네트워크가 발표한 생태발자국 계정을 보면 인류는 현재 지구 1.5개 분량의 자원을 소비하고 있고, 이 상태로 지속된다면 2030년에는 그 규모가 지구 2개분으로 늘어날 것으로 예상된다. 뿐만 아니라 지구생태발자국네트워크는 기본적인 욕구를 충족시키는 데 필요한 생태 자원에 접근조차 할 수 없는 사람들이 20억 명에 이른다고 보고하고 있다. 지구생태발자국네트워크는 인류가 자연이 제공할 수 있는 것과 경제나 인프라, 생활이 요구하는 것 간의 격차가 더 이상 감당할 수 없는 상태에 와 있다고 보고했다(한겨레신문, 2013).

한편 미국의 다국적 기업들은 소의 목축을 위해 라틴아메리카를 구획화하고 있다. 목장을 만들기 위해 매년 라틴아메리카의 2천 평방킬로미터 이상의 열대우림이 파괴되며 불태워지고 있다. 생계에서 수출 목적의 땅으로 전환된 결과 수백만 농민들은 땅을 잃고 쫓겨난 채 불안정하게 살아간다. 예를 들어, 과테말라는 70%의 농경지를 인구의 2.2%가 소유하고 있는데, 대부분이 소의 목축에 사용된다. 브라질에서는 전국 농토의 43%를 1%의 농가가 소유하고 있다. 소나 다른 가축의 과도한 방목이나 경작, 산림 벌목, 염분 증가 등이 원인으로 땅의 사막화가 전 세계적으로 확산되고 있다. 유엔 환경위원회에 따르면, 지금 지구 땅 표면의 35% 이상이 사막화의 위협에 놓여 있는 상황이다.

이러한 생태위기는 '전 세계적 시민성'에 바탕을 둔 '범세계적 정치인'의 대두를 강하게 요구하고 있다. '생태계 의식의 범세계화'가 요구되지만, 이를 신자유주의 체제에서 요구한다는 것은 현실적으로 어렵다(조미영, 2020 재인용). 더욱이 동남아의 새우 양식장이나 바나나 농장, 댐 건설, 남미와 아프리카의 산업형 축산지대 등에서 볼 수 있듯이, 초국가적 자본은 인간과 자연이 조화롭게 살던 모든 삶의 터전을 무참히 파괴하고 있다. 자본은 돈을 번 뒤 떠나버리면 그만이지만, 자연생태계와 공동체의 터전들은 한 번 파괴되면 거의 되돌릴 수 없다는 점이 치명적 문제인 것이다. 동남아의 쓰나미 사태나 이상기후 현상들, 그리고 갈수록 늘어나는 국제이주 행렬과 불법 체류 현상은 이러한 범세계적 파괴가 어떤 결과를 초래하는지 명확히 보여주고 있다. 이처럼 지구 곳곳은 인간의 무책임한 권리남용으로 인해 자연이 훼손되고 파괴되며, 이로 인하여 결국 자연뿐만 아니라 인간들 스스로가 고통을 당하는 악순환이 반복되고 있다. 이러한 지구환경의 위기는 인류의 생존에 대한 자각과 환경파괴에 대한 경각심을 불러일으키고 있다(조미영, 2020 재인용).

미쉐(Patricia M. Mische)는 국민국가들이 군사안보 개념을 '생태안보(ecological security)' 개념으로 대체할 필요가 있다고 주장한다(Mische, 2001). 군사안보는 환경을 파괴하고 자연자원을 낭비하는 반면, 생태안보는 지구에서 생명을 유지시키기 위해 필요한 물과 맑은 공기 같은 귀중한 자원을 보존하는 지속가능한 방식으로 사는 것으로부터 확보되기 때문이다. 이에 세계화로 인한 인간 환경 및 자원의 가속되는 악화를 해결하기 위하여 인간은 살아 있는 환경의 복잡성을 보다 존중할 필요가 있으며, 이를 위해 지구상의 삶을 가능하게 해주는 자연계를 이해하고 일상생활에서 이용할 수 있는 능력이 요구된다.

따라서 시간이 경과하면서 공기 · 물 · 생물종 · 땅 역시 인류의 '공동자산'이라는 생각에 이르게 되었고, 그 결과 국제 공동체 전부가 이 문제에 특별한 관심을 가져야 할 필요성이 부각되었다. 즉, 지구 온난화, 급속한 종의 소멸, 심각한 오염과 같은 문제를 직면함에 있어, 군사 침략으로 인하여 자국민을 보호하기 위한 군사안보의 필요성에서 이제는 인간과 자연이 보호받고 생존할 수 있는 생태안보(ecological security)의 필요성이 대두되고 있는 것이다(조미영, 2020 재인용). 그러나 이러한 환경 위기의 극복은 일부 국가들의 노력만으로는 불가능하며 세계적인 공동노력 없이는 해결하기 어렵다는 데에 문제의 심각성이 있다.

2) 환경범죄와 폭력

특히 세계자연보호연맹(IUCN) 연구에 따르면, 자연환경의 파괴로 점점 더 부족해지는 자원에 대한 인간들의 경쟁이 성폭행, 가정폭력, 강제 매춘 등 성폭력으로 이어질 수 있다고 보고하고 있다. 세계자연보호연맹의 제니 스프링거(Jenny Springer)는 "환경 범죄는 생태계를 악화시킬 뿐만 아니라 여성, 소수민족 및 소외된 지역사회에 대한 새로운 형태의 추악한 폭력을 가져온다고 주장하고 있다. 특히 많은 원주민 여성들은 지역사회가 그러한 불법적인 활동으로부터 영토, 자원 및 권리를 방어하기 위해 행동하기 때문에 다양한 폭력에 직면해 있다."고 하였다(Bowers, 1992). 즉, 환경 악화로 부족한 자원을 얻는 과정에서 전 세계 여성이 폭력에 노출되어 있다는 것이다. 환경 파괴가 인류의 삶에 엄청난 영향을 미친다는 것은 잘 알려졌지만, 여성에 대한 폭력을 증가시킨다는 사실에 주목할 필요가 있다.

세계자연보호연맹의 연구에 의하면, 성별에 따른 폭력 및 환경 연계를 중심으로 1,000개 이상의 관련 자료를 분석하여 불평등한 폭력의 연관성을 문서화했다. 성폭력은 주로 기존의 특권과 역할, 자원에 대한 불균형을 더 강화시키는 체계적인 수단으로 사용되고 있다. 한 예로, 어부들이 성관계를 하지 않으면 여성에게 생선을 팔지 않는 '성−어류'와 같은 관행을 야기할 수 있는데, 이는 동부와 남부 아프리카 일부 지역에서 일어나고 있다. 기후 변화로 제한된 천연자원이 더욱 부족해짐에 따라 여성과 소녀들은 음식, 물 또는 장작을 수집하기 위해 더 멀리 걸어야 하며, 이는 성폭력에 노출될 위험이 높아진다.

또한, 세계자연보호연맹은 성별에 근거한 폭력과 야생 동물 밀렵이나 불법 자원 추출과 같은 환경 범죄와의 연관성도 조사했다. 인신매매와 강제노동이 그러한 불법적인 활동을 가능하게 하고 지역사회를 착취하는 데 자주 사용된다고 지적한다. 세계자연보호연맹 보고서는 남미 일부 국가의 불법 광산에서 성매매, 동남아시아의 불법 어업에서 성적 학대와 아동 노동, 아프리카 일부 지역에서의 불법 벌목과 숯 거래를 중심으로 성 착취 등을 예로 들었다(그린매일, 2020).

3) 생태리터러시(ecological literacy)

지속가능한 발전이라는 개념에 주목한 오어(David W. Orr)는 지속가능한 공동체를 만들기 위해 요청되는 '생태리터러시(ecological literacy)'라는 개념을 제시하였다. 환경에 대한 관심과 지식을 가지고 생태적 쟁점을 이해하며 해결할 수 있는 능력을 통해 생태적인 위기로 위협받고 있는 인류에게 자연과 공존하고 풍요로운 삶을 누릴 수 있도록 해야 한다는 것이다. 다시 말해, 생태적 입장에서 세계가 어떻게 작동하고 있는지를 이해하고, 어떻게 지속가능한 관계에 놓일 수 있는지에 대해 아는 것이라 할 수 있다.

카프라(Fritjof Capra)의 경우 지속가능한 생태적 사회 건설을 위해 생태리터러시의 필요성을 강조하였다. 카프라에 따르면, 다가오는 시대에 인류의 생존이 생태적 세계관의 구체적인 실천 전략인 생태리러터시에 달려 있을 것이라고 하였다(조미영, 2020 재인용).

바우어스(C. A. Bowers)는 자연환경을 인간이 환경파괴의 결과에 관계없이 그들의 즐거움에 사용할 수 있는 무한한 자원이라고 가정하는 서구의 진보 개념에 대해 파괴적인 비판을 제기하였다(조미영, 2020 재인용). 합리적인 문제해결 방식에 기초한 과학적 성장이 멸종 위기에 처한 많은 생물을 잃어버린 지구를 만들어버렸다는 것이다.

슈마허(E. F. Schumacher)도 같은 맥락에서 인간이 행하는 '생산' 행위가 사실상 지구가 소유하고 있는 자연이라는 '자본'을 잠식하는 것이라는 사실을 인식하도록 촉구하였다.

바이츠제커(Ernst U. von Weizsäker)에 따르면, '경제의 세기'가 종말을 고하고 '환경의 세기'가 시작되고 있다. 이러한 환경의 세기에는 종교와 문화, 교육, 법 그리고 경제도 생태적 명령에 따라 결정될 것이라고 하였다(조미영, 2020 재인용). 그러므로 현재의 자본주의 경제체제는 생태계와 인간을 모두 파괴하면서 지탱되고 있다는 점에 주목할 필요가 있다.

따라서 생태리터러시의 필요성이 탄력을 받게 되는데, 이는 생태계의 핵심원리를 이해하고 이를 바탕으로 실천하는 것으로, 인간이 살아가고 있는 지구환경과 공존할 수 있는 관계를 맺고 지속가능한 사회를 이루어나가는 데 중요한 자질과 능력이 될 수 있다.

이처럼 '환경적으로 건전하고 지속가능한 발전'이 세계화 시대에 있어 전 세계적 과제가 되고 있다. 이러한 과제의 달성을 위해서는 각국의 생산시스템을 포함한 전반적인 경제시스템과 각 개인의 소비양식이 효과적으로 에너지를 소비하면서 환경 친화적으로 전환되어야 한다. 따라서 다음과 같은 지식정보문명의 성과를 환경문제의 해결에 폭넓게 이용하는 것이 중요하다고 본다. 첫째, 공해를 유발하지 않는 깨끗한 기술과 녹색환경산업의 중요성을 부각하며 각국은 이를 위한 장려를 위해 전력을 기울이는 것이다(조미영, 2020 재인용). 둘째, 이러한 노력들이 이루어지기 위해서는 환경문제에 대한 경각심도 필요하지만, 보다 근본적으로 자신이 살아가고 있는 터전에서 어떻게 공존할 것인가에 대한 질문과 고민이 함께 이루어져야 할 것이다(조미영, 2020 재인용).

2 기후변화

기후변화란 무엇일까? 기후변화를 이해하기 위해서는 우선, 기후에 대한 이해가 필요하다. 간혹 기후와 날씨를 혼동하는 경우가 있는데, '날씨'는 매일 우리가 경험하는 기온, 바람, 비 등의 대기 상태를 나타낸다. 반면, '기후'는 수십 년 동안 한 지역의 날씨를 평균화한 것이다. 따라서 '기후변화'는 수십 년 또는 그 이상 지속되는 통계적으로 중요한 기후의 변동을 의미한다(United Nations. SDGs 홈페이지, "UN Secretary-General's Strategy for Financing the 2030 Agenda" 참고).

1) 지구온난화

최근 발표된 기후변화에 관한 정부 간 패널(IPCC) 제5차 보고서에 따르면, 지난 133년간(1880~2012년) 지구 평균 기온은 0.85℃가 올라간 것으로 보고되고 있다. 이렇게 지구가 더워지는 현상을 지구온난화라고 한다. 범지구적으로 나타나고 있는 지구온난화 영향에서 우리나라도 예외는 아니다. 우리나라는 지난 100년간 1.5℃ 상승하였으며, 이는 지구 평균의 2배에 이른다(UN SDGs 홈페이지. UN Secrefary-Generals Strategy for Financing the 2030 Agenda 참조).

2) 해수면의 상승

지구온난화는 전 세계의 빙하를 녹여 해수면의 상승을 초래한다. 아시아개발은행(ADB) 보고서에 따르면, 2016년 2월 기준으로 전 세계 평균 해수면 높이는 1993년보다 74.8mm 상승했다. 2100년에는 1990년보다 0.75~1.9m 더 상승할 전망이다. 우리나라의 경우 제주지역 해수면이 지난 40년간 22cm 상승하였고, 이는 세계 평균의 3배 높은 수치이다. 이렇게 우리나라의 기후변화 진행속도는 세계 평균을 상회하고 있는 것으로 보고되고 있다. 따라서, 각국의 기상학자, 해양학자, 빙하 전문가, 경제학자 등 3천여 명의 전문가로 구성된 '기후변화에 관한 정부간협의체'(IPCC)는 제5차 평가 종합보고서(2014)를 통해 21세기 기후변화의 가속화 전망을 제시하고 있다. 즉, 현재와 같이 지구의 평균 기온상승률이 유지된다면 21세기 말 지구 평균기온은 3.7℃, 그리고 한반도의 평균기온은 최대 6℃까지 상승할 수 있다는 것이다. 또한 2080~2100년 즈음에는 해수면이 63cm 상승하여 전 세계 주거가능 면적의 5%가 침수될 수 있다고 경고하고 있다. 이렇게 평균 지표온도가 상승함에 따라 다수의 지역에서 폭염의 발생 빈도와 지속 기간이 증가하는 추세가 관찰되고 있으며, 극한적인 강수현상의 발생 빈도와 강도 또한 증가하여 계절 간 강수량과 기온의 차이가 더욱더 커질 것으로 예상되고 있다(UN SDGs 홈페이지. UN Secrefary-Generals Strategy for Financing the 2030 Agenda 참조).

3 기후변화 이슈형성과정

1) 개발도상국 기후변화적응기금 지원 합의과정

폴란드 포츠난(Poznan)에서 2008년 12월 1일부터 12일까지 기후변화 당사국 총회(Conference of the Parties, COP)가 개최되었다. 참여자들은 토론(Discussion)으로부터 협상모드(Full negotiating mode)로 전환하기로 결정하였고, 미래기후변화합의서의 첫 번째 초안을 2009년 6월 독일 본에서 열리는 유엔기후변화기본협정(UNFCCC)에서 마련할 수 있도록 한다는 데 합의하였다. 미래기후변화합의는 2009년 말 코펜하겐에서 이루어졌는데, 이는 2008년부터 2012년까지 온실가스방출을 줄이는 목표를 설정한 교토 프로토콜을 대체한 것이다. 포츠난 총회에 참여한 유럽대표단이 선정한 가장 중요한 이슈는 개발도상국의 기후변화적응을 돕기 위한 재정지원에 관한 것이었다(UNFCCC, 2008).

뿐만 아니라, EU 국가대표들과 EU 의회는 지난 12월 1일 차량이 배출하는 이산화탄소에 대한 규제를 단계별로 강화하기로 합의했다. 이 합의에 따르면, 배기량 규제는 2012년까지 신규차량의 65%, 2013년 75%, 2014년 80% 그리고 2015년 초 신규차량의 100%로 점진적으로 강화·적용한다는것이었다. 이러한 EU의 결정은, EU가 결국 다임러 벤츠(Daimler AG), 포르쉐(Porsche SE) 등 독일의 대형 자동차 제조업체들의 저항에 굴복한 것이라는 비판이 그린피스 등 환경단체 일각에서 일고 있다. EU는 애초에 배기량 규제를 2012년 유럽 내 판매되는 모든 신규차량에 대해 적용하는 일괄규제방안을 검토하고 있었다(조미숙, 2019 재인용).

2) 영국의 법에 기반한 온실가스감축안 제시 과정

영국 행정부 내 기후변화위원회(Climate Change Committee)는 기후변화대책 관련 보고서를 발간하였다. 그 내용을 한마디로 압축하자면, 2050년까지 영국은 온실가스 배출량을 1990년 기준의 80% 이하로 감축한다는 것이다. 단기적 목표량으로는 2012년까지 5년간 이산화탄소 배출량을 연평균 6억 400만 톤으로 감축시킬 것과, 2020년까지 현 배출량의 1/5 수준으로 감축(1990년 기준 31%로 감축)해야 한다고 제시했다. 또한 이 보고서는 이러한 목표량을 달성할 수 있기 위한 다양한 방법들도 함께 제시하였다. 즉, ① 전기를 생산함에 있어 풍력과 같은 재생가능에너지 이용 비율을 증대하고, ② 건물, 가전제품, 자동차 등을 탄소저감 구조로 재설계하고(예를 들어, 자동차 10대 중 4대는 전기자동차로 생산), ③ 천천히 운전하기, 찬물에 세탁하기, 전기 끄기 등, 사소하지만 광범위한 국민생활습관 변화를 촉구하며, ④ 2020년대 초까지 석탄 공장이 탄소배출량을 감소시킬 수 있는 장비를 마련하도록 하는 법률을 제정할 것 등의 방법들을 제안했다.

그러나 이 보고서에 대해 다양한 평가가 나오고 있다. 무엇보다도 기후변화법(Climate Change Bill)을 통해 기후변화위원회의 역할(탄소감축 목표량 설정, 과정 모니터링 등)이 세계 최초로 법과 연계되면서 발표된 것이었기 때문이다. 또한 위원회가 제시한 최종 목표량도 과감한 것으로 저탄소경제 구축을 통한 지구온난화 방지 대책에서 영국이 세계에 "공정한 기여"를 함으로써 리더십을 발휘할 수 있도록 하기 위한 것들이라고 환경단체들로부터 전폭적인 지지를 받았다.

다른 한편, 이 보고서가 지구 온난화로 인한 시베리아 동토층의 해동 등 현재 벌어지고 있는 급격한 환경변화를 무시하고 있으며, 80% 배출량 감축은 2~4℃라는 넓은 기온상승제한범위를 전제했기 때문에, 위원회가 궁극적으로 지향하는 2℃ 기온상승제한이라는 기온상승 마지노선을 지키기 위해서는 더욱더 급진적이고 강력한 조치가 취해질 필요가 있다는 비판이 있었다. 이러한 모든 평가에도 불구하고 현실적인 문제는 이 제안을 영국정부가 어떻게 수용하여 정책화시키느냐로 압축된다. 녹색연합의 국장 헤일(Stephen Hale)조차 "온실가스배출량을 1% 감축시키면 상당한 경제 침체를 가져오는데, 위원회가 제안한 연 2.5% 감축은 굉장히 급진적인 틀"이라면서, 정부가 예산을 편성할 수는 있을지 모르지만, 그 예산 범위와 정책 형성 수준이 이 목표를 충족시킬 수 있을 것인가에 대해서는 의문이라 밝혔다.

3) 브라질의 아마존 삼림 파괴 축소 계획과정

브라질은 12월 1일 아마존 우림지역 파괴범위를 축소시키겠다는 계획을 공표했다. 그 첫 번째 목표는 삼림벌채에 맞춰졌다. 2005년 한 해 동안 아마존 우림은 19,500km²가 벌채로 사라졌다. 이러한 파괴 범위를 축소시키기 위해 정부는 벌채 규모를 연간 5,850km²로 제한한다는 목표를 설정하였으며, 2018년까지 현 삼림 벌채량의 70%를 축소시킬 것이라고 밝혔다. 이와 같은 움직임은 지구 온난화 대책과 관련된 것이다. 아마존 우림이 사라지면 사라질수록 브라질은 세계의 최대 온실가스 방출국으로 지목된다. 나무가 벌채될 때마다 나무는 이산화탄소를 대기 중에 방출시키기 때문이다. 브라질은 이와 같은 지적을 거부해 왔었으나, 최근 해외의 기부금으로 이루어진 신규 아마존 기금(Amazon Fund)이 확보되면서 삼림보호 움직임에 활기를 불어넣고 있다는 점이다(UN SDGs 홈페이지 참조).

4) EU 국가들의 재생가능한 에너지원 확보과정

유럽의회는 EU 기후 관련 사항들을 절대 다수의 지지로 처리하였다. 이 처리안은 2020년까지 유럽 내 온실가스 방출을 20% 감축하고, 재생에너지 비율을 20%로 상승시키며, 에너지 효율을 20% 높인다는 EU의 목표를 공고하게 만든 것이다. 특히 재생에너지와 관련하여 목표는 유럽 내 전기생산과 건물의 냉·난방 그리고 교통부문을 합쳐 그 비율을 2020년까지 최소한 20%로 올리는 것이다.

2020년까지 재생에너지비율을 독일은 18%, 오스트리아는 34%로 상승시켜야만 한다는 점이다. 2020년까지 EU 내 교통에 사용되는 모든 연료의 최소 10%가 재생에너지로부터 확보해야만 한다. 이러한 부분에는 바이오 연료뿐만 아니라 재생할 수 있는 원천으로부터 끌어낸 수소연료나 전기도 포함한다. 재생에너지 관련 기본 노선은 기본적으로 지속가능성의 다양한 기준에 입각하는데, 이는 유럽과 제3국에 환경친화적인 바이오 연료 생산을 보장하기 위해서다.

한 예로, 포르투갈 비아나 도 카스텔로(Viana do Castelo) 북부지역에 유럽 최대의 풍력 에너지 기지가 들어섰다. 총 120개의 풍차가 설치된 이 기지는 또한 기지 근처에 있는 다른 풍력발전기지와 연동하여 전력량을 생산할 수 있다. 이는 국가 소비 전력량의 1% 이상을 차지하는 양이며, 비아나 도 카스텔로의 북부지역과 그 인접지역의 약 30만 가구에 에너지를 충분히 공급할 수 있는 양이다. 포르투갈은 세계 5대 재생에너지 국가 진입을 목표로, 정부가 의욕적으로 정책을 추진하고 있다.

풍력 발전 외에도 세계 최대 규모의 태양광전지 기지가 모우라(Moura)의 남부도시 근처에 세워지고 있으며, 대서양 부근에 스코틀랜드가 개발한 기술을 이용한 세계 최초의 상업용 풍력발전기지가 건설되고 있다. 그리고 신규 프로젝트에 40%까지 보조금을 제공하고 있다. 이와 같은 추진으로 포르투갈은 지난 5년간 재생가능에너지와 관련, 주목할 만한 지역의 하나로 선정되고 있다. 주로 수입된 화석연료에 의존해 왔던 포르투갈은 이러한 노력을 통해 2020년까지 에너지의 31%를 재생가능한 자원에서 확보하는 것을 목표로 삼고 있다(UN SDGs 홈페이지 참조).

4 기후변화가 우리의 삶에 미치는 영향

기후변화는 정치, 환경, 사회, 경제, 문화적으로 우리들의 삶에 매우 큰 영향을 미치고 있다. 지구 대기의 99%는 질소(78.1%)와 산소(20.9%)로 이루어져 있다. 온실가스에 해당하는 이산화탄소, 메탄, 아산화질소, 수소불화탄소, 과불화탄소, 육불화황은 대기의 1%에 불과하다. 온실가스는 지표면을 보온하는 역할을 하여 지구 대기의 온도를 상승시키는 작용을 하는데 이것이 바로 온실효과이다. 2016년 사상 처음으로 대기 중 온실가스의 농도가 평균 400.0ppm을 넘어섰다. 이는 산업화 이전인 1750년(278ppm 추정)에 비해 44% 늘어난 것이다. 이산화탄소 농도가 450ppm을 넘어서면 지구 기온은 산업화 이전보다 2℃ 정도 올라가게 되는데, 이는 해수면 상승과 각종 이상기후 현상의 발생을 초래하게 된다.

기후시스템에서 온실효과는 필요하지만 지난 산업혁명 이후 지속적으로 다량의 온실가스가 대기로 배출됨에 따라 지구 대기 중 온실가스 농도가 증가하여 지구의 지표온도가 과도하게 증가되어 지구온난화라는 현상을 초래하게 되었다. 산업혁명을 거치면서 석탄, 석유 등 화석연료의 사용과 산림 파괴 등 인간의 여러 활동에 기인하여 크게 증가하였으며, '기후변화에 관한 정부 간 협의체'(IPCC) 과학자들은 20세기 지구온난화는 인간의 활동에 의한 온실가스의 대기 중 농도 증가가 그 주된 원인임을 규명하였다(UN SDGs 홈페이지 참조).

1) 지구의 온도가 1℃ 오른다면

먼저 지구의 온도가 1℃ 오를 때마다 지구에는 어떤 일들이 벌어질까?

특히 우리가 살고 있는, 도시 지역의 경우 기후변화로 인한 위험이 크게 증가하게 된다. 기후변화는 폭염, 폭우, 내륙과 연안지역의 범람, 산사태, 대기오염,

가뭄과 물 부족, 해수면 상승 및 폭풍 해일 등을 통해 도시 지역의 주민, 자산, 경제 및 생태계에 위험을 초래함에 따라 필수적 사회 기반시설과 공공서비스가 갖추어지지 않았거나 기후변화에 대한 노출 정도가 높은 도시의 경우 이러한 위험은 더욱 심각하게 나타날 것이다(The Climate Reality Project, 2020).

첫째, 환경적 측면에서 살펴보면 다음과 같다.

1도: 고산우림지대가 절반으로 감소하고, 북극의 얼음이 녹기 시작하고, 희귀동물들의 서식지가 사라지며, 생물다양성 위기가 심화된다.

2도: 산호초나 호주 열대 우림 같은 생태계들은 회복불능에 빠지며 석회질 성분의 해양생물은 멸종하게 된다.

3도: 빈민층 인구의 극심한 기아상태가 발생하며, 사바나 지대에 사막화가 진행된다.

4도: 해안 인접도시는 수몰하며 남극의 빙붕이 녹으며 세계 전역의 해안이 침수되고, 시베리아 동토층 밑의 탄소 배출로 기온 상승이 가속화된다.

5도: 극지방의 빙하가 모두 녹고 지하대수층이 고갈되며, 내륙의 기온이 10℃ 이상 상승하고 대륙 깊은 곳까지 바닷물이 침투하여 인류가 서식 가능한 곳이 극도로 감소한다.

6도: 육지와 바다 생물의 95%가 전멸하며 인류의 생존 가능성이 희박한 상태에 이른다.

둘째, 사회적 측면에서 살펴보면 다음과 같다.

우리나라의 경우, 1998년 지리산에서 시작된 집중호우로 324명의 인명피해와 1조2천 500억 원의 재산피해, 1999년 경기북부 지역에 집중호우로 64명의 인명피해와 2만5천여 명의 이재민 발생, 2002년 8월 태풍 루사로 강릉지역에 하루 870mm의 비가 내려 일 최대강수량 기록을 경신하면서 인명 피해 246명, 농경지 3만여ha 침수 등 5조 원이 넘는 재산피해를 남겼으며, 2003년에도 태풍 매미로 전국에서 130명의 인명피해와 4조7천 800억 원의 재산피해가 있었다. 급속한 기온상승으로 집중호우 및 태풍이 빈번하게 발생하여 막대한 인명 및 재산상의 피해를 초래한다. 전 세계적으로 과거 20년(1995~2015) 동안 홍수, 태풍, 쓰나미 등으로 총 6,457건의 기상재해가 발생하고, 60만 명 이상의 사망자가 발생했다. 또한 최근 10년(1995~2015) 동안 홍수, 태풍, 열사 및 한파 영향으로 매년 2,500~3,000억 달러의 경제적 손실이 발생한 것으로 추정되고 있다.

셋째, 산업적 측면에서 살펴보면 다음과 같다.

파리기후협정 발효와 신기후체제 출범에 따라, 우리나라를 포함한 전 세계 각국은 온실가스 감축목표달성의 의무를 지게 되었다. 세계 온실가스 배출량 7위인 우리나라도 2030년까지 온실가스 예상배출량 대비 37%의 온실가스를 감축하겠다는 목표를 유엔기후변화협약(UNFCCC) 사무국에 제출한 바 있다. 이를 위해서는 산업계를 중심으로 저탄소 경제사회로의 패러다임 전환이 필수적이다. 우리 산업계도 에너지집약적 제조업 중심의 경제구조에서 벗어나 세계 시장을 리드할 저탄소 청정기술의 개발과 고부가가치의 지식서비스 산업에서 새로운 성장동력을 찾고 있다.

넷째, 국민건강 측면 살펴보면 다음과 같다.

기후변화의 영향은 생태계의 변화에 따른 국민생활행태 변화 및 인간 건강에도 영향을 미치고 있다. 최근 우리나라에서는 10년간(1994~2005) 폭염으로 인해 2,127명이 사망하였고, 기온상승으로 말라리아 환자가 1994년 5명에서 2007년 22,227명으로 증가한 것으로 나타났다. 21세기 중반까지 전망되는 기후변화는 대개 기존의 건강문제를 악화시키는 방식으로 인간 건강에 영향을 줄 것으로 보인다. 기온상승과 비례하여 대기 내 광화학적 반응을 촉진하여 오존농도가 증가하는 등 대기오염을 심화시켜 건강에 영향을 미치는 것으로 나타났으며, 말라리아, 세균성이질 등 매개체를 통한 질병이 증가 추세에 있는 것으로 파악되고 있다. 특히 법정전염병 중 쯔쯔가무시증, 말라리아, 세균성이질, 렙토스피라증, 비브리오패혈증 등 기후변화와 관련이 깊은 질병들은 1990년대 이후 꾸준한 증가추세를 보이고 있다(UN, 2020).

2) 지구를 구하는 10가지 기술

청정기술에 대한 투자가 점점 중요해지는 현시점에서조차 많은 이들이 그러한 노력들은 실패할 것이라 믿고 있다. 『지구를 구하는 10가지 기술(Ten Technologies to Save the Planet)』(Chris Goodall, Profile Book, 2008)을 저술한 구달은 이에 대해 사람들이 다음과 같은 10가지 잘못된 믿음을 가지고 있기 때문이라 설명하고 있다.

(1) 태양력은 상용화되기에 너무 비싸다(?)

오늘날 볼 수 있는 태양전지판은 확실히 부피가 크고 비싸며, 태양 에너지 획득율도 10% 미만이다. 그러나 급속한 기술 혁신은 아주 얇으면서도 더 많은 태양 에너지를 흡수할 수 있는 차세대 전지판을 상용화하는 데 도움을 줄 것이며 비용 역시 매우 저렴해질 것이다. 얇은 태양전지판을 생산하는 회사 First Solar는 2012년에 이르면 발전소만큼 싸게 태양력으로 전력을 생산할 수 있을 것이라 내다보았다.

(2) 풍력은 신뢰할 수 없다(?)

이는 바람의 간헐성으로 인해 생겨난 생각이다. 그러나 바람의 간헐성은 전송 케이블과 에너지 저장고 관련 기술이 개발되면 해결될 수 있는 문제이며, 현재 많은 국가가 이 기술 개발에 투자하고 있다.

(3) 해양 에너지는 발전성이 없다(?)

급류 등 어려운 해양 조건을 견딜 수 있는 발전소의 설계 및 건축은 확실히 도전적인 과제이다. 하지만 올해만 해도 우리는 최초의 조류 터빈(tidal turbine)이 북아일랜드 스트랭퍼드 호수(Strangford Lough)에 설치된 영국 전력망에 성공적으로 연결되는 것, 그리고 스코틀랜드 기업이 건축한 대규모 파력 발전기(wave power generator)의 1호기가 포르투갈 해안에서 5km 떨어진 곳에 설치되는 것을 목격할 수 있었다.

(4) 원자력 에너지는 싸다(?)

원자력 발전소는 폐기물 처리와 핵무기 증식이라는 문제 외에도, 높은 발전소 설치비용과 그 최종비용을 예측할 수 없다는 문제를 안고 있다. 올해 핀란드 올키루토(Olkiluto) 섬에 신규 원자력 발전소가 들어섰으나, 이 발전소는 2012년까지 그 가동을 중지한다고 발표했다. 처음 발전소는 30억 유로가 들 것이라 예측했다. 그러나 최종 비용은 두 배 이상으로 추정된다. 노르망디에 설치된 신원자력 발전소도 비슷한 문제를 겪었으며, 미국에서는 통제불가능한 비용 때문에 전력회사들이 원자력에서 발을 빼고 있다.

(5) 전기자동차는 느리고 못생겼다(?)

전기자동차라고 하면 느린 속도와 호감이 안 가는 외관을 지닌 지-위즈(G-Wiz)를 떠올리는 경향이 있다. 그러나 실제 현재 기술 수준은 석유연료 자동차와 거의 유사한 속도와 외관의 전기자동차 개발이 가능하다. 미국에서 팔린 테슬라(Tesla) 전기 스포츠카는 비용면을 제외하면 디자인과 속도면에서 일반 자동차에 뒤지지 않는다.

(6) 바이오 연료는 언제나 환경을 파괴한다(?)

제1세대 바이오 연료는 식량부족과 산림벌채 등 환경파괴를 초래했다. 그러나 몇 년 내로 셀룰로오스를 단순한 탄화수소로 분해시키는 기술을 이용하여 농업폐기물을 액체연료로 전환하는 방법이 발견될 것이다. 또 화학자들은 이 전환을 좀 더 싸게 만들 수 있는 방법을 찾을 것이다. 현재 농산물 폐기물로 석유대체연료를 만드는 기술을 개발하고 있는 미국 회사로 어마어마한 양의 자본이 흘러들어가고 있음을 주목해야 한다.

(7) 기후변화는 더욱 많은 유기농법의 필요를 의미한다(?)

현재 지구에는 70억 명의 인구가 있고, 2050년에는 90억 명으로 늘어날 것으로 전망된다. 그런데 많은 연구는 유기농법으로 수확되는 농작물량이 보통의 농법으로 수확되는 농작물량보다 약 1/2 정도 적다고 발표하고 있다. 함축은 명백하다. 더 많은 유기농법으로 전환한다면, 세계는 인구를 제대로 먹이지도 거대한 양의 바이오연료 생산도 하지 못할 것이다.

(8) 탄소배출제로주택(zero carbon homes)이 건물로부터 배출되는 온실가스를 다루는 최선의 방법이다(?)

건물에서 발생하는 탄소는 세계 탄소배출량의 약 절반을 차지하며, 주택은 온실가스 배출의 주요 원천으로 지적되고 있다. 따라서 영국이 추진하고 있는 2016년까지 신축 주택의 탄소배출량을 제로로 한다는 아이디어는 좋다. 그러나 두 가지 문제점이 있다. 하나는 대다수 국가에서 새롭게 건축되는 주택의 증가율은 1%에 그친다는 사실이다. 엄격한 건축 규제는 나머지 99%의 건축물에 효력이 없는 것이다. 다른 하나는 순수하게 탄소 배출 없이 건물을 짓기란 비용이 매우 많이 든다는 사실이다. 최근 지어진 소수의 탄소배출제로주택은 일반주택보다 두 배 비용이 들었다. 오히려 독일이 추진하고 있는 주택개량사업이 더 효율적인 방법으로 보인다.

(9) 가장 효율적인 발전소는 규모가 크다(?)

대규모 가스 연료 발전소는 연료로부터 약 60%만을 전력으로 전환시키고 나머지는 폐기된다. 게다가 전력의 5~10%는 사용자에게 운송되는 도중에 사라진다. 그러나 가정집에 설치할 수 있는 새로운 유형의 작은 열병합 발전기는 연료에서 50% 정도를 전력으로 전환시키고(이는 대형 발전기의 효율성과 맞먹는다) 잔여 열은 집을 난방하는 데 사용할 수 있다. 즉, 연료로부터 얻을 수 있는 모든 에너지를 생산적으로 사용할 수 있다.

(10) 기후변화 해결책은 고도의 기술을 필요로 한다(?)

선진국은 온실가스배출을 감소시키는 하이테크의 방법을 발견해야 한다는 생각에 사로잡혀 있다. 그러나 꼭 그와 같이 비싸고 복잡한 해결책만 있는 것은 아니다. 저렴하고 단순한 방식으로 신속하게 온실가스를 줄일 수 있는 방법이 고안되고 있으며, 이 방법 또한 매우 효율적이다. 예를 들어, 바이오 숯(biochar)을 이용하여 공기에서 탄소를 제거할 수 있다. 공기가 없는 조건에서 농업 폐기물을 연소시켜 만드는 바이오 숯은 공기 중의 탄소를 격리시킬 수 있으며, 수백 년 동안 지하에 저장할 수 있다.

5 시민이 앞장서는 지속가능성

1) 독일의 지속가능성 사례

독일의 경우, 독일정부 4개 부처와 독일 지속가능발전위원회는 특히 세대 간 결속과 통합이라는 영역의 지속가능한 발전을 위해 모범이 되는 시민과 시민단체를 선별하여 포상하기 위해 10만 유로(한화 약 1억 8천만 원) 상금을 내걸었다. 이러한 정부 측 시도는 세대 간의 대화가 독일 미래의 지속가능성에 큰 의미가 있다는 판단에 따른 것이며, 특히 인구 변동의 구조가 안정적이지 못한 지역일수록 자발적인 시민들의 역할에 많이 의존할 수밖에 없다는 판단에 의한 것이었다.

한편, 미국의 경우 비영리단체인 Green For All의 대표인 반 존슨(Van Jones)은 『The Green-Collar Economy』라는 저서를 통해 녹색 일자리(green collar jobs)가 환경과 경제에 대한 해결책일 뿐만 아니라 사회 양극화를 극복할 수 있는 방안이라고 주장한다.

녹색 일자리는 인터넷과 생명공학 붐으로 창출되었던 첨단기술이나 고등교육을 필요로 하는 일자리 창출 구상과는 다른 것이다. 녹색 일자리는 태양전지판 제조, 친환경 주택 건설, 풍력발전 서비스 영역 등에 걸친 직종들로, 지난 몇 년 동안 그들의 일자리가 지속적으로 국외로 아웃소싱되었다는 점에서 일자리가 필요해진 블루칼라 노동자들을 흡수할 수 있는 일자리들이다. 또한 이들 노동자들은 현재 진행 중인 경기침체 및 금융위기로 인해 생존권에 직접적인 타격을 받고 있는 자들이다.

반 존슨에 따르면 환경운동이 소규모의 엘리트 주도 운동이라는 한계를 넘어설 수 있는 유일한 방법은 단지 환경적인 문제만이 아니라, 더 광범위하고 근본적인 경제적 욕구를 충족시키는 것이고, 녹색 일자리의 창출은 이를 가능하게 한다는 점이다. 즉, "우리에게 필요한 것은 환경엘리트주의가 아니라 환경민초주의(eco-populism)"라고 그는 주장했다.

2) 독일의 지속가능성 평가

독일정부의 정치적 지도 원리는 "지속가능성"이다. 우리가 우리 삶의 토대를 오늘뿐만 아니라 내일에도 유지하고자 한다면 우리의 정치적 결정은 경제, 환경, 사회 영역 모두를 고려하여 지속적으로 감당할 수 있는 방향으로 내려져야 할 것이다. 지속가능성은 세대 간 공정성, 삶의 질, 사회적 통합, 국제적 책임을 목표로 한다. 따라서, 2008년 국가지속가능전략 진척상황보고에서 독일정부는 "지속가능성"을 모든 법률 제정 시 의무적으로 고려하게 조치하는 등, 정치적 지도원리로서의 "지속가능성"의 지위를 한층 강화시켰다.

특히, 독일정부는 지난 2002년 4월 국가지속가능전략을 수립하였고, 2004년 1차 평가 후, 지난 2008년 10월 29일 지표에 따른 2차 평가결과를 제출하였다. 이를 위해 지속가능성을 목표로 내건 세대 간 공정성, 삶의 질, 사회적 통합, 국제적 책임의 부문을 다음과 같이 총 21가지의 지표로 나누었다. 이중 2008년 추가된 지속가능성 평가지표는 흡연과 비만도 부문이다.

〈1.~9. 세대간 공정성〉

1a	에너지생산성	6	국가적자
1b	원자료생산성	7	국내총생산과 총설비투자의 관계
2	온실가스방출	8	연구 및 발전을 위한 사적, 공적 투자
3	에너지사용 중 재생에너지 비율	9a	고등학교를 졸업하지 않는 18~24세
4	거주 및 교통 공간의 증가	9b	대학 졸업한 25세
5	종(種)의 종류 및 자연의 질	9c	대학교육 시작률

〈10.~15. 삶의 질〉

10	국내 총생산	13	공기 내 유해물질
11a	물자운송 집약도	14a	조기사망
11b	인구운송 집약도	14b	청소년 · 성인 중 흡연자비율
11c	철도 · 선박 이용률	14c	비만도
12a	잉여질소	15	주거침입/도난
12b	친환경적 농사		

〈16.~19. 사회통합〉

16	취업률	18	남녀 수입격차
17	어린이 종일반	19	고등학교를 졸업한 외국인 졸업생

〈20.~21. 국제적 협동〉

20	총국민생산중 공적 개발도상국 투자 비율	21	개발도상국으로부터의 수입

이상과 같이 독일정부는 가장 성공적인 결과를 낸 부문으로 기후보호와 온실가스 줄이기 부문을 선정하였다. 1990년부터 2007년까지 독일은 온실가스 20.4% 감축에 성공하였다. 이는 2012년까지의 교토의정서 목표에 도달하기 위

해 단지 0.6%만이 부족한 것이다. 재생에너지 부문도 긍정적으로 평가되었다. 1990년부터 2007년 사이 주요 에너지 사용 중 재생에너지 사용비율이 1.3%에서 6.7%로 상승한 것으로 보고되었다. 이는 2002년 목표했던 2010년 4.2% 달성을 이미 3년 앞서 도달한 성과이다.

또한 전기소비에서 재생에너지 비율은 3.4%에서 14.2%로 상승하였는데, 이는 2010년까지 전기 사용 중 최소 12.5%를 재생에너지에서 얻는다는 목표를 조기 달성한 것이다. 1989년 이후 최초로 균형을 이룬 국가재정 부문도 긍정적인 평가를 받았으며, 경제발전, 청소년 흡연율, 노인노동자의 취업률, 3~5세 어린이의 (유치원)종일반제, 65세 이하의 사망률 감소, 국민총수입 중 공공부문 발전지출부문, 제3국으로부터의 수입부문 등이 긍정적인 평가를 받았다. 한편 남녀수입격차 부문이 여전히 가장 나쁜 평가를 받았고, 교육부문이 보충필요부문으로 평가되었다. 특히 외국인 학생들이 보다 많이 학교를 졸업할 수 있도록 지원하는 일과 많은 청년들이 대학을 졸업하도록 지원하는 일, 물품 및 인력이동의 집중도 강화지원이 필요하다고 평가되었다(조미숙, 2019).

3) 지속가능성을 위한 독일의 중점과제

(1) 기후와 에너지

독일정부는 이 부문에 야심찬 목표를 내걸었다. 2020년까지 에너지 생산성을 2배로, 2012년까지 온실가스방출을 1990년 대비 21% 감축, 재생에너지비율을 2020년까지 최소한 30% 확대하는 것이다. 이를 위해 에너지－기후 통합 프로그램(IEKP)이 이미 가동되었다. 또한 동력-열 연결법의 보완, 에너지절약법 및 에너지절약조례의 수정, 건물 및 사회 인프라를 에너지 효율적으로 재개발하는 것을 촉진하는 계획의 개선, 에너지 효율적 생산과 운송을 달성하기 위한 조례제정, 재생에너지법의 보완, 재생에너지-열 법제정, 바이오가스공급을 쉽게 하는 조례, 고압망의 확대건설을 가속화할 수 있는 법제정 등을 추진하고 있다.

(2) 지속가능한 원료경제

이 부문에서의 지속가능전략의 목표는 2020년까지 원료생산성을 1994년 대비 2배로 만드는 것이었다. 이 목표달성을 위해 중점을 두는 것은 천연자원이용의 효율증대, 천연자원의 절약사용, 새로운 공업재료의 개발, 재활용의 개선, 2차 자원 및 재생자원의 투입증대이다. 또한 중소기업(KMU)이 사용하는 재료의 효율성을 개선할 수 있는 방안에 대한 연구프로젝트도 포함된다. 독일정부는 특히 원료필요를 수입에 의해 해결하는 방법을 지구적 차원에서 지양하려고 하며, 이를 위해 국제적 법규와 책임감 의식 제고를 촉구하고 있다.

(3) 인구변동에 따른 사회적 기회

1970년대 이후 출생률의 감소로 미래의 독일은 인구가 훨씬 감소할 것이며, 평균 연령이 높아질 것이다. 독일에서는 인구학적 변동이 멈출 수 없는 추세가 되었지만, 이를 부정적으로만 보지 말고 오히려 기회로 보자는 것이 독일정부의 입장이다. 이 부문의 전략목표는 인구학적 변화로부터 사회통합을 이룰 수 있는 기회를 발전시키고 촉진시키는 것이다. 이는 세대 간 연대의식을 강화시키고, 상호적인 문화를 이루기 위한 시민사회의 공고화에 관련된 문제이다. 이를 위해 독일정부는 과세법 변동 및 노인을 부양하는 가정을 위한 부양정책 개선 등 몇 가지 조치를 취하였다. 또한 실천되고 있는 모범사례를 널리 알리기 위해 사례모집 공모도 실시하고 있다.

(4) 세계기아방지

이 부문에 있어 독일정부의 전략목표는 2030년까지 모든 곳에서 모든 형태의 빈곤을 종식(SDGs 목표 1)하고, 기아의 종식, 식품안정성 확보, 영양 상태 개선 및 지속가능 농업 향상(SDGs 목표 2)을 시키자는 지속가능개발목표를 달성하는 것이다. 이를 위해서는 단기적인 식량지원 이외에도, 장기적인 원인에 대한 검토와 조처가 필요하다고 판단된다. 이에는 인구성장에 대한 고려, 제3세계 국가의 제도적, 법적 식량생산 조건들의 개선에 대한 다면적(연구나 정책차원에서의) 합동작업, 에너지를 위한 바이오매스 생산과 식량을 위한 농산물 생산 그리고 유기농법에 의한 생산 사이의 경쟁을 줄이는 작업을 함께 이루어갈 필요가 있다.

(5) 이동성(移動性)

지속가능한 교통조건은 조용하고 깨끗하며 최소한의 공간 사용과 기후친화적이어야 할 것이다. 이를 위해 독일정부는 교통수단의 이산화탄소 효율성 증대 및 소음방지를 위한 조처 등을 감행하였다. 대체연료 촉진, 효율적인 엔진기술 개발 등이 이에 해당된다.

(6) 지속가능한 소비

지속가능한 소비는 지속가능한 생산을 이끌기 때문에 중요하다. 또한 독일의 온실가스방출 중 20% 이상이 가정생활에서 나온다.

(7) 자연자원

현 시점에서 지속가능하지 않은 부문이 독일의 공간이용부문이다. 2006년 하루 106ha가 새롭게 사용되었다. 독일정부의 목표는 2020년까지 하루 30ha를 사용하는 것이다. 한편 독일은 자연종들의 다양성을 보존하는 부문에 대해서는, 1992년 '생물학적 다양성에 대한 국제 합의(CBD)'에 부합하여, 2007년 11월 7일 생물학적 다양성보존 국가전략을 채택하였다. 또한 어업정책도 지금까지의 지속가능성의 원칙을 강화하여 적용할 것을 강조하였다.

지속가능성에 대한 지식을 학교교육을 통해 조기에 보급한다는 것이 이제 10세가 된 유엔의 "지속가능한 발전을 위한 교육" 프로그램의 취지이다. 독일정부는 이러한 취지를 따르며, 이와 함께 중앙정부와 지방의 협동 작업은 학교교육에 지속가능성 교육을 정착시킬 수 있게 할 것이다. 지속가능발전을 위한 연구

정책적 방향설정은 2004년 지속가능성을 위한 연구, 2006년 정부의 하이테크 전략, 2007년 기후보호를 위한 하이테크전략 등으로 구체화되었다. 2004년의 지속가능성을 위한 연구만 해도 4년간 1000개의 프로젝트가 수행되었다. 경제성장과 연결되어 있는 에너지와 자원사용 및 운송의 연결고리를 푸는 것이 이들 연구의 중점이 되고 있다.

6 기후변화와 재원

선진 각국의 노력에도 불구하고 온실가스 배출 감축은 당초 예상보다 어려운 것으로 드러났으며, 중국·인도 등 개발도상국의 급속한 산업화에 따른 온실가스 배출량의 증가는 선진국의 온실가스 감축 노력의 한계를 드러냈다. 온실가스 감축이 한계를 맞이함에 따라 온실가스 증가에 따른 기후변화에 대응하기 위한 적응의 중요성이 대두하였으며, 개발도상국의 적응노력 지원을 위한 선진국의 지원확대에 관한 논의로 발전하였다.

2009년 덴마크 코펜하겐에서 개최된 제15차 당사국총회(COP 15)에서 '코펜하겐 녹색기후기금'이라는 명칭으로 구체화된 이러한 논의는 2010년 멕시코 칸쿤에서 개최된 제16차 당사국총회(COP 16)에서 선진국과 개발도상국이 기후변화와 관련한 개발도상국의 적응노력을 지원하기 위한 GCF 설립에 합의함으로써 구체화되었다. 그동안 개발도상국들은 선진국의 단기재원공약 이행현황에 대해 긍정적으로 평가하면서도 대부분의 지원자금이 감축분야에 집중되어 있으며, 개발도상국이 필요로 하는 적응 분야에 대한 지원은 여전히 부족하다는 입장을 보인 바 있다. 아울러 이러한 지원이 기존의 공적개발원조(ODA)를 축소시켜서는 안 된다고 주장해 왔다.

또한 기후변화와 관련한 재원배분에 있어 개발도상국들은 선진국의 감축부문

지원이 자국 민간기업의 개발도상국 진출과 연계하려는 의도가 있음을 지적해왔다. 이와 관련하여 기후변화에 취약한 군소도서국(SIDS)과 최빈국 등은 감축과 대응에 대한 균형 잡힌 지원을 강조하고 적응과 관련한 지원은 기후변화 취약국을 우선적으로 고려해야 한다고 강조하고 있다. 이에 대해 선진국은 개발도상국의 의미 있는 감축행동과 이행의 투명성이 보장되어야 기후변화와 관련한 재원조달이 원활하게 진행될 수 있음을 강조하고 있으며, 재원의 출처에 대해서는 개발도상국이 요구하는 공공부문 이외에도 민간, 양자 및 국제기구와 같은 다자뿐만 아니라 대안적 재원(alternative sources) 등을 포함해야 함을 강조하고 있다(한국국제협력단, 2015).

7 환경교육

환경교육의 목표는 환경친화적 행위자를 길러 내는 것이다. 환경친화적이라는 말은 인간이 그들의 개별적, 집단적 행위 시에 환경에 대한 고려를 하여 만일 어떠한 행동이 지구의 환경에 부정적인 영향을 준다면 그 행위를 중단하거나 악영향을 최소화할 수 있는 방향으로 변화시키려는 노력을 말한다. 이러한 관점에서 환경교육의 목표는 개인과 사회집단으로 하여금 전체 환경과 관련된 문제에 대한 인식과 감수성을 갖도록 도우며, 환경에 대한 다양한 경험과 지식을 가지도록 하며(지식), 환경의 보호와 개선에 능동적이고 주체적으로 참여하려는 동기 및 환경에 대한 가치와 관심을 갖도록 하는 것이다(태도). 또 환경문제를 해결하는 기능을 습득하는 것(기능)을 포함한다(남상준 외, 1999). 달리 말하자면 환경교육은 환경해독력(environmental literacy)을 가진 시민을 길러 내는 것을 목적으로 하고 있는 것이다.

여기서 환경해독력은 환경과 인간사회와의 복잡한 관련과 상호의존을 이해하는 능력을 말한다. 이때 상호의존이란 사회적, 물질적, 문화적 차원에서뿐 아니라 시간적·공간적 관련도 포함한다. 현재 우리의 환경파괴는 다음세대의 생존에 큰 영향을 준다거나 또는 한 지역의 환경오염이 다른 지역의 환경파괴로 이어진다는 것 등은 이러한 환경의 상호의존성을 보여 주는 것이다. 뿐만 아니라 환경파괴나 환경오염의 정도가 경제발전과 관계 있으며 개인 또는 집단의 소득수준과도 관계가 있다는 환경의 사회성에 대한 인식도 환경해독력의 지표가 될 수 있다.

환경의 보존과 파괴라는 것이 한 지역이나 한 시대에 국한되어 고립적으로 발생하는 것이 아니며, 따라서 이것이 한 사회나 한 국가의 문제로 간주될 수 없다는 점에서 환경교육은 세계수준의 문제인식과 해결모색을 위한 지식과 기능, 그리고 태도를 지녀야 하는 세계시민성 교육의 한 영역을 구성하고 있다. 세계적인 네트워크를 가지고 환경교육을 하고 있는 글로브 프로그램(The Globe Program: Global Learning and Observations to Benifit the Environment)은 전 세계의 학생과 교사, 그리고 과학연구자들을 하나의 네트워크로 연결해 환경에 대한 데이터를 모으고 교육프로그램을 제공하고 있는데, 이 프로그램의 목적은 개인의 환경에 대한 관심을 높이며, 지구환경에 대한 과악적 이해와 탐구를 지원하는 것이다. 지속가능한 개발(sustainable development)의 개념은 환경친화적 전략을 통해 환경보존을 꾀하면서 동시에 발전과 성장을 이룩하려는 태도이며, 이러한 지속가능한 개발을 위해 환경교육은 필요한 것이다(남상준 외, 1999).

8 지속가능발전을 위한 과제(출처: 국제입법조사처, 2012)

우리나라는 2020년 감축목표 제시에 있어서는 국제적인 리더십을 발휘한 바 있으나, 2030년 감축목표제시에 있어서는 소극적인 목표설정이라는 지적을 받은 바 있으며, 2020년까지 유엔에 제출하여야 하는 2050년 감축목표에 대한 논의를 진행 중이다. 우리나라는 교토의정서(Kyoto Protocol) 하에서 국제법적인 감축의무가 없는 개발도상국에 속해 있음에도 불구하고 2009년에 2020년 온실가스 배출전망(Business as Usual, BAU) 대비 30% 감축이라는 자발적인 목표를 제시하여, 기후 변화 협상과 외교에 있어 선진국과 개발도상국 사이의 가교 역할의 리더십을 발휘한 바 있다. 뿐만 아니라, 2012년 10월 20일 인천 송도에서 개최된 녹색기후기금(Green Climate Fund, GCF) 2차 이사회는 GCF 사무국 입지에 대한 투표를 거행하여 인천 송도를 GCF 사무국 소재지로 결정하였다. 우리나라를 비롯한 독일, 스위스, 멕시코, 폴란드, 나미비아 등 6개국이 GCF 사무국 유치를 둘러싸고 막판까지 치열한 경합을 벌인 끝에 송도가 최종적으로 선택된 것이다. 우리 정부는 2011년 11월 25일 대외경제장관회의에서 GCF 유치 추진을 결정하였으며, 이러한 입장을 2011년 12월 남아프리카 더반에서 개최된 유엔기후변화협약(UNFCCC) 제17차 당사국총회(COP 17)에서 공식 표명하였다. 2012년 4월 15일 6개국이 GCF 임시사무국에 유치신청서를 제출하였으며, 9월 평가위원회가 후보국을 대상으로 평가회의를 개최하고 한국 · 독일 · 스위스 3개국에 대해 평가항목 전부에 대해 충족으로 평가하면서 유치 경쟁은 본격화되었다. 우리 정부는 기후변화 협상과정에서 소외되어온 아시아 · 아프리카 지역의 대표성 확보 필요성을 역설함으로써, 결국 GCF 사무국 유치에 성공한 경험이 있다(이슈와 논점, 2012). 이러한 과정에서 우리나라는 국제사회에 제시한 온실가스 감축목표의 국내적 이행을 위해 2010년 「저탄소녹색성장기본법」을 제정하여 법적 기반을 마련한 바 있다.

뿐만 아니라, 우리나라는 「저탄소녹색성장기본법」에 근거한 '녹색성장 국가전략'은 2020년까지 세계 7대, 2050년까지 세계 5대 녹색강국 진입을 목표로 설정하였다. 녹색성장 5개년 계획 등에 근거하여 온실가스 · 에너지목표 관리제, 온실가스 감축 로드맵수립, 배출권 거래제 등을 실시하고 있다.

특히, 우리나라는 파리 협정(Paris Agreement)이행을 위해 2015년에 2030년까지 온실가스 배출전망(BAU) 대비 37% 감축 목표를 제시한 바 있으나, 소극적인 정책목표라는 비난을 받은 바 있다. 파리협정과 유엔기후변화협약 제21차 당사국총회(COP 21) 결정문은 모든 당사국이 2050년 장기 저탄소 발전전략을 수립하여 2020년까지 제출하도록 하고 있어 우리나라도 '2050 국가 저탄소 발전전략'에 대한 논의를 진행 중이다.

유럽연합이 유럽그린딜의 이행 비용이 크게 들 것을 감수하면서도 2050년까지 온실가스 순배출량을 '0'(zero)으로 만들겠다는 목표를 세우려는 것은 장기적으로 비용효과적인 방법일 뿐만 아니라 선도적인 리더십을 발휘하여 신경제체제의 국제경쟁력을 확보하려는 전략적인 선택으로 볼 수 있다. 이에 우리 정부는 '2050 국가 저탄소 발전전략'을 논의함에 있어 다양한 경제 분야를 포괄하는 적극적인 온실가스 감축 목표를 논의할 필요가 있으며, 2050년 온실가스 감축 목표가 수립될 경우 기존의 법정 계획인 제1차 기후변화대응 기본계획(2017~2036), 제3차 녹색성장 5개년(2019~2023), 제3차 지속가능발전 기본계획(2016~2035), 제3차 에너지기본계획(2019~2040), 배출권거래제 기본계획(2015~2024) 등을 장기목표와 연계하여 조율하는 방안을 마련할 필요가 있다.

따라서 국회는 장기목표의 효율적인 이행을 도모하고, 관련 법정계획의 중복을 최소화하기 위해 필요한 경우 「저탄소녹색성장기본법」, 「지속가능발전법」, 「에너지기본법」, 「온실가스 배출권의 할당 및거래에 관한 법률」 등 입법체계를 정비하는 방안을 검토해야 할 것으로 보인다(국회입법조사처, 2012).

CHAPTER

10

성평등과 여성의 역량강화

1 여성의 지위와 여성과 빈곤

수원국 입장에서 볼 때, 원조는 많이 받을수록 좋은 것일까? ODA 역사상 지금까지의 평가 결과를 살펴보면, 원조규모가 수원국의 경제규모대비 75% 이상일 경우 오히려 부패를 조장하고, 민주주의에 악영향을 미치며, 원조의존성을 키운다고 보고하고 있다. 결국 EDCF(대외경제협력기금)는 수원국이 원조를 잘 소화할 수 있는 능력을 배양할 수 있도록 정치, 경제, 사회적인 임파워먼트(empowerment)를 지원해 줄 것을 권고하고 있다(Healy, 2008).

이러한 상황 속에서 '원조의 저주(Curse of Aid)'를 극복하기 위해 우리가 새로 구축해야 할 '역량강화원조(empowerment Aid)'의 바로미터는 무엇인가? 새천년개발목표(Millenium Development Goals, MDGs)에서 세 번째 목표로 "성평등과 여성의 역량강화"가 있었다. 그리고 오늘날 지속가능개발목표(Sustainable Development Goals, SDGs)에서 다섯 번째 목표로 "양성평등 및 모든 여성과 여아의 역량을 강화하여 권익 실현"이 명시되어 있다. 이는 성평등 촉진과 여성권익 향상 그리고 모든 교육과정에서의 성차별을 2030년까지 근절하겠다는 유엔의 구체적인 목표이다.

사회복지의 중요한 관심사는 전 세계 여성의 지위이다. 어떤 사람들은 여성에 관해 진정한 선진국은 없다고 하지만, 일부 국가의 여성지위는 다른 국가에 비해 더 못한 것이 사실이다. 빈곤의 여성화가 증가하는 것은 이제 전 세계적인 현상이다. 여성가구주는 모든 국가에서 더 빈곤하고, 여성 빈곤은 그 아동들에게 영향을 주며, 취약 아동에게 다양한 문제의 주요 원인이 되기도 한다.

특히 문맹은 빈곤을 수반하면서 여성지위 향상을 가로막는 가장 큰 장애물이다. 전 세계 문맹의 3분의 2를 여성이 차지하고 있으며 남성 대 여성의 문맹률 격차는 남아시아, 사하라 사막 이남의 아프리카, 그리고 중동에서 가장 크게 나타나고 있다. 한 예로, 남아시아에서는 45%의 여성만이 읽고 쓸 수 있는 반면, 남성은 57%였으며, 중동과 북아프리카에서는 여성 57%, 남성 77%로 보고되고 있으며(UNICEF, 2005), 인도의 경우 45%의 여성이 문맹(Kapoor, 2005)으로 보고되고 있다.

따라서 1979년 유엔은 「여성 대상 모든 형태의 차별금지에 관한 협약(Convention on the Elimination of All Forms of Discrimination Against Women)」을 채택하였고, 상당히 많은 국가가 이를 비준한 상태이지만 여성들은 아직도 여러 가지 형태의 차별을 경험하고 있는 것으로 나타났다. 이렇게 여성이 겪고 있는 다양한 형태의 빈곤을 살펴보면 다음과 같다(Healy, 2008).

1) 건강 및 임신 문제

임신과 출산의 복합적인 문제로 인한 모성 사망은 해마다 5,000명의 목숨을 앗아가고 있으며, 이들 대부분은 빈곤 국가에서 발생하고 있다. 사하라 사막 이남 아프리카 지역에서는 13명당 1명의 여성이 임신 및 출산과 관련된 원인으로 사망하는 반면, 캐나다에서는 7,700명당 1명이 사망한다. 한 예로, 에티오피아에서는 출생영아 가운데 6%만이 간호를 받고 있으며, 여성사망률은 10만 명당 800명이 넘는다(Ten Years Hard Labour, 2004). 출생의 전체 혹은 대부분이 의료진의 도움을 받는 국가에서는 모성 사망이 극히 드문 일과 대조적이다.

불법낙태 또한 여성 사망에 기여한다. 세계보건기구(WHO)에 따르면 전 세계에서 8,000만 건의 계획되지 않은 임신 가운데 약 4,600만 건이 해마다 자발적으로 낙태되고 있으며, 2,700만 건은 합법적으로, 그리고 1,900만 건은 불법으로 낙태되고 있다. 이러한 임신의 대부분은 가족계획에 대한 정보와 서비스의 접근이 결여되어 있기 때문에 발생한다. 낙태가 불법이거나 엄격히 제한된 국가에서는 여성이 위험에 처하거나 여성의 상해 및 사망도 낙태와 연관되어 있다(WHO, 2004). 제대로 훈련받지 않은 사람에 의해 비위생적인 상태에서의 낙태는 매우 위험하다. 이 두 가지 모두 불법낙태와 연관되어 있다. 세계보건기구(2004)는 2000년에 약 6만 8,000명의 여성이 안전하지 못한 낙태 때문에 사망한 것으로 추산하고 있다.

루마니아의 사례는 특히 관심을 끈다. 1974년부터 1989년까지 루마니아 대통령을 역임하였으며, 1989년에 처형당한 차우세스쿠(Ceausescu) 정권 아래 낙태 정책은 루마니아인에게 대가족을 갖도록 강요하였다. 이러한 극단적인 사례를 볼 때, 임신중절이 절박한 여성들은 필요한 경우 안전하지 못한 방법을 선택하게 되며 그 선택은 종종 치명적인 것이 되고 있다는 점이다.

또한 남아를 선호하는 사회에서는 합법적인 낙태가 여성에게 불이익이 되고 있다. 아마르티아 센(Amartya Sen, 1993)은 1억 명의 여성이 전 세계 인구에서 실종되고 있다고 공언함으로써 전 세계를 놀라게 하였다. 이는 성감별에 의한 낙태 및 영아 살해가 '의료 및 영양 분야에서 확고한 반여성 편견'과 맞물려 여아들에게 행해진, 명백하고도 폭력적인 차별에 의한 희생자들의 수치다. 센(1999)은 인도에서 "여아들이 의료체계 및 입원 그리고 심지어는 수유에서조차 방임되는" 명백한 증거가 있다고 주장하였다. 그는 또한 "다른 나라에 비해 눈에 띄게 명확한 중국의 남녀 출생성비의 급격한 증가"를 예로 들었다. 남녀 출생성비의 증가는 성감별에 의한 낙태가 주요 원인이며, 이는 현대 과학기술의 낡은 반여성적 태도와 정부의 한 가족당 한 명의 아동 갖기와 같은 가족 수에 대한 규제가 서로 맞물린 안타까운 사례이다.

태아 성감별에 의한 낙태 및 영아 살해와 더불어 여아에 대한 극도의 방임으로 2001년 인도에서는 남아 1,000명당 여아 933명의 성비 기록을 초래하였다. 즉, '어떤 사람은 태어나는 것도 허락되지 않았고, 어떤 사람은 살아남는 것도 허락되지 않았다.'(Kapoor, 2006)는 점에 주목할 필요가 있다.

여아에게 낮은 가치를 부여하는 것은 열악한 영양상태에서도 나타난다. 세계의 일부 지역에서는 가족 중에서 여아가 가장 나중에 식사를 한다. 인도의 펀자브(Punjab) 지역에서는 여아의 20%가 영양결핍인데 비해 남아는 단지 0.1%가 영양결핍인 것으로 보고되고 있다(MacCormack, 1988). 영양부족과 의료에 대한 접근성의 한계로 남아에 비해 여아의 사망률이 더 높게 나타나는 것이다. 세계은행(World Bank)은 인도의 영아 사망 6명 중 1명은 성차별에 그 원인이 있다고 추정한다(Healy, 2008).

2) 성폭력

유아기를 견딘 여아들은 또 다른 형태의 성폭력(gender violence)의 대상이 될 가능성이 높다. 전 세계적으로 가정폭력과 강간은 여성의 건강, 안전, 생존의 지속적인 위협이 되고 있다. 여성은 자신의 가정에서 그리고 친밀한 관계 속에서 가장 위험한 상황에 직면하고 있다. 여성들에게 가정은 종종 안전과 보안에서 가장 먼 곳이기도 하다. 2005년 완료된 세계보건기구의 10개국 여성 건강 및 폭력에 관한 연구에 따르면, 참여 국가의 배우자 신체폭력의 발생률은 13~61%였으며, 대부분의 국가에서 약 4분의 1 혹은 절반가량의 여성이 신체학대를 경험한 것으로 보고되고 있다(WHO, 2005).

이 연구에 따르면, 부유 국가(핀란드, 30%)와 빈곤 국가(에티오피아, 49%) 모두 신체폭력 발생률이 높은 것으로 나타났다. 배우자 학대는 신체폭력(때리기, 목 조르기, 무기로 찌르기, 화상 및 사망 등)과 함께 성폭력과 정서폭력을 포함하고 있는데, 이러한 학대는 치명적일 수 있다. 호주, 캐나다, 이스라엘, 남아프리카공화국, 미국에서 행해진 연구에 따르면, '살해된 여성 피해자의 40~70%는 남편이나 남자친구에 의해 살해되었다고 보고하고 있다'(UN Report of the Secretary General, 2006).

또 다른 연구에 의하면, 콜롬비아에서는 6일마다 1명의 여성이 배우자에게 살해되는 것으로 나타났다(UN Report of the Secretary General, 2006). 특히 가정폭력으로 발생되는 심각한 비용, 즉 의료비, 직장 상실, 상담, 경찰 개입, 쉼터, 그리고 기타 서비스로 발생하는 비용은 상상을 초월하는 것으로 나타났다. 한 예로, 1993년 자메이카의 킹스톤 공공병원(Kingston Public Hospital)에서 치료를 받은 피해자 설문조사에 따르면, 배우자 폭력에 따른 의료적 치료비용의 연간 추정비용은 약 11억 달러였다고 한다. 또한 스위스에서 행해진 1999년 연구에 따르면, 매 맞는 여성을 위한 의료비용, 쉼터, 경찰, 그리고 피해자 지원서비스의 비용으로 연간 약 6,000만 파운드가 소요된 것으로 추정하고 있다(UN, 2006).

배우자 폭력은 초기에 시작된다. 한 설문조사에 따르면 캐나다에서는 15~19

세 여자 청소년 가운데 54%가 데이트 상대에게 '성적 강요'를 받는다고 보고하였다(UN, 2006). 미국에서는 고등학생의 22%와 대학생의 32%가 데이트폭력을 경험하는 것으로 추정하고 있다(Healy, 2008).

3) 성평등

인력개발에 초점을 두고 있는 대부분의 프로그램들은 모든 사람들의 최대 이익을 위해 남녀의 형평성과 기회, 그리고 지도력을 향상시키는 방법을 모색하고 있다. 역량강화와 지속가능성을 모색하는 프로그램들은 강점관점에서 불이익을 당한 개인과 집단들이 자신을 위해 선택하고 행동할 수 있는 능력을 향상시키고자 노력한다. 이것은 특히 남녀를 동등하게 여기지 않는 문화에서는 매우 힘든 일이다. 한 예로, 아프가니스탄의 탈레반(Taliban)은 여성들에게 직장을 그만두고 집에 머물도록 한다(Healy, 2008).

4) 전통적인 방법

(1) 여성 성기 절제

유엔의 경우, 정통적인 방법으로 행해지는 폭력, 즉 여성 할례라고 하는 이슬람권이나 아프리카에서 5,000년이 넘게 행해진 여성 성기 절제(Female Genital Mutilation, FGM) 혹은 절단(cutting)에 대해 주목하고 있다. 유엔사무총장보고서(The UN Report of the Secretary General, 2006)에 따르면 1억 3,000만 명의 현존 여성들이 여성 성기 절제의 대상이 되었으며, 연간 200만 명의 여아들이 여성 성기 절제로 고통받고 있다(UNFPA, 2005).

유엔아동기금(UNICEF, 1996)에서는 이를 "유엔아동권리협약의 가장 심각한 침해사례 가운데 하나"라고 주장하고 있다. 여성 성기 절제 사례의 75%가 불과 6개국(이집트, 에티오피아, 케냐, 나이지리아, 소말리아, 수단)에서 행해지고 있지만, 이 방법은 시술자와 함께 "유럽, 북미, 호주 등의 이민자 지역사회로도 이동해 현재까지 보편적으로 행해지는" 방법이 되었다(UN, 2006). 이로 인해 여러 국가에서 여성 성기 절제를 금지시키는 법이 만들어졌다. 2006년 한 에티오피아 이민자는 자신의 2세 된 여아의 성기를 절제하여 가중폭행과 잔혹한 학대를 이유로 기소되었다. 조지아(Georgia) 주의 법원이 기소한 이 사례는 미국에서는 여성 성기 절제로 인한 첫 번째 기소로 간주되고 있다(Father Jailed for US Mutilation, 2006). 또한 스칸디나비아에서의 첫 번째 기소는 2006년 스웨덴에서 있었는데, 한 스웨덴 시민이 소말리아 여행 중 자신의 딸에게 여성 성기 절제를 하도록 강요한 죄로 기소되었다. 스웨덴은 1982년 자국 영토에서 행해지는 여성 성기 절제를 불법으로 간주하는 법을 통과시켰으며, 1999년 이 법을 확대하여 타국으로 아동을 데려가 절제수술 받는 것을 금지시켰다(Sweden Jails Circumcision Father, 2006). 2006년 현재 여성 성기 절제가 보편적으로 행해지고 있는 28개의 아프리카 국가들 가운데 15개국이 이 행위를 불법으로 규정하는 법을 통과시켰다. 하지만 이를 완전히 지키고 이행하는 일은 아직도 요원하다(Healy, 2008).

(2) 조혼 및 명예살인

조기에 강요된 결혼, 명예살인(honor killings), 지참금으로 인한 죽음(dowry death), 미망인 대상의 학대 또한 여성을 죽음으로 몰아가고 있다. 에티오피아에서는 여아의 19%가 15세가 되기 전에 결혼을 하며, 네팔에서는 40%가 15세 이전에 결혼을 하고 이 가운데 7%는 10세 이전에 결혼을 하는 것으로 보고되고 있다(UN, 2006). 키르기스스탄(Kyrgyzstan)의 결혼 가운데 절반은 '납치에 의한 결혼'이었다. 인도와 중국의 성비 불균형은 이들 지역에서 신부 납치가 증가할 것이라는 우려를 낳고 있다. 유엔사무총장보고서(2006)에 따르면, 해마다 약 5,000명이 소위 말하는 명예죽음, 즉 친척이 가족의 명예를 더럽힌 행위(강간의 피해자를 포함) 때문에 여성과 여아를 살해하는 것으로 추정하고 있다. 인도에서는 2002년 약 6,800명이 지참금 분쟁으로 살해된 것으로 보고하고 있다(UN, 2006).

5) 무력분쟁에서의 폭력

평화로운 시기에서도 여성들은 많은 폭력으로 고통받고 있지만 분쟁상황에서는 더욱 악화된다. 강간은 지금까지 전쟁의 무기로 취급되고 있다. 최근까지도 여성 및 여아에 대한 성폭력(sexual violence)이 전쟁에서 만연하고 있다. 보스니아에서는 강간을 인종청소(ethnic cleaning)의 한 방법으로 사용하기도 하였으며, 라이베리아, 시에라리온, 다르푸르와 같은 분쟁지역에서는 강간이 광범위하게 자행되고 있음이 보고되고 있다. 수단의 '실종소녀'라는 다큐멘터리에서 한 젊은 여성은 공격자들이 자신의 여동생을 포함하여 여아들을 데리고 가 "그들이 그녀를 짓밟았다."고 하였다(Myland & Shenk, 2003). 유엔특별안전보장이사회의 결의문 제1325호는 갈등 혹은 갈등 이후 상황에서의 성폭력(sexual violence와 gender violence 모두를 포함)에 대해 언급하고 있다. 국제형사법원(International Criminal Court)은 "민간인을 대상으로 광범위하거나 체계적인 방법으로 공격을 가했을 때" 성폭력 범죄를 재판할 수 있다(UN, 2007)고 명시하고 있다.

6) 인신매매

세계화는 인신매매를 더욱 악화시키고 있다. 2004년 세계화의 사회영역에 관한 국제위원회(The World Commission on the Social Dimension of Globalization's 2004 Fair Trade)는 공정무역에 관해 다음과 같이 기술하고 있다. 세계화의 또 다른 영향은 국경을 넘나드는 불법활동의 급격한 증가다. 이는 탈세의 증가와 돈세탁, 인신매매, 성 및 마약 관련 무역 등에 관여된 다국적 범죄기업의 증가를 포함하고 있다. 여행경비의 급격한 감소와 대규모 관광의 증가는 사람 및 마약을 값싸게 그리고 쉽게 단속되지 않고 밀수할 수 있도록 만들고 있다(Healy, 2008).

(1) 부의 불균형과 인신매매

인신매매 또한 빈곤 국가와 부유 국가의 더욱 커진 불균형으로, 그리고 인터넷 포르노그래피를 촉진할 수 있도록 한 통신기술의 발달로 더욱 증가하게 되었다. 미국 보건복지부(US Department of Health and Human Services; USDHHS, 2005)에 따르면 “마약 밀매에 이어, 인신매매는 오늘날 전 세계에서 두 번째로 큰 범죄산업으로 불법무기산업과 연계되어 있으며 빠른 속도로 증가하고 있다.”고 보고하였다. 범죄자들에 따르면 마약과 달리 인간은 ‘재생가능한 상품’으로 인신매매는 많은 이익을 남길 수 있다고 증언하고 있다. 해마다 약 60~80만 명이 국경을 넘어 인신매매되고 있는 것으로 추정되고 있다.

한 예로, 미국의 국무부(US Department of State)는 매년 약 1만 4,500~1만 7,500명 정도가 미국으로 유입되고 있는 것으로 추정하고 있다(USDHHS, 2005). 유엔에서는 인신매매가 1년에 약 100억 달러 이상 혹은 희생자 1인당 약 1만 달러의 ‘이익’을 내는 것으로 추산하고 있는 반면(Kapstein, 2006), 국제노동기구에서는 이보다 약 4배 많은 이익이 있는 것으로 추산하고 있다(Slattery, 2006). 세계적으로 노예로 있는 사람들의 총수는 약 1,200만~1,700만 명으로 추정되고 있다(Slattery, 2006). 이러한 인신매매는 국제경제의 법적, 도덕적 근간을 훼손하는 것이다(Kapstein, 2006).

(2) 성매매와 노동매매

인신매매의 가장 흔한 형태 가운데 하나는 성매매와 노동매매다. 여성, 아동, 남성들이 자신의 의지와는 반대로 매춘, 포르노그래피, 가사노동, 노동착취공장에서의 노동, 혹은 농사 등의 일을 하도록 강요받고 있다. 이들 희생자들은 납치되거나 때로는 해외의 가정부, 식당종업원, 혹은 다른 직업에 관한 광고를 보고

속아 노예로 전락하기도 한다. 특히 여성과 여아는 성매매산업에서 일하도록 강요받는다(Roby, 2005). 이들은 폭력 혹은 강요와 격리, 협박과 같은 형태를 통해 현대판 노예가 된다.

캡스타인(Kapstein, 2006)은 현대판 노예제도에 대해 “노예 소유자들은 주로 빈곤 국가의 빈민들에게 먼 곳에서 좋은 직장을 보장한다는 말로 이들은 모집하고 있다”고 보고하고 있다. 인신매매자들은 이 희생자들에게 주로 교통비를 충당할 돈을 ‘대여’해 주며, 이들이 현지에 도착하자마자 신분 관련 서류를 압수하고 성산업 혹은 강제노동업소에서 일하도록 강요받는다. 희생자들은 때로 불법체류자로 혹은 매춘부로 경찰에 신고될 것이라는 협박을 받는데, 이때 폭력을 동반할 수도 있다. 때로 이러한 상황에서 일하는 사람들은 임금을 거의 혹은 전혀 받지 못하기도 한다. 따라서 희생자들은 극도록 취약한 상태에 이르게 되어 도움도 요청하지 못한다(Healy, 2008).

미국 보건복지부에 따르면 “남성에 비해 상대적으로 취약하고, 사회적 변화 및 전반적인 낮은 지위 때문에 여성과 아동들은 상상치 못할 정도로 노동시장에서 인신매매를 당하고 있다.”고 한다. 인도에서의 인신매매 증가는 성비의 불균형과도 관련이 있다. 또한 여성들이 점점 여성이 부족한 곳에 신부로 팔려가는 형태의 인신매매도 이루어지고 있다(Kapoor, 2006).

따라서 각국 정부는 법적 강화와 함께 인신매매 피해자들 대상의 서비스를 제공함으로써 인신매매를 줄이기 위한 조치들을 취하고 있다. 미국은 「2000년 인신매매피해자보호법(The Trafficking Victims Protection Act of 2000, TVPA)」을 제정하여 인신매매자들의 기소를 강화하면서 피해자 보호도 강화하고 있다. 특히 14세 미만의 아동 납치, 가중학대, 혹은 착취가 관여된 인신매매에 대해서는 중한 처벌을 할 수 있도록 방침을 정해 놓고 있다. 특히 관심을 끄는 대목은 이 법이 ‘미묘한 압력수단’에 대해 규정하고 있는데, 이는 서류위조 및 압수를 범죄행위의 일부로 간주하는 것이다. 「인신매매피해자보호법」의 제정은 인신매매 관련 체포와 기소가 증가하는 결과를 가져왔다. 그럼에도 불구하고 경찰은 법을 집행하는 것이 어렵고, 아직도 피해자들이 협조하는 것을 두려워한다고 보고하고 있다(Kapstein, 2006).

미국 보건복지부는 인신매매자들에 대해 미약하게 대처하는 국가들을 대상으로 연간「인신매매 보고서(Trafficking in Persons Report)」를 발간하고 있다. 현재 미국의 '제3지대'에 속한 국가들은 특히 인신매매에 취약한 국가로 분류되고 있는데, 이에는 미얀마, 쿠바, 이란, 라오스, 북한, 사우디아라비아, 수단, 시리아, 우즈베키스탄, 베네수엘라, 짐바브웨가 있다(Kapstein, 2006). 2000년 유엔총회에서는 인신매매, 특히 '여성과 아동의 인신매매를 예방, 억제, 처벌하는 의정서(The Protocol to Prevent, Suppress, and Punish Trafficking in Persons, Especially Women and Childerdn)'를 채택한 바 있다. 이것은 인신매매에 관한 주요 협의서 가운데 하나이다.

(3) 인신매매와 국제사회복지사의 역할

인신매매에서 국제사회복지사의 역할은 피해자 파악, 치료와 재활, 옹호, 그리고 취약집단에 대한 교육 등이다. 인신매매의 한 피해자는 사회복지사가 항상 혼자 있으면서 크기가 맞지 않는 옷을 입고 있고 학교에 자주 늦거나 결석하며 학업에 뒤처지는 아동을 관심 있게 관찰할 것을 권하였다. 일단 인신매매가 의심되면 사회복지사 혹은 일반 성인은 극단적인 행동을 취하기 이전에 신뢰관계를 형성하도록 노력해야 한다(Slattery, 2006). 일상적인 초기 면접은 서서히 진행되어야 하며, 여러 단계로 나누어 실시할 필요가 있다. 나아가 일상적인 질문과 더불어, 피해가 의심되는 사람에게 여권이나 본인을 증명할 수 있는 서류가 있는지, 그리고 본국의 가족들이 피해자와 연락되는지 등을 질문해야 한다(Slattery, 2006).

만약 통역인을 활용할 경우에는 이 통역인이 인신매매자들과 연관되어 있지 않은지 면밀히 살펴봐야 하며 비밀보장을 약속해야 한다. 미국에서는 인신매매 피해자로 확인된 사람은 여러 가지 혜택을 받을 수 있으며 강제추방을 당하지 않는다. 따라서 법집행 관련 직원들에게 협조해야 도움을 받을 수 있다. 인신매매의 궁극적인 예방은 보다 적극적인 기소와 함께 빈곤감소전략이 포함되어야 한다.

2 여성폭력에 대한 국제적 조치

1993년 유엔은 「여성 대상 폭력금지에 관한 선언(The Declaration on the Elimination of Violence Against Women)」을 채택하였다. 이 선언서는 여성 대상의 폭력이 인권침해임을 분명하게 언급하고 있으며, 이는 가정 내 폭력과 함께 지역사회의 폭력도 포함하고 있다. 세계보건기구(WHO)도 여성대상 폭력을 여성건강문제의 주요 원인 가운데 하나로 규정하고 있다.

전 세계에서 사회복지사는 폭력 피해 여성들에게 서비스를 제공하는 등 적극적인 역할을 수행하고 있다. 여성쉼터가 보편화된 것은 지난 30년에 불과하며, 이러한 긴급서비스는 1970년대에 미국과 영국에서 개발된 것으로 여러 국가에 보급되었다. 국제사회복지사는 쉼터를 개발하고, 폭력 피해자의 욕구에 대해 경찰과 법원담당자들을 대상으로 교육훈련을 실시하며, 피해자들에게 상담과 구체적인 서비스를 제공하고, 이들 피해자들이 학대의 대상이 될 이유가 없음을 확신할 수 있는 자아 존중감 향상 사업을 수행하는 등 다양하게 도움을 주고 있다. 폭력 피해여성을 대상으로 한 상담기법은 지지제공과 함께 대안계획 수립과 같은 자기주장적인 방향으로 전환해 가고 있다. 어떤 곳에서는 사회복지사가 학대 가해자들을 대상으로 폭력예방 및 감소를 위한 개인상담 및 집단프로그램을 실시하기도 한다. 최근 폭력 가정에서 성장하는 것이 아동들에게 나타나는 심각한 부정적인 영향에 대한 보고가 많아지면서 가정폭력을 줄이기 위한 많은 노력이 필요한 실정이다(Healy, 2008).

1) 국제기구를 활용한 영향력 행사: 일본 사례

1980년대에 일본에서는 여성을 대상으로 한 폭력문제를 다루는 운동이 시작되었다. 당시 가장 큰 장애물은 일본 관료들의 전반적인 태도로서, 이들은 가정폭력이 '심각한 사회문제에 비해 개인적이면서 사적인 일이며, 흔한 문제가 아니다.'라는 태도를 취했다(Yoshihama, 1996). 여러 단체들이 연구조사를 수행하였고, 여성 대상의 폭력발생 수를 문서화하여 심각한 문제가 존재하고 있음을 입증하였다. 하지만 일본 정부는 이 문제를 인정하는 데 매우 더뎠다.

실행집단인 '가정폭력행동 및 연구조사모임(the Domestic Violence Action and Research Group, DVARG)'에서는 자신들의 권익옹호활동을 국제 차원에서 다루기로 결정하였다. 이 모임의 회원들은 사회복지사와 다른 학문, 즉 법학과 교육학의 동료들이었다. 1993년 DVARG는 비엔나에서 열린 유엔세계인권대회(UN World Conference on Human Rights)의 비영리기구 포럼에 참석하였다. 아시아태평양지역 여성 대상 폭력에 관한 워크숍을 통해, 그리고 일본에서 행한 연구결과를 참석자들과 다른 정부의 대표단 및 유엔직원들에게 배포함으로써, 이 집단은 '세상의 모든 사람들이 일본 정부가 가정폭력문제에 전혀 대응하고 있지 않다는 점을 알렸다'(Yoshihama, 1996). 이 집단은 국제전략을 계속해서 활용하였고, 유엔경제사회이사회(ECOSCO)가 후원하여 1993년 마닐라에서 개최된 '개발에서의 여성에 관한 아시아태평양 심포지엄(Asian Pacific Symposium on Women in Development)'과 1995년 베이징에서 열린 '세계여성대회(the World Conference on Women)'에서 연구결과를 발표하였다. 일본의 연구결과는 가정폭력에 관한 국제 문헌에 여러 차례 실렸으며, 유엔에서 지명한 '여성 대상 폭력에 관한 특별조사위원회'의 최종 보고서에도 그 내용이 포함되었다.

이러한 활동 및 전 세계적인 평판을 통해 DVARG는 일본 정부의 관심을 이끌어내는 데 성공하였다. 내부와 외부의 압력에 대응하기 위해 일본 정부는 1995년 여성 대상의 폭력문제와 싸우기 위해 유엔기금 조성을 제안하였고, 내부적으로 1996년 반폭력 법안을 개발하기 위한 계획을 발표하였다(Yoshihama, 1996).

3 개발에서의 여성: 성 인지적 시각

지속가능개발목표(sustainable development goals, SDGs)는 개발도상국뿐만 아니라 전 세계 모든 나라에서 빈곤 퇴치와 불평등 완화를 목표로 한다. 빈곤은 더 이상 개인의 문제가 아니며, 사회 구조적으로 당연히 받아야 하는 권리를 인정받지 못하여 역량을 박탈당하는 것이다. 이러한 인권의 관점은 개발협력에도 동일하게 적용되며, 특히 전 세계 빈곤인구의 절반을 차지하는 여성은 미래 사회의 지속성뿐만 아니라 한 개인의 존엄성을 위해서도 그들이 사회로부터 마땅히 보호를 받고 사회문제에 참여할 수 있도록 보장받아야 한다.

초기 개발모델과 개입방법에서 여성은 대부분 제외되었다. 개발계획의 모든 활동의 목표는 남성에 의해 계획되고 수행되었고, 남성 근로자의 생산성을 향상시키는 것이었다(Boulding & Dye, 2002). 덴마크의 여성 경제학자인 이스터 보스럽(Ester Boserup)은 수행한 연구에서 개발방법들의 실패 사유를 지적했는데, 바로 아프리카 및 타 지역에서 식량생산의 상당 부분을 책임지고 있는 여성들을 무시했기 때문이라는 것이다. 식량생산자들의 상당수는 남성이 아닌 여성이었지만, 모든 농업보조금과 대출금, 그리고 기구들은 남성에게 주어졌던 것이다. 따라서 제3세계에서 성차에 기반한 이중성은 생계유지 차원의 여성들을 가두고 있는 경제적 이중성과 연결되어 있다.

최근, 보스럽과 다양한 학자들의 연구를 통해 개발과정에 여성을 포함시키는 것의 중요성이 대두되었다. 여성을 무시하는 것은 여성의 발전을 방해할 뿐 아니라 가족, 아동 그리고 개발과정 전체에 심각한 부정적 영향을 준다. 여성의 읽고 쓸 수 있는 능력과 소득생산과정에서 여성의 참여는 아동의 생존 및 가족의 복지와 높은 상관관계가 있다. 따라서 특별히 여성에 주목한 개발이 포함되었는지, 많은 기구들이 일정 부분 여성에게 관심을 갖고 있는지를 확인하는 성 인지적 사전검토제도를 장려하고 있다.

한편, 역량강화는 오늘날 전 세계 많은 국가들의 개발과정에서 핵심과제 중

하나이다. 이와 관련된 요인에는 여성교육, 여성의 소유형태, 고용기회와 노동시장에서의 노동 등을 포함하고 있다. 하지만 이들 요인에는 고용협약의 본질과 여성의 경제활동에 대한 가족 및 사회의 전반적인 태도, 그리고 이러한 태도를 변화시킬 것을 지지하거나 거부하는 경제 및 사회 상황 등도 포함된다(Boulding & Dye, 2002).

1) 성평등과 여성의 역량강화

지속가능개발목표(SDGs) 초안에서 "성평등과 여성역량강화" 이슈는 17개 목표 중 5번째 독자목표(Stand-alone)인 동시에 다른 10개 목표의 세부목표에 광범위하게(Cross-cutting) 반영되어 있다. 젠더 이슈가 빈곤, 교육, 보건, 농업 등 단일 목표로 제시되어 있는 여타의 지속가능개발목표 주제와 달리 독자목표와 범분야 세부목표인 이중 구조로 설계된 데에는 새천년개발목표(MDGs) 설정과 실행 과정에서 나타난 성평등과 여성역량강화 달성의 한계점에 대한 국제기구와 여성계의 적극적인 문제제기가 반영된 것이다.

유엔새천년개발목표 보고서(2013~2014)에 의하면, 새천년개발목표 중 일부는 이미 달성되었거나 2015년까지 달성될 것으로 기대되었다. 전 세계에서 절대빈곤층의 규모는 1990년 대비 2010년에 절반으로 감소하였고, 1990년 이후 21억 명 이상이 개량된 식수원에 접근할 수 있게 되었으며, 말라리아와 결핵으로 인한 사망률도 크게 감소되었다(UN Women, 2015).

하지만 새천년개발목표 내 일부 목표의 월등한 성과에도 불구하고 2015년까지 목표달성이 현저히 어려운 분야도 있었는데, 아쉽게도 성평등과 여성역량강화 분야에서 이러한 취약성이 현저했다. 지난 20년간 전 세계적으로 산모사망률은 47% 감소하였지만, 3/4까지 감소시킨다는 목표에는 절대적으로 부족하였으며, 2012년 인구대비 고용률에서 남성과 여성의 성비격차는 24.8%였고, 일부 지역에서는 50%에 근접할 정도로 성비 격차가 높았다. 또한 1990년 이래 성인 문해율은 월등하게 개선되었지만, 여전히 여성은 전 세계 성인 문맹자의 2/3를 차지하고 있었고, 2013년 기준으로 전 세계 의회에서 여성의원의 비율은 20.4%에 그쳤다(유엔새천년개발보고서, 2013).

지금까지의 국제규약, 결의안, 협약, 법규정과는 달리 2015년이라는 달성 기한을 세우고, 구체적인 지표를 통해 성과를 모니터링을 할 뿐만 아니라, 전 세계 사람들이 MDGs 내 8개 목표달성에 협력하여 빈곤철폐와 개발협력 분야의 중요한 과제를 해결할 수 있다는 가능성을 보여줬다는 점에서 새천년개발목표(MDGs)는 큰 의미를 가진다(UN, 2013: 2). 또한 MDGs 목표 설정 당시 성차별적 제도와 관습이 여성권리 실현과 개발목표달성에 심각한 장애가 될 것을 인식하여 MDGs 목표 내에 성평등과 여성역량강화를 독자목표(목표 3)와 일부 목표의 세부목표로 반영한 것은 주목할 만했다. 그러나 이러한 의의와 성과에도 불구하고 MDGs는 성차별을 야기하는 구조적 원인 그 자체를 다루지 않고, 성평등과 여성역량강화 목표달성을 위해 반드시 반영했어야 할 중요한 세부목표와 지표들을 제외함으로써 성차별을 충분히 개혁하지 못했다는 한계를 지닌다.

여성계는 MDGs에서 성평등과 여성역량강화 분야 목표달성률이 낮은 이유로 성차별을 야기시키는 주요 원인과 여성이 처한 심각한 과제들을 다루지 않고 제한적인 개별 과제 중심으로 MDGs 목표가 설정되었기 때문이라고 평가한다. 가령, 전 세계 여성 중 35%가 일생 동안 한 번 이상 성폭력을 겪고 있고, 매일 4천 명의 15세 미만 여아들이 조혼 문화로 결혼을 하고, 어린 나이에 임신과 출산을 하고 있는 현실을 그대로 둔 상태에서 산모사망률을 1990년 대비 3/4까지 감소시킨다는 MDGs 목표는 쉽지 않은 과제였다(UNECOSOC, 2014: 32; Gaelle Ferrant et al., 2015: 3). 또한 절대빈곤과 기아퇴치를 MDGs의 최우선 목표로 삼고 있지만, 개발도상국 농업과 경제활동의 절반 이상을 차지하는 여성들에게 기본적인 재산소유권, 자원 접근권, 재정 지원 및 금융제도 접근권이 보장되지 않은 상태에서 여성과 남성의 고용률 지표만으로 MDGs 목표를 평가하는 것은 근본적으로 한계점을 갖고 있었다.

MDGs에 대한 이러한 평가와 분석을 통해 국제기구와 시민단체, 여성 전문가 집단은 SDGs의 성평등과 여성역량강화 원칙으로서 차별의 원인과 구조 개혁을 직접적으로 다루고, SDGs 내에 성평등을 독자 목표뿐만 아니라 다양한 개별 목표에 반영하는 통합적인 접근을 할 것과 사회/경제/환경 이슈를 조화롭게 고려한 인권에 기반한 목표를 원칙으로 제시하였다(UN Women, 2013; 김은경 외, 2014).

2) 개발협력 분야에서 성평등

반기문 유엔사무총장은 Post-2015 종합보고서를 통해 SDGs 목표달성을 향한 원칙으로서 "Leave no one behind"를 제시하면서, 지원이 가장 필요한 집단에 관심을 기울일 것을 촉구하였다. 반기문 유엔사무총장은 특히 21세기는 여성의 시대로 인류의 절반인 여성이 전진하지 못하고 정체되어 있을 때 인류 전체의 가능성을 충분히 실현하는 것은 불가능한 일이라고 강조하였다(UN, 2014).

성평등과 여성역량강화의 원칙은 Post-2015 지속가능한 개발의 시발점인 Rio+20 문서에도 분명하게 제시되어 있다. 브라질 리우데자네이루에서 2012년 개최된 유엔 지속가능한 개발회의는 지속가능한 개발목표의 모든 분야에서 여성의 전면적이고 평등한 참여와 리더십의 중요성을 재확인하며, 유엔 여성차별철폐협약(Convention on the Elimination of All Forms of Discrimination against Women, CEDAW)과 북경행동강령 그리고 MDGs에 반영되어 있는 성평등과 여성역량강화 목표를 지속적으로 실행할 것을 다짐하였다(UN, 2012).

MDGs와 마찬가지로 SDGs에서 첫 번째 목표는 빈곤철폐이다. 빈곤철폐 없이 지속가능한 개발은 달성할 수 없다. 하지만 빈곤철폐 만큼이나 지속가능한 개발에서 중요한 목표는 정의와 평등, 인간의 기본적인 권리의 향유이다. 어느 누구도 전쟁 속에서 폭력을 겪으며, 불안과 부정의 속에서 지속가능한 개발을 향유할 수는 없다(UN, 2013). 하지만 전 세계 여성의 35%는 일생에서 한 번 이상 성폭력을 겪고 있고, 약 1억 4천만 명의 여성들이 성기절제(FGM/C)의 고통을 겪고 있으며, 매일 800여 명의 여성이 예방 가능한 임신과 출산 관련 합병증으로 사망하고 있고, 전쟁 중 강간과 살인, 조혼과 인신매매의 피해를 당하고 있다(UN Technical Support Team, 2014: 216; OECD, 2014b).

이러한 현실 속에서 성평등의 달성은 지속가능한 개발이 지향하고자 하는 궁극적 목표인 포용적이고 개혁적인 인간개발, 굿 거버넌스, 지속가능한 평화와 환경과 인간의 조화로운 공존을 위해 없어서는 안 될 핵심적인 과제이다. 성평등은 빈곤감소와 경제성장, 민주주의 확대에 직접적으로 기여할 수 있지만, 그 반대로 경제가 활성화되고, 정치적 민주주의가 확대되고, 평화로운 사회가 자동적으로 여성과 여아의 권리 실현과 성평등 실현을 보장해 주는 것은 아니다(UN Technical Support Team, 2014). 성평등과 여성역량강화를 위해서는 적극적인 개선 의지와 자원의 투입, 그리고 정책과 제도의 개혁이 반드시 필요하다.

또한 성차별은 여성과 여아에게만 차별과 악습의 피해를 입히는 것이 아니라 사회 전반에 개발비용과 개발효과성 저해 결과를 초래한다는 점에서 개발기구들의 특별한 관심을 필요로 한다. 조혼, 어린이 결혼이 만연한 국가들은 남아 100명당 60명의 여아만이 중등교육을 마친다는 연구 결과가 있다. 즉, 남성에 비해 두 배 이상의 시간을 무임 가사노동과 돌봄 노동에 쓰는 여성들은 경제활동을 할 때 평균적으로 남성의 65%에 해당하는 임금을 받고 있으며, 가정 내에서 여성이 낮은 의사결정권을 가지고 있는 국가들은 상대적으로 높은 산모사망률, 질병치사율 그리고 낮은 기대수명을 보이고 있다(Ferrant et al., 2015).

성차별은 다양한 차별 중에서도 가장 일반적으로 모든 사회에 만연화되어 있는 차별로서 남성과 여성간의 불평등을 야기할 뿐 아니라, 다양한 계층, 소득, 지역, 인종, 민족, 성(sexuality), 나이, 장애 등에 영향을 주어 사회 내 다층적인 불평등을 야기시킨다(UN Women, 2013). 성평등 그리고 여성과 여아의 완전한 참여를 제외하고는 지속가능한 발전을 달성하기 어려우며, 따라서 성평등은 지속가능한 발전과 빈곤철폐를 위한 개발협력분야의 수단이자 목표로 수행되어야 한다.

3) 성평등과 여성의 역량강화 분석

UN Women(2013)은 성평등과 여성의 역량강화 목표에 대해 다음과 같이 세 가지로 평가하고 있다. 첫째, 성차별적인 구조를 전면적으로 개혁하고, 여성폭력, 성적·재생산 권리, 여성의 경제권 및 역량강화 등 심각하고 급박한 문제를 다루기 위해 독자 목표가 필요할 뿐 아니라, 둘째, 빈곤, 보건, 교육, 경제, 환경 등 다양한 분야에서 각기 다른 위치와 집단에 속한 여성과 남성들의 실질적인 평등 보장을 위해서 성평등에 기반한 젠더 분석이 유효한 시너지 효과를 내기 때문에 범분야 접근이 필요하며, 셋째, 독자적 목표와 범분야 목표 그리고 각각의 목표에 따른 세부 지표를 명확히 함으로써 정부와 시민단체들이 책임감을 가지고 달성 여부를 꾸준히 모니터링할 수 있다는 점에서 유용하다고 평가하고 있다(UN Women, 2013).

빈곤, 보건, 교육, 경제, 환경 등 다양한 분야에서 여성들은 동일한 요구와 단일한 필요를 갖는 것이 아니라, 각기 다른 위치와 집단에 따라 다양한 제도의 개선과 개발 요구를 필요로 한다. 따라서 Post-2015 SDGs 체제에서 성평등과 여성역량강화가 독자목표로서 뿐만 아니라 다른 10개 개발 분야의 세부 목표로서 포함된 것은 긍정적으로 평가할 수 있다. 하지만 목표 설정으로 끝나는 것이 아니라 실질적인 성평등과 여성역량강화를 다양한 분야에서 성취하기 위해서는 구체적인 세부지표 설정과 모니터링이 필수적이다.

유엔안전보장이사회(UNSC)가 2015년 3월에 후보군으로 제시한 10개 목표의 젠더 지표들을 보면, 여성과 여아를 대상으로 하고 있지만 여전히 성별분리 통계를 명시하지 않은 지표 그리고 세부 분야에서 여성의 현실을 세부적으로 반영하지 않은 지표들이 많다. 가령 SDGs 세부목표 11.2는 "2030년까지 여성, 어린이, 장애인, 노동 등 취약계층의 특별한 요구조건에 부합하는 대중교통 확대 및 지속가능한 대중교통 시스템 제공"을 목표로 하고 있지만 관련된 UNSC의 후보지표에 성별, 연령별, 특수 집단에 대한 분리 통계에 대해 아무런 언급이 없다. SDGs 세부목표 2.3은 "2030년까지 여성, 원주민, 가족농, 유목민, 어부 등 소규모 식량생산자의 생산성과 임금을 두 배로 증가"하는 것을 목표로 하는

데, 이에 대한 UNSC의 후보지표는 '단위 면적(ha)당 농업생산가치(USD/ha로 측정, 농지면적 기준 2/5 이하 및 여성 소농 통계 분류)' 단 하나이다.

따라서 SDGs 17개 목표의 효과적인 실행과 달성을 위해 여성계가 제시한 지표와 성별분리 자료의 검토는 지속적인 관심과 논의가 필요하다(UN Women, 2013).

CHAPTER

11

국제사회복지의 이슈: 아동

1 국제사회복지와 빈곤 아동

아동은 전 세계 인구의 약 1/3로 전 세계 절대 빈곤인구의 47%를 차지한다. 유엔아동기금(United Nations Children's Fund, UNICEF)의 레이크 총재는「영유아기의 중요성(Early Moments Matter for Every Child)」이라는 보고서에서 가장 취약한 계층의 가정과 아동에게 투자하지 않는다면, 계층 간 불평등의 악순환을 끊지 못할 것이라고 주장하고 있다. 뿐만 아니라, 매 시대마다 이런 기회를 놓친다면 사회 안정은 악화될 것이라고 주장하고 있다(UNICEF, 2017).

빈곤퇴치를 위한 정책에 최우선 대상이 되는 아동을 위해 영국(국제개발부, Department for International Development, DFID), 호주(외교통상부, Department of Foreign Affairs and Trade, DFAT), 미국(국제개발처, United States Agency for International Development, USAID) 등 세계 여러 나라의 국제개발협력 정책에서 아동을 최우선 수혜자로 명시하고 있는 것으로 보고되고 있다(홍문숙 외, 2014). 우리나라에서도 아동은 국제개발협력의 최우선 수혜자 가운데 하나인데「국제개발협력기본법」제3조 제1항에 따르면 '국제개발협력은 개발도상국의 빈곤감소 여성·아동·장애인의 인권 향상 성평등 실현 지속가능한 발전 및 인도주의를 실현하고 협력대상국과의 경제협력 관계를 증진하며 국제사회의 평화와 번영을 추구하는 것을 기본정신으로 한다.'고 명시하고 있다.

최근 빈곤은 더 이상 개인의 문제가 아니며, 사회 구조적으로 당연히 받아야 하는 권리를 인정받지 못하여 역량을 박탈당한 것으로 정의되고 있다. 이러한 관점은 개발협력에도 동일하게 적용되며 특히 전 세계 빈곤인구의 절반을 차지하는 아동은 미래 사회의 지속성뿐만 아니라 한 개인의 존엄성을 위해서도 그들이 사회로부터 마땅히 보호를 받고 사회문제에 참여할 수 있도록 보장받아야 한다고 본다.

2015년 9월 제70차 유엔개발정상회의(United Nations Sustainable Development Summit)에서 17개의 목표와 169개의 세부목표로 구성된「우리 세계의 변혁:

2030 지속가능개발의제」가 발표되었다. 17개의 목표는 '누구도 소외되지 않는 발전(Leave no one behind)'이라는 기본 정신 아래 '아동권리보호와 증진'의 중요성을 포함하며 구체적으로 '모두를 위한 건강한 삶 보장 및 복지증진'(목표 3), '모두를 위한 양질의 포괄적 교육과 평생교육의 기회제공'(목표 4), '모든 곳에서의 성평등, 여성과 여아의 역량강화'(목표 5), '국가 내 국가 간 불평등 완화'(목표 10)의 목표가 직접적으로 연관되어 있다. 특히 세부목표에서 빈곤화의 가능성이 크거나 빈곤화의 위험으로부터 보호받지 못하는 취약계층의 특성을 제시하였는데, 아동, 청소년, 장애인, 노인, 원주민(토착민), 난민, 재정착 난민과 이주자 등이 이에 해당된다.

2 국제사회복지에서 아동권리 보장의 중요성

아동이 누려야 할 모든 권리를 담은 '유엔아동권리협약'은 해당 국가가 아동의 삶을 개선하기 위해 무엇을 해야 하는지에 대한 근거와 기반이 된다. 아동권리협약은 1924년 9월 유엔총회에서 '아동의 권리에 관한 제네바선언Geneva Declaration of the Rights of the Child)'으로 시작되었고, 2017년 현재 196개국에서 비준하였다(Healy, 2008).

아동권리협약은 전문과 54개 조항으로 구성되어 있으며 1조부터 40조까지 실제적인 아동권리 내용을 담고 있다. 모든 권리는 서로 연관되어 있으며 동일한 중요도를 가진다. 인권에 기반한 국제개발협력의 실천은 가장 취약한 사람들에 대한 지원에서부터 시작된다. 그러므로 국제개발협력의 수혜자이자 아동이 가지는 특수성과 권리를 고려한 국제개발협력 접근법이 필요하다. 이는 인권에 기반한 개발의 의의와 실행원칙을 기반으로 하며 세계인권선언문 이후 가장 많은 국가가 비준한 인권조약인 아동권리협약을 국제개발협력의 주요한 원칙으로 삼아야 한다는 것을 의미한다. 특히, 아동을 국제개발협력의 수혜자로만 인식하는 관점에서 나아가 아동을 권리의 주체이자 국제개발협력의 능동적인 파트너로서 인식해야 하며, 이러한 인식 변화의 결과가 국제개발협력 전반에 반영되어야 한다는 것을 의미한다(이양희, 2011).

그러므로 취약한 아동에 대한 권리를 보장하는 것에 신경을 써야 하는데, 이는 자연재해나 인적 재난과 같은 인도적 위기 상황에 놓인 아동은 보다 취약하며 이들의 권리에 대한 특별한 보호가 필요하다는 점을 간과해서는 안 된다. 따라서 인도주의 헌장과 인도적 대응의 최소기준과 더불어, 아동보호를 위한 국제적인 기준을 적용한 인도적 지원사업이 요구된다.

3 국제 아동사망

빈곤과 그 파생문제 가운데 하나는 아동 사망이다. 미국과 북유럽의 경우 아동 사망이 전체 사망의 2~3%에 이른다. 전 세계적으로 아동 사망은 연간 사망자의 약 3분의 1을 차지하고 있는 샘이다. 켄트(Kent, 2002)에 따르면, 13개국(앙골라, 부르키나파소, 에티오피아, 기니, 말라위, 말리, 모잠비크, 니제르, 르완다, 시에라리온, 소말리아, 탄자니아, 우간다)에서 1990년 사망 연령의 중앙값은 5세 혹은 그 이하였지만, 같은 해 미국에서의 사망 연령 중앙값은 76세, 일본은 78세로 보고되었다(Healy, 2008).

한편, 유엔아동기금(2005)에 따르면 해마다 약 1,000만 명의 5세 미만 아동들이 예방가능한 질병으로 사망하는 것으로 나타났다. 가장 많은 수를 차지하는 곳은 남아시아 국가들과 아프리카 사하라 사막 이남 지역이다. 5세 미만 아동의 사망률은 아동복지 수준에 따라 상당한 차이가 있는 것으로 나타났다. 시에라리온의 정상 경우, 출산 1,000명 가운데 283명의 아동이 사망한 반면, 아이슬란드와 스웨덴은 1,000명 가운데 3명의 아동이 사망하여 대저를 보이고 있다(UNICEF, 2005). 사망 원인으로는 폐렴(19%), 설사(17%), 말라리아(8%), 홍역(4%), 에이즈(3%) 등으로, 신생아 사망은 전체 아동 사망의 17%를 차지하고 있다. 아동 사망의 요인에는 영양결핍, 부적절한 위생상태, 불결한 식수 등이 있다. 결국 아동 사망의 주요 원인은 간단한 보건개입, 위생시설, 영양과 교육 등을 통해 예방가능한 것들이라는 점이다. 유엔아동기금(UNICEF)에서 아동사망의 주요 요인으로 꼽지는 않았지만 지역분쟁도 점점 더 심각해지고 있는 영유아 사망에 중요한 역할을 하고 있다. 5세 미만의 영유아사망률이 200명이 넘는 12개국에는 시에라리온, 앙골라, 아프가니스탄, 라이베리아, 소말리아, 콩고민주공화국, 르완다 등이 포함되어 있다. 이들 지역은 모두 여러 해 동안 무력분쟁의 심각한 영향을 받고 있는 국가들로 보고되고 있다. 따라서 경제제재와 전쟁으로 축적된 경제요인이 아동에게 미치는 영향은 매우 심각한 것으로 판단된다(Healy, 2008).

새천년개발목표(MDGs)의 네 번째는 2015년까지 아동사망률을 3분의 2 수준으로 줄이는 것이었다. 특히 이 목표는 5세 미만 아동사망률의 94%를 차지하고 있는 60개 국가를 주요 대상으로 하고 있는데, 이 가운데 7개국(방글라데시, 브라질, 이집트, 인도네시아, 멕시코, 네팔, 필리핀)만이 새천년개발목표를 성취하는 데 보조를 맞추었다(UNICEF, 2007). 이러한 진도로는 많은 아동들이 2015년 이후에도 부당하게 죽어갈 수밖에 없다는 점을 시사하고 있다.

따라서, 지역사회의 참여와 우물파기, 화장실 개선과 같은 지역사회 차원의 건강 및 위생 사업 지원을 통한 도움이 필요한 상황이다. 특히 국제사회복지사와 함께 의료진과 공학 관련 전문가들의 기여가 중요하다는 주장이 제기되고 있는데, 개인위생과 건강의 중요성에 대한 교육과 아웃리치를 통해 아동사망률을 줄이는 데 공조 역할을 할 수 있기 때문이다(Healy, 2008).

4 국제 아동노동

1990년대에 들어 급속히 대두되어 온 인권문제는 이제 국제정치의 주요한 이슈로 자리잡게 되었다. 더구나 세계적인 민주화의 추세는 인권문제의 확산을 더욱 가속화시키는 계기를 만들어 주었다. 인권문제에서 특히 세계인의 이목을 집중시킨 쟁점 가운데 하나는 제3세계의 아동노동문제이다. 국제아동기금(UNICEF)과 국제노동기구(ILO) 등과 같은 국제기구들을 통해서, 또는 미국처럼 정부의 직접적인 통상압력을 통해서, 혹은 유럽의 소비자단체처럼 국제여론에 호소하는 비정부단체들(NGOs)의 활동을 통해서 아동노동은 선진국과 개발도상국 간의 주요한 국제적 의제로 부각되었다(성미영, 2002).

1) 국제 아동노동의 현실

국제문제로서 아동노동이라는 단어는 '학대적이고 착취적인 상황에서 아동이 일하는 것'을 의미한다(Kent, 2002). 많은 작업장과 노동방법 가운데서도 아동들은 광산, 카펫공장, 농업, 벽돌공장, 외진 곳의 생선공장, 그리고 가정부로 일하기도 하며, 강제구걸 등을 하기도 한다. 아동노동 가운데 매우 심각한 형태는 매춘과 무력분쟁이다. 노동에 참여하는 아동들의 고통 받는 학대 상황 가운데는 상해 및 위험한 화학물질과 분진에의 노출, 심지어는 사망의 위협이 있는 위험한 작업환경, 장시간의 노동으로 인한 교육 기회의 박탈, 그리고 감독자의 신체 및 성적학대 등을 들 수 있다. 이러한 아동들은 고통에 비해 매우 적은 임금을 받는다. 이들 아동들은 종종 가족과 떨어져 있으면서 합숙소 같은 비참한 곳에서 생활하거나 자신들이 하인으로 있는 집의 바닥에서 잠을 자기도 한다(Healy, 2008).

아동노동 형태 중 하나는 담보에 의한 노동으로, 빚이 있는 가족이 채권자에게 '대출금'을 갚기 위해 노동계약을 하는 것이다. 흔히 아동은 수년 동안 무임금으로 일을 하기도 하며, 그들이 벌어서 갚는 대출금의 이자를 갚기에도 턱없이 모자라는 경우가 많다. 따라서 빚을 갚을 방법은 전혀 없으며 아동은 빚 때문에 영구히 노예로 전락하게 된다. 파키스탄에서만 약 750만 명의 아동이 담보에 의한 노동에 묶여 있는 것으로 추산되고 있다(Kent, 2002: 197).

국제노동기구에 의하면 약 2억 명 이상의 아동들이 '자신의 정신적 · 신체적 · 정서적 발달에 해가 되는' 노동에 관여하고 있다. 아동노동을 뿌리 뽑기는 쉽지 않다. 비록 아동이 벌어들이는 임금이 아주 적은 금액이라 할지라도 가족이 그 아동의 임금으로 생존하기 때문에 아동은 일을 하는 것이다(Healy, 2008).

2) 아동노동의 국제문제화 과정

아동노동문제가 국제화되는 과정에서, 개발도상국들은 아동의 권리를 무시하며, 아동을 노예처럼 부리고 착취하는 나라들로 묘사되었다. 전 세계 5~14세 아동, 즉 2억 5,000만 명이 아동노동자로 추산되고 있는데, 그중 1억 5,300만 명이 아시아의 아동들로 알려졌다(Cooper, 1997).

이러한 아동노동을 근절하기 위한 여러 가지 국제적인 노력이 직접적인 성과를 거두기 위해서는 현지 당사국 정부와 사회단체의 협력을 이끌어 낼 수 있어야 한다. 이를 위해 흔히 통상압력과 원조라는 수단이 현지 정부의 협력을 이끌어내기 위해 사용되며, 민간단체의 활동을 진작시키기 위한 방법으로는 기술과 자금을 제공하는 등의 방법이 흔히 채택된다. 그러나 이러한 수단들보다는 우선적으로 현지 당사국이 아동노동근절을 위한 노력이 필요하다는 사실을 인정하는 것이 더욱 중요하다. 외부의 지원과 도움은 스스로의 의사결정이 얼마나 받쳐주느냐에 따라 도움이 되기 때문이다(성미영, 2002).

그러나 아동노동 반대 운동을 이끄는 주요 행위자들이 국민에 기반을 둔 국제기구, 정부 및 비정부 행위자들이므로 아동노동 반대운동 자체가 서양중심주의에 기반한 것이라는 지적이다. 이러한 과정에서 제기되는 문제가 아동노동에 대한 이해 혹은 접근법의 문제라고 본다.

아동노동문제에 대한 국제사회 주장의 변화는 다음과 같이 세 가지 시기로 나누어 볼 수 있다. 1919년 이후 1970년대 전반기까지가 제1의 물결 시기였고, 아동의 임금노동 철폐를 주장하는 근절론(abolitionist)이 대세를 장악했었다. 제2의 물결은 1970년대 후반에 시작되었는데, 아동노동의 존재를 인정하고 그들을 어떻게 보호할 것인가를 제안하는 보호론(protectionist)이 대세를 이루었다. 문제의 제3의 물결은 1990년대 초반에 시작되어 가장 강력하게 전개된 운동경향으로서 강경한 근절론 혹은 즉각 근절론(abolish-it-now)으로 분류할 수 있을 것이다(Bessell, 1999).

제1의 물결은 1919년 이후 국제노동기구의 주도로 발생했으며, 유럽과 미국 등 당시 산업화 과정에 있었던 국가들을 대상으로 아동노동에 대한 기준을 설정하고, 입법과 규제의 틀 개발에 초점을 두었다. 1919년 국제노동기구 최초의 아동노동 근절에 대한 협약에서는 아동노동은 "인간의 가슴으로서는 가장 참을 수 없고 가장 끔찍한 죄악"(the evilmos thi deous, most unbear abl e to the human heart)이라고 표현되었다. 당시 운동을 주도한 폐지론자 멘델리에비치(Mendelievich)는 운동의 최종목표가 아동의 작업환경 개선이 아니라, 아동노동이라는 비극의 제거임을 분명히 했다. 그러나 단기적으로는 아동의 작업환경 개선을 위한 노력이 필요함을 인정하여 온건한 폐지론에 해당된다 할 수 있을 것이다(Healy, 2008).

1970년대 후반에 시작되어 1980년대를 장식한 제2의 물결은 아동 노동자의 삶에 대한 개입에 운동의 초점을 두었다. 아동이 처한 작업환경의 개선, 학대와 착취로부터 아동의 보호, 아동에 대한 의료와 교육서비스 제공 등에 노력했다. 이에 많은 NGO들이 아동에 대한 서비스제공에 가담하기 시작하여 국제적 반응을 불러일으킨 운동이었으며, 이는 보호론의 성과였다고 할 수 있다(성미영, 2002).

3) 아동노동의 기본관점

보호론의 기본관점은 열거할만한 가치가 있다. 첫째, 아동은 필요에 따라 노동에 참여하며, 구조적인 빈곤문제와 불평등이 지속되는 한 노동 참여가 계속되게 된다. 둘째, 노동은 그것이 심하게 착취적이거나, 아동의 발달과 건강에 해를 끼치지 않는 정도로 행해진다면, 아동에게 경제적인 도움을 줄 뿐만 아니라, 직업적/ 사회적 기술을 익힐 수 있는 기회를 제공할 수 있다. 셋째, 아동은 노동을 할 권리가 있다. 그러므로 아동의 노동시장으로부터의 격리가 아니라, 아동의 권리신장(empowerment)에 활동의 목표를 두게 된다. 아동을 노동하는 주체로 간주하여 성인 노동자가 누리는 여러 권리를 인정받게 하고 아동이기 때문에 받아야 하는 보호도 받게 한다는 것을 이상적인 상황으로 설정하고, 비정부단체는 아동에게 노동자로서의 권리 자각을 신장시키기 위한 교육을 제공하여 고용주의 착취와 횡포에 맞서게 한다는 것이다. 아동노동자 보호론은 타협적인 노선이며, 한마디로 착취로부터 교육으로의 이동이라는 슬로건으로 요약할 수 있다고 한다(성미영, 2002).

4) 아동노동 근절을 위한 협약

아동노동을 근절시키기 위한 2개의 국제노동기구 협약이 있다. 첫째, '협약 182(Convention Number 182)'로 비준 국가들은 최악의 형태의 아동노동을 제거하기 위해 즉각적인 조치를 취해야 한다. 둘째, '협약 138'은 광범위한 아동노동을 근절하기 위해 보다 장기간의 시간을 설정해 놓고 있다. 국제노동기구는 2000년 이후 아동노동자의 수가 감소하고 있고 아동이 위해한 작업에 관여하는 비율이 26% 줄었다고 보고하였다. 그러나 아직까지 남미에서는 볼리비아의 사탕수수농장에서 일하는 아동, 엘살바도르와 과테말라의 폭죽공장에서 일하는 아동, 콜롬비아의 광산에서 일하는 아동, 아이티(Haiti)의 가사 노동 아동, 니카라과의 아동청소부, 그리고 수많은 국가에서 상업적 성착취를 당하고 있는 아동들을 대상으로 한 사업이 진행 중에 있는 것으로 보고되고 있다(Healy, 2008).

5 거리의 아동들

1) 거리의 아동에 대한 개념

빈곤과 함께 전 세계적인 경제상황 악화로 거리의 아동이 증가하고 있다. 이들 아동 가운데 일부는 노숙자 가족이며, 일부는 길에서 시간을 보내면서 가족의 생계를 위해 소득을 올리려고 길에서 일을 하는 아동들이다. 따라서 거리의 아동들 모두가 고아는 아니며 가족들과 연락을 취하고 있다. 하지만 가장 많은 불이익을 받는 집단의 아동들은 거리 이외에는 집이 없으면서 가족과 전혀 연락하지 못하거나 아주 가끔 연락하는 정도의 아동들이다. 한 예로, 콜롬비아의 부랑소년들로서 노숙하면서 약간의 돈을 벌기 위해 물건을 나르거나 도둑질을 하며, 자신의 존재의 고통을 잊기 위해 본드를 흡입하는 아동도 있을 수 있다. 또한 브라질에는 거리의 아동들이 거리의 부랑자를 제거하려는 경찰의 억압에 부딪히며 심지어는 죽음을 당하기도 한다. 또한 자메이카의 짐꾼 아동들은 해외로 이주한 자신들의 어머니가 보내 준 짐들을 팔아 생계를 유지하기도 한다(Crawford-Brown & Rattray, 2001). 미국에서는 가출 청소년이 쉼터에서 살거나 혹은 생계를 위해 매춘에 가담하기도 하며, 어떤 청소년들은 가족의 학대를 피하기 위해 도망친 청소년들이다(Healy, 2008).

러스크(Lusk, 1992)와 라파엘리(Raffaelli, 1997)는 어려운 상황에 있으면서 물건을 팔거나 차의 유리창을 닦으면서 일부 시간을 가족들과 함께 보내는 아동들을 '거리에 있는 아동들(children in the street)'이라고 한 반면, 가족을 떠나 구걸하거나 훔치면서 생활하는 아동들을 '거리의 아동들(children of the street)'이라고 구분하였다. 후자에 속하는 아동들이 가장 위험한 상황에 있는 집단이다. 러스크는 리우데자네이루(Rio de Janeiro)에서는 이들 아동들의 7%만이 학교에 다닌 적이 있으며, 60%는 비행에 가담하였고, 80%는 마약을 사용한 적이 있다고 보고하고 있다(Healy, 2008).

유엔아동기금(UNICEF, 2005)은 "'거리의 아동들'이라는 용어조차도 편견을 가져오는 낙인이 될 수 있기 때문에 문제가 있다."라고 지적한다. 거리 아동의 정확한 숫자는 파악되지 않고 있지만 유엔아동기금에서는 수천만 명에 이를 것으로 추산하고 있다. '전 세계 선진국의 크고 부유한 모든 도시에는 어느 정도 거리의 아동들이 있는 것'이 분명하다(UNICEF, 2005). 거리의 아동들 가운데 대부분은 남아이며 유엔아동기금은 아마도 "여아들은 집에서 학대 혹은 착취 상황을 좀 더 오래 버티는 것 같다."고 하였다(UNICEF, 2005). 아동들이 거리에 살거나 부모의 감독에서 벗어나 점차 많은 시간을 거리에서 보내며 사소한 노동에 관여하게 됨에 따라 이들은 많은 위험에 노출되고 있다. 즉, 이들은 착취와 인신매매, 마약의 남용, 폭력, 범죄와 함께 때로는 경찰의 표적이 되기도 한다. 이 아동들은 대체로 학교를 중퇴하고 주류 사회에서 자신의 위치를 확보할 만한 기술을 갖지 못한 채 성장한다(Healy, 2008).

2) 거리의 아동에 대한 개입방법

디빅즈(Dybicz, 2005)는 거리의 아동에 대한 개입방법으로 아동의 욕구에 따른 예방책의 수준을 근거로 다음과 같이 대상을 구분하고 있다. 첫째, 일차적인 예방 대상은 극도의 빈곤상황에서 생활하는 가족으로 이들의 아동들은 아직 거리에 있지 않다. 이 대상들에 대한 개입은 소득창출 사업을 통해 가족의 생활수준을 향상시키는 데 그 목적이 있다. 둘째, 거리에서 일하면서 가족과 아직 연락을 취하고 있는 상당수의 아동을 위해서는 아동들이 범죄행동 없이도 돈을 벌 수 있는 소액창업(micro-enterprise)과 함께 이들을 대상으로 '거리생활에 수반되는 많은 위험들, 즉 후천성면역결핍증, 조직폭력, 폭력 등에 대한 인식 향상'을 실시하는 교육 프로그램 등이 효과적이다. 셋째, 극심한 빈곤아동 사례로 가족 및 사회로부터 버림 받은 아동들이다. 이들을 위한 개입방법으로 임시 쉼터에서의 음식과 주거 제공, 그리고 안전한 피난처를 제공해 주는 방법이 있다. 아디스 아바바(Addis Ababa)의 매춘아동을 위한 프로그램의 경우, 여아들이 와서 쉬고, 빨래하고, 기본 교육을 받고 건강상태를 검진받으며, 식사할 수 있는 프로그램을 제공하고 있다(Personal Communication/Field Viset, January, 2005).

디빅즈(2005)의 보고서에 따르면 가장 비효과적인 프로그램은 가망이 없는 거리의 아동들을 대상으로 한 주거 및 재활 프로그램으로, '거리의 아동을 지역사회에 재통합시키는 데 매우 낮은 성공률을 보이고 있다.' 아디스 아바바의 프로젝트 담당자에 따르면 거리 생활을 청산하려는 여아들을 위한 주거제공 프로그램이 있기는 하지만 매우 소수만이 이용하고 있다고 한다. 어떤 사람들은 아웃리치 프로그램이 거리에 있는 아동들에게 도움을 주어 안전한 성인기로 전환할 수 있는지에 의문을 제기하기도 한다. 라파엘리(1997)는 "거리에는 재활이란 것이 없다."라는 한 전문가의 말을 인용하고 있다(Healy, 2008).

국제사회복지사는 다양한 개입을 통해 도움을 제공할 때, 거리의 아동들을 만들어 내는 빈곤이 중요한 역할을 하기는 하지만 가정폭력과 아동학대 또한 매우 중요한 요인이란 점을 간과해서는 안 된다.

6 아동병사

1) 아동병사(Child Soldier)의 개념

현재 유엔 등에서는 미성년자를 군사적 목적으로 동원하는 것을 중대한 인권

침해로 보고 엄격히 금지하고 있다. 18세 혹은 17세 미만을 소년병이라고 칭하기도 하나, 유엔에서는 15세부터 18세까지 자발적으로 입대하는 데에 제재를 가하지 않는다. 물론 15~17세인 아동을 국가에서 강제로 입대시킬 수 없다.

그러나 AK 47 자동소총으로 무장한 아동의 모습은 아동병사를 상징적으로 보여주고 있다. 세계 곳곳에서 벌어지고 있는 무력분쟁의 상당수는 18세 미만의 아동을 포함하고 있으며 어떤 경우에는 8세의 아동들도 포함하고 있다. 남미에서 아시아 국가에 이르기까지 많은 아동들이 전투에 가담해 왔는데, 미얀마의 경우, 가장 많은 아동병사가 있는 것으로 보고되고 있다(Becker, 2006). 하지만 아동병사의 상황에 대한 관심은 주로 앙골라부터 에리트레아(Eritrea) 지역에 이르기까지, 특히 최근에는 시에라리온, 라이베리아, 북부 우간다와 같은 아프리카의 분쟁지역에 집중되어 있다. 세계인권감시기구(Human Rights Watch)는 약 25~30만 명의 아동이 20개 국가의 무력분쟁에 가담하고 있는 것으로 추정하고 있으며, 이들은 정부군, 정부지원 민병대, 그리고 반군에 종사하고 있는 것으로 파악되고 있다(Becker, 2006).

유엔아동권리협약 제38조에 의하면, 다음과 같이 명시되어 있다.

첫째, 당사국은 아동과 관련이 있는 무력분쟁에 있어서, 당사국에 적용 가능한 국제인도법의 규칙을 존중하고 동 존중을 보장할 의무를 진다.

둘째, 당사국은 15세에 달하지 아니한 자가 적대행위에 직접 참여하지 아니할 것을 보장하기 위하여 실행가능한 모든 조치를 취하여야 한다.

셋째, 당사국은 15세에 달하지 아니한 자의 징병을 삼가야 한다. 15세에 달하였으나 18세에 달하지 아니한 자 중에서 징병하는 경우, 당사국은 최연장자에게 우선순위를 두도록 노력하여야 한다.

넷째, 무력분쟁에 있어서 민간인 보호를 위한 국제인도법상의 의무에 따라서, 당사국은 무력분쟁의 영향을 받는 아동의 보호 및 배려를 확보하기 위하여 실행가능한 모든 조치를 취하여야 한다.

또한, 국제형사재판소 관할 범죄의 처벌 등에 관한 법률 제10조(사람에 대한 전쟁범죄)에 의하면, 첫째, 국제적 무력충돌 또는 국제적이 아닌 무력충돌과 관련하여 다음 각 호의 어느 하나에 해당하는 행위를 한 자는 3년 이상의 유기징역에 처한다. 제3항 제5호에 따르면 15세 미만인 자를 군대 또는 무장집단에 징집 또는 모병의 방법으로 참여하도록 하거나 적대행위에 참여하도록 하는 행위가 있다.

둘째, 제2항·제3항 또는 제5항의 죄를 범하여 사람을 사망에 이르게 한 사람은 사형, 무기 또는 7년 이상의 징역에 처한다.

셋째, 제1항부터 제5항까지에 규정된 죄의 미수범은 처벌한다라고 명시되어 있다.

2) 왜 아동병사를 만드는가?

아동을 병사로 모집하는 근본적인 이유는 통제하거나 사상을 주입하기가 쉽기 때문이다. 이들은 기술을 가진 전투병이 아니며 훈련을 거의 받지 않았기 때문에 소모성이라고 생각하여 특히 위험한 임무를 맡기고 있다. 일부 아동들은 납치되거나 강제징병되었으며, 일부는 전쟁으로 가족과 집을 잃고 별다른 생존 방법이 없어서 군대에 가담하기도 한다. 어떤 아동들은 단순히 총과 제복의 유혹에 빠져 '자발적으로' 가담하기도 한다(Becker, 2006), 여아들도 군대에 납치되기도 하며 일부는 병사로서, 일부는 성적 대상으로 혹은 두 가지 목적 모두로 이용되고 있는 것이 현실이다(Healy, 2008).

중동, 동남아시아, 사하라 이남 아프리카, 중남미의 군벌들 대부분은 국가의 장기적인 미래나 국제 여론의 비난 따위에는 전혀 관심이 없다. 이들에게 있어 중요한 건 자신의 정권 유지와 이익 창출, 재산 증식뿐이고, 이러한 환경에서 가장 쉽고 값싸게, 대량으로 확보할 수 있는 인력은 바로 아동, 청소년이다. 아프리카나 중동 지역의 제3세계 국가들은 합계 출산율 5~6명, 많게는 7명 이상인 엄청나게 높은 출산율에 기인하여 대체로 만 15세 미만 아동, 청소년의 비중이 40%를 넘어가는 국가들이 대부분이므로, 군벌 지도자가 마음만 먹으면 대량으로 징집할 수 있다.

고대처럼 고급 군사력을 양성, 배출한다는 의도는 눈곱만큼도 없다. 현대의 소년병 징집은 결코 소년병의 미래를 보고, 그리고 군사력의 양성을 위해 징집하는 게 아니다. 과거에는 평균수명이 짧기 때문에 빨리 고급 군사력을 양성할 필요가 있었지만, 지금은 평균수명 문제 때문이 아니다. 당장 전장에서 써먹을 수만 있으면 되는 소모품인 것이다.

유독 서브컬쳐에서만 소년병을 캐릭터처럼 포장하여 잘못된 인식이 구축되는 경우가 있다. 한국과 같은 동아시아 지역에서는 주변 지역에 소년병이 있을 정도로 혼란스런 지역이 없고, 제3세계 소년병이 어떤 이유로 망명하더라도 너무 먼 동아시아를 선택하지는 않아 소년병의 폐해가 잘 알려지지 않았기 때문이다. 그러나 북미나 유럽 쪽에서는 인권 단체를 통해 구출된 아프리카 소년병들이 이들 나라에서 터를 잡고 자라나면서 그들이 겪는 문제점 및 물의가 기사화되고 관심을 환기시키기 때문에, 소년병에 대한 서브컬쳐의 미화가 잘 안 통하는 경향이 있다(Healy, 2008).

소녀들의 경우 그 문제의 양상은 더욱 심각하다. 역사적으로 그들의 임무는 단지 병사들에게 성노리개가 되어주거나 또는 집안일을 하는 것 정도였다. 그 범위는 어떤 나이라도 윤간을 피해가기 힘들며, 그렇게 태어난 아이들도 다시 징집되는 상태이다. 한 예로, 조지프 코니가 조직한 우간다의 군벌 '주님의 저항군(the Lord's Resistance Army, LRA)'은 3만 명이 넘는 아동들을 납치해 군사훈련을 시켰는데, 이 납치된 어린아이들 중의 85%가 11세에서 15세 사이였다. 이 반군은 특히 소녀들을 병사로 징집한 후 주로 후방 지원 임무에 투입하면서 아울러 간부층 전용의 성노리개로 사용하는 것으로 악명이 높다. 한국사에서 위안부들 중 어린 나이에 징집되었던 사람들도 겪었던 악몽이라고 볼 수 있다. 전선에서 약탈, 강간, 살해 등을 저지르고 그것을 유지하기 위해 마약을 강요받는 남자보다는 덜 언급되지만, 소녀들의 경우 여러 명의 사람들에게 지속적으로 강간을 당한다는 점에서 비참하다(Healy, 2008).

이렇게 '가장 심각한 형태의 아동노동'인 아동병사는 사지 절단이나 신체 상해, 심리 정서적 외상으로 고통 받는데, 이러한 고통은 자신들이 목격하고 가해자가 되었던 상황 혹은 성학대로 인한 끔찍한 상황에 그 원인이 있다. 정신적 외상과 함께 교육, 일반 직업기술 및 생활기술이 매우 부족하기 때문에 이들은 분쟁 후의 생활 적응에 많은 문제를 갖고 있다. 세계인권감시기구는 우간다의 한 소녀의 말을 인용하여 “그들이 나를 망쳤어요.”라고 지적하고 있다(Becker, 2006).

3) 아동병사를 위한 개입방법

아동병사의 경험이 있는 아동들은 다양한 서비스와 재활이 필요하다. 예를 들면, 북부 우간다의 재활센터(Welcome and Rehabilitation Center)에서는 제대한 아동병사에게 서비스를 제공해 오고 있다. 우선 이 아동들의 기본적인 욕구와 여가활동에 초점을 둔다. 그리고 가족과의 결합을 목적으로 가족과 연락을 취하고, 문화적으로 적합한 방법을 통해 심리사회적 지지서비스를 제공한다. 때로는 이러한 과정이 어렵기 때문에 직원들은 서구식 정신건강 개입방법 대신 의식(rituals) 행사가 도움이 된다는 것을 알게 되었다. 예를 들면, 아동들이 집단으로 모여서 자신들의 삶의 일부였던 제복과 군대장비를 태우거나 정화(淨化) 의식을 행함으로써 도움이 될 수 있다는 점이다(Healy, 2008).

특히 이들을 위한 구체적인 기술습득 또한 재통합 사회복지(reintegration social work)의 중요한 부분이 되고 있다(Ojera, 2006). 시에라리온의 한 기독교 아동복리회(Christian Children’s Fund, CCF)에서는 아동전투병이나 민간인으로서 성폭력의 희생자가 된 여아들에게 서비스를 제공하고 있다. 이 단체에서는 지역사회집단을 구성하여 이 여아들을 성희롱으로부터 보호하고 있다. 이들 집단은 처음에는 성폭력위원회(Sexual Violence Committees)라고 불렀는데 여아들 스스로 이 명칭을 거부하고, 여아복지위원회(Girl’s Welfare Committees)라고 재명명하여 자신들이 단순히 성폭력의 희생자가 아닌 복합적인 욕구를 가진 평범한 인간이라는 점에 초점을 두었다(Wessels, 2006). 지역의 민간요법 치료자와 정화의식, 그리고 보건 및 보호서비스, 소득창출과 같은 프로그램을 활용하는 이 단체의 프로그램 참여자들은 이들 프로그램을 성공적인 것으로 평가하고, 참가자들은 정상적인 생활을 다시 시작할 수 있었다고 보고하고 있다

(Wessels, 2006).

웨슬스(Wessels, 2006)는 병사로서의 경험과 같은 단면에 초점을 두기보다는, 이들을 개인의 환경 속에서 전인적인 인간으로 바라보는 것이 중요하다고 지적하고 있다. 아동병사들은 실업과 낙인, 교육의 부재 그리고 건강 및 장애문제와 함께 빈곤과 그들 지역에 만연해 있는 후천성면역결핍증 및 에이즈로 고통받고 있다.

이전에 아동병사였던 차이나 케이테트스키(China Keitetski, 2006)는 아동병사였던 아이들뿐만 아니라 그 가족들을 위한 치료의 필요성을 강조하였다. 그녀는 또한 재통합과정(the process of reintegration)이 매우 도전적임을 지적하였는데, 이는 아동병사였던 아이들이 일반적으로 교육을 받지 못하였고, 기술이 없으며, 건강이 좋지 않고, 가족을 잃은 경우가 많기 때문이라고 하였다. 가족들은 아동병사가 직접 행한 잔인한 행동 때문에 고통 받을 수 있으며, 재통합이 이루어지기 위해서는 이들 가족에게 지원이 필요하다. 아동병사들에게 제공되는 프로그램들은 일반아동에게는 제공되지 않는 특별한 혜택이 함께 포함되어야 하는데, 이는 아동병사에 대한 분노로 지역사회가 재통합 과정에 참여하는 것을 꺼릴 수도 있기 때문이다(A. Turay, Personal Communication, April 12, 2007).

7 고아

가정과 부모는 빈곤과 착취로부터 아동을 보호하는 일차적인 방어선이기 때문에 고아가 된다는 것은 아동이 심각한 위험 상황에 있다는 것이다. 고아를 부모 중 한쪽 혹은 양쪽 모두를 잃은 18세 미만의 아동으로 규정하고 있는 유엔아동기금에서는 2003년 말 현재 1억 4,300만 명의 고아가 있다고 추정하고 있다(UNAIDS, 2007).

특히 사하라 사막 이남 아프리카지역뿐만 아니라, 에이즈 발병 수가 급속도로 증가하고 있는 동남아시아 지역의 고아에 대한 우려도 점차 심각한 것으로 보고되고 있다. 에이즈로 인해 고아가 된다는 것은 아동에게는 매우 길고 험한 여정이다. 부모가 사망하기 이전에 아동은 부모의 장기적인 질병과 점차 쇠약해 가는 모습을 목격했을 가능성이 높다. 부모가 너무 아파 일을 할 수 없게 되면 가족 빈곤은 더욱 심각해진다. 형제자매, 특히 영아가 사망했을 수도 있으며, 아동 자신이 영향을 받았을 수도 있다. 에이즈 감염률이 높은 지역에서는 다른 친인척도 에이즈로 사망하거나 이로 인해 고통 받고 있을 가능성이 높기 때문에 아동을 돌볼 성인이 거의 없는 경우가 대부분이다. 따라서 아동이 양육자가 되고 심각하게 아픈 부모를 보살핌으로써, 그리고 다가오는 부모의 죽음으로 인해 신체적으로나 정서적으로 큰 부담을 안는다(Healy, 2008).

약 130만 명의 고아 가운데 약 100만 명이 에이즈로 인한 고아인 것으로 추정하고 있는 짐바브웨에서는 아동이 어른을 돌보는 아동양육자 프로젝트를 시작하였다(Dhlembeu & Mayanga, 2006). 마틴(Martin, 2006)은 아동양육자들이 언급한 말 가운데 "덩치 큰 부모를 작은 내가 든다는 것은 어려운 일이에요."혹은 "엄마가 나한테 기대하는 것이 너무 많아요." 혹은 아홉 살의 아동이 "내가 집안 청소를 해요. 그런데 집안 청소를 해본 적이 없기 때문에 너무 힘들어요." 라고 한 말들을 제시하였다. 정서적인 고통은 더욱 심각할 것으로 예상된다. 짐바브웨에서는 열두 살 된 소년이 부모와 어린 남동생이 에이즈로 사망한 이후 남동생과 자신을 돌보고 있었다. 가장 큰 고민은 자신도 에이즈에 감연된 상태에서 그 소년의 가장 큰 두려움과 슬픔은 자신에게 보살핌이 필요할 때 누가 자신을 돌봐 줄 것인가였다(Martin, 2006).

보살핌과 애도의 부담 이외에도 에이즈 고아 및 심각한 질병을 앓고 있는 부모와 함께 살고 있는 아동들은 다른 실질적인 문제, 특히 빈곤과 학교 교육에 대한 접근성 감소와 같은 문제에 매우 취약하다. 에이즈 양성자가 아니라 하더라도 에이즈 고아는 자주 학교를 빠지거나 중퇴하기 때문에 기술이 결여되어 미래가 제한적이고, 이로 인해 삶의 기회가 감소되는 문제에 직면하게 된다. 이들 또한 거리의 아동이 되거나 타인들로부터 착취를 당할 위험이 매우 높다(Healy, 2008).

높은 에이즈 사망률 때문에 대리부모 보호와 같은 전통적인 보호방식이 파괴되며 이로 인해 양쪽 부모가 모두 사망하였을 때 일부 아동은 가장이 되어 버린다. 일례로, '광역전염병: 에이즈'(Kennedy, 2003)를 촬영하는 동안 면접자는 우간다의 일곱 살 된 아동인 제임스를 면접하였는데, 그는 자신의 여동생과 함께 시골에서 혼자 살아가고 있었다. 제임스는 이웃이 제공해 주는 음식을 먹으면서, 때로 학교에 가기도 하지만 이 두 어린 아동의 상황은 매우 심각하였다. 이들이 갖고 있는 유일한 침대에는 넝마조각이 쌓여 있었고 제임스는 해진 티셔츠를 입고 면접을 하였다. 그는 더 좋은 옷은 학교 갈 때 입는다고 말했다. 제임스는 면접자에게 누군가와서 자신들을 데리고 가는 것이 가장 두렵다고 했다(Healy, 2008).

마틴(2006)은 이러한 사례가 아동들이 얼마나 강하면서 적응 유연성을 갖고 있는지를 보여주는 것이라고 하였다. 많은 아동들이 자신의 병든 가족과 형제자매들을 돌볼 뿐만 아니라 가사를 관리하고 심지어는 자신들이 받아야 할 혜택에 관해 공무원들과 협상하기도 한다. 분명한 것은 아동 혼자 내버려 두어 문제에 대처하게 만드는 것이 고아문제를 해결하는 적절한 방법은 아니라는 것이다. 정부는 소년소녀가정(child-headed families)의 존재 자체를 인정하지 않으려 하는데, 이는 정부 관료들이 이러한 문제들을 해결하기 위해 자신들의 역할을 충분히 하지 않았다는 것을 의미하기 때문이다. 마틴(2006)은 짐바브웨의 '1999년 국가고아보호 정책(1999 Zimbabwe National Orphan Care Policy)'이나 '2004년 고아 및 취약아동을 위한 국가행동계획(2004 National Plan of Action for Orphans and Other Vulnerable Children)' 모두 아동양육자의 문제를 다루지 않았다고 주장한다. 신체적, 정서적 부담을 안고 있는 이러한 아동들을 돕기 위해 서비스가 제공되어야 하지만 아동양육자들을 훈련시키는 것도 논란이 많다. 그러나 더 나은 다른 해결책을 찾기까지는 이러한 논란으로 현실을 외면해서는 안 된다. 「유엔아동권리협약」의 세 가지 근본원칙은 생존, 발달, 보호이다. 에이즈 고아들에게 이러한 기본 권리들을 보장할 수 있는 방법은 무엇인가?

일부 고아들은 시설에서 보살핌을 받는다. 하지만 시설보호는 종종 비인간적이며, 돌봐야 할 대상 아동이 많은 빈곤 국가가 양질의 시설을 갖추고 직원을 두는 것은 해당 국가의 능력을 넘어선 것이다. 그러나 짐바브웨를 비롯한 다른 국가에서는 비정부기구들(NGOs)과 외국 선교단체들이 종종 구시대적 기숙사와 같은 고아원을 짓고 있다(Powell, 2006). 대규모 시설들은 때로 아동발달에 해를 끼치며 지역사회와의 연락을 끊어버리는 경우가 허다하다. 따라서 시설보호가 고아 위기의 해결책이라고 할 수는 없다는 점이다.

항레트로비랄(Antiretroviral) 치료제의 사용이 더 용이하도록 하는 것은 고아 예방책 가운데 중요한 방법이며(Healy, 2008), 아동이 어느 정도 더 성숙해질 때까지 부모의 건강악화와 사망을 늦출 수 있는 것만으로도 아동에게 많은 도움을 줄 수 있다고 본다.

8 국제입양

1) 국제입양의 개념

국제입양이란 아동이 친부모와 태어나서 거주하는 나라를 떠나 다른 나라에서 새로운 양부모에 입양되기 위해 국경을 넘는 국제이주 현상이다. 제2차 세계대전과 한국전쟁을 계기로 본격화되었고, 1970~90년대에 걸쳐 전 세계적으로 확산되었다. 국제입양에서는 아동을 보내는 국가인 '송출국'과 받아들이는 국가인 '수령국'이 확연하게 구별된다. 1950년대부터 현재까지 60여 년간 국제입양에 관련된 아동의 숫자는 50만 명 정도로 추산한다. 주요 수령국은 20여 개국, 일시적이라도 아동을 송출했던 나라는 80여 개국에 이른다. 전 세계적으로 100여 개국에 이르는 국가가 일정기간 혹은 수십 년간 지속적으로 아동의 국제입양과 관련되어 있다(이경은, 2017).

전 세계적으로 1년에 약 4만 건의 입양이 발생하고 있으며, 대체로 선진국의 가정이 개발도상국의 아동을 입양하고 있다(Barry, 2006). 2006회계년도에는 가장 많은 입양아들이 중국, 과테말라, 러시아, 한국의 순으로 미국에 입양되었다. 국제입양아동을 많이 받아들이고 있는 국가 가운데 프랑스는 2005년에 4,136명을, 캐나다는 1,871명을 입양하였다(Adoption Council of Canada, 2007; Joint Council on International Children's Services: JCICS, 2007). 노르웨이, 덴마크, 네덜란드 그리고 이스라엘에서는 자국 영아들의 입양이 거의 없기 때문에 대부분 국제입양이 이루어지고 있다(Simon, Altstein & Melli, 1994).

수령국들은 북미와 서유럽 국가들로 고정되어 있으며, 송출국은 그 외의 대륙인 아시아, 남미, 동유럽, 아프리카에 분포하고 있다. 아동의 국제입양은 수령국 가정의 아동에 대한 수요를 충족시키는 방향으로 전개되어 왔다(이경은, 2017).

제2차 세계대전 이후 미국과 유럽 각국에서 여성의 출산률이 하락하고 불임이 증가하면서, 건강한 영유아에 대한 수요는 급속히 증가했다. 자국 내에서는 아동보호체계가 정비되면서 더 이상 입양대상 아동이 발생하지 않았다. 이들 국가의 가족 외 입양 수요의 대부분은 제3세계 아동의 국제입양으로 채워졌다. 제3세계에서 입양 대상 아동을 확보하고 송출국과 수령국의 관련 법적 절차를 대리하는 전문중개기관에 의해 이루어졌다(이경은, 2017).

국제입양은 아동 송출국의 가족법과 입양법, 입양국의 이민법, 가족법 및 입양법 등 복잡다단한 절차를 거쳐야 한다. 전문기관이 전문성과 노하우를 갖추고 입양부모들을 대리하고 이로부터 재정적 이익을 추구할 수 있었다. 잠재적 입양부모들의 입양 수요와 자금력이 중개기관과 중개인의 서비스에 대한 보상을 지불하고, 이 시스템을 유지시켜 왔다. 수령국의 수요와 중개기관의 존재가 지속가능한 '국제입양시장'을 형성하고 있다(이경은, 2017).

국제입양에 대한 관심은 한국에서와 같이 제2차 세계대전 후 전쟁고아 및 외국 군인들을 아버지로 둔 유기된 아동에 대한 인도적 관심에 그 뿌리를 두고 있다. 국제입양은 서유럽과 북미에서 피임, 낙태 그리고 편모를 수용하는 생활

방식의 변화로, 그리고 자국 내의 입양가능 아동 숫자가 줄어들게 되자 더욱 확대되었다. 반면, 빈곤율과 출생률이 높은 국가, 그리고 미혼모에 대해 지속적으로 사회적 낙인이 있는 국가에서는 수많은 영아들을 입양할 만한 가정이 없었다. 한 예로, 루마니아에서는 차우셰스쿠(Ceausescu) 정권의 정책으로 많은 아동이 시설에 버려지게 되었다. 그리고 이 정권이 무너지자 시설의 상황이 세상에 알려지면서 루마니아 아동을 입양하는 것에 대한 관심이 증가하였다. 1990년 1월부터 1991년 4월 사이에 캐나다는 1,000명 이상의 입양아를 받아들였다(Marcovitch, Cesaroni, Roberts & Swanson, 1995). 뿐만 아니라, 중국에서는 전통적으로 남아선호사상과 함께 한 자녀 갖기 정책으로 중국 여아들의 입양가능성을 높였다.

정책 차원에서 국제입양은 다음과 같은 논란이 일었다. 첫째, 다른 문화를 가진 부모, 특히 다른 인종의 부모가 아동을 양육하는 것이 아동의 문화적 정체성을 잃게 하는 것임에도 불구하고 이러한 입양이 아동에게 좋은 것인지의 여부다. 외국인이 아동을 입양함으로써 아동들은 '생부모와 이별하는 것일 뿐 아니라 아동의 인종, 문화, 국가와도 이별을 하는 것'이다(Bartholet, 1993). 둘째, 거시적 정책 차원의 비판으로, 입양은 빈곤국가가 부유 국가에게 자원, 즉 아동을 제공하도록 요청을 받은 사례로서, 이는 궁극적으로 여성과 아동을 착취하는 방법이라는 점이다(Herrmann & Kasper, 1992).

이러한 논란을 더욱 복잡하게 만드는 것은 영아 판매에 대한 비판과 함께 생부모의 희망과는 반대로 아동을 입양 보내는 중개인들의 문제다. 모든 전문가들은 올바른 입양절차가 사전 입양상담, 강제나 금품수수의 압력 없이 자유의지에 의해 아동포기 결정을 해야 한다는 점에 동의하지만 국제입양은 보다 세심한 실무가 필요하다. 개발도상국에서는 국제입양에 대한 의견이 소문, 즉 외국인들은 노예나 성학대 혹은 신체장기의 판매목적으로 아동들을 입양한다는 소문에 의해 영향을 받기도 한다(Healy, 2008). 아동을 위한 최상의 이익이 무엇인가와 국제입양에 대한 거시적 차원의 상징성에 대한 논란은 아직도 활발하게 진행 중에 있다.

2) 국제입양에서 사회복지사의 역할

다른 전문직도 국제입양 업무에 관여하고 있기는 하지만 사회복지사들은 입양업무에 많은 역할을 수행하고 있다. 이에는 가정조사 및 가족의 준비, 문화적 계획, 후속서비스, 해외보육원과 입양기관과의 연락, 그리고 입양정책에 대한 영향 등이 포함된다.

(1) 가정조사와 가족의 준비

잘 준비된 가정은 입양에서 성공을 거둘 확률이 높다. 나아가 대부분의 가족은 지속적인 지지서비스에 대해 가족이 원한 것과 받은 것보다 더 많은 준비를 원한다고 하였다. 그로자(Groza, 1997)는 입양가족에게 세심한 준비교육이 필요하다고 제안하였다.

준비과정의 초기단계에서 사회복지사는 입양가정을 대상으로 국제입양을 고려하는 이유를 탐색해 보고 상이한 문화와 인종의 아동 입양이 주는 영향에 대해 검토해 볼 수 있도록 돕는다. 입양하고자 하는 부부는 해외아동을 입양함으로써 영원히 다문화적·다인종적 가족이 된다는 점을 인정하고 이를 수용하는 것이 매우 중요하다. 입양의 적합성을 평가하는 데 가족의 성숙도와 유연성은 중요한 특성 중 하나다. 이러한 특성들은 부부가 입양 최종단계에 이르기까지 험난한 과정을 거치는 동안에 시험되기도 한다. 그리고 이러한 특성들은 아동이 발달지체나 의료적 문제, 애착문제, 혹은 입양아가 해외 출생이라는 신분으로 생기는 청소년기의 자아정체감 문제 등으로 더욱 복잡해질 때 검증되기도 한다. 사회복지사가 가족을 도와 입양의 동기와 함의, 그리고 준비 정도를 검토하는 과정에서 일부 가족들은 입양을 포기할 수도 있다. 따라서 사정단계에서 이러한 가족을 돌보는 사회복지사의 역할은 매우 중요하며, 다음과 같은 가족교육이 필요하다(Groza, 1997).

- 본국과 해외 국가의 입양에 대한 법적·사회적 과정의 구체적인 정보
- 생애주기 전 과정에서 나타날 수 있는 유기된 느낌, 이별, 슬픔, 상실, 애도

등과 같은 문제
- 생애주기 전 과정에서 나타날 수 있는 불임부부의 이별, 슬픔, 상실, 애도 등과 같은 문제
- 입양가족의 생애주기 및 가족 구성에서 나타나는 독특한 문제들
- 입양에서 개인 및 가족의 정체성 발달
- 입양에서 애착의 독특한 문제점들
- 국제입양의 결과와 위험 등

(2) 문화적 계획

국제입양에 대한 반대 의견 가운데 하나는 이것이 아동의 고유문화를 박탈한다는 것이다. 따라서 입양가족은 '입양아의 국가, 인종 및 문화적 유산에 대해 긍정적인 감정을 갖는 것'이 중요하며, 어떤 식으로든 그 문화적 유산을 유지할 수 있도록 할 필요가 있다(Kendrick, 1998). 그로자(Groza, 19997)는 사회복지사가 입양가족을 도와 "입양아가 문화적·민족적 개인으로서의 정체성을 형성할 수 있도록 문화적 계획(cultural plan)을 수립할 것"을 제안하였다. 또한 입양부모는 입양아가 해당 국가에서 배치 및 입양 승인을 기다리는 동안 경험한 삶에 대해 앎으로써 아동의 문화에 보다 친숙해질 수 있으며 사진 및 다른 물품들을 수집할 수도 있다.

사회복지사는 또한 가족들이 법적인 문제, 특히 양국 간의 법적 문제를 다룰 때 발생할 수 있는 복잡한 과정에 대해서도 대비할 수 있도록 도와주어야 한다. 따라서 아동을 '보내는' 국가의 법과 절차에 대해 주도면밀한 지식을 갖추고 나아가 '입양을 받아들이는 국가'의 입양 및 이민법에 대해서도 잘 알고 있어야 한다(Healy, 2008).

(3) 후속서비스

입양이 최종적으로 마무리된 후 일부 가족들은 입양아의 의료적 문제나 정서적 문제로 지속적인 서비스가 필요한 경우도 있다. 그리고 많은 가족들은 타

문화 출신의 아동을 양육하는 데 발생할 수 있는 '정상적인' 문제들에 대처하는 데 지속적으로 혹은 간헐적으로 도움이 필요할 수도 있다. 홀탄(Holtan, 1999)은 국제입양가족의 특수욕구를 다루기 위해 "가족의 생활 전반에 걸쳐 오랫동안 지속적으로 입양 후 서비스를 제공할 필요가 있다."라고 제안한다. 따라서 입양부모들은 집단 모임을 갖고 있으며, 성공한 모임들 가운데 일부는 주기적으로 문화행사 및 사후 집단모임, 그리고 입양아들을 위한 행사 및 청소년활동 프로그램과 지지모임 등을 시행하고 있다. 사회복지사는 가족들이 활동에 참여할 수 있도록 돕거나 이러한 모임이 전혀 없는 지역에 모임을 구성해 줄 수도 있다(Healy, 2008).

(4) 국제입양정책에 대한 사회복지의 영향

입양아에게 긍정적인 결과가 있다는 연구결과에도 불구하고 국제입양은 아직도 논란의 소지가 많다. 유엔아동권리협약은 국내입양에 대한 선호를 분명하게 밝히고 있으며, 이것이 여의치 않을 때 국제입양을 허용하고 있다. 즉, 국제입양은 아동이 모국에서 가정위탁이나 입양 혹은 다른 적절한 방법으로 보호받지 못할 때 아동양육의 대안으로 고려될 수 있다(United Nations, 1989). 따라서 아동의 민족성, 종교, 문화, 그리고 언어적 배경을 고려하고 아동양육의 지속성이 바람직한 것인지에 대해 주의를 기울여야 한다.

'국제입양의 아동보호 및 국가 간 협력에 관한 헤이그협약(The Hague Convention on Protection of Children and Cooperation in Respect of Intercountry Adoption)'은 1993년에 채택되었으며 국제입양에 대해 보다 우호적인 입장을 표명하고 있다. 즉, 이 협약은 아동이 자신의 부모에게 양육되지 못할 때, 그리고 자국의 가정위탁이나 시설보다 국제입양이 더 낫다고 판단될 때 국제입양이 입양아를 위해 행해질 수 있는 적합한 선택이라는 점을 인정하고 있다(Groza, 1997; Rios-Kohn, 1998). 또한 이 협약의 초안을 작성하였던 회의에서는 대부분의 국가에서 구제입양을 실행할 경우 발생할 수 있는 아동인신매매를 감소시키고 국제입양 과정을 향상시킬 수 있는 기준을 마련하기도 하였다. 이 협약은 1995년부터 비준국가에서 효력을 발휘하게 되었다.

이 국제법은 매우 중요하며, 국제입양 업무를 규제하고 이 업무의 남용을 줄일 수 있기 때문이다. 해외입양을 보내는 국가와 받아들이는 국가의 사회복지사들은 이 주제에 관해 충분히 고지된 상태에서 논의에 임해야 한다. 사회복지사는 기관의 업무가 윤리적이며, 비용지불이 입양의 적절성을 판단하는 데 영향을 주지 않도록 주의를 기울이며, 적절한 준비, 사전검사 및 후속서비스가 보장되도록 노력해야 한다. 또한 입양을 보내는 국가의 사회복지사는 고지된 동의를 확보하도록 노력하며 친부모가 상담을 받을 수 있도록 보장해 주어야 한다. 나아가 양국의 사회복지사들이 대화를 통해 입양업무에서의 문제, '국제입양이 실패할 경우 아동은 어떻게 되는가?'와 입양아의 문화적 유산을 유지하는 방법과 같은 문제를 해결하는 데 도움을 받을 수 있다(Healy, 2008).

9 국제사회복지에서 아동권리 주류화

아동권리에 기반한 국제개발협력은 관련 정책과 사업뿐만 아니라 이를 위한 조직운영 차원까지 적용하는 포괄적 접근이다. 따라서 아동을 직접 수혜자로 명시한 사업에만 적용하는 협소한 접근이 아니라, 장기적으로는 아동이 간접적인 수혜자로 포함되는 사업에서부터 국제개발협력의 정책과 조직운영 차원 전반에 주류화되어야 한다(박은혜 외, 2017). 국제기구나 국가별로 개발협력사업에서 아동의 권리를 주류화한 사례가 있는데 대표적으로 유엔아동기금(UNICEF)과 스웨덴의 경우를 살펴보면 다음과 같다.

유엔아동기금은 1990년대 후반부터 아동권리에 기반한 개발을 도입하고 1998년과 2007년에 걸쳐 아동을 위한 인권기반접근 프로그래밍(UNICEF, 1998, 2007)을 진행하였다. 최근에는 관련 평가도구와 체크리스트까지 개발하여 이행 체계를 더욱 공고히 하였다. 유엔아동기금의 평가기준에 따르면 인권에 기반한 접근법을 반영한 프로그램은 인권 기준과의 연계, 비차별, 참여, 투명성, 책무성의 5가지 범주에서 다음과 같은 내용이 포함되어야 한다(Universalia Management Group, 2012).

스웨덴은 자국뿐만 아니라 스웨덴 정부의 정책 방향을 원조시행기관 차원에서 구체화할 수 있도록 2005년 '원조실행에서 아동권리관점(The Child Rights Perspective in Practice)'이라는 문서를 발표하였다. 이 문서에서는 아동권리를 모든 국제개발협력사업에서 고려해야 할 범분야 이슈로 채택하여 주류화하고, 아동권리는 개별적으로 적용되는 것이 아니라 모든 관점이 함께 맞물려야 함을 제시하고 있다(박은혜 외, 2017). 따라서 국제사회복지사들은 다음과 같은 측면들을 신중히 고려될 필요가 있다.

1) 정책적 측면

첫째, 인권분야전략이나 국별협력전략 등 기존 전략에 아동권리관점을 반영한다. 현재 새롭게 마련되고 있는 인권 분야 전략에서는 가장 취약한 존재이자 잠재력을 가진 '아동'을 권리주체자로 명시하고 이들의 권리를 보호하고 증진할 것을 명시할 필요가 있다. 또한 국별협력전략과 인권분야전략을 연계하여 '국가상황' 분석 시 해당 국가의 아동권리 상황을 포함하고 해당 국가의 아동의 권리를 증진, 보호, 실현하기 위한 이행전략을 포함해야 한다.

둘째, 아동권리관점을 반영한 개발협력의 정책 프레임워크를 구축해야 한다. 국제개별협력 내 아동권리관점의 반영은 가치, 비전에 이를 명시하는 것을 의미할 뿐만 아니라 관련 정책, 전략, 실행방안 등과 같은 정책적 기반이 마련되고 사업에 반영되는 것을 의미한다. 이를 위해서는 장기적으로 아동권리관점에 대한 통합적이고 구체적인 프레임워크 마련이 요구된다.

셋째, 개발협력 근거법 내 유엔아동권리협약을 반영하여야 한다. 현 「국제개발협력기본법」 제3조 기본 정신 및 목표는 아동의 인권향상을 추구함을 명시하고 있다. 따라서 한국 정부가 비준한 유엔아동권리협약 및 그 외 국제규약에 근거하여 권리주체자이자 개발협력의 주요한 행위자로서의 아동을 명시하여 우리나라의 국제개발협력이 아동권리 보호와 신장에 기여함을 분명히 할 필요가 있다(박은혜 외, 2017).

2) 사업적 측면

첫째, 사업의 모든 단계에 아동세이프가딩을 적용해야 한다. 아동을 직접적인 수혜자로 명시한 사업뿐만 아니라 아동이 간접적인 수혜자인 사업을 포함하는 모든 국제개발협력사업은 의도에 상관없이, 아동의 안전을 위협하고 아동의 권리를 침해는 결과를 초래해서는 안 된다.

따라서 사업의 전 과정에서 아동에게 해가 될 수 있는 위험요소를 사전에 파악하고 이를 예방하기 위한 적절한 조치를 마련해야 할 필요가 있다. 또한, 아동을 위험에 빠뜨리거나 아동의 권리를 침해하는 일이 발생하였을 경우, 마련된 체계에 따른 적절한 대응이 꼭 필요하다.

둘째, 사업의 모든 단계에서 유엔아동권리협약을 반영해야 한다. 아동권리관점은 유엔아동권리협약에 명시되어 있는 아동의 권리가 사업의 기획에서부터 평가에 이르는 전 과정에 고려되는 것이다. 이를 위해 사업 기획 시, 사업을 수행하는 국가의 유엔아동권리협약 권고사항을 기초조사 시 반드시 고려하여, 사업 국가 내 아동권리와 관련한 이슈가 무엇인지, 아동권리 증진을 위해 어떤 지원이 필요한지, 어떻게 아동의 권리를 침해하지 않도록 사업을 기획할 수 있는지에 대한 검토가 이루어져야 한다. 특히 여아, 소수민족, 난민 및 이주 아동 등 더욱 소외된 아동들에 대한 특별한 고려도 이루어져야 하는데 이러한 내용은 사업의 실행, 모니터링, 평가에서도 지속적으로 고려되어야 한다.

셋째, 사업의 전 단계에서 아동의 의미 있는 참여가 필요하다. 아동의 참여는 아동권리관점의 최소 및 핵심 요건이다. 아동 스스로가 권리주체자임을 인지하고 침해당하는 권리에 대해 의무이행자에게 책무를 다할 수 있도록 목소리를 낼 수 있어야 한다. 이를 위해 사업은 기획에서부터 평가에 이르기까지 아동이 직·간접적으로 참여하여 목소리를 낼 수 있는 참여의 장을 마련해야 한다. 이러한 참여는 아동의 연령에 따른 역량을 고려해야 하며 아동이 이해할 수 있는 친숙한 방법으로 기획되어야 하고 사업에 아동의 의견이 적극적으로 반영될 수 있어야 한다.

넷째, 현지 파트너와 권리주체자인 아동의 역량강화에 대한 지원이 필요하다. 사업의 지속가 능성과 사업 국가에서 일어나는 아동권리 침해 예방 및 대응은 그 국가 내의 권리주체자와 의무이행자와의 역량에 달려 있다. 따라서 아동권리 관점에 기반한 사업은 지속적인 교육을 통해 현지 파트너와 아동의 역량강화가 반드시 수반되어야 한다(박은혜 외, 2017).

3) 조직운영적 측면

첫째, 조직 내 아동세이프가딩 정책구축이 필요하다. 세이프가딩은 사업뿐만 아니라 조직의 운영 차원에서도 필수적이다. 사업 수행 인력 채용에서부터 범죄 이력 조회와 같은 스크리닝을 진행하고 이들에게 정기적으로 아동권리관점과 아동세이프가딩에 대한 교육을 진행할 필요가 있다. 또한 아동에 대한 폭력 및 학대, 착취에 대한 보고 및 대응 체계를 갖추어서 예방과 모니터링 및 추후관리를 할 수 있어야 한다.

둘째, 조직 내 또는 파트너기관을 위하여 아동권리관점에 대한 인지 제고가 필요하다. 아동권리관점에 기반한 국제개발은 사업을 수행하는 사람들의 아동권리에 대한 이해와 민감도가 중요한 역할을 한다. 체계적이고 정기적인 교육을 통해 아동권리에 대한 이해와 아동권리관점에 기반한 사업 수행을 위한 필수적인 요소들에 대해 인지하고 이를 사업에 적극적으로 적용할수 있는 역량을 기르는 것이 무엇보다 중요하다.

셋째, 아동권리 또는 아동 전문 담당관 배치가 필요하다. 일부 공여국 및 시민사회단체의 경우, 아동권리 혹은 아동세이프가딩 담당관을 배치하고 있다. 담당관은 젠더, 환경 담당과 같이 국제개발협력 내 아동권리관점을 반영하기 위한 전략 마련 및 아동권리관점에 기반한 사업 수행을 위한 전문적 조언을 하고 아동세이프가딩에 관한 역할을 담당한다. 이러한 전문관 배치는 아동권리관점을 국제개발협력 내에서 보다 효과적이고 체계적으로 반영할 수 있도록 기여할 수 있다.

넷째, 아동권리관점에 기반한 사업에 대해 전문성을 가지고 있는 시민사회, 학계, 공공기관, 비즈니스 파트너와의 정기적인 협력을 위한 플랫폼 구축이 필요하다. 아동을 중심으로 한 사업 혹은 아동권리관점에 기반한 국제개발협력에 대한 긴 역사와 전문성을 가진 민간 파트너와의 협력은 아동권리관점의 도입에 필수적인 요소이다. 국제개발협력 내 아동권리관점의 반영은 단기간 안에 한 조직의 변화만으로는 이루어질 수 없다. 전문성을 가진 민간 파트너와의 협력을 통해 국제개발협력 환경 전반에 아동권리관점이 반영될 수 있도록 함께 노력할 필요가 있다(박은혜 외, 2017).

CHAPTER

12

국제이주와 사회복지

1 국제이주의 개념 및 정의

세계화는 국가들 간의 상호의존을 증가시키며 국경을 넘어 이주를 증가시키고 있다(Hessle, 2007). 이러한 국제이주 가운데는 난민으로 전쟁이나 여러 가지 형태의 정치적 혹은 종교적 억압으로 자신의 고국을 떠난 사람이 있으며, 어떤 사람들은 기근, 내분, 구조조정과 같은 심각한 경제적 박탈 등의 이유로 고국을 떠난 사람들이다. 또 다른 사람들은 교육이나 고용의 더 나은 기회를 찾아 일시적으로 혹은 영구히 이주한 사람들이다.

세계화는 전 세계적인 경제적 그리고 물질적 자원의 이동과 함께 사람의 이동을 촉진하였고, 이를 통해 문명과 문화의 충돌이 나타나며 인간의 삶에 근원적인 문화까지도 변화시키고 있다. 이러한 맥락 속에서 국제이주, 다인종가족과 다문화사회 출현을 촉진하는 세 가지 양상이 있다. 첫째, 초국가주의 현상이다. 둘째, 세계화이다. 셋째, 인구이동의 급증현상이다. 세계화란 국가 경계선에 구애받지 않고 이루어지는 사람들의 이동이 급작스럽게 증가하였음을 뜻한다. 일시적 혹은 영구적 이동, 노동이주, 난민의 이동뿐만 아니라 개인 혹은 가족 단위의 이주, 고도로 전문화된 숙련 전문직 및 비숙련 노동자의 이동이 여기에 속한다. 이로 인해 인구구성은 더욱 다민족, 다인종화되고, 문화는 더욱 다양화, 이질화되고 있는 것이다.

이주(migration)를 개인 혹은 집단이 지리적으로 이동하여 체류 또는 정주하는 것으로 정의할 수 있다면, 인류 역사적으로 이주의 역사는 매우 오래되었다. 민족과 국가의 개념이 존재하지 않았던 시대에는 인류가 수렵과 채취를 위해 자연스럽게 이동하면서 살았고, 유목민의 이동 또한 생존과 삶의 방식으로 그 역사를 함께 하였다고 볼 수 있다. 또한 국가와 민족의 개념이 탄생한 후에는 인간의 상업 행위와 국가 간의 무역을 위하여 이주하였고, 제국주의 식민지 개척은 식민지와 지배국가 인구 집단 상호 간의 대규모 이주를 부추겼다(Cashmore, 1996). 이주는 자신의 지위가 변하는 것을 포함해 매우 복잡하고 어려운 과정일 수 있다. 이주의 유형과 범주들은 국내용이거나 국제용일 수 있고, 임시 체류이거나 영구 거주이며, 합법적이거나 미등록일 수 있다. 이처럼 이주는 여러 유형과 범주가 유연하게 중첩되어 나타나는 모습을 보인다. 어떤 이주자들은 해외 국가의 영주권 소지자로서 '귀화하지' 않고, 즉 시민권을 취득하지 않은 채 여러 해 동안 거주하는 경우도 있는데, 이런 경우엔 이주자(migrants)라고 하기보다 이민자(immigrants)라고 부르는 것이 더 적절할 수 있다.

국가의 경계를 기반으로 하였을 때 이주는 크게 국내적 이주와 국제적 이주로 나눌 수 있는데, 국내적 이주는 한 국가 내 도시와 농촌 간의 인구 이동을 대표적인 사례로 들 수 있고 국제적 이주는 다양한 이민자, 정치적 망명자, 난민 등의 이주, 적·불법을 막론하고 외국인 노동자의 체류 및 정주 등을 대표적으로 꼽을 수 있다. 따라서 이주는 이주 당사자의 의사의 자발성을 기반으로 자발적 이주와 비자발적 이주로 나눌 수 있다. 자발적 이주는 당사자가 이주의 특정한 목적과 계획을 가지고 새로운 지역(국내 혹은 외국)으로 이주하는 경우를 말하는 것으로서 직업, 생활, 교육 등을 목적으로 하는 도시·농촌 간의 이주자, 그리고 국제적인 경우 대부분의 이민자와 외국인 체류 노동자들이 여기에 속한다. 비자발적 이주는 본인의 의사와 관계없이 불가피한 조건과 환경에 의해 국내의 다른 지역으로 이주하는 경우(예를 들어, 재개발 지역, 수몰 지역 거주민의 타지역 이주)와 난민, 정치적 망명자 등의 경우처럼 본국에서의 정치적 박해, 전쟁 상황 등으로 타국으로 이주할 수밖에 없는 이주자들을 말한다. 아울러 이주의 기간이 영구적이냐 임시적이냐에 따라 이주민 집단을 구분할 수 있다(Healy, 2008).

2 국제이주의 특징과 이주 결정요인

1) 국제이주의 특징

상당수의 국제 이주자들은 합법이민자거나 불법이민자다. 비록 이들이 자발적으로 이주하기는 하지만 많은 사람들은 자국에서 기회가 많이 제한되어 있거나, 유엔이나 이들을 받아들이는 국가에서 공식적으로 파악하지 못한 억압과 박해를 받기 때문에 이주를 하는 것이다. 합법이민자들과 함께 많은 불법이민자들이 있다. 불법이민자들의 수를 정확히 파악하기는 어렵지만, 미국의 경우, 대부분이 멕시코 출신이기는 하지만, 많은 사람들이 유럽과 아시아 지역에서 오며, 일부는 관광비자로 와서 체류기간이 지난 채 머무르고 있다. '국제인구'를 구성하고 있는 마지막 집단은 방문객, 유학생, 외교관, 외국 회사의 주재원과 그 가족들로 타국에 일시적으로 거주하고 있는 사람들이다. 이들 모두가 국제사회의 상호의존을 보여 주는 자발적·비자발적 대사들이다. 이들의 존재는 한 국가의 정치적·경제적 상황이 다른 국가의 인구 구성에 많은 영향을 줄 수 있음을 입증하고 있다. 이러한 인구 구성의 변화는 세계화의 직접적인 영향의 결과로, 헤슬(Hessle, 2007)의 용어를 빌리자면, 국가들이 '끊임없이' '세계의 다른 국가들과 점점 더 많은 상호의존'에 빠져들고 있는 것이다.

때로 가족의 일부가 이주함으로써 초국가적 가족을 만들기도 한다. 이 가족들의 상호작용은 미시적 차원과 거시적 차원에서 새로운 상호의존을 만들어 낸다. 가족 간에 전화와 방문이 있고 다른 가족들이 이주할 수 있도록 계획을 세우며, 돈과 선물을 본국으로 보낸다. 이러한 활동들이 쌓이게 되면 거시적 차원에도 영향을 미친다. 다시 말해, 많은 개발도상국에게는 외화송금이 두 번째로 큰 외화수입의 원천이 되고 있다. 즉, 금전과 함께 '사회적 송금', 즉 가족 간의 '자원, 대화, 생각 및 영상의 지속적인 양방향 교류'도 있다(Moreno, 2006). 이러한 현상들은 세계화를 상징화하고 강화시키고 있으며, 초국가주의를 새롭고 강한 존재로 만들고 있는데, 이는 사회복지에 매우 중요한 부분이 되고 있다.

이러한 맥락에서 이주의 원인은 다음과 같이 여섯 가지로 나눌 수 있다. 첫째, 국가별로 점점 벌어져가는 삶의 질과 임금의 차이는 이주자들을 정착국으로 끌어들이는 자석과 같은 역할을 한다(경제적 요인). 둘째, 선진국의 저출산, 고령화 현상에 따른 노동력 부족은 개발도상국의 노동력 과다현상과 맞물려 인구의 이동을 일으킨다(인구학적 요인). 셋째, 지진이나 산업재해, 홍수 및 가뭄 등으로 인해서도 이주가 발생한다. 환경적 요소로 인해 일어나는 이주는 국제이주보다 국내 이주가 주를 이룬다(환경적 요인). 넷째, 빈약한 정부, 부패, 그리고 좋은 교육체제와 건강 관련 시설의 부재는 국제이주를 촉진하는 요인이 된다(국가행정적 요인). 다섯째, 내전이나 개인의 자유를 제한하는 분쟁이나 인종, 종교 등에 따른 차별로 인해 자유를 되찾고자 하는 소망에 따른 이주가 일어난다(분쟁). 여섯째, 해외에 살고 있는 가족과 친지들은 이주과정의 촉매역할을 하며 이주를 촉진시킨다(다국가적 네트워크, 2020).

특히, 여성 이주의 증가는 '이주의 여성화(feminization of migmtion)'의 특징을 갖는데, 근대화가 진행되면서 유지되기 힘든 특정한 성별 노동분업이 보다 가난한 국가 출신의 여성 이주를 촉진시키며 새로운 형태로 강화되어 나타난 현상을 의미한다. 여성의 이주가 남편을 따라 이주하는 동반이주가 아니라 여성 스스로 주체적인 노동자의 신분으로 이주를 선택하는 취업이주자가 많아진다는 점에서 그 근본적인 원인과 이들의 경험은 중요한 의미를 갖는다. 이러한 여성의 이주는 남성이주자와 다르게 여성의 성역할에 근거한 결혼, 성, 산업, 가사노동 이주자로서의 특성을 지닌다는 점이다. 다시 말해 제3세계 국가들의 주변부 여성들이 세계 중심부에 존재하는 글로벌화된 도시로의 이주가 주를 이룬다는 것이다. 이는 생존적 차원으로 선진국의 중심부로 일자리를 찾아 떠나 서비스 종사자, 가사노동자, 성 산업 종사자 등을 이룬다는 점이 특징이다.

2) 이주 결정요인

이주의 결정요인은 이주자의 상황과 목적에 따라 다양할 수 있다. 그러나 이주 시 이주민의 본국과 이주 목적 국가의 환경을 배경으로 배출 요인(push factors)과 흡인 요인(pull factors)을 나누어 언급할 수 있다(Hansen, 2005). 자발적 이주자로서 이민자, 유학생, 외국인 노동자 등의 경우에는 자국에서의 생활의 어려움 혹은 빈곤, 본인 및 자녀 교육의 구조적 문제, 외국의 삶에 대한 동경 등이 배출 요인이 될 수 있으며, 목적 국가의 임금 수준, 노동시장의 참여 기회, 개인의 경제적 발전 가능성, 사회보장제도 및 교육제도의 양호함 등이 흡인 요인이 될 수 있다(심이리나, 2009 재인용).

한편, 난민과 탈북자 같은 비자발적 이주자의 경우 배출 요인은 자국의 전쟁 상황에서의 피해 가능성, 정치적 박해, 식량난으로 인한 생명의 위협 등이 배출 요인으로 작용할 수 있고, 흡인 요인은 인접한 국가로의 탈출 가능성, 영구적 혹은 임시적 수용국의 정치적 성향 및 우호적 태도 여부, 난민 판정 절차 및 과정의 변화, 국제사회의 비자발적 이주자에 대한 여론 등이 될 수 있다.

이러한 이주의 원인 혹은 배경과 관련하여, 최근 이루어지고 있는 국제적 이주의 경향은 그것과 비교하여 차이가 있음이 지적되고 있다(엄한진, 2006). 즉, 특정 국가, 민족, 집단별로 국지적, 개별적이었던 이주가 현재는 '전 지구적 경향'을 띨 만큼 지역, 민족, 국가를 막론하고 보편화되었고, 일상화되었다는 점이다. 이러한 변화에는 구소련 및 동구 국가의 몰락으로 대표되는 국제사회의 정치적 구도 변화, 그 후의 자본주의 경제권의 확대와 재편, 신자유주의 이데올로기에 기반을 둔 새로운 경제 질서의 공고화 등이 주요한 배경으로 제시되고 있다.

캐슬과 밀러는 『이주의 시대』에서 '현대의' 이주의 보편적 경향을 여섯 가지로 정리하고 있다. 첫째, 글로벌화 경향이다. 점점 더 많은 국가들이 이주 흐름에 의해 동시에 결정적인 영향을 받고 있다. 나아가 이민 유입국들은 경제적·사회적·문화적 배경이 매우 다른 국가에서 온 다양한 이주자를 받아들이는 경향이 있다. 둘째, 이주의 가속화 경향이다. 모든 주요 지역에서 국제이동의 규모가 커지고 있는데 이러한 이주의 양적 팽창은 정부 정책의 시급성과 어려움을 심화했다. 이로 인해 정부 정책에 따라 국제이주를 막거나 감소시키며 이주자를 송환하고 있다. 셋째, 이주의 차별화 경향이다. 대부분의 국가들은 노동이주, 난민이주, 영주이주 등과 같은 이주 유형 중 어느 하나에 치우치지 않고 여러 유형을 동시에 겪고 있다. 이주의 차별화는 국내 및 국제 정책 수립의 주요 장애물로 작용하고 있다. 넷째, 이주의 여성화 경향이다. 과거에는 대부분의 노동이주와 난민이동은 남성이 주도했고, 여성은 단지 가족 재결합의 범주에서 다루어졌을 뿐이다. 그러나 1960년대 이후 여성은 노동이주에서 중요한 역할을 해왔고 다양한 이주 유형에서 여성이 다수를 차지하고 있다. 인신매매의 일부 연결망에서도 그리고 일부 난민이동에서도 여성이 다수를 차지한다. 다섯째, 이주의 정치화 경향이다. 국내정치, 양국관계, 지역관계, 전 세계 많은 국가의 안보정책이 국제이주의 영향을 점점 더 많이 받고 있다. 이주정책문제를 해결하기 위하여 전 지구적 거버넌스는 물론, 유입국과 경유국, 그리고 송출국의 협력이 필요하다는 인식이 더욱 높아지고 있다. 여섯째, 이주의 환승 증가이다. 전통적인 이민 송출국이 경유국이나 이민 유입국으로 전환될 때 나타나는 현상이다.

캐슬스(Castles, 2004)의 경우, 국제이주의 새로운 추세를 다음과 같이 요약하고 있다. 첫째, 이주는 증가하고 이주민은 사회·문화적으로 더욱 다양화된다. 둘째, 정부 및 교통기술의 새로운 발전이 임시직 이주민의 양적 증가를 초래할 것이다. 셋째, 많은 이주민이 다국적 사회에 정착하며 초국가적 공동사회 속에서 거주하게 된다. 넷째, 연쇄적 이주와 사회 네트워크로 인해 이주는 급속히 증가한다. 다섯째, 이러한 추세는 국경을 넘는 새로운 조직 및 의사소통을 다국적으로 연결하는 비공식 네트워크를 강화하여 이주민 통제를 약화시키고 동화정책의 효능을 감소시킨다. 여섯째, 초국가적 비공식 네트워크는 결국 초국적 공동사회로 전환되며, 사회자본의 형태로 발전한다. 따라서 세계화의 물결 속에서 이주민을 규제하기는 점차 어려워지고 있는 추세이다(최현미 외, 2008 재인용).

스토커(Stalker)의 경우, 이주민들이 이동하게 된 경위와 방식을 크게 정착민(settler), 계약 노동자(contract worker), 전문직종사자(professional), 미등록노동자(undocumented worker), 난민과 망명신청자(refugee and asylum seeker)

등 다섯 가지로 분류하고 있는데, 스토커의 범주와 개념은 다소 모호하게 중첩되는 부분이 있다는 점이다(Stalker, 2004).

한편, 국제노동기구(ILO)는 국제이주 형태를 다음과 같이 다섯 가지 유형으로 분류하고 있다. 첫째 유형은 영구적인 이주, 둘째 유형은 입국 및 출국, 거주에 관한 명확한 체류기간을 가지는 계약에 의한 근무 이주이다. 셋째 유형은 교사와 학생들의 세계대학 시스템에 의한 교육이주이다. 넷째 유형은 비합법적 이주인데 이는 만료된 노동비자나 관광 비자를 가지고 이주상태를 지속하거나 불법으로 국경을 넘어가 불법체류를 하는 경우이다. 다섯째 유형은 난민이주, 망명이주가 있다. 그러나 실제 상황에서는 이주유형 간에 엄격한 경계가 나타나지 않고 여러 가지 조건들이 복합적으로 나타난다고 볼 수 있다(심이리나, 2009 재인용).

특히, 환경적 요인은 이주와 밀접한 연관이 있다. 다시 말해 사람들은 열악한 조건을 가진 장소를 떠나 더 살기 좋은 곳으로 이주하려는 경향이 있다. 점진적인 환경변화와 급작스런 자연재해는 이주에 영향을 주는 대표적인 환경 요인이라 할 수 있는데, 사막화, 토양 비옥도 감소, 해안 침식, 해수면 상승 등의 점진적인 환경 변화는 천천히 일어나지만 사람들의 생활 패턴과 생산 시스템에 영향을 주게 되어 급작스러운 자연재해보다 더 많은 이재민의 발생을 초래한다. 반면 지진이나 화산 폭발 또는 열대성 폭풍이나 홍수 같은 문제와 관련된 자연재해는 이재민의 대량 이동을 초래하게 되지만 오랜 시간이 지나면 결국은 원상태로 복귀하는 것이 가능하다는 특징을 가지고 있다.

환경이 이주에 영향을 미치는 것처럼 이주 역시 환경에 영향을 미치는데 사람들의 이동은 주변 생태계에 커다란 효과를 가져오기 때문이다. 특히 이주자의 대량 유입은 목적지의 환경에 큰 변화를 주게 되는데 계획되지 않은 도시화나 캠프와 임시숙소 등은 환경에 부정적인 영향을 끼친다. 반대로 이주자들의 출신지에서는 인구의 유출로 인해 인구 및 토지사용 압력이 완화되어 훼손되었던 지역의 생태계가 회복되기도 한다. 이외에도 이주와 환경 사이의 관계는 종종 인구 성장, 가난, 통치 방식, 안보, 분쟁 등의 다면적 요인에 의해 복잡해지며 포괄적인 접근이 필요하다(심이리나, 2009 재인용).

3 이주민 사회를 바라보는 다양한 관점들

최근 한국 사회의 외국인 유입과 정주가 과거에 비해 급증하면서, 오랫동안 단일문화로 '인식'되어 오던 우리 사회가 문화적으로 다양한 인구집단의 상존을 현실적으로 인정하고 있다.

다문화사회에서의 가장 중요한 고민은 어떻게 통합해 가는가 하는 것인데, 이러한 통합의 문제는 크게 다원주의(pluralism) 대 동화주의(assimilation)의 이분적 논리로 설명되어 왔다(조옥라 외, 2006). 여기서 다원주의는 다문화주의를 의미하는 것으로 이민 사회, 다문화사회의 현실적 기반 위에서 이미 구축되었거나 향후 추구해야 할 하나의 이데올로기를 뜻한다.

1) 다원주의

다원주의(pluralism)는 많은 영역에서 서로 다른 집단이 공통의 문화와 사회조직을 공유하고 있는 사회에서의 사회적 관계 유형을 의미한다. 모든 집단은 자신들의 독특한 문화를 지속시킴으로써 민족적 고유성을 유지한다. 즉, 종교기관, 사업체, 클럽, 미디어 등의 형태로 하위문화를 형성하고 있는 것이다. 그러나 하위집단들은 사회의 특정 영역에서 집합적으로 참여하고, 그럼으로써 집합적으로 다원적 사회(plural society)를 형성한다(Cashmore, 1996).

다원주의에는 두 가지 기본적인 유형이 존재하는데, 하나는 문화적 차원의 다원주의이고, 다른 하나는 구조적 차원의 다원주의다. 문화적 다원주의는 민족집단이 자신의 종교, 신념, 관습, 태도 및 생활 습관 등을 유지하면서도 다른 부분을 공통적으로 지니고 있는 상황을 말하는 것이다. 구조적 다원주의는 자신들의 사회구조와 제도를 가지고 있으면서 다른 것을 공유하는 것을 말한다. 즉, 다양한 민족 집단이 단일 정부를 지지하고 동일한 법제도, 동일한 화폐제도를 인정하지만 집단별로 종교 의식에 참여하고, 집단 내부적으로 자기의 언어를 사용하며, 집단 내에서 직장을 알선하거나 결혼을 하는 경우는 문화적 다원주의가 될 것이다.

다원주의는 인종 및 민족 집단 간의 차별 및 갈등이 없는 평등한 상태의 존재를 존중하는 매우 이상적 유형의 상황을 의미하는 경우가 많다. 그러므로 다원주의 혹은 다문화주의를 하나의 이상적인 이데올로기(ideal ideology)로 수용하는 차원을 넘어 다문화주의를 주장하고 정책에 반영하고자 하는 담론이 형성되기도 한다(조옥라 외, 2006).

또한 분석 도구로써 다원주의는 서로 다른 배경과 이해관계를 가진 많은 문화 집단이, 갈등의 씨앗이 될 수 있는 다양성을 극복하면서 어떻게 조화롭게 잘 살아가는지를 설명하는 개념으로 쓰였다. 특히 권력이 매우 균등하게 분배되어 있는 경우에는 그러한 조화를 더 잘 달성할 수 있게 된다. 그러나 한 문화 집단이 권력을 통제할 수 있게 되면 갈등의 가능성은 높아진다. 다원적 사회는 문화적, 사회적 이질성(heterogeneity)에 기반하고 있지만 반드시 집단 사이의 높은 장벽과 심각한 갈등을 일으키지는 않는다. 각 집단은 자신의 고유한 특성을 지키고 정체성을 발전시키면서, 사회적으로 배제되거나 낮은 신분으로 추락함 없이 사회의 풍부함에 일조하기도 한다(Cashmore, 1996).

2) 다문화주의와 정의

다문화주의는 새로운 차원의 사회적 정의를 개념화하는데, 다문화주의 사회에서의 정의(正義)의 논리는 '모든 개인에게 인정된 보편적인 권리의 개념을 넘어 어떤 소수집단에 대해서는 특수한 권리와 위상을 포함'하는 것이 됨으로써 결국 '다문화적 민권은 차별적인 개념'을 내포하게 되는 것이다(조옥라 외, 2006 재인용). 즉, '사회구성원 전원에게 평등한 권리'와 '소수자 집단의 성원을 위한 특수한 권리' 모두를 동시에 요구하는 것이 된다.

다문화사회에서의 사회 정의는 세 가지 차원에서 논의된다(Taylor, 1994; 조옥라 외, 2006: 63-64 재인용). 그것은 경제적 부의 분배적 정의, 인권적 정의, 정체성과 타자에 대한 인정 관련 정의(justice of recognition)이다.

첫째, 경제적 부의 분배 측면에서는 이주민과 이주노동자들이 부의 창출과 소득의 상대적 이점을 위하여 이주를 하지만, 이민사회 내에서 이들의 노동시장 임금과 소득은 불평등한 조건 속에서 상대적으로 낮기 때문에 이들을 위한 부의 분배 정의가 실현되어야 한다는 의미이다.

둘째, 인권적 정의란 이주민 집단에 대하여 동등한 인권을 보장받도록 하여 이들이 국적이나 인종 등의 배경 때문에 비인권적 처우를 당하거나 최소한의 인간적인 생활 조건(생존권)에서 배제되는 것을 방지하는 노력을 의미한다. 즉, 이주노동자에 대한 폭력, 성폭력, 이유 없는 임금 체불, 업무 중 사고에 대한 방임, 최소한의 의료 서비스 배제, 이주민 자녀의 교육 기회 배제 등이 인권적 정의의 개념하에서 근절되거나 수정되어야 할 문제들이다.

셋째, 인정적 정의는 외국인 혹은 이주민과 내국인 혹은 토착민 사이의 관계 차원의 정의를 말하며, 상호 간의 존재와 그 정체성을 인정하는 것을 의미한다. 즉, 상호 간의 배려, 존경, 신뢰의 정서적 교감을 확장하고 향상시키는 것으로서, 앞서 언급한 경제적 차원의 정의와 정치적 차원의 정의에 더하여 '인식의 재구성' 혹은 문화적 차원의 정의라고 할 수 있다.

3) 문화다원주의와 다문화주의의 차이

현실적으로 완벽한 다원화 사회, 그리고 완벽히 동화된 사회는 존재하지 않고 다원화 사회에서도 동화의 모습이 나타나고, 동화의 정도가 깊은 사회에서도 다원적 문화의 모습은 존재한다(윤인 역, 2002). 다원주의 혹은 동화주의 등은 이민자들이 존재하는 사회의 정책적 기조가 되고 있다. 예를 들어, 미국 사회에서의 이민자들에 대한 정책에서 동화주의 정책과 다문화주의 정책이 공존하고 있는가 하면, 과거 프랑스의 이민정책은 동화주의에 근거하고 있다.

문화다원주의는 문화의 다원성 혹은 다양성을 인정하면서도 주류 사회에 주류 문화가 존재함을 전제로 하지만 주류 문화, 소수집단, 사회문화 혹은 이민자 집단의 문화를 모두 동등하게 중요시한다(조옥라 외, 2006). 다양성을 표방하고 있는 이민국가 내에서도 미국의 경우는 문화적 다원주의에 해당하고 캐나다와 호주의 경우는 후자인 다문화주의에 가깝다. 다문화주의는 캐나다를 시작으로 1970년대부터 영미권 사회의 이민자 및 소수집단의 사회 통합 원리로 자리 잡았다. 이후 유럽 대륙으로 번져가서 1980년대에는 전통적으로 이민국가임을 거부하며 국민국가의 틀을 중시하던 프랑스, 독일 등에서도 다문화주의를 공식적으로 강조하기 시작하였다(엄한진, 2006).

1970년대 이후 국제적으로 다문화 모형이 수용되고 다문화사회로의 주창이 일어나기 전 사회통합의 목적은 국가별로 상이한 모델로 존재했는데, 이미 잘 알려져 있듯이 미국에서는 융합모형(melting pot model), 영국의 다문화주의 모형, 프랑스 및 유럽 대륙 국가의 공화주의에 입각한 국민국가 모형, 호주의 백호주의 등이 존재하였다(임현진, 2006). 미국 사회의 최근 샐러드 보울 모형(salad bowl model)은 다문화주의에 입각한 수정된 사회 통합 모형이라고 볼 수 있다.

4) 인종차별과 소수자 집단

인종주의는 한 인종이 다른 인종보다 우월하여 다른 열등한 혹은 하위의 인종을 압도한다는 인식이다. 그 우월성은 유전자 구조, 지능, 피부색, 성격, 다른 관련 이유를 기반으로 한다. 인종주의는 개인, 가족, 집단, 사회에서 학습되고, 편견과 같은 부정적인 정서와 개인적·제도적·문화적 차별의 행위적 작용 및 반작용(behavioral action/reaction)으로 심화되는 하나의 편향성(bias)이다(Lum, 2003).

그러므로 인종주의는 인종에 대한 편견이나 민족중심주의(ethnocentrism)의 다른 모습이라고 할 수 있는데, 이는 열등하다고 낙인찍힌 인종 집단에 대하여 개인적으로 혹은 사회 제도적으로 의도적이든 비의도적이든 전체 사회의 지지를 업고 억압적인 힘을 행사하는 것이다(Carter & Jones, 1996: 2; Lum, 2003: 46 재인용).

인종주의(racism)는 제노포비아(xenophobia)와 인종차별이란 관점에서 비슷하게 인식될 수 있으나 엄격히 이 두 가지는 구분된다. 외국인 혐오증 혹은 제노포비아는 단어의 어원대로 이방인에 대한 두려움이란 뜻을 의미한다. 그리스어로 xenos는 strange를 뜻하며, phobia는 두려움 혹은 혐오감을 뜻한다. 그러므로 제노포비아는 '다른 민족과의 접촉 경험의 부족에서 오는 원초적인 차원의 거부감 내지 두려움'을 나타내는 용어며, 인종주의는 다른 민족과의 공존 경험이 충분히 긴 상황에서 이들에 대한 구조적이고 체계적인 거부감을 말한다. 과거 한국의 역사적 경험은 제노포비아에 가까운 것이며, 최근의 다문화 현상 경험은 향후의 인종주의에 기반이 될 것이라는 주장이 있다(임현진, 2006).

한편, 소수자(minorities)란 일반적으로 성(性), 연령, 인종 및 민족, 종교, 사상, 경제력, 성적 취향, 출신 지역 등을 근거로 사회 내 지배적 기준과 가치와는 상이한 입장에 있어 차별과 편견의 대상이 되는 사람들을 가리키는 말로서, 드워킨과 드워킨(Dworkin & Dworkin, 1999: 17-24; 윤인진, 2003 재인용)에 따르면, 이러한 소수자를 세부적으로 정의하는 데는 다음의 네 가지 조건이 필요하다.

- 개인의 신체적·문화적 특성에 의해 다른 집단과 구별되는 '식별 가능성(identifiability)'
- 경제력, 사회적 지위, 정치 권력, 자원 동원력에서 능력의 차이를 말하는 '권력의 열세'
- 소수가 집단의 성원이라는 이유만으로 사회적으로 '차별적 대우'를 받는 것
- 차별적 관행의 반복을 통해 전체적인 연대의식으로 확대되는 생각을 말하는 '집단의식'

소수자 집단을 인종 및 민족 관계에서 살펴보면 특정 사회에서 수적으로 적은 인종 혹은 민족 집단이나 그 속에 포함된 개인을 지칭하는 것이 된다.

4 국제이주와 국제사회복지

1) 문화 접촉과 문화변용

서로 다른 문화적 배경을 가진 인구 집단과 집단이 만나게 되는 상황을 문화 접촉(cultural encounter)이라고 할 때, 이러한 접촉은 직접 접촉과 간접 접촉으로 나눌 수 있다. 직접 접촉은 지리적 이주에 의한 문화의 접촉 혹은 신체의 물리적 이동이나 대면적 만남 등을 의미한다. 예를 들어, 이주노동자, 결혼이민자, 외국인 기관 종사 외국인과 그 가족, 외국 유학생 등이 한국으로 이주 및 정주하는 경우를 포함한다. 간접 접촉은 직접적 지리 이동 없이 외국 문헌의 전달, 생활용품의 교류, TV, 라디오, 영화 등 문화적 매체의 교류, 전화, 휴대전화, 인터넷 등 통신수단의 발달에 의한 의사소통 매체를 통한 교류 등으로 이루어지는 것을 포함한다.

한편, 문화 접촉은 내향적(inward) 접촉과 외향적(outward) 접촉으로 나눌 수 있는데(조옥라 외, 2006: 41-42), 이는 문화 접촉의 주체와 대상 간의 관계에서 누가, 어떻게 이동하여 접촉하는가에 따라 구분된다. 외향적 접촉은 주체가 자신의 거주 혹은 생활공간에서 이동하여 다른 곳에서 새로운 문화권의 대상을 접촉하는 것이며, 내향적 접촉은 주제의 생활공간 속으로 타문화권의 대상이 유입됨으로써 새로운 문화를 접촉하게 되는 것이다. 이러한 구분은 한국 사회의 내향적 국제화 개념으로 이어져 논의될 수 있다. 즉, 최근 한국 사회가 국제화, 지구촌화 등의 개념으로 사회변화를 추구해 왔지만, 이러한 변화는 주로 한국민의 해외 방문, 외국 시찰, 통상 교류의 확대 등으로 이루어진 외향적 국제화였지, 결코 '외국인 친화적인 지역사회 만들기', '다문화 공존을 지향하는 외국인 대책', 그리고 한국 사회구성원의 의식에서 근본적인 변화를 추구하는 내향적 국제화는 아니었다는 것이다(조옥라 외, 2006). 향후 다문화사회에서의 과제와 사회복지의 역할을 논의할 때 내향적 접촉, 내향적 국제화의 개념이 보다 중요한 기반이 될 것이다.

한편, 문화 변용(acculturation)의 개념은 이주, 식민지화 혹은 다른 형태의 문화적 교류의 결과로서 한 가지 문화적 맥락에 익숙해진 개인이 어떻게 새로운 문화적 맥락에 적응하는가를 설명해 준다. 문화 변용은 이러한 경험에서 대개 집합적이거나 집단 차원에서의 문화적 변화를 의미하는 데 비해 심리적 문화 적응(psychological acculturation)과 적응(adaptation)은 문화 변용의 경험으로 말미암아 일어나는 심리적 변화와 궁극적 결과를 설명하기 위한 개념이다(Berry, 1980; Graves, 1967). 문화 변용의 고전적 정의(Redfield, Linton, & Herskovits, 1936: 149; Berry & Sam, 1997: 293-294 재인용)에 따르면 '변용'은 이주민과 토착민 중 어느 한쪽만의 사안일 수도 있고 양쪽 모두에 관련될 수도 있다. 그러나 실제로 문화 변용은 어느 한 집단에 더 많은 변화를 유도하는 경향이 있다(Berry, 1990).

문화 변용의 과정은 문화적 다원성을 전제한다(Berry & Sam, 1997). 이러한 다원적 사회에서는 집단 사이에서 사회적 힘(power)의 차이가 존재하고 이러한 힘의 차이에 의거하여 주류 집단(mainstream)과 소수자 집단(minorities) 혹은 우세 집단(dominant)과 비우세 집단(non-dominant group)으로 나뉜다. 예를 들어, 이민 국가인 미국에서 주류 집단은 백인 코커스 인종의 유럽 이민자들이 될 것이며, 소수자 집단은 그 외의 인종 혹은 민족 집단이 될 것이다.

문화 변용의 논의를 개인 차원으로 전개할 때 학계에 익히 알려져 있는 문화 적응 전략(acculturation strategies)은 베리(John W. Berry, 1980, 1997)에 의하여 잘 구조화되어 있다. 베리는 고유한 문화 정체성의 유지와 주류 사회 문화 수용 여부에 기반을 둔 이주민의 문화 적응의 상황을 네 가지 범주로 구분하여 설명하고 있다.

먼저, 자신의 모국에서 가지고 온 문화적 특성과 자신의 문화 정체성을 유지하면서 주류 사회의 문화를 수용하여 소화시키면 통합의 범주에 속하고, 두 가지 차원에서 모두 그렇지 않으면 주변화 범주로 매겨진다. 한편, 자신의 문화적 정체성을 유지하지 못하고 주류 사회의 문제에 함몰되면 동화된다고 하며, 주류 사회의 문화를 수용하지 않고 자신이 문화적 정체성만을 고집하면 분리의 범주에 속하게 된다고 한다. 베리는 자국의 문화적 정체성을 보존(cultural maintenance)하려는 노력과 주류 사회에 접촉하고 참여(contact and participation)하려는 노력은 단절적이 아니라 연속적인 것으로 보았으므로 네 가지 범주가 분절적인 것은 아니다. 그리고 이러한 네 가지 범주와 관련된 태도와 그것을 실제로 표출하는 행동이 함께 합쳐져 개인적인 문화 적응의 전략을 구성하게 된다(Berry, Kim, Power, Young & Bujaki, 1989).

표 12-1 문화 적응에 관한 범주화

차원2 \ 차원1		문화적 정체성과 특성의 유지	
		그렇다	그렇지 않다
주류 사회 문화 수용	그렇다	통합(Integration)	동화(Assimilation)
	그렇지 않다	분리(Segregation)	주변화(Marginalization)

이러한 네 가지 범주는 이주민의 상황과 이주 시기, 그리고 이주한 지역의 환경에 따라서 결정되겠지만 주로 이민자들은 통합의 범주를 가장 선호하는 것으로 보인다(Krishan & Berry, 1992; Sam, 1995; 조정아 외, 2006 재인용). 문화 적응의 과정과 결과는 개인에게 발전적이고 긍정적인 측면을 가져오기도 하지만 개인의 정체성, 통합성, 대처 능력의 상실 등 부정적인 측면을 불러오기도 한다(조정아 외, 2006: 9).

2) 문화 적응과 심리 · 사회적 문제

개인의 문화 적응 과정에서의 심리적 차원의 이슈와 개념은 다양한 용어로 표현된다. 즉, 행동의 변화(behavioral shifts), 문화 학습(cultural learning), 사회 기술의 습득, 문화적 탈피 혹은 허물벗기(cultural shedding) 등은 새롭게 접하는 문화적 맥락에 적합한 새로운 행동 유형을 찾거나 배워 가려는 개인적 시도와 노력에 관한 개념들이며, 이 과정에서 경험되는 문화 갈등은 자신의 행동 유형의 변화를 쉽게 이루지 못하게 되는 경우를 의미하는 용어다. 문화 갈등은 더 세부적으로 문화 충격(culture shock) 혹은 문화적응 스트레스(acculturation stress)로 경험된다. 문화 충격의 개념은 문화적응 스트레스보다 좀 더 오래된 개념이고 일반화되어 있으나 심리학 진영에는 문화적응 스트레스 개념이 선호되고 있다. 이는 환경적 스트레스 요소에 반응하는 심리학적 모형을 구축하는 데 더욱 밀접하다고 보기 때문이다(Berry & Sam, 1997: 297-298).

문화 적응 과정에서 대부분의 경우, 심각하지 않은 어려움은 대부분 극복될 수 있다. 그러나 매우 어려운 상황에서 정신병리증상(psychopathology)이나 정신병(mental disease)적 시각에서 보아야 하는 문제들이 발생하기도 한다. 이 경우 문화적 맥락에서의 변화 정도가 너무 크거나 빨라서 이에 대한 대응이 개인의 능력을 초과하는 경우라 볼 수 있는데, 이 경우 임상적인 우울증이나 무능불안(incapacitation anxiety) 등 심리·사회적 문제로 발전하기도 한다(Berry & Sam, 1997).

3) 이주와 적응

적응(adaptation)은 문화 변용을 경험하는 사람들이 일정 시간이 지난 후 새로운 문화에 어느 정도 익숙하게 되는 것을 의미하는데, 심리적 적응과 사회문화적 적응으로 구분하기도 한다. 심리적 적응은 일련의 내적 심리적 결과를 말하는 것으로서 인성적·문화적 정체성의 명확한 감각을 갖추게 되는 것, 건전한 정신건강 상태, 새로운 문화에 개인적 만족을 얻게 되는 것 등을 포함한다. 사회문화적 적응은 외적 심리적 결과로서 일상적 문제, 특히 가족생활, 직장, 학교 등에서의 문제를 처리할 능력을 갖게 되는 것을 말한다(Berry & Sam, 1997: 299). 그리고 심리적 적응은 스트레스와 정신병리적 접근에서 가장 잘 분석되는 반면, 사회문화적 적응은 사회기술의 관점(social skills framework)과 더 가깝게 연관되어 있다(Ward & Kennedy, 1993; Berry & Sam, 1997: 299 재인용).

문화 변용의 과정에 대하여 이론적 틀을 구축한 베리와 샘에 의하면, 한 개인의 이주 후 적응에는 출신 사회의 요소와 정착 사회의 요소가 영향을 미친다. 그리고 정치, 경제, 사회적 구조와 같은 집합적 차원의 변화가 발생하고 이러한 변화는 개인 수준의 문화변용 경험에 영향을 미친다. 개인 수준의 변화는 행동적 전이, 문화 변용 스트레스, 그리고 정신병리적 현상으로 일어날 수 있다. 그리고 이러한 심리적 문화 변용은 개인을 최종적인 적응으로 이끌고 간다. 적응에는 심리적 적응과 사회문화적 적응이 있다(Berry & Sam, 1997 재인용).

4) 국제이주와 통합

이주민의 사회통합(Social integration)이란 이주민이 유입국의 구성원으로서 경제, 사회, 문화, 정치적 참여를 통해 독립적이고 지속적인 삶을 영위하는 과정을 의미한다(정기선 외, 2012). 사회통합은 개인이나 집단이 한 사회에서 어떻게 적응하고 함께 살아가느냐에 대한 사회적 유대의 의미로 사용되는 개념으로 주류집단과 비주류 집단간의 갈등을 최소화하고 상호 존중하는 것을 포함한다(문형표, 1994).

유럽연합은 통합의 기본원리에 대해 다음과 같이 설명하고 있다(정재각, 2010). 첫째, 통합은 이주자와 현지인 간의 역동적이며 양면적인 적응과정이다. 둘째, 통합은 유럽헌법의 중심적 가치이다. 셋째, 노동을 통한 생산의 참여는 통합에서 중심이 된다. 넷째, 수용 사회에서 언어의 기초능력, 역사와 제도에 대한 지식은 통합에서 불가결하다. 다섯째, 수용 사회 제도에의 동등한 접근은 통합을 촉진시킨다. 여섯째, 통합을 촉진한다는 것은 이주민과 현지인의 상호작용, 문화적 대화, 시민사회의 문화적·정치적 참여를 말한다.

이상에서 살펴본 바와 같이 다문화 환경에서 다양한 클라이언트와 일하는 국제사회복지사에게는 문화적 역량을 개발하는 것이 필수적이며 이를 소홀히 하는 것은 윤리적 책임을 위반하는 것으로 볼 수 있다. 럼(Lum, 1999)은 문화적으로 유능한 서비스를 제공하기 위한 네 가지 핵심요소를 제안하였는데, 첫째, 문화적 다양성에 대한 수용과 존중, 둘째, 문화적 정체성과 편견에 대한 자기 분석, 셋째, 민족이나 인종이 다른 클라이언트의 차이에 의한 역동 인식, 넷째, 이러한 클라이언트와 일하기 위한 추가적인 지식, 연구조사, 자원의 필요성 인지 등이다. 지식과 기술 못지 않게 문화적 역량을 위해 필수적인 것은 자기 자신을 인식하는 능력이다. 인간으로서 사회복지사는 그들의 문화에서 형성된 독특한 편견, 가치, 신념을 갖고 있기 때문이다. 얀과 웡(Yan & Wong, 2005)도 말했듯이 문화적으로 유능한 사회복지사는 자신의 문화적 배경에 대해 높은 수준으로 자기인식을 분석하고 유지해야 하는데 문화적 배경에는 문화적 가치, 편견, 선입견, 개인적 한계에 대한 인식이 포함된다(Gray & Webb, 2012 재인용). 따라서 국제사회복지실천은 진정한 호기심과 개방적 태도, 대화의 공간 속에서 어떻게 긍정적인 관계를 형성할 것인지에 대한 사려 깊은 성찰을 토대로 방향을 잡아야 한다.

CHAPTER

13

난민과 국제사회복지

1 난민의 국제적 현황

오늘날 난민문제는 초국가적 문제로서 국가 간의 연계되지 않는 활동으로는 해결될 수 없는 문제이기 때문에, 모든 국가와 지역기구에 의한 지속적인 연계가 필요하다. 난민문제의 원인과 결과를 놓고 통합적 방식으로 난민문제와 여타 과도기적 성격을 띤 문제들을 해결할 필요가 있다. 난민발생국을 포함하여 난민문제에 영향을 받는 모든 국가, 지역연합체, 유엔(UN), 개발기구, 비정부기구(NGO) 등이 행위자가 되어 인권침해, 탄압, 갈등, 분쟁 등과 같은 난민문제를 야기하는 모든 가능한 근본원인을 분석함으로써 해결과 예방의 포괄적인 접근이 필요한 실정이다.

국제사회의 난민문제는 어제 오늘의 문제가 아니다. 오늘날 지구촌을 떠도는 난민문제는 인권, 복지, 환경 등과 더불어 국제정치의 주요 관심사가 되고 있다. 해가 거듭될수록 세계 곳곳이 매년 늘어나는 난민문제로 골치를 앓고 있다. 이러한 난민들은 아주 특별한 욕구를 가진 계층이다. 이들은 임시 및 영구 거주지를 마련하기 위해 국제기구에 의존하고 있으며, 난민지위를 획득하기란 쉽지 않다. 미국과 캐나다 그리고 유럽 국가들이 난민 정착을 위해 상당수의 난민들을 받아들이고 있지만 '개발도상국 출신의 난민들 대부분이 또 다른 개발도상국으로 도망가고 있음'을 알아야 한다(Mupedziswa, 1997). 세계의 최빈국들로 난민들이 유입됨으로써 발생하는 영향은 매우 심각하다. 비록 국제사회가 원조를 제공하지만 난민들을 받아들이는 국가의 부담은 때로 관리하기 어려울 정도이다. 무페드지스와(Mupedziswa, 1997)는 모잠비크 출신의 난민들이 말라위(Malawi)로 급속하게 유입되어, 어떤 때는 말라위 사람들 9명 가운데 1명이 모잠비크 난민이었다고 지적하였다. 난민을 보내는 국가나 받는 국가 모두 세계 최빈국의 하나다. 인간개발지표(Human Development Index, HDI)에서 세계 134위를 차지하고 있는 파키스탄은 개발의 욕구를 충족하기 위해 힘쓰고 있지만 수년 동안 아프가니스탄 출신의 난민문제에 대처해 오고 있다. 1998년, 파키스탄은 120만 2,700명의 난민들에게 피난처를 제공하였고(UNDP, 1998), 2004년 현재 180만 명의 아프가니스탄 난민들이 고국으로 돌아갔지만 아직도 그 수치는 거의 100만 명 수준에 머무르고 있다(UNHCR, 2005). 또한 르완다 난민들이 이전에 자이레(Zaire, 현재는 콩고민주공화국)로 유입되어 자이레의 안정을 해치는 원동력이 되었고, 그곳에서 1997년 쿠데타가 발생하기도 했다. 1996년 르완다에서 170만 명의 난민들이 이웃 국가인 부룬디, 탄자니아, 우간다, 자이레에 머물렀다(UNDP, 1996). 이라크전쟁으로 2003년 침공 당시부터 2007년 중반까지 약 400만 명의 난민들이 이라크를 떠났는데, 100만 명 이상이 시리아로 갔으며, 75만 명이 요르단으로 갔다(Kuykendall, 2007).

21세기에 진입하여 국제사회의 예상과는 달리 오늘날 난민의 숫자는 급격한 증가세를 보이고 있다. 2015년 시리아 사태와 지중해의 보트피플 등 난민들의 참상이 각종 영상매체를 통해 전달되었다. 실제로 유럽 각국의 국경으로 몰려드는 난민들은 저마다의 고통스러운 여정을 뒤로한 채 마지막 희망의 불씨를 살리고자 문을 두드리고 있다. 이와 같은 난민의 수는 기하급수적이라고 볼 수 있을 정도로 가파르게 증가하고 있으며 유럽연합(EU)은 대책 마련에 부심하고 있다. 이와 같이 난민의 문제는 더 이상 '먼 나라 이야기'가 아닌 인류 모두의 시급한 과제로 급부상하고 있다(박순용, 2015).

유엔난민기구(UNHCR)에 따르면 2015년 6월 현재 세계 난민 수는 6,000만 명으로 이들 모두 전쟁과 테러 그리고 정치적 박해를 피해 살던 곳을 떠난 사람들이다. 2015년 시리아와 북아프리카로부터 유럽으로 건너온 난민의 수만도 100만 명이 넘는다. 그리고 이들 중 절반은 4세 미만의 아동들이다(이만종, 2016).

세계적인 난민 증가 추세와 함께 우리나라에서도 최근에 국내 체류 난민 및 난민신청자가 많아지고 있어, 인도적 차원에서 이들에 대한 우리나라의 적극적인 포용 정책, 특히 난민인정 비율을 제고해야 한다는 주장과 최근 유럽에서 발생한 난민으로 인한 안보문제나 경제문제 등에 대한 논란이 부각되고 있는 점 등을 고려하여 난민인정 비율 제고에 신중해야 한다는 주장 등이 팽팽하게 대립하고 있다(오태곤, 2016). 따라서 국제사회의 난민문제해결을 위해서는 자조적이면서 포괄적이고 통합적인 접근방안이 요구된다. 유엔, 각국 정부 및 국제기관은 인권을 보호하고 증진하는 방법을 검토해야 한다. 난민들은 분쟁과 갈등 지역에서 발생하고, 탈출의 직접적인 원인은 예외 없이 인권침해나 탄압에서 비롯된다. 따라서 국제적 차원에서는, 빈곤제거, 평화구축에 대한 투자, 무기감축노력, 분쟁방지, 민주주의와 인권증진, 국가책임 강조, 국제적 지원과 원조제공이 요구된다. 국내적 차원에서는 분쟁방지, 민주주의 원칙확립, 공정한 사법 및 재판제도의 수립, 보다 높은 윤리기준의 도모 등 광범위한 활동이 요구된다(이만종, 2016).

2 난민의 개념 및 유형

1) 난민의 개념과 정의

난민의 현대적 개념이 존재하기 이전에도 전쟁과 폭력, 기근과 자연재해 등의 이유로 고향을 떠나 새로운 곳에서 피난처를 구해야 했던 사례는 인류의 역사와 함께 계속 반복되었다. 특히 냉전시기에 난민들은 '걸어 다니는 투표자'로 인식되기도 하였으며, 체제경쟁에서 '승리의 상징'으로 여겨지기도 했다. 난민의 개념은 1951년 난민지위에 관한 협약(Convention relating to the Status of Refugee) 제1조A(2)에 정의하고 있다.

난민(refugee)의 정의에 관해서는 각기 상이한 해석이 있다. 난민의 지위를 결정하는 문제는 매우 어려운 문제로서 난민의 지위에 정치적 · 법적 · 사회적 정의 간에는 의견의 합치가 이루어지고 있지 않은 상황이다. 그러므로 난민이라는 용어를 정리하면 다음과 같다. 첫째, 일반적 정의에서 난민은 생활이 곤궁한 궁민(窮民), 전쟁이나 천재지변으로 곤궁에 빠진 이재민(罹災民)을 말한다. 그러나 최근에는 주로 인종적, 사상적 원인과 관련된 정치적 이유에 의한 집단적 망명자를 난민이라 일컫는다(장훈태, 2016). 이호택과 조명숙(2010)은 난민을 "자신의 의지와 상관없이 박해를 받아 고국을 떠난 사람들과 강제적 이주자들을 의미한다"고 말한다. 그러므로 난민은 정치적, 육체적인 삶의 터전을 고향에서 잃어버리고 다시 고향으로 돌아갈 수 없는 자들이라 할 수 있다.

둘째, 제2차 세계대전 이후 난민에 대한 법적인 정의는 1951년 「난민의 지위에 관한 협약」 과 1967년 「난민의 지위에 관한 의정서」의 규정이 현재까지 적용되고 있는데, 1951년 「난민의 지위에 관한 협약」상의 정의가 오늘날 난민의 지위를 결정하는 데 있어서 가장 일반적으로 사용되고 있다. 즉, 1951년 「난민의 지위에 관한 협약」 제1조A(2)에 의하면 난민이라 함은 "1951년 1월 1일 이전에 발생한 사건의 결과로서, 또한 인종, 종교, 국적, 특정의 사회적 그룹에 속했다는 것 혹은 정치적 의견 때문에 박해를 받거나 그럴 우려가 있다는 충분한 근거가 있는 공포(well-founded fear of being persecuted)가 있기 때문에 국적국의 보호 밖에 있으며 국적국의 보호를 받을 수 없는, 혹은 위와 같은 이유로 인해 국적을 상실하여 국적국이나 과거 거주국으로 돌아가는 것이 불가능하거나 돌아가기를 원치 않는 사람"으로 정의하고 있다(고문헌, 2011).

이상과 같은 난민의 정의에서 다음과 같은 난민 인정 요건을 확인할 수 있다,

첫째, 박해(persecution)를 받을 우려가 있다는 충분한 이유가 있는 공포가 있어야 한다. 이는 난민의 성격을 결정짓는 핵심적 요소로 이때의 '공포'란 주관적 개념으로 난민 신청인의 진술에 대한 평가를 의미하며, '충분한 이유가 있는 공포'란 당해인의 마음의 격정적 상태뿐 아니라 그러한 심리상태가 객관적 상황에 의하여 뒷받침되어야 함을 의미한다(이용호, 2007).

둘째, 박해의 원인으로 인정되는 사유에 해당해야 한다. 이는 "인종, 종교, 국적, 특정사회단체의 구성원, 그리고 정치적 견해" 등 다섯 가지로, 여기서 주로 해석상 문제가 되는 것은 '특정사회단체의 구성원'이다. 이는 특정단체 자체와 그 개별 구성원들의 '특성(Characteristics)'이 중요하게 고려되는데(Guy. S., Goodwin-Gill & Jane McAdam), 이에 대하여 유엔난민고등판무관실(UNHCR)은 특정사회단체의 구성원 신분이 박해의 원인이 되는 사유는 특정 단체의 정

부에 대한 충성도가 없다는 확신이 있거나, 혹은 그 구성원들의 정치적 외견, 선행사건이나 경제적 행동 혹은 그 특정 단체의 존재 자체가 정부 정책에 대한 방해로 보이는 경우로 설명한다.

셋째, 국적국 또는 상주국 밖에 있는 자로 한다. 이 요건으로 인해 이에 포섭되는 난민은 그 폭이 매우 좁을 수밖에 없는데, 난민협약이 1940년대의 유럽사회를 배경으로 형성되었기에 1950년대 이후에 발생하고 있는 각종 재난에 대처할 수 없는 한계를 가지고 있다. 따라서 실제로 빈번히 발생하고 있는 가뭄, 폭우, 지진 등의 천재지변과 빈곤, 그리고 각종 전쟁(내전과 국제전)과 극심한 환경파괴 등을 이유로 피난처를 구하는 새로운 유형의 난민을 효율적으로 보호하는 데 한계를 드러내고 있다.

2) 난민의 유형

난민은 그 유형에 따라 난민, 국내유민, 망명신청자 등으로 분류하거나 협약상 난민, 위임 난민, 사실상의 난민, 실향민, 기타 난민, 그리고 탈출 동기에 따른 난민으로 분류한다. 그러나 난민은 탈출 동기에 따라 정치적 난민, 전쟁 난민, 경제적 난민, 인도적 난민 등으로 구분하는 것이 일반적(고기복, 2007)인데, 자세히 살펴보면 다음과 같다.

첫째, 정치적 난민유형이다. 이 유형은 인종, 종교, 국적, 특정 사회집단에서 소속 또는 정치적 의견을 이유로 본국에서 박해받을 우려가 있는 경우 타국으로 탈출하여 타국의 보호를 요청하는 난민을 말한다. 난민의 흐름을 역사적으로 살펴보면 1960년대와 1970년대는 대체로 정치적인 이유에서 난민이 발생하였다고 볼 수 있다. 즉, 냉전체제 하의 이데올로기 대립으로 인한 난민 탈출이 많았으며, 사회주의 체제를 피한 난민을 위해 서방국가들은 전략적인 측면에서 원조를 하였다. 따라서 이 유형은 가장 역사적이고 원칙적인 난민의 형태라 할 수 있다.

둘째, 전쟁 난민유형이다. 이 유형은 전쟁, 내란 또는 정치폭동이 발생한 경우 이를 피하여 타국 또는 타 지역으로 피난한 자를 말하며, 이라크의 쿠웨이트 침공 후 발생한 쿠웨이트 난민, 베트남 전쟁 당시의 난민 등이 여기에 해당한다. 따라서 이들의 대부분은 난민자격을 인정하는 데 어려움이 없다.

셋째, 경제적 난민유형이다. 이 유형은 경제적 궁핍 또는 곤경을 피하기 위해 생존권 확보 차원에서 타국으로 탈출한 난민을 말한다. 경제적인 절박함이 난민을 발생하게 하는 근원적인 요인 중의 하나이지만, 그 관계는 직접적이지 못하다. 보다 직접적인 원인은 경제적으로 자립할 수 없는 여건의 악화에 있다. 1950년 UNHCR 사무소규정은 "순수한 경제적 성격의 이유"는 난민의 자격요건에서 제외된다는 명시적 규정을 두고 있어, 경제적 난민을 난민으로 간주할 것인가에 대하여는 견해가 나뉜다. 따라서 전적으로 경제적 요인으로 이주한다면 그는 경제적 이주(economic immigrant)이지 난민이 아니라는 견해와 경제적 난민도 난민으로 보려는 견해로 나뉜다는 점에 주목할 필요가 있다.

넷째, 인도적 난민유형이다. 이 유형은 자연재해 또는 대규모 인권 침해사태가 발생할 경우 이를 피하기 위해 타국으로 도피 또는 탈출한 난민을 말한다. 이중 대량학살 등 인권침해에 따른 난민 지위의 인정에는 어려움이 없으나, 일시적 천재지변으로 인한 인도적 난민은 1951년 난민협약 및 1967년 난민의정서상으로는 난민으로 볼 수 없다는 것이 일반적인 견해이다.

다섯째, 환경 난민유형이다. 이 유형은 1985년에 El-Hinnawi가 작성하여 유엔인구기금(United Nations Environment Progmm, UNEP)에서 발표한 보고서에서 처음 사용되었다. El-Hinnawi는 환경 난민에 대해 '생존을 위태롭게 하거나 삶의 질에 심각한 영향을 미치는 현저한 환경 파괴로 인해 일시적 혹은 영구적으로 전통적인 주거지에서 떠나야 하는 사람들을 말하고, 이때의 환경 파괴는 일시적 혹은 영구적으로 인간의 삶에 적합하지 않도록 하는 생물학적 변화의 가능성을 수반하는 생태계의 물리적, 화학적 변화를 말한다'고 정의하고 있다.

한편, 난민의 보호에 있어 가장 중요한 권리는 '강제송환금지의 원칙(principle of non refoulement)'이다. 강제송환이란 한 사람을 당사자의 의지와 상관없이 여러 가지 이유로 본국 또는 이전 체류지로 돌려보내는 것을 말한다. 이러한 강제송환을 금지하는 것은 난민에 대한 국제적 보호에 있어서 가장 기초적인 것이다. 「난민협약」 제33조는 "체약국은 난민을 어떠한 방법으로도 인종, 종교, 국적, 특정사회집단의 구성원 신분 또는 정치적 의견을 이유로 그 생명 또는 자유가 위협받을 우려가 있는 영역의 국경으로 추방하거나 송환하여서는 아니 된다."라고 규정하고 있다(이만종, 2016).

그러나 난민은 언제, 어디서나 또한 누구나 이러한 권리를 누릴 수 있는 것은 아니다. 예를 들어, 대량의 난민이 발생하는 경우나 해당 국가의 공공질서에 심각한 위협이 초래되는 등의 특수한 경우에 이러한 권리의 일부가 제한될 수도 있다. 대규모의 난민이 발생하여 일시에 특정 국가로 유입된다면, 이들에게 수용 국가의 국민과 동일한 수준의 보호와 지원을 제공하는 것은 수용국의 경제와 사회에 대한 심각한 위협이 될 수 있다. 따라서 이러한 경우에 난민의 이동과 일부의 권리를 제한하게 되는 것이다. 그러나 그러한 제한으로 인한 문제를 최소화하는 것이 UNHCR을 비롯한 국제기구와 각종 구호기구, 그리고 비정부기구(NGO)의 역할이라 할 수 있다(이만종, 2016).

3 난민문제해결을 위한 국제기구

1) 유엔난민기구(UNHCR)

1949년 12월 3일 유엔총회에서 창설된 UNHCR은 난민을 보호하고 난민문제를 해결하기 위해 국제적인 조치를 주도하고 조정할 권한을 부여받았다. 따라서 UNHCR의 활동은 난민의 권리와 복지를 보호하는 데 주요 목표를 두고 있으며, 누구나 비호를 신청할 권리를 누리고, 자발적 본국 귀환, 현지 동화 혹은 제3국 재정착의 방법으로 다른 나라에서 안전한 피난처를 보장 받을 수 있도록 활동하고 있다. 2019년 현재 134개국에서 근무하는 16,803명의 직원들이 7,080

만 명에 달하는 난민과 보호 대상자를 돕고 있는데, 이러한 난민보호의 공로로 1954년, 1981년 두 차례 노벨평화상을 수상한 바 있다.

이러한 유엔난민기구의 역할을 구체적으로 살펴보면 다음과 같다(이신화 외, 2015).

첫째, 난민보호법을 통한 실제적 보호나 인도적 지원을 아우르는 능동적 역할을 수행하고 있다.

둘째, 전통적 의미의 협약난민뿐만 아니라 난민과 유사한 처지에 있든 다양한 유형의 난민이나 유민에 관한 보호임무와 난민해결방안을 모색하고 있다.

셋째, 난민들로 하여금 재정착 대신 본국 귀환을 가장 바람직한 것으로 여기면서 새로운 대안으로 강조하기 시작하였다.

넷째, 유엔난민기구가 창설된 이후 현재까지 수천만 명의 난민들과 난민과 유사한 처지에 있는 사람들에 대한 구호활동을 하고 있다. 하지만 난민구호활동은 국제법적인 제약과 재정적 문제, 정치적 복잡성으로 활동하기가 어려운 형편이다.

2) 국제연합평화유지군(UNOPKO)

유엔 평화유지군 또는 국제연합평화유지군(國際聯合平和維持軍, United Nations Peacekeeping Force)은 유엔의 유사 사태시 평화와 회복을 유지하기 위해 각국의 정부가 자발적으로 파병한 병사이다. 평화유지활동이란 평화의 지속을 위해 필요한 조건을 조성하는 활동을 말한다. 유엔의 다양한 국가와 주 정부, 조직 내 국제적 수준에서 평화유지군은 분쟁지역을 감시하고 관찰하며 평화협정 이행을 위해 전 전투원을 지원하는 역할을 한다. 이러한 평화유지활동은 신뢰 구축, 권력 분점에 대한 합의, 선거지원, 법치주의 강화, 경제적 사회적 발전 지원 등의 영역에서 다양한 형태로 이루어지고 있다. 따라서 유엔의 평화유지군은 군인과 민간인 모두를 포함하는 포괄적인 개념이라고 볼 수 있다. 평화유지군은 파란색 베레모 또는 전투모를 착용하여, 블루베레 혹은 블루 헬멧이라고도 불린다.

이러한 유엔평화유지군은 1988년 노벨평화상을 수여받았다(Fortna, Virginia, 2008)

유엔헌장은 전 세계의 평화와 안보를 유지하기 위해 유엔의 모든 회원국은 안전보장이사회에 필요한 군대와 시설을 제공해야 한다고 규정했다. 1948년 이래로 약 130개 국가가 평화유지작전에 군인 및 민간 경찰 요원을 기용하고 있다. 이 기간 동안의 평화유지임무를 수행한 모든 인원에 대한 상세한 기록은 알 수 없지만, 지난 56년 동안 최대 1백만 명의 군인, 경찰 및 민간인들이 유엔의 깃발하에 평화유지활동을 지속해 왔다고 추산된다. 많은 수의 국가들이 평화유지활동에 참여하고 있음에도 불구하고, 개발도상국의 핵심 국가들이 여전히 가장 큰 부담을 하고 있다(Fortna, Virginia, 2008). 2016년 8월 기준 주요 개발도상국가들의 파병 현황은 다음과 같다. 에티오피아 8,326명, 인도 7,471명, 파키스탄 7,161명, 방글라데시 6,772명, 르완다 6,146명, 네팔 5,131명, 세네갈 3,617명, 부르키나파소 3,036명, 가나 2,972명, 이집트 2,889명 순이다.

개발도상국은 선진국에 비해 더 많은 평화유지활동에 참여하는 경향이 있다. 이는 전문가들에 의하면 대규모 국가들의 제국주의적 사고를 견제하기 위한 것으로도 해석된다. 일례로, 2005년 12월 에리트리아는 에티오피아 국경에서 평화유지 임무를 수행한 모든 미국인, 러시아인, 유럽인, 캐나다인을 추방했다. 또한 개발도상국이 유독 더 많은 평화유지군을 파견하는 현상은 경제적 관점에서도 설명된다. 한 달 동안 평화유지군에게 지급되는 유엔의 상환금은 임금 및 수당 1,028달러로 전문가들에게는 303달러의 추가수당과 개인 의류 및 장비 구매비용 68달러가 추가로 지급된다. 이것은 개발도상국가의 입장에서는 하나의 중요한 수입원이 된다(Fortna, Virginia, 2008).

한편, 평화유지활동에 있어 유엔은 평화유지임무를 수행하는 유일한 조직은 아니다. 비 유엔 평화유지군에는 유엔이 승인한 NATO 사명과 시나이 반도의 다국적군 및 감시단, 또한 EUFOR RCA와 같은 EU 가입국이 포함되어 있다. 비폭력 평화조직(Nonviolent Peaceforce)은 비정부 자원 봉사자 또는 활동가들에 의해서도 이루어지는데, 일반적인 평화 운동에 대한 전문 지식을 교육하고 장려하는 하나의 비정부기구(NGO)의 역할을 수행하고 있다(Fortna, Virginia,

2008).

특히 국제평화유지군은 난민보호의 군사적 측면에서 발칸반도, 유럽지역의 난민문제해결을 위한 조직 중 하나로 중요한 활동을 해왔다. 국제평화유지군은 보스니아에서 그 역할이 다소 감소되긴 했지만 여전히 무기회수 및 치안 안정, 난민문제해결과 평화구축에 기여하고 있다. 역사적으로 국제평화유지군은 코소보를 지점으로 하여 다양한 국가에서 활동하고 있는데(김철민, 2012), 지금까지 난민보호와 관련하여 수행한 역할을 소개하면 다음과 같다.

첫째, 1999년 6월 유엔안전보장이사회에서 코소보 평화안이 통과된 이후 코소보 평화유지군으로 활동하고 있다. 이들은 코소보의 안전과 정치세력의 보호, 모든 시민들의 이동 자유 그리고 민족 갈등해소라는 임무를 충실히 수행하고 있다.

둘째, 마케도니아의 유엔평화유지군, 즉 MFOR(Macedonia Force)의 활동은 마케도니아 정부 지원과 알바니아 반군의 무기 회수와 서부 마케도니아의 치안 유지에 한시적 임무를 띠고 활동하고 있다.

셋째, 국제기구(WEP)가 요르단 등 인접국에서 활동하고 있지만 재정지원이 줄어들어 고충을 겪고 있다. 터키와 요르단 정부의 도움이 절실히 필요한 상황이다. 러시아 공습으로 시리아 내의 난민 수만 해도 30만 명 이상이 되는데, 이들을 돌보거나 교육을 하지 않는다면 IS로 흘러들어 갈 가능성도 있다는 점이다. 시리아 난민문제는 1951년 난민 협약에 의거해 난민 지위가 인정되어야 한다. 이렇게 국제평화유지군은 코소보, 알바니아 등지의 난민보호 역할을 하면서 동시에 민족적 갈등해소를 위한 임무도 수행하고 있다.

3) 난민인권센터

난민인권센터는 NGO 단체로서 1951년 “유엔난민협약”에 의거한 사업을 진행하고 있다. 난민인권센터의 활동은 주로 난민정책의 방향성과 정책의제 연구를 통한 난민인권, 난민의 정신건강과 상담, 난민의 사회적 처우와 인권실태,

난민의 재정착, 한국을 찾은 난민의 인도적 체류허가 등 다양한 사업을 펼치고 있다. 난민인권센터는 국제기구는 아니지만 인권, 한국난민 실태 등 정보 및 보도자료 수록을 하면서 난민문제를 지원하는 단체로 활동하고 있다. 난민인권센터는 온라인을 통한 난민문제를 지원하는 곳으로 난민과 관련된 뉴스, 재정착을 위한 지원방안, 억압과 박해의 벽을 넘어 한국으로 찾아온 난민들이 한국에서 다시 차별과 배제의 벽 앞에 절망하지 않고 꿈과 희망을 향해 용기 있게 나갈 수 있도록 돕고 있는 것으로 나타났다. 이 센터는 난민에 대한 사회적 인식과 함께 법과 제도의 개선을 추진하고 난민들이 한국 사회에서 인간다운 기본적 생활을 영위할 수 있도록 돕는 것을 목표로 하고 있다(난민인권센터 홈페이지, 2020 참조).

4) 국제이주기구(IOM)

국제이주기구(International Organization for Migration, IOM)는 제2차 세계대전 이후 피해받은 유럽 이주민들의 재정착을 돕기 위해 1951년에 설립된 정부 간 기구이다. 오늘날 범위를 넓혀 세계적인 인간 이동성과 관련된 이주를 위한 유엔 관련 기구가 되었다. 국제이주기구는 정기적이고 안전하며 질서 있는 이주를 촉진하기 위해 한국을 포함한 166개 회원국들에게 다양한 서비스와 정책 조언을 제공해 왔다.

1994년 한국 사무소가 개소된 이후 국제이주기구는 국내 다양한 이주문제를 해결하기 위해 노력해오고 있다. 이주 거버넌스 개선, 이주 및 개발 촉진, 취약한 이주민 보호 및 지원을 통해 지속가능개발목표(SDGs) 달성을 추구하고 있다. 이주를 국가, 지역 및 국제 개발 계획에 편입, 인신 매매 방지 및 피해자 보호, 난민 재정착 및 자발적 복귀 노력(Assisted Voluntary Return and Reintegration) 지원을 위한 서비스를 제공하기 위해 정부 및 시민 사회와 협력하고 있다.

이상과 같이 국제이주기구는 인도적이고 질서 있는 이주를 위해 국제사회의 여러 단체와 함께 이주관리 영역에서 일하는 단체이다. 이 기구는 난민을 비롯한 이주노동자, 이재민, 트래피킹(trafficking) 피해자 등 조금 더 넓은 범위의 이주자들을 돕는 곳이다. 또한 유엔난민기구와 협업을 통해 난민을 지원하기도 한다. 특히 국제이주기구에서는 난민들의 재정착을 돕는 일뿐만 아니라 난민이 다시 본국으로 돌아갈 수 없는 사례를 위탁받아 재정착하는 국가에 제출하는 일들을 통해 난민의 새로운 삶을 돕고 있는 곳이다.

국제이주기구의 재정착 프로그램은 건강검진과 치료, 성공적 통합을 위한 교육을 포함하고 있으며 이동 및 출국까지 지원하고 있다. 이러한 프로그램의 진행 또한 유엔난민기구와 협업을 통해서 가능하다. 국제이주기구의 사업은 국제적으로 크고 작은 단체와 협력을 통하여 난민보호를 위한 일들을 하고 있으며, 공익법센터, 공익인권법재단 공감, 난민인권센터, 세이브더칠드런, 에코팜 등이 네트워크에 참여하고 있다.

4 난민과 국제사회복지

1) 난민협약 이행과 국제공조

국가는 자국민의 권리를 보장할 책임이 있다. 국가로부터 보호를 거부당하거나 여러 이유로 제공받을 수 없는 경우 국제적 보호의 필요성이 제기된다. 국제적 보호를 제공하는 주된 책임은 개인이 비호를 요청하는 국가에 있다. 모든 국가는 국제인권법 및 국제관습법을 포함한 국제법에 따른 의무의 결과로 국제적 보호를 제공해야 할 의무가 있으며, 1951년 난민의 지위에 관한 협약(난민협약), 1967년 난민의정서의 체약국은 해당 협약의 조항에 따른 의무를 지니고 있다.

국제사회의 난민보호활동은 제2차 세계대전 이후 유럽에서 발생한 난민문제를 해결하기 위한 노력에서 시작되었다. 세계 각지에서 인종, 종교 등에 기인한 크고 작은 분쟁과 이에 따른 난민이 계속 발생함에 따라, 난민문제해결을 위한 국제사회의 노력의 강화가 요구되고 있다(이만종, 2016). 따라서 유엔난민기구, 유엔고등판무관실(UNHCR)은 제2차 세계대전으로 터전을 잃은 유럽인들을 돕는 목적으로 출발했다. 유엔난민기구는 1950년 12월 14일 유엔총회에 의해 창설되어 3년간 임무를 수행하고 해산하도록 임무를 부여받았다. 이듬해 7월 28일, 난민지원에 대한 법적 근거이자 유엔고등판무관실의 활동에 지침이 되는 부속서인 1951년 난민지위에 관한 협약이 채택되었다. 유엔난민기구, 유엔고등판무관실은 난민에게 국제적 보호를 제공할 책임을 지니고 있으며 전 세계적으로 난민을 보호할 구체적 임무를 부여받은 유일한 국제기구이다.

유엔난민기구(UNCHR)의 주된 목적이 난민의 권리와 복지를 보호하는 것이지만, 궁극적인 목적은 난민이 존엄성을 지니고 평화롭게 삶을 재건할 수 있도록 영구적인 해결책을 찾도록 돕는 것이라고 할 수 있다. 이러한 측면에서 난민들에게 UNCHR이 도움을 제공할 수 있는 세 가지 해결책이 있는데 다음과 같다.

첫째, 자발적 본국 귀환이다.

둘째, 현지 동화이다.

셋째, 본국 귀환이나 비호국에서의 거주가 어려운 경우 제3국에서의 재정착 등이다.

그러므로 UNHCR은 매년 전 세계 난민들이 하나 이상의 영구적인 해결책을 누릴 수 있도록 지원을 제공하려고 노력하고 있다. 하지만 많은 난민과 국내실향민들에게 이러한 해결책은 쉽지 않다. 따라서 계속 증가하는 난민문제에 대처하기 위해서는 UNHCR의 특수한 보호 및 지원임무가 필수적이라고 할 수 있다. UNHCR와 함께 이러한 오래된 상황에 대해 집중 조명해서 해결책을 찾을 수 있도록 하기 위한 국제사회의 지원이 요구된다. 여러 경우에 있어 장기적 해결책이 없는 경우 보호문제가 어려워지기 때문이다.

난민보호에 있어서 가장 중요한 원칙으로 강조되고 있는 것이 「난민협약」 제33조에 규정되어 있는 '강제송환금지의 원칙(principle of nonrefoulement)'이다. 이 원칙은 난민신청자를 박해의 우려가 있는 국가로 되돌려 보내서는 안

된다는 원칙으로서 출입국 문제가 각 개별국가의 주권에 해당한다는 일반원칙에 대한 예외를 구성하며, 국제관습법으로 확립된 것으로 받아들여지고 있다(외교통상부, 2015).

2) 우리나라에서의 난민

우리나라는 1992년 난민보호에 관한 핵심문서라고 할 수 있는 '난민의 지위에 관한 협약(1951)' 및 '난민의 지위에 관한 의정서(1967)'에 가입했다. 우리 정부는 1992년 난민지위 협약에 가입한 이래 '(난민)협약상 난민'의 정의에 속하지는 않으나 인도적 차원에서 보호가 필요한 이주자에 대해서도 '인도적 지위(humanitarian status)'를 부여함으로써 보호를 제공하는 등 난민보호강화를 위해 노력하고 있다. 2000년부터는 유엔 내 난민구호 총괄기구인 UNHCR의 집행이사국으로 국제 난민보호활동에도 기여해온 바 있으며, 2001년에는 UNHCR 주한대표부가 서울에 설치되어 국내외 난민보호를 위한 한국과 UNHCR 간의 협력을 이어가고 있다. 우리나라의 UNHCR 기여금은 2009년 이래 매년 250만 달러를 납부하고 있으며 2010년 기준 우리정부의 기여금 규모는 국가들 중 25번째이다.

우리나라는 1992년 제네바난민협약과 난민의정서에 가입하고 2001년에 처음으로 난민을 수용하고, 2011년 12월에 독자적인 난민법을 통과시켰다. 따라서 우리나라는 2011년 12월 29일 유엔난민협약에 가입한 아시아 국가 중 최초로 「난민 등의 지위와 처우에 관한 법률」을 별도로 제정했다. 법안은 2013년 7월 1일부터 시행되었다. 그러나 우리나라의 난민인정비율은 5% 수준으로 전세계 난민협약국 평균치인 38%에 크게 못 미치는 수준이라 할 수 있다. 특히 우리나라의 난민정책은 외국인의 불·탈법적인 출입을 예방하는 법무부 산하 출입국 관리소에서 전담하고 있어서, 인도주의적 접근이 어렵다는 지적도 제기되어 왔으나 우리의 안보현실을 고려한 것으로 판단된다. 이러한 지적 이외에도 난민인정절차가 매우 까다롭고 제도상 허점이 많다는 지적도 있어 제도적 보완이 필요한 실정이다(김경환, 2014). 그럼에도 불구하고 한국의 난민법은 동아시아 다른 나라에는 없는 법이며, 개선되어야 할 사항이 아직 많지만 국제난민레짐의 규범을 국내법으로 제도화했다는 측면에서 큰 의의가 있다고 할 수 있다(이민정책연구원, 2013).

3) 인도적 체류 지위자

인도적 체류자에게 인정되는 권리는 취업활동허가에 불과하다. 2013년 국가인권위원회는 건강보험제도는 공적부조의 성격과 다르게 보험원리에 의거한 것으로 장기간 거주하는 인도적 체류자에 대한 적정 건강관리 차원에서 지역건강보험 가입자격 부여 권고를 한 적이 있다. 그러나 보건복지부는 인도적 체류자는 경제활동 목적이 아닌 생명과 신체의 자유만을 특별히 보호하기 위한 취지이므로 위 권고를 불수용하기도 하였다. 사실 보충적 보호 지위는 국제법상 「제네바 협약」 제33조의 고문방지협약, 유럽인권협약 등에 의해서 각국에서 난민에 준한 보호를 부여하는 지위이다. 그러나 한국 정부가 부여하는 인도적 체류 지위는 난민에 준하는 보호를 하지 않고 있으므로 국제법상 보충적 보호 지위라고 볼 수 없다(김세진, 2015).

따라서 난민문제의 지속가능한 해결책으로 강조되고 있는 세 가지 방안은, 앞에서도 언급한 바와 같이, 첫째, 자발적 귀환, 둘째, 현지정착 또는 현지통합, 셋째, 재정착이다. 가장 근본적인 해결책은 정치적 박해와 같은 난민을 만들어낸 상황이 종결되어 출신국가로 돌아가는 자발적 귀환이지만 많은 경우 자발적 귀환이 어려워 제1비호국에 영구 정착하거나, 제2비호국에 재정착하는 사례가 점차 늘고 있다. 특히 장기화된 난민상황에 대한 국제사회의 관심이 높아지면서, 재정착 확대를 통한 국제사회의 책임분담 요구가 높아지는 상황인데 이에 대한 국제사회 및 국제사회복지의 공조방안의 모색이 요구된다.

CHAPTER

14

글로벌시민교육

1 글로벌시민교육의 개념

오늘날 세계화(globalization)라는 말은 한 사회, 국가라는 지역적 경계(territory)가 무너지고 이 지구상의 모든 사람들이 이웃이 되어 살아야 하는 시대가 도래했다는 것을 의미하는 말이다. 하지만, 세계화의 급격한 도래로 인해, 빈곤의 양극화 현상은 더욱 심각해지고 있다. 전 세계 인구 가운데 약 12억 명이 하루 1달러 이하로 살아가고 있으며 식수 확보에 어려움을 겪고 있는 인구도 지구상 11억 명에 이르고 있다. 매년 저개발국가에서 태어나는 1억 1,000만여 명의 아이 중 10%는 다섯 살이 되기 이전에 영양실조와 예방 가능한 질병으로 죽고 있으며, 지금 이 순간에도 기아와 가난으로 인해 3초당 한 명의 어린이가 죽어가고 있다(United Nations Development Programme, 2006 Annual Report).

유엔 산하 세계식량계획(WFP)에 따르면, 굶는 아이 한 명의 하루 생존을 위한 식비는 19센트, 원화로 200원 남짓한 돈이다. 그러나 세계에선 매년 1인당 300kg의 모든 사람이 먹고 남을 만큼의 식량이 생산되지만, 3분의 1 이상이 고기를 위해 가축 사료로 전용된다(OECD, 2007). 이런 나라의 아이들은 늘 허기지고 의료 혜택도 받지 못한다. 비를 가릴 집도 없고, 깨끗한 식수가 부족해 질병 위험에 그대로 노출되어 있다. 에이즈와 가뭄, 지형적 고립, 내전의 악순환으로 인해 결핍과 죽음의 덫에 걸려 있다. 뿐만 아니라 실용적인 학교 교육은 고사하고 초등교육조차 받지 못하는 아동이 약 8,000만 명가량 되고 있다는 점이다. 초등학교 입학생의 남녀평등 원칙도 실현이 요원한 상태이다(OECD, 2007). 해마다 1,000만 명의 5세 미만 어린이가 사전 예방을 할 수 있었던 질병으로 숨져가고, 에이즈는 전 세계적으로 심각하게 확산되고 있으며, 말라리아 · 결핵 등의 감염성 질환으로 대다수의 사하라 이남 아프리카의 평균 수명도 그다지 증가되지 못하고 있다(UNDP, 2006). 나아가 인구증가와 소비증대는 인프라와 천연자원에 대한 압력을 계속적으로 가중시키고 있다(장현식 외, 2007).

따라서 환경, 교육, 보건, 젠더, 인권 등 전 영역에서의 글로벌파트너십이 중시되고 있는 현시점에서, 세계적으로 가중되고 있는 다양한 문제를 자신의 문제처럼 여기고 헌신할 글로벌 시민이 충분한가, 충분하지 않은가는 지속가능개발목표(Sustainable Development Goals, SDGs)의 성공 여부를 가르는 중요한 요소가 될 것이라고 본다. 왜냐하면, "글로벌시민교육"의 핵심적인 특징으로 꼽을 수 있는 것이 바로 참여적 접근(Participatory Approach) 혹은 참여적 학습(Participatory Learning)이기 때문이다(Burton & May, 2015).

1960년대 많은 식민지국가들이 독립함에 따라 본격화된 국제개발협력에 대한 이해를 제고하고, 지지를 얻기 위해 유럽을 중심으로 시작된 글로벌시민교육은, 지구공동체의 미래를 전 세계의 모든 구성원들이 함께 고민하며 해결책을 찾아가는 교육으로 성장 발전해왔다. "글로벌시민교육"은 현재 국가별로 개발교육(Development Education)이란 이름 외에도 글로벌학습(Global Learning), 글로벌교육(Global Education), 글로벌 개발교육(Global Development Education) 등 다양한 이름으로 불리고 있지만, 글로벌시민을 양성한다는 핵심은 같다(Burton & May, 2015).

글로벌시민교육은 단순히 국제개발에 대한 인지제고 및 공적개발원조(Official Development Assistance, ODA) 지지세력을 키워내는 차원을 넘어, 세계의 문제에 대해서 고민하고 해결책을 찾아가는 글로벌시민(Global Citizen)을 길러내기 위한 과정으로 발전하고 있다(고미나 외, 2010).

이는 기존 학교현장에서 일반화된 일방향적 교육이 아닌, 참여하고, 소통하고, 생각을 나누는 쌍방향적 교육을 의미한다. 일련의 원조효과성 회의에서 가장 중요한 이슈로 언급되어온 것이 바로 수원국의 주인의식이었다. 일방적으로 원조를 받는 것에 익숙해진 구조는 필연적으로 원조 의존성을 낳고, 이는 수원국의 자립 및 지속가능 발전에 득보다는 해가 된다. 이런 폐해를 끊고자 기존의 공여국 중심의 원조에서 수원국의 주인의식을 강조하는 원조가 강조되고 있으며, 특별히 지역주민들을 개발의 주된 행위자로 참여시키는 참여적 개발기법이 큰 호응을 얻고 있다.

하지만 권리에 기반한 접근(Right-Based Approach, RBA), 주인의식, 의사결정과정에서의 수원국 주민 참여 등의 화려한 어구들이 아무리 국제사회의회의 석상에서 회자되어도, 실질적으로 개발도상국의 국민들이 이에 제대로 응답하지 않는다면, 소용이 없을 것이다(Burton & May, 2015).

한편, 2012년 9월에 반기문 유엔사무총장에 의해 발족된 "글로벌 교육우선구상(Global Education First Initiative, GEFI)"의 3대 우선순위 중 하나로 글로벌 시민의식이 정해졌다. 하지만, 유엔 차원에서 글로벌 시민양성이 논의되는 것은 갑작스러운 일이 아니라, 일련의 역사와 사건을 통해 자연스럽게 진행되어온 것이다. 다만, 유엔 차원에서 "글로벌 교육우선구상"을 통해 공식적으로 글로벌 시민을 언급한 것은 기존의 국제연합, 즉 주권국가들의 모임에서, 주권국가의 한계를 뛰어넘는 글로벌거버넌스 체제로의 본격적인 전환을 의미한다고 할 수 있다. 이는 최근 많은 유엔 차원의 회의나 행사들이 국가 간을 의미하는 국제('inter'+'national')란 용어보다 전 지구적 차원을 의미하는 글로벌(Global)이라는 용어를 더 많이 사용한다는 점에서도 엿볼 수 있다. 이러한 면에서 지속가능개발목표시대에, 각 국가의 시민(National Citizen)을 넘어선 글로벌 시민(Global Citizen)을 양성하는 것을 목적으로 두고 있는 "글로벌시민교육"의 중요성은 더욱 증가하고 있다고 볼 수 있다(고미나 외, 2010).

개발도상국의 개발문제해결에서 시작되었던 "글로벌시민교육"은 이제 지구촌을 살아가는 모든 구성원들이 지구촌 구성원으로써의 자신의 권리와 의무를 알고 이를 위해 행동할 수 있게끔 만들어주는 교육으로 그 범위를 확장하고 있다. 즉, 지구촌에서 발생하는 다양한 문제들이 개인의 삶에 끼치는 영향력을 인지하고 이에 대응하는 방법을 알기 위해서, 모든 국민들이 "글로벌시민교육"을 받을 권리가 있음을 이야기하고 있는 것이다(Burton & May, 2015).

따라서 "글로벌시민교육"이란 단순한 지식획득의 차원에 그치지 않으며, 세계적 관점을 통한 통합적·비판적·창조적 사고능력학습, 더 나아가 능동적이고 참여적인 태도를 함양하도록 하는 교육을 말한다.

2 글로벌시민교육의 역사적 배경

"글로벌시민교육"을 논함에 있어서 가장 중요한 개념은 바로 '글로벌시민(Global Citizen)'이라는 개념이다. 유럽의 종교전쟁이 끝을 맺은 1648년 베스트팔렌조약(Peace of Westfalen) 이후 세계는 주권국가(Sovereign State)체제로 넘어간다. 이후 이 주권국가체제는 300년 넘게 지속되어 왔다. 독일의 철학자 임마누엘 칸트(Immanuel Kant)가 그린 주권국가체제를 넘어선 세계연방의 꿈은 제1차 세계대전 후에 설립된 국제연맹(League of Nations)과 제2차 세계대전 후에 설립된 유엔 및 브레튼우즈 기관(Bretton Woods Institutions)을 통해서 구체화되기 시작한다. 이후 국제사회는 다양한 국제기구를 통해서 협력을 늘려가고, 공동의 목표를 추구하는 사업을 지속하여 왔다(Burton & May, 2015).

"글로벌시민교육"은 1960년대 유럽의 개발 NGOs를 중심으로 시작되었다. 1960년대는 국제개발에 있어서 여러모로 중요한 의미를 갖는다. 1945년 제2차 세계대전이 끝나면서, 세계는 이와 같은 전쟁의 재발방지를 위해서 일련의 중요한 국제기구들을 설립하였다. 뿐만 아니라, 평화유지를 위해 유엔을 설립하였으며, 제2차 세계대전의 도화선이 된 세계대공황과 같은 경제문제해결을 위해 세계은행(World Bank, WB)과 국제통화기금(International Monetary Fund, IMF)과 같은 국제금융기구(International Financial Institutions, IFIs)를 설립하였다. 그러나 이들 기관이 처음부터 제3세계 개발에 관심을 가졌던 것은 아니다. 전후 개발의 1차 목표는 전쟁으로 황폐해진 유럽지역 복구에 있었다. 1940년대 후반과 1950년대를 거치면서, 유럽은 재건에 성공하였고, 많은 식민지국가들이 독립하게 되면서, 국제개발협력의 관심은 1960년대부터 본격적으로 제3세계에 집중하게 된다(고미나 외, 2010).

이러한 맥락에서 신생독립국을 돕는 국제개발협력 및 자원 활동이 유럽지역에서 활성화된 것 또한 사실이다. 개발 NGOs 실무자 및 해외자원봉사활동을 다녀온 사람들은 본국 내의 시민들 사이에서의 국제개발협력에 대한 무지와 무

관심을 보면서, 국제개발협력 및 해외원조에 대한 인지제고의 필요성을 절감하게 되었고, 이러한 배경하에서 "글로벌시민교육"이 자연스럽게 파생된 배경이 되었다. 이러한 "글로벌시민교육"은 초기에는 개발원조, 해외봉사, ODA에 관한 교육 및 지식전달에 그쳤던 것이 현재는 글로벌 시민으로써의 자의식과 책임감형성을 위한 교육으로까지 발전하여 진행되고 있다(Burton & May, 2015).

특히, 1960년대 시작된 "글로벌시민교육"은 지속적으로 성장해왔지만, 특별히 1990년대~2000년대는 "글로벌시민교육"의 황금기라고 할 수 있을 정도로 다방면의 지원과 발전이 이루어진 시기라고 볼 수 있다. 1991년 소비에트연방의 붕괴로 세계는 미국과 소련의 양극체제에서 미국중심의 일방주의(American Unilateralism) 체제로 전환되게 된다. 이는 인터넷의 보급과 함께, Globalization이라는 큰 흐름을 만들어내고, 이로 인해 "글로벌시민교육(Global Citizenship Education)"의 필요성이 급증하게 되었다.

또한 1990년대는 이전의 경제중심의 원조에서 사회개발중심 원조로 원조의 중심이 옮겨가면서 환경, 성평등, 아동, 교육 등과 관련한 일련의 국제회의가 지속적으로 개최되었으며, 이러한 다양한 분야에 대한 교육의 필요성 또한 증가하게 된 시기라고 할 수 있다(고미나 외, 2010).

1980~90년대는 NGOs뿐 아니라 정부원조기관들이 "글로벌시민교육" 및 원조에 대한 대국민 인지제고에 막대한 관심과 재정을 지원해 유럽 각 국가에서 "글로벌시민교육"이 대폭 성장하는 시기였다. 이 시기 네덜란드, 룩셈부르크, 스웨덴, 노르웨이, 스위스, 오스트리아, 독일 등의 국가들은 정부 차원에서 "글로벌시민교육"에 관한 예산을 크게 증가시켰다. 정부의 이러한 노력에 의거하여 개발협력분야에서 주변에 머물렀던 "글로벌시민교육" 활동은, 1990년대 말에 이르러서는 개발담론, 정책, 자금 모든 면에서 개발이슈의 중심부로 이동하게 된다(고미나 외, 2010).

2000년대는 유럽지역 "글로벌시민교육"의 황금기라고 할 수 있다. 1990년대 말부터 국제개발이슈의 중심으로 들어오기 시작한 "글로벌시민교육"은 2000년에 들어 원조의 정치 공학적 측면에는 자유진영 미국과 공산진영 소련의 제3세계를 둘러싼 세력경쟁이 있었다. 1991년 소련의 패망으로 세계 제1의 강대국으로 부상한 미국에게는 자기편 만들기를 위해 사용되었던 해외원조의 필요성이 급감한다. 무소불위의 권력을 휘두르게 된 미국 조지부시(George W. Bush) 행정부 아래에서 연성파워(Soft Power) 대신 강성파워(Hard Power)를 주창하는 목소리가 힘을 얻게 되고, 이는 원조예산의 삭감으로 귀결되었다.

하지만 2001년 9월 11일에 벌어진, 미국 본토가 공격을 받은 초유의 사태는 국제정치의 판도를 바꾸어 놓았다. 이 사건을 통해서 선진국 국민 자신들의 안전을 위해서라도 개발도상국의 빈곤문제를 도외시 할 수 없다는 현실을 직시하게 된 것이다. 정치적 현실주의(Realism)의 실패를 토대로 자유주의(Liberalism)가 다시 힘을 얻게 되고, 국경을 넘어선 국제적인 연대를 외치는 목소리가 커지게 되었다(Burton & May, 2015).

2000년대 들어 "글로벌시민교육"의 중요성이 강화된 또 다른 이유는 전 지구적 개발목표인 새천년개발목표(Millennium Development Goals, MDGs)의 등장 때문이다. 1945년에 창설된 유엔과 1944년에 설립된 브레튼우즈(Bretton Woods)체제에서 지구는 글로벌 거버넌스(Global Governance) 체제의 기반을 마련하였다. 하지만, 이는 소련을 중심으로 한 공산진영이 배제된 반쪽짜리 체제에 불과하였다. 1991년 소련의 패망 후, 급속도로 진전된 글로벌리제이션(Globalization)하에서 세계는 처음으로 진정한 글로벌 거버넌스체제 설립의 가능성을 목도하고 있다. MDGs는 유엔 189개국 대표들이 만장일치로 찬성한 첫 번째 지구적 목표라는 점에서 깊은 의미를 지니고 있다. 이러한 지구적 목표가 성공하느냐 실패하느냐는 주권국가의 경계를 넘어 지구적으로 생각하는 글로벌 시민성이 개개 국가에서 교육을 통해 국민들에게 전달되느냐 마느냐에 달려 있다. 이러한 이유로 "글로벌시민교육"은 MDGs의 등장과 함께 더욱 주목을 받게 된 것이다(UN, 2014).

이러한 시대적 맥락에서 2000년대 들어 중요성이 강화된 "글로벌시민교육"의 질적·양적 성장을 위해 유럽은 일련의 "글로벌시민교육" 회의를 지속적으로 개최하고 있다. 그 시작은 2000년 11월 유럽의 개발 장관모임 차원의 "글로벌시민교육"에 대한 결의서인 Development Education Resolution of the EU Council of Development Ministers 채택이다. 이 결의서는 첫째, 유럽지역의

"글로벌시민교육" 강화를 위한 정부와 NGO 간의 정보공유, 둘째, "글로벌시민교육"의 효과적인 매개체인 공정무역의 중요성 강조, 셋째, NGO의 "글로벌시민교육" 활동지원, 넷째, NGO－학교－대학－언론 등 개발교육 유관기관 간의 긴밀한 소통 강화 등을 장려한 것을 명시하고 있다(Burton & May, 2015).

2002년 11월 15~17일간 네덜란드 마스트리히트(Maastricht)에서 개최된 European Congress on Global Education to 2015가 가지는 의미도 특별하다고 할 수 있다. 네덜란드 마스트리히트는 1992년 마스트리히트조약(Maastricht Treaty)이란 별칭으로 불리는 유럽 연합조약(Treaty on European Union)하에 현재의 유럽연합(European Union, EU)을 발족시킨 역사적인 공간이다. 유럽은 1648년 베스트팔렌조약(Peace of Westfalen)으로 주권국가(Sovereign States)체제를 설립하였는데, 1992년 마스트리히트조약은 이러한 주권국가를 넘어선 국가연합체제를 탄생시켰다.

이 회의의 결과로 the Maastricht Declaration on Improving and Increasing Global Education in Europe to 2015가 도출되었다. 이 선언서에서는 MDGs의 마감시한인 2015년까지 다음과 같은 사항을 촉구하였다.

첫째, "글로벌시민교육"의 양과 질을 높이는 국가적인행동계획 개발

둘째, "글로벌시민교육" 관점이 교육의 모든 단계에 포함될 수 있도록 할 것

셋째, 이에 대한 펀드를 강화할 것

넷째, "글로벌시민교육"의 질적·양적 성장 전략을 위한 지역적, 유럽 차원의 그리고 국제적인 네트워크 지원 등을 촉구하였다(Burton & May, 2015).

이 회의의 또 다른 의미 있는 결과물은 the European Global Education Peer Review Process이다. 이는 OECD개발원조위원회(Development Assistance Committee, DAC)가 DAC회원국들의 개발원조상황을 서로 확인하고, 권고사항을 제시하는 것과 마찬가지로, 유럽 국가들이 서로의 "글로벌시민교육" 상황을 확인하기 위해서 만들어진 것이다. 시작 단계에서는 유럽의회 남북센터(North-South Centre of the Council of Europe)가 사무국을 맡았으나, 2006년부터는 GENE(Global Education Network Europe)가 사무국을 맡아서 프로세

스를 진행하고 있다. 이 Peer Review Process는 실질적으로 개별 국가들이 더 나은 수준의 교육을 개발하고 실시하는 데 큰 도움이 되고 있다. 핀란드의 경우 국가전략을 개발시킬 것이 권고되었는데, 그 결과 핀란드 "글로벌시민교육"을 위한 종합적인 국가전략이 개발되기도 하였다.

2005년 5월 19~20일에는 EU의 본부가 있는 벨기에 브뤼셀에서 'European Conference on Awareness-Raising and Development Education for North-South Solidarity'가 개최되었다. 본회의에는 유럽개별정부기관 및 EU 행정기관, NGOs를 포함한 시민사회기관들이 참여하였다. 회의결과, 첫째, 지속가능개발(Sustainable Development)과 MDGs를 개발 교육의 주된 내용으로 포함한 것, 둘째, 인지제고와 개발교육을 EU회원국들의 공교육(Formal Education)과 민간교육(Informal Education)에 통합할 것이 합의되었다. "글로벌시민교육"에 관한 자금지원과 관련하여서는, 유엔개발계획(UNDP)보고서가 제안한 대로, EU회원국들이 전체 ODA의 3%를 이 분야에 제공할 것을 촉구하였다. 이 회의 참가자들은 2015년까지 EU회원국들의 ODA/GNI비율을 0.7%까지 확대시킬 것을 재확인하였으며, 효과적인 "글로벌시민교육"과 인지제고 활동이 MDG나 ODA목표를 달성하기 위한 국민의 지지 획득의 핵심적인 조건이라는 면을 강조하였다(UN, 2014).

2006년 6월 EU의 의장국인 핀란드의 지원 아래 개최된 핀란드 헬싱키 컨퍼런스에서는 다시금 "글로벌시민교육"과 인지제고 문제가 개발의제의 중심에 놓여졌다. 핀란드가 "글로벌시민교육"에 관한 컨퍼런스와 함께 개발협력 분야의 EU 의장국 일에 착수하였다는 것은 매우 의미심장하다. 이 회의에서는 글로벌 및 개발관점(Global and Development Perspective)이 교육 시스템에 통합되기 위해서 외교부와 교육부 그 외 관련 부처, 시민사회, 지방정부, 국가교육과정 담당기관 간의 협력이 중요하다는 점이 강조되었다. 또한 NGOs와 몇몇 회원 국가들이 전체 ODA 자금의 3%를 "글로벌시민교육"에 사용할 것을 지지하고 있다는 점 역시 강조되었다. 또한 이 회의의 결과물로 "글로벌시민교육"에 대한 유럽다자 이해관계자 운영위원회(European Multi-Stakeholder Steering Committee)가 창설되었다.

2007년 국제개발협력과 "글로벌시민교육"에 관련 있는 다양한 이해관계자로 구성된 그룹들이 함께 'The European Consensus on Development:the Contribution of Development Education & Awareness Raising'을 발간하고 있다. 여기에서 유럽은 "글로벌시민교육"의 핵심목표가 빈곤퇴치(Eradication of Poverty)와 지속가능개발이라는 것에 동의한다. 또한 이합의서는 "글로벌시민교육"이 비단 개발도상국의 빈곤문제와 지구환경문제해결만을 위한 것이 아니라, 자국 국민들의 권리라는 것에 초점을 맞추고 있다.

지난 새천년개발목표는 세계 189개국 정상이 합의한, 개발과 관련한 다양한 분야를 다룬 첫 번째 지구적 목표였다. 따라서 이를 세계에 알려야 할 뿐 아니라, MDGs 달성을 위한 원조자금증액을 위해 국민들의 지지가 절대적으로 필요했기 때문에 유럽 각국들은 이 시기 "글로벌시민교육"에 대한 자금을 대대적으로 증액시켰다. 그리고 이런 지원에 힘입어 "글로벌시민교육"은 눈부신 성장을 이루게 된 배경이 되었다.

3 선진국들의 글로벌시민교육

1960년대에 유럽의 개발 NGOs를 중심으로한 "글로벌시민교육"이 어떻게 시작되었는지 그 과정을 살펴보는 것은 매우 중요하다고 본다(한국국제협력단, 2015).

영국의 경우 1991년 국가교육과정제정으로 공교육 차원에서의 "글로벌시민교육"이 실시되기 시작한 나라이다. 영국은 1959년에 옥스팜(Oxfam)에 첫 "글로벌시민교육" 담당직원을 배치시켰으며, 1970년 중반부터 "글로벌시민교육" 만을 전담하는 개발교육센터(Development Education Centre, DEC)가 버밍햄, 리즈, 맨체스터 등 영국 전역에 설립되었다. 영국 내 개발교육확산에는 국제개발부(DFID)의 역할이 컸지만, 교육부의 역할 또한 무시할 수 없었다. 특히 교육부는 2000년에 개정된 정규교육과정에서 1) Global Dimension, 2) Citizenship, 3) Community Cohesion을 필수로 가르치도록 의무화했으며, "글로벌시민교육(Global Citizenship Education)"이란 이름하에 정규교육과정에서 다루어지는 것을 가능하게 했다. 국제개발부(DFID)는 이를 지원하기 위해서 'Developing a Global Dimension in the School Curriculum'이라는 책자를 발간하여 공교육 차원에서의 "글로벌시민교육" 확산에 노력을 기울였다(Burton & May, 2015).

일본의 경우, ODA 증액과 함께 1970년대 말부터 개발 NGOs를 토대로 "글로벌시민교육"이 뿌리내리기 시작했다. 1990년대~2000년대는 "글로벌시민교육"의 황금기로 영국의 경우 노동당 정권 아래 1997년 국제개발부(DFID)가 설립되고, 첫 ODA백서가 발간되었으며, 영국의 "글로벌시민교육"을 다차원적으로 지원하는 개발인지자금(Development Awareness Fund, DAF)이 구축된다. 일본도 1993년 일본 주요 지역에 "글로벌시민교육" 거점기관을 설립하고, "글로벌시민교육" 확산에 힘을 쓰게 된다.

아일랜드는 공교육 내에서 "글로벌시민교육" 전파에 가장 필요한 것이 교사교육이라는 믿음 하에 사범대학 예비교사를 대상으로 한 "글로벌시민교육"에 많은 관심을 기울이고 있다. 아일랜드의 경우, "글로벌시민교육"을 담당하는 기관들의 네트워크인 아일랜드 개발교육협회(Irish Development Education Association, IDEA)를 2004년에 설립하였으며, 2006년에는 첫 번째 원조백서를 발간하여, 아일랜드의 모든 아이들이 "글로벌시민교육"을 받을 권리가 있음을 천명하였다(고미나 외, 2010). 이렇게 민간기관에 의해 비정규교육으로 시작된 "글로벌시민교육"은 점차 정규교육과정으로 그 범위를 확장해 오고 있다. 또한 "Development and Inter-Cultural Education(DICE)"라는 프로젝트를 구성하여, 아일랜드 사범대학교의 주요 요소로 개발과 다문화교육을 포함시키는 노력을 기울이고 있다. 최근 아일랜드는 초등학교에서 "글로벌시민교육" 확산이 성공적인 수준에 이르렀다는 판단하에 목표그룹을 중등학교로 옮겨 이에 대한 노력을 지속적으로 기울이고 있다.

스웨덴의 경우, 1970년 스웨덴 국제개발협회(Swedish International Development Authority)와 스웨덴교육부(National Board of Education)는 세계식량기구

(FAO)와 유네스코(UNESCO)와 함께 유럽 "글로벌시민교육" 워크숍을 개최하였다. 이를 시작으로 "글로벌시민교육"과 관련한 지속적인 유럽 차원의 협의와 협력이 이루어져 왔다.

한편, 오스트리아의 경우, 유럽 내 "글로벌시민교육" 파트너십 구축에 있어 가장 선도적인 역할을 하고 있는 국가 중 하나이다. KOICA와 같은 일을 하는 오스트리아 외교부 산하의 오스트리아 개발부(Austrian Development Agency, ADA)의 "글로벌시민교육" 책임자인 Helmuth Hartmeyer 박사는 현재 유럽개발 교육네트워크 협의체인 "글로벌시민교육 유럽네트워크(Global Education Network Europe, GENE)"의 의장을 맡고 있다. ADA의 "글로벌시민교육" 책임자인 Hartmeyer 박사가 GENE의 대표인 것에서도 알 수 있듯이, 오스트리아는 현재 유럽 "글로벌시민교육" 파트너십에서 가장 활발한 활동을 보여주는 국가이다. 오스트리아는 GENE의 "글로벌시민교육" 동료평가(Peer Review)에 활발히 참여하여, 키프로스, 네덜란드, 노르웨이, 폴란드, 슬로바키아의 "글로벌시민교육"을 평가한 바 있으며, 2005~2006년에는 핀란드, 독일, 아일랜드, 슬로바키아 및 GENE, North-South Centre of the Council of Europe으로 이루어진 팀에 의해서 "글로벌시민교육" 평가를 받은 바 있다.

오스트리아는 현재 두 차원의 "글로벌시민교육" 전략을 보유하고 있다.

첫 번째 차원의 전략은, 전체 국가 차원의 "글로벌시민교육" 전략(Strategy Global Learning in the Austrian Education System)은 오스트리아 교육과정 속에 있는 개발이슈를 포함한 글로벌 학습요소의 구조적 통합 및 질적 제고에 목적을 두고 있다. 2003년 교육부, ADA, NGOs, 초중고 및 대학 전문가들로 구성된 전략그룹(Strategy Global Learning in the Austrian Education System)이 국가 차원의 개발교육전략수립의 책임을 맡았다. 오스트리아 "글로벌시민교육" 전략은 오스트리아 교육시스템 안에서 개발교육을 확산시키기 위해 1) 공교육시스템, 2) 성인교육, 3) 비정규교과활동, 4) 고등교육 이렇게 4개 분야를 선정하였다. 그리고 첫 3년은 공교육 시스템에, 그리고 다음 3년은 나머지 3개 분야에 집중하는 방식으로 시행단계를 나누어 접근하고 있다. 공교육 내 "글로벌시민교육" 강화를 위해서 집중하고 있는 분야는 교원연수, 교과과정개발 및 교재개발 분야이다. 또한 나머지 3개 분야에서는 평생교육 차원에서의 성인교육, 청소년들을 위한 비정규교과 활동 강화, 대학 내 개발교육 수업제공, 출판 및 연구 장려 등의 활동을 하고 있다.

두 번째 차원의 전략은, 정부원조기관인 ADA 자체적인 "글로벌시민교육" 전략이다. ADA(오스트리아 개발부)는 1994년 이후로 매3년마다 "글로벌시민교육" 전략을 수립하고 있다. 1994년 ADA는 KommEnt(Society for Communication and Development) 라는 개발교육전문기관에 "글로벌시민교육" 프로그램과 관리 전반의 업무를 위임한 바 있으며, 이 업무는 2005년 다시 ADA로 통합되었다. 현재 KommEnt는 "글로벌시민교육" 실무자역량강화와 "글로벌시민교육" 평가업무를 담당하고 있다. ADA는 1979년 이래로 "글로벌시민교육" 자금을 지원해왔으며, 현재 연간 4백만 유로(약55억 원)를 "글로벌시민교육" 프로그램, 캠페인, 영화, 교재제작, 연구, 문화 활동에 공여하고 있다. 오스트리아 전체 개발교육 지원자금 중 ADA가 차지하는 비율은 절반 정도로 ADA 외에도 오스트리아 지방정부 및 카톨릭 종교기관이 개발교육 지원 자금을 제공하고 있다. 한 예로, 오스트리아 9개 지방정부 중 하나인 잘츠부르크 지방정부는 40만 유로(약 5억5천만 원)를 "글로벌시민교육"에 지원하고 있다. 이에 힘입어 현재 오스트리아에서는 100개가 넘는 NGOs가 개발교육과 관련한 활동을 펼치고 있으며, 1990년대부터는 공정무역, 젠더, 환경, CSR 등 기관 각 주제에 따른 역할분담이 이루어져 교육의 질적 제고를 이루고 있다.

오스트리아의 흥미로운 "글로벌시민교육" 프로그램 중 하나는 오스트리아 "글로벌시민교육" 전략그룹이 2012년부터 매년 개최하고 있는 "글로벌시민교육" 컨퍼런스이다. 첫 해인 2012년은 "글로벌시민교육" 자체에 대한 공감대를 구성하는 시간을 마련하였으며, 2013년은 글로벌 경제위기(Global Economic Crisis)를 주제로 글로벌 경제와 관련한 이야기를 어떻게 교육할지, 이에 대한 해결책을 교육현장에서 어떻게 모색할지를 논의하였다. 또한 2014년 컨퍼런스에서는 "인종차별반대교육(Anti-Racists Education)"과 개발교육이라는 주제하에 교사, NGO실무자, 인류학자들이 모여 학교 내에서 인종차별문제를 어떻게 풀어갈지에 대한 논의를 펼쳤다.

오스트리아의 "글로벌시민교육"은 하나의 세부주제로 다루어지는 것이 아니라 전 교과과정에서 세계의 정치 · 경제 · 사회 · 문화 · 환경의 상호연계성과 상호의존성의 이해, 경제 및 사회적불평등 심화, 구조적 폭력과 환경파괴문제 등이 다루어지도록 하고 있다. 한 예로, 문학과목에서 이란이나 인도 등의 유명한 설화를 포함함으로써 기존 자국 혹은 서구권 중심의 이야기가 아닌 남반구를 포함한 전 세계의 역사와 문화를 오스트리아 아이들이 접할 수 있도록 하고 있다. 또한 평화교육, 인권교육, 시민교육, 다문화교육, 환경교육, 지속가능발전 교육 등 기존에 분리되어 별개로 실행되던 유관교육과의 연계를 강화하여 교육의 효과를 높이고 있다. 오스트리아 "글로벌시민교육"은 핵심적인 교육접근이 참여적 교육, 비판적이고 논리적인 사고능력향상, 태도 및 가치에 대한 고찰이라는 점에서 타 유럽 국가들과 맥을 같이하고 있다.

네덜란드의 경우, 국제개발협력의 국민 지지를 위한 "글로벌시민교육"의 중요성을 일찍부터 인지하여, "글로벌시민교육"과 관련한 많은 자금지원을 해온 국가이다. 특히 ODA에 대한 대국민 인지제고를 위해 "글로벌시민교육"을 전문으로 하는 국가기관인 NCDO를 1970년에 설립하여 활발한 "글로벌시민교육" 활동을 펼쳐왔다. 이러한 국가적 노력에 힘입어 네덜란드는 1975년 이래로 유엔의 권고안인 ODA/GNI 대비 0.7% 비율을 지속적으로 달성해왔으며, 2011년 기준 세계에서 6번째로 많은 양의 ODA를 모두 무상협력의 형태로 제공하고 있다. 네덜란드의 개발협력에 대한 애정과 의지는 외교부 내에 외교부장관(Minister of Foreign Affairs)과 개발협력장관(Minister of Development Cooperation)이라는 두 개의 장관직을 두고 있는 독특한 구조에서도 엿볼 수 있다.

또한 "글로벌시민교육" 전담기관인 NCDO는 "글로벌시민교육" 자료발간, 캠페인 개최, 시민사회개발교육 자금 지원 등의 업무를 맡고 있다. 특히 SAMSAM이라는 잡지를 정기적으로 발간하는 업무를 맡고 있는데, 이는 네덜란드 초등학생의 70~80%에게 전달되며, 교사매뉴얼과 온라인프로그램이 함께 제공되는 형태이다. 식수, 환경, 식량 등 다양한 개발이슈를 다루고 있으며, 인도네시아어 제목인 SAMSAM에서도 볼 수 있듯이 인도네시아와의 협력하에 콘텐츠를 제작하고 있다. 이는 "글로벌시민교육"에서 개발도상국과의 협력이 어떻게 이루어질 수 있는지를 보여주는 좋은 예라 할 수 있다.

정부 차원의 대대적인 지원과 NCDO, "글로벌시민교육"을 시행하는 시민단체들의 노력에 힘입어, 네덜란드국민들은 유럽 내 타국가에 비해서도 개발이슈에 능통하고, ODA에 대한 국민지지는 강력하여 반론의 여지가 없었으며, 자선단체에 대한 기부수준도 굉장히 높다.

하지만, 이러한 네덜란드의 원조에 대한 우호적인 분위기는 최근 큰 변화를 경험한다. 네덜란드의 원조를 받아왔던 신흥공업국의 네덜란드를 넘어서는 경제적 약진, 미국발 금융위기로 인해 시작된 유로존의 경제침체, 원조효과성에 대한 미디어의 부정적인 보도들이 국제 개발에 대한 국민들의 신뢰와 지지에 심각한 영향을 주고 있다. 이에 따라, 2010년부터 네덜란드의 "글로벌시민교육"은 기존의 개발에 대한 대국민 이해증진에서 글로벌시민교육을 기치로 한 네덜란드와 세계와의 상호연계성 이해로 방향을 대폭 전환하였다. 이는 단순히 "글로벌시민교육" 내에서의 방향 전환을 의미하는 것은 아니다. 일방적으로 북반구가 남반구에게 도움을 주는 기존 원조패러다임에서 전지구적 문제를 함께 고민하고 해결하며, 동시에 네덜란드 자국 내 문제까지 함께 고민하는 상호의존성과 협력의 패러다임으로의 전환을 보여주는 것이다.

EU의 경우, 2005년 '개발에 대한 유럽의 일반적 합의(The General European Consensus on Development)'에서 'EU는 EU 시민들에 대한 "글로벌시민교육"과 인지제고에 특별한 관심을 기울일 것이다'라고 천명하고, 다양한 "글로벌시민교육" 지원펀드를 구축하여 EU 국가들의 "글로벌시민교육" 성장을 지원해왔다. 이러한 EU 차원의 다양한 노력에 의하여 많은 유럽국가 내에서 "글로벌시민교육"은 공교육영역으로까지 그 범위를 확장하고 있다. 2000년대 말엽부터 유럽국가들 내에서 외교부, 교육부, NGOs 간의 "글로벌시민교육"을 위한 협력관계가 강화되었고, 이에 대한 구체적인 열매로 많은 국가들이 공교육 내에서 "글로벌시민교육"을 시행하고 있다.

뉴질랜드의 경우, 교육의 질, 정부의 청렴도, 비즈니스 환경, 삶의 질, 평화 등의 평가에서 세계적으로 상위권에 속한 나라로 알려져 있다. 특히 뉴질랜드의 교육은 그 질에 있어서 세계적으로 높다고 평가 받고 있다. 특히, 젠더 관계에서의 평등성, 교사와 학생수의 적절한 비율, 그리고 공교육에 대한 높은 신뢰 등의 면에서 높은 점수를 받고 있다. 또한 성숙한 민주국가로서 뉴질랜드는 학생들이 민주주의적 사고와 시민적 덕목을 실천하도록 교육을 받으며, 학교교육에서 글로벌시민교육은 당연히 중요한 자리를 차지한다.

뉴질랜드의 교육부에 따르면, "자신감이 있고, 사회와 잘 연결이 되어 있으며, 평생 새로운 것을 배우는 젊은이로 키우는 것"을 나라 교육의 비전으로 삼고 있다. 글로벌시민교육도 이런 비전에 관련하여 그 목표가 정해지고 있으며, 현재 구체적으로 다음과 같은 내용에 강조점을 가지고 있다: 1) 다양성, 커뮤니티, 참여 등의 가치를 존중하도록 교육; 2) 타인과의 관계, 커뮤니티에의 참여와 공헌 같은 능력 키우기; 3) 와이탕이 조약(*원주민인 마오리와 유럽 이주자들 간의 조약으로 이중 문화를 존중하는 정신), 문화적 다양성 존중, 끌어안기(inclusion), 공동체 의식, 그리고 미래에 중점을 두는 교육; 4) 그리고 이러한 내용과 능력을 학교 커리큘럼 내의 각종 사회 관련 교과목을 통해 교육한다(New-Zealand, Ministry of Education, 2015).

4 우리나라의 글로벌시민교육

글로벌시민교육은 2012년 반기문 유엔사무총장이 글로벌교육 우선구상(Global Education First Initiative, GEFI)에서 글로벌시민(Global Citizen)을 GEFI의 3번째 우선순위로 꼽으면서 국내·외적으로 그 중요성이 지속적으로 강화되고 있는 추세이다. 우리나라는 이러한 세계적인 추세와 함께, 시민단체가 추구하는 교육의 성격을 잘 표현할 수 있는 글로벌시민교육(Global Citizenship Education)을 다양하게 번역한 글로벌/세계/지구촌/지구시민교육이 민간단체의 "글로벌시민교육"에서 가장 많이 사용되고 있다. 우리나라도, 유럽 및 일본과 마찬가지로 개발 NGOs를 중심으로 "글로벌시민교육"이 처음 시행되었다.

1990년대 개발 NGOs들은 기부교육의 일환으로 "글로벌시민교육"을 시작하였다. 유럽 및 일본과 마찬가지로 한국에서도 민간부문에서 "글로벌시민교육"을 시행하는 가장 대표적인 기관은 개발 NGOs이다.

현재 한국에서는 20개가 넘는 민간단체들이 "글로벌시민교육"을 시행하고 있으며, 적지 않은 기관들이 "글로벌시민교육" 전담팀을 구성하여 "글로벌시민교육"의 전문성을 강화하고 있다. KCOC와 나눔국민운동 본부처럼 타 민간단체들의 "글로벌시민교육" 역량강화를 위해 강사양성교육을 실시하는 기관도 있다. 또한 최근에는 개발 NGO가 아닌 "글로벌시민교육"만을 전담하는 GLOED와 같은 교육단체가 생기기도 했다. 민간단체들은 국제개발협력교육, 글로벌/세계/지구촌/지구시민교육(Global Citizenship Education), 나눔교육, 권리교육, 미래시민교육 등 다양한 이름으로 "글로벌시민교육"을 시행하고 있다. ODA와 관련된 교육을 시행하는 ODA Watch나 KOVA 그리고, 다양한 개발 NGO들에게 "글로벌시민교육" 역량강화훈련을 제공하는 KCOC의 경우 국제개발협력교육이란 이름을 사용하기도 한다(이승주, 2013).

그 외에도 기관의 특수목적이나 성격에 맞게 미래시민교육, 나눔 교육, 국제이해교육, 지속가능개발 교육 등의 이름으로 "글로벌시민교육"이 시행되고 있다. 이들 기관들은 집합교육, 창의적 체험학습, 담임재량시간, 동아리활동 등 다양한 방법을 통해 유아, 초·중·고교생, 대학생, 일반인들에게 개발 및 글로벌 이슈들을 교육하고 있다. 또한 교원연수를 실시하여 교사들을 통해 "글로벌시민교육"이 전파되는 노력도 기울이고 있다(이승주, 2013). 특히 월드비전은 옹호사업팀을 구성하여, 기존의 기부중심의 교육에서 세계시민교육으로 "글로벌시민교육"의 방향을 전환하였다.

KOICA는 초중고대상의 1회성 ODA 강의인 ODA 특강실시, 초중고 글짓기대회, 대학(원)생 논문 공모전 등을 통해 부분적으로 "글로벌시민교육"을 실시하고 있었으나, 2009년 대학 및 민간단체 이해증진사업실시를 통해 체계적인 "글로벌시민교육"을 본격적으로 시작하게 된다. 또한 2010년 ODA교육원 개원을 통해서 한국 "글로벌시민교육" 확산을 위한 제도적 기반을 구축하게 된다(이승주, 2013).

5 공교육 기반 글로벌시민교육

1) 유럽의 "글로벌시민교육"

공교육영역은 "글로벌시민교육"의 효과적인 확산을 위해서 꼭 필요한 분야이다. 유럽의 많은 국가들은 이를 인지하고, 공교육을 통한 "글로벌시민교육" 전파를 위해 다각적인 노력을 기울이고 있다. 교육부, 외교부 및 정부원조기관, NGOs들이 다같이 연합하여, 학교공교육 커리큘럼 내에 "글로벌시민교육" 내용을 확대하고, 교사교육, 교장/교감 등의 관리자급교육, 교과서 및 교재발간을 통해 "글로벌시민교육"의 공교육 전파에 힘을 기울이고 있다.

따라서 많은 유럽의 국가들은 민간 루트를 통해서 전파되었던 "글로벌시민교육"을 넘어서서 공교육을 통해 전 국민들에게 개발교육이슈가 확산되도록 하는 노력을 기울이고 있다. 많은 국가들에서 공교육 차원의 "글로벌시민교육" 확산의 핵심역할을 담당하는 곳은 외교부 혹은 외교부 산하의 원조집행을 담당하는 정부기관이었다. 하지만 "글로벌시민교육"이 비약적인 성장을 이루기 위해서는 교육부등 교육담당 정부기관과의 협력이 필요하다(UN, 2014)는 점에 주목할 필요가 있다.

유럽국가의 아동들은 "글로벌시민교육"을 통해서, 개발 및 지구공동체의 문제를 아동 시절부터 공유하고, 학습하여 공통의 비전과 이해를 지닌 세대들로 자라나고 있다. 선진국 엘리트들에 의해서 Top-down 방식으로 만들어졌던 MDGs와는 다르게, SDGs는 지구촌 구석구석의 가급적 많은 이해관계자들의 목소리를 담는 Bottom-up 방식으로 구성되었다. 이를 위해, 지구촌 구성원들의 의견을 수렴하기 위한 다양한 방법이 고안되어 진행되어 왔다. 유엔 작업반에 의한 국별 논의, 글로벌 논의, 주제별 논의가 이루어져 왔으며, 유엔고위급패널(High Level Panel)과 SDGs열린작업반(Open Working Group)역시 Post-2015 개발의제를 위한 지속적인 논의의 장을 열어 왔다(UN, 2014).

또한, UN Millennium Campaign, ODI, the World-Wide Web Foundation과 Ipsos Mori 4개 기관이 협력하여 My World(www.myworld2015.org) 웹사이트를 개설하여 Post-2015 Development Agenda로 꼽혀야 하는 주제에 대한 설문조사를 실시해 왔다. 190개가 넘는 국가에서 25만 명이 넘는 사람들이 설문조사에 참여하여 2015년부터 시작된 전지구적 목표에 자신의 목소리를 담고자 했다. 문제는 이렇게 다양한 사람들의 목소리를 담으려는 시도에도 불구하고, 국가들마다 이에 대한 온도 차이가 심해서 결국은 편향된 의견이 지구적 의제에 담길 수밖에 없다는 점이었다. 예를 들면, 중국, 인도, 방글라데시, 브라질 등 남반구 대다수의 나라에서는 Post-2015에 대한 논의가 미비하고, 때에 따라 전하였던 것에 반해, 영국 같은 선진국 국가에서는 Post-2015 Development Agenda가 국제개발부(Department for International Development, DFID)의 핵심 논의대상이었으며, 국제개발부(DFID) 내에 이를 위한 특별부서까지 만들어질 정도였다. 북반구와 남반구의 의견을 통합하여 받는 'Towards a Post-2015 Development Framework'라는 협의과정(Consultation Process)이 있었으나, 이에 참여한 119개의 기관 중 67%가 유럽의 NGOs였으며, 남반구로부터 온 응답은 10개국에 불과했다(UN, 2014).

개발도상국의 사회개발문제에 집중되었던 MDGs와는 다르게 Post-2015 Development Agenda는 불평등의 문제, 청년실업문제, 탄소배출로 인한 환경문제 등 선진국과 개발도상국이 함께 겪고 있는 문제들을 다루고 있다. 이러한 전 지구적 목표의 달성은 소수의 개발 분야 실무자들이나 엘리트층의 관심만으로는 이루어질 수 없다. 예를 들면, Post-2015 고위급패널(High Level Panel)의 사무총장보고서에서는 환경문제와 관련하여 지속가능하지 않은 소비패턴을 변화시킬 것을 요구하고 있다. 하지만, 일반대중이 이에 대한 내용을 충분히 숙지하고 공감하여, 이를 이행하지 못한다면, 새로 만들어진 SDGs아젠다는 문서상으로만 존재하는 죽어 있는 목표에 불과하게 될 것이다. 이러한 이유로 SDGs의 성패는 실상 선진국과 개발도상국 모두에서 "글로벌시민교육"이 얼마나 효과적으로 이루어지는가에 달려 있다고 해도 과언이 아닐 것이다.

일본과 미국 중심의 원조를 공여 받은 한국은 상대적으로 다자협력분야에서 소외되어 왔다. 하지만 전 세계가 주목하는 경제성장의 기적 속에서 현재 한국은 국제개발협력분야에서 주도적인 역할을 담당할 것을 국제사회로부터 요구받고 있다.

그간 국제개발 분야의 주요 아젠다를 정하고 국제개발협력분야의 규정을 만들어 오는데 유럽이 끼친 영향은 막강하다. 이들이 이렇듯 국제사회에 선도적인 목소리를 내고, Jubilee2000, Make Poverty History 같은 거대한 움직임을 만들어 국제개발협력정책 전반에 영향력을 미치게 된 데에는 "글로벌시민교육"이 큰 기여를 해왔으며, 유럽의 많은 국가들은 현재에도 개발교육에 대한 정책적, 자금적 지원을 높이려는 노력을 경주하고 있다(UN, 2014).

"글로벌시민교육"을 통해서 글로벌 시민으로서의 책임감과 전문성을 지닌 전문 인력이 키워지고, 대국민 이해증진을 통한 국민의 원조에 대한 바른 시각과 관심이 생길 때에라야 진정으로 지속가능한 원조와 개발이 가능해진다. 우리가 걱정해야 하는 점은, 제대로된 인력, 철학과 경험이 부재한 상태에서 비효과적으로 짜여진 개발정책과 프로그램이 개발도상국개발과 공여국 이미지 모두에 가져오게 될 피해이다. 이는 종국에는 ODA자금 자체의 축소로 이어지게 될 것이기 때문이다(임소진, 2013).

유엔이 글로벌 시민성 함양을 강조하게 된 것은 단순히 빈곤과 개발문제에 국한된 이유만은 아니다. 자본에 의한 글로벌리제이션에의 해법인 세인하, 조세회피, 임금삭감, 구조조정 등의 문제에서 다국적기업의 힘이 국가주권을 넘어서는 일이 곳곳에서 발생하게 되었다. 이러한 자유주의 경제체제 아래에서 개발도상국뿐 아니라 선진국에서도 국가가 더 이상 자국민들을 보호할 수 없게 되었다. 따라서 현재의 지구촌문제는 비단 환경, 분쟁, 질병 등의 문제를 넘어 경제문제까지도 전 지구적 협력 없이는 해결이 어려우며, 자국 내에서 발생하는 문제를 해결하기 위해서라도 전 세계적인 협력이 절실하게 된 것이다. 그래서 현재 유엔을 위시로 한 국제기구 내에서 글로벌 정치·경제 거버넌스 및 글로벌 시민양성 논의가 활발히 이루어지고 있는 것이다.

2) 공교육 기반 "글로벌시민교육"의 배경

"글로벌시민교육"이란 세계를 살아가는 사람들의 삶의 상호의존성을 인지하는 토대 위에서, 글로벌 이슈와 개발 이슈를 학습하는 것을 의미한다. 글로벌시민교육 초기에는 개발원조, 해외봉사, 공적개발원조(Official Development Goals, ODA)에 관한 교육 및 지식전달에 그쳤던 것이 오늘날에는 글로벌시민으로서의 자의식과 책임감 형성을 위한 교육으로 발전하여 진행되어 오고 있다. 이는 단순한 지식획득의 차원에 그치지 않고 세계적인 관점을 통한 통합적 · 비판적 · 창조적인 태도를 함양하는 교육을 말한다(Cho,.ect. 2018).

한국은 외국의 원조에 의존하던 최빈국에서 경제규모 세계 9위의 원조 공여국으로 발전한 유일한 국가이며, 2009년 11월 OECD 개발원조위원회(Development Assistance Committee, DAC)의 24번째 회원국으로 가입함으로써 국제사회의 명실상부한 선진 공여국이 되었다. 한편 2000년, 유엔에서는 189개국 지도자들이 모여 15년 내에 전 세계적으로 기아를 없애는 것을 포함하여, 8개의 '새천년개발목표(Millenium Development Goals, MDGs)'를 천명했다. 그 후 유엔을 중심으로 또 다시 2016년부터 2030년까지 이행할 지속가능개발목표(Sustainable Development Goals, SDGs)가 제시되었다. 즉, 모든 형태의 빈곤 종식, 양성평등 달성 및 모든 여성과 소녀의 권익 신장, 모든 수준에서 지속가능개발을 위한 평화롭고 포용적인 사회 증진, 모두에게 정의에 대한 접근 제공 및 효과적이고 책임 있는 포용적인 제도 구축 등 타인존중 및 나눔 · 배려를 내용으로 한 지속가능개발목표를 세우고 건강한 지구촌 건설이라는 인류 공동의 17개의 목표를 천명하였다. 이는 지속가능개발목표를 중심으로 자본주의적 경쟁논리의 세계화에서 '함께 더불어 사는 지속가능한 공존과 나눔을 지향하는 세계화'로 탈바꿈하려는 움직임과 동시에 심리 · 사회적으로 건강한 사람들이 사는 지구촌을 만들기 위한 전 지구적인 노력(한국국제협력단, 2018)인 것이다. SDGs를 기반으로한 "글로벌시민교육"은 지구촌 시대에 살아가는 현대인에게 요구되는 시대적 사명이자 책임의식이며, 개인이 자신의 삶 전반에 대해 다각적인 영역에서 경험, 성취, 관계의 질, 기능을 종합하여 접근하는 교육(Keyes,

Shmotkin & Ryff, 2002)을 의미한다.

이러한 글로벌시민교육은 심리·사회적 건강 행위와도 밀접한 관련성이 있는 것으로 보고되고 있는데, 세계를 살아가는 사람들의 삶의 상호의존성을 인지하는 체험을 통해 생성된 안녕감이 충분한 정서적 동기화를 제공하는 역할을 한다(Forgas, 2013)는 점이다. 이와 관련하여 청소년들을 대상으로 한 László Brassai(2015)와 그의 동료들의 연구에서는 개인의 높은 수준의 안녕감이 건강한 심리·사회적 활동 증진과 유의한 관련성이 있다는 사실을 밝혀냈다. 따라서 오늘날 글로벌시민교육은 지구촌을 살아가는 모든 구성원들이 지구촌구성원으로서 자신의 권리와 의무를 알고 이를 위해 행동할 수 있게끔 만들어주는 차원으로 그 범위를 확장하고 있으며, 유럽의 선진 원조 공여국에서는 글로벌시민교육을 단순한 국민의 인지제고 차원이 아닌 시민들이 당연히 누려야 하는 교육권리로 인식하고 있다(Cho,.ect. 2018).

3) "글로벌시민교육"의 내용

세계시민성 프로그램 개발기관의 하나인 영국의 옥스팜(Oxfam)은 세계시민(global citizen)은 다음과 같은 특성을 가진 사람이라 정의한다(http://www.oxfam. org.uk).

첫째, 자신이 사는 지역을 넘어 더 넓은 세상이 있다는 것에 대해 인식하고 이 세상의 한 구성원으로서의 역할에 대해 의식하는 사람

둘째, 다양성을 존중하고 가치를 부여하는 사람

셋째, 우리가 사는 세상을 더 평등하고 지속가능한 곳으로 만들기 위해 행동하는 사람

넷째, 자신의 행동에 대하여 책임을 지는 사람

4) 공교육기반 "글로벌시민교육"의 모형구상

"글로벌시민교육이란 세계를 살아가는 사람들의 삶의 상호의존성을 인지하는 토대 위에서, 글로벌 이슈와 개발 이슈를 학습하는 것을 의미한다"고 하였다. 그러므로 글로벌시민교육은 청소년들이 그들의 학습과 발달을 증진시키도록 의도적으로 설계된 조직적인 기회와 함께 인간과 지역사회 욕구를 충족시켜 주기 위한 활동에 참여하는 경험적 교육의 한 형태로(Jacoby, 2016) 나눔(sharing)의 반성적 고찰(reflection)이라는 특성 때문에 일반 교육과는 구별된다. '반성적 고찰'이란 글로벌시민교육을 사회적 · 정치적 · 경제적 환경 안에 놓는 것을 의미한다. 이때 반성적 고찰의 학습 목표는 교육적 · 시민적 · 윤리적 · 비교 문화적으로 강조점이 다양(이강현, 1996)할 수 있다.

John Dewey는 반성적 고찰의 과정이 없는 경험은 단지 하나의 '경험'일 뿐이지 '교육적 의미'가 없다고(Kraft & Kielsmeier, 2015 재인용) 말했는데, 청소년들이 "글로벌시민교육"이라는 학습경험에 관해서 깊이 생각하고 반성적인 고찰을 할 때 그들의 활동은 교육적 성과를 갖게 된다는 것이다. Myers-Lipton도 글로벌시민교육에 참여한 청소년들은 사회적 책임감에 대한 의식, 시민적 행동에의 계획된 참여 등이 증가해 심리 · 사회적인 건강에 기여한다고 보고하고 있다(Myers-Lipton, 2016). 특히 다른 사람에 대한 관용과 존중이 자기인식을 발전시키는 데 도움을 주는데 청소년들은 사회와 개인 차원의 다양성을 인식하게 되고, 자신의 활동에 대해 자신감을 갖게 되어 자기효능감을 높이는 결과를 가져오는데 이러한 자기효능감의 변화는 궁극적으로 심리 · 사회적인 건강을 증진시키는 데 도움이 된다(Eyler & Giles, 2009)는 것이다.

따라서 글로벌시민교육은 우리가 해결하려고 하는 국제사회 문제나 요구의 이면에 있는 더 큰 사회의 이슈에 대한 학습을 증진시키도록 구성되어 있어서 이슈에 대한 역사 · 문화 · 경제 · 정치적 맥락의 관점에서 보다 더 심도 있게 이해할 수 있으며(Kendall, 2010), 이러한 환경 속에서 청소년들은 심리 · 사회적인 안녕감을 갖도록 동기화될 수 있으며 이러한 동기의 증진은 심리 · 사회적인 건강증진을 이끌어낸다는 것이다(조미숙, 2019).

반성적 고찰은 다양한 곳에서 다양한 형태로 이루어질 수 있지만 청소년들의 교육적 효과를 높이기 위해서는 청소년들에게 시간과 격려가 제공되어야 하며, 교육적이고 구조화된 체제하에서 진행되어야 한다(Kraft & Kielsmeier, 2015). 왜냐하면 '반성적 고찰'이라는 단어 자체는 '펼쳐보기' 혹은 '되짚어보기'라는 의미로 말할 수 있는데, 이는 과거의 경험을 기억하고 그것과의 연결과 모순, 그리고 의미를 찾으며 앞으로 직면하게 될 모든 경험에 자신의 경험들을 적용하는 것과 관련(Kraft & Kielsmeier, 2015)되기 때문이다.

반성적 고찰과 더불어 글로벌시민교육의 본질적인 개념을 구성하는 것은 글로벌시민교육을 체험하는 주체자와 비주체자 또는 집단, 사회환경 간의 상호성이다. Kendall(2010)은 "글로벌시민교육에 있어 체험 주체자와 비주체자 모두는 상호적으로 가르치고 배운다."고 하였다. 따라서 글로벌시민교육은 상호책임감과 상호존중을 바탕으로 심리·사회적으로 건강함의 의미를 학습할 수 있도록 집단체험학습활동의 형태를 유지할 필요가 있으며, 단계별로 구체적인 SDGs 수행과제가 주어질수록 그 효과가 높다는 점이다(조미숙, 2019).

함께 더불어 사는 지속가능한 공존을 지향하는 글로벌시민교육은 심리·사회적 안녕감과 함께 인간에 대한 신뢰감을 갖게 해, 자신에 대한 긍정적인 인식을 주는 역할을 하며, 이는 곧 내적 작동 모델(internal working model)로 남아 개인의 심리·사회적인 건강에 영향을 미칠 수 있다(Cho,.ect. 2018)는 것이다. 조미숙(2018)의 연구에 의하면, 글로벌시민교육이 청소년의 심리·사회적 건강에 어떠한 영향을 미치는지 알아보았다. 그 결과 글로벌시민교육 체험학습활동 참여자 내 효과분석의 경우 자기효능감(.001), 스트레스관리(.021), 휴식(.013)에서 글로벌시민교육 체험학습 참여효과가 유의한 것으로 나타났다. 또한 봉사활동경험 유·무와 관련하여 글로벌시민교육 참여자 간 효과에서는 자기효능감(.046), 스트레스관리(.002), 대인관계(.000), 건강관리(.045) 변인에서 모두 유의미한 차이를 나타내 글로벌시민교육이 청소년의 심리·사회적 건강증진 지표에서 긍정적인 효과를 가져 오는 것으로 확인되었다. 특히 스트레스관리, 대인관계 변인에서는 봉사활동을 하고 있으면서 글로벌시민교육에 참여한 학생일수록 높은 효과를 나타내 앞으로 한국의 공교육 현실에서 아동. 청소년을 위한 보다 체계화된 공교육기반 "글로벌시민교육" 모형을 구상하는 데 의미 있는 시사점을 던져주었다(Cho,.ect. 2018).

첫째, 청소년들은 정서적으로 자신과 관련이 있다고 생각되거나 중요하다고 인식되는 "실제적인" 문제를 다루게 될 때 심리·사회적인 안녕감을 갖도록 동기화될 수 있으며 동기의 증진은 심리·사회적인 건강한 글로벌시민으로 성장한다.

둘째, 실제 생활 속에서 이루어지는 글로벌시민교육을 통해 불확실성에 대해 보다 더 개방적이 되고 복잡한 문제를 분석하는 데 있어서 복합적인 사고를 할 수 있게 하며, 학습한 자료들을 새로운 방식으로 활용하면서 청소년들은 심리·사회적인 안녕감을 갖도록 동기화될 수 있으며 또한 동기의 증진은 심리·사회적으로 건강한 글로벌시민을 이끌어낸다.

셋째, 글로벌시민교육을 경험하는 동안 다른 관점을 갖고 있는 다양한 사람들을 만나게 되는데 그러한 사람들과 접촉하면서 청소년들은 자신의 시각을 재확인하거나 재조정하는 도전에 직면하며, 타인의 입장에 대한 이해가 증가하고, 사회적 책임의 폭을 넓히게 된다(Eyler & Giles, 1999)는 점에서 건강한 글로벌시민으로 성장할 가능성이 높다는 점이다.

이러한 시사점은 왜 "글로벌시민교육"이 글로벌 시민성 함양을 핵심으로 포함해야 하며, 또한 글로벌시민교육이 단순한 국가 간의 이해제고 및 국제교류강화를 넘어선 개발의제를 포함해야 하는가에 대한 이유이다(UN, 2014).

우리의 글로벌시민교육은 바로 이러한 지구 공동의, 인류 전체의 문제의 해결을 찾아낼 미래세대를 길러내는 것에 목적을 두고 있어야 한다. 왜냐하면 현재 우리는 공멸이냐 상생이냐의 기로에 서 있기 때문이다. 이런 맥락에서 자기국가만의 문제가 아닌, 전 인류의 문제를 나의 문제처럼 고민하는, 한 국가의 시민과 지구공동체의 시민이라는 두 개의 정체성을 보유한 신인류를 양성하는 것! 이것이 바로 "글로벌시민교육"의 핵심인 것이다(임소진, 2013).

따라서 앞으로 우리나라에서도 아동·청소년을 위한 보다 체계화된 공교육기반 "글로벌시민교육"이 이루어질 수 있도록 실천적 모형구상이 논의되어야 할 뿐만 아니라, 이를 위한 법적·제도적 장치가 마련되어야 하겠다(Cho,.ect. 2018).

부 록

〈부록〉
〈UN 아동권리선언〉

(전 략)

인류는 아동에 대해 최선의 것을 부여할 의무를 지니고 있으므로, 여기에 국제연합 총회는 아동이 행복한 생활을 보내며 또는 자기와 사회의 복지를 위해, 본 선언에 열거된 권리와 자유를 향유할 수 있도록 하기 위해 본 아동권리선언을 공포하며, 또한 양친, 개인으로서의 남녀, 민간단체, 정부 및 지방행정기관 등이 이들 권리를 인식하여 다음의 원칙에 따라서 이들 권리를 지키도록 노력할 것을 요망한다.

제 1 조 아동은 이 선언에서 열거된 모든 권리를 갖는다. 모든 아동은 어떠한 예외도 없이 자기나 가정의 누구에게서도 그 인종, 피부색, 성, 언어, 종교, 정치적 견해, 국가적 또는 사회적 출신, 재산, 문벌, 기타의 지위로 인하여 차별받는 일이 없이 이들 권리가 부여되어져야 한다.

제 2 조 아동은 특별한 보호를 받으며 또는 건전하고 정상적인 방법 및 자유와 존엄의 상태하에서 신체적, 지능적, 도덕적, 정서적 및 사회적으로 성장할 수 있는 기회나 혜택이 법률과 기타의 수단으로써 제공되어져야 한다. 이 목적을 위해 법률을 제정함에 있어 아동의 최선의 이익에 대하여 최대한의 고려가 주어져야 한다.

제 3 조 아동은 그 출생 시부터 이름과 국적을 가질 권리를 갖는다.

제 4 조 아동은 사회보장의 혜택을 받을 권리를 갖는다. 아동은 건전하게 발달하여 성장할 권리를 갖는다. 이러한 목적을 위해 아동과 그 어머니에게 출산 전후에 있어 적당한 보호를 포함하는 특별한 보호를 제공해 주어야만 한다. 아동은 적당한 영양, 주거, 오락 및 의료를 제공받을 권리를 갖는다.

제 5 조 신체적, 정신적 또는 사회적으로 장애가 있는 아동은 그 특수 사정에 의해 필요되는 특별한 치료, 교육 및 보호를 제공받아야 한다.

제 6 조 아동은 그 인격의 완전하며 조화적인 발전을 위해 애정과 이해를 필요로 한다. 아동은 가능한 한 양친의 사랑과 책임하에 또는 어떠한 경우에도 애정과 도덕적 및 물리적 보장이 있는 환경하에서 양육되어야 한다. 유아는 예외적인 경우를 제외하고 그 어머니로부터 분리시켜서는 안 된다. 사회 공공기관은 가정이 없는 아동 및 적당한 생활유지의 방법이 없는 아동에 대해서 특별한 양육과 보호를 해 줄 의무를 지니고 있다. 자녀들이 많은 가정에 속하는 아동들을 돕기 위해서는 국가나 기타 기관이 비용을 부담하는 것이 바람직하다.

제 7 조 ① 아동은 교육을 받을 권리를 갖는다. 그 교육은 적어도 초등단계에서는 무상 또는 의무적이어야 한다. 아동은 그의 일반적 교양을 높이며 기회균등의 원칙에 입각하여 그 능력, 판단력 및 도덕적 또는 사회적 책임감을 발달케 하여 사회의 유용한 일원이 될 수 있도록 교육을 받을 수 있게 해야 한다.

② 아동의 교육 및 지도에 대해 책임을 갖는 자는 아동에게 최선의 유익함을 제공하는 것을 그 지도의 원칙으로 삼아야 한다. 그 책임은 첫째로는 양친에게 있다.

③ 아동은 유희 및 오락을 위한 충분한 기회를 제공받을 권리를 갖는다. 그 유희나 오락은 교육과 동일한 목적을 갖고 지향해야 한다. 사회나 공공기관은 그 권리의 향유를 촉진하도록 노력해야 한다.

제 8 조 아동은 어떠한 상황에서도 우선 보호와 혜택을 받는 사람들 속에 포함되어야 한다.

제 9 조 ① 아동은 어떠한 방임이나 학대 및 착취 등으로부터 보호를 받아야 한다. 아동은 어떠한 형태에서도 매매의 대상이 되어서는 안 된다.

② 아동은 적당한 최적연령에 도달하기 전에 고용되어서는 안 된다. 아동은 어떠한 경우에도 그 건강과 교육에 유해하거나 또는 신체적, 정신적 또는 도덕적 발달을 가로막는 직업 또는 고용에 종사케 하거나 종사하는 것을 허용하여서는 안 된다.

제 10 조 아동은 인종적, 종교적 기타의 형태에 의한 차별을 조장할 우려가 있는 관습으로부터 보호되어야 한다. 아동은 이해, 관용, 국민들 간의 우애·평화 및 세계 시민의 정신으로 또는 그의 힘과 재능을 인류를 위하여 헌신해야 한다는 충분한 의식 속에서 육성되어야 한다.

국제연맹 회의에서 채택된 제네바 선언 5개항의 내용은 다음과 같다.

〈제네바선언 5개항〉

1. 어린이는 신체적으로 정신적으로 정상적인 발달을 위해 요구되는 모든 수단을 강구해야 한다.
2. 굶주린 어린이에게 먹을 것을, 병든 어린이에게 치료의 혜택을, 지능발달이 뒤늦은 어린이에게는 도움을, 불량한 어린이에게는 감화를, 고아와 부랑아에게는 주거를 마련하여 보호해 주어야 한다.
3. 위기에 직면하였을 때, 최우선적으로 어린이를 구해야 한다.
4. 어린이에게 장래 설계를 세울 수 있는 지위로 이끌며, 모든 종류의 착취에서 보호를 받을 수 있어야 한다.
5. 어린이에게 자기의 능력은 인류동포에게 봉사하기 위한 것이라는 자각을 주며 교육을 해야 한다.

이상의 5개항에서 제 1항은 아동의 생존권 보장, 제 2항은 아동보호의 접근방법, 제 3항은 아동보호의 최우선 원칙, 제 4항은 자립과 착취에서의 보호, 제 5항은 아동육성의 궁극적 목표를 제시하고 있다.

제네바 선언은 그 후 1959년 국제연합 총회에서 10개 조항으로 추가되어 오늘에 이르고 있으며, 각 국가마다 이런 사상에 입각하여 아동복지 서비스의 프로그램을 전개하고 있다.

1) 아동의 권리

오늘날 아동은 독립된 인격을 가진 권리의 주체로 인식된다. 아동의 권리는 아동의 제반 욕구가 사회에 의하여 인식되고 주장된 것을 말하며, 아동복지의 이념적 기초가 된다. 또한 아동권리의 실현은 아동복지의 중요한 목표이자 과제이기도 하다.

ㄱ) 아동권리의 속성과 내용

아동은 성인에 비해서 미숙하며 사회적인 힘이 없기 때문에 권리를 갖는다는 점이 납득되지 않을 수도 있다. 그러나 권리는 그 형태와 종류를 막론하고 인간의 존엄성 사상을 근거로 하고 있으며, 아동이 누리는 권리는 권리의 천부성과 보편성에서 기인한다(김정래, 2002). 천부성은 권리의 소유자가 힘을 소유한 자, 청구 행위를 할 수 있는 자, 그리고 의무관계에서 권리를 향유한 자 만이 권리를 갖는다는 고전적인 권리설을 부정하는 것으로 아동이 권리의 주체임을 정당화시켜 주는 근거가 된다. 보편성이란 예외나 정도의 차이를 인정하지 않는 것으로, 이는 아동이 연령적·정치적 제약과 경제적 무능 같은 제한과 영향을 받지 않으며 아동이 성인과 똑같은 권리를 누릴 수 있는 권리의 주체임을 정당화하는 단초가 된다.

아동이 갖는 권리의 내용은 3P의 개념, 즉 제공-보호-참여의 개념으로 이해될 수 있다. 제공(provision)이란 아동의 생존에 필요한 인적·물적 자원을 제공받고 사용할 수 있는 권리를 말한다. 예를 들면, 이름과 국적을 가질 수 있는 권리, 교육 및 보건서비스를 받을 수 있는 권리, 여가 및 문화생활을 누릴 수 있는 권리, 장애인 및 난민아동의 보호 등이 포함된다.

보호(protection)의 개념은 열악하고 유해한 환경으로부터 보호받아야 하며 이를 향유할 권리를 말한다. 예를 들면, 신체적·성적 학대로부터 보호받을 권리, 문제 있는 부모로부터 분리가 가능한 권리가 해당된다.

참여(participation)의 개념은 아동이 자유롭게 의사결정을 하고 자신의 삶을 결정하는 데 간섭을 받지 않고 참여할 수 있는 권리를 말한다. 예를 들어, 아동 개인의 생활양식과 관련하여 두발이나 의상을 선택하는 데 개인적인 선호를 따라 스스로 결정하거나, 중요한 집안일에도 아동이 자기 의사를 반영할 수 있도록 하는 것이다.

이와 같은 3P의 아동권리 개념은 아동권리 신장의 단계를 나타내기도 한다. 아동권리를 인식하기 시작한 초기에는 아동이 보호의 대상이었던 반면, 이제 아동은 성인과 평등한 고려의 대상이 되고 있다. 아동의 권리를 온전하게 보장하기 위해서는 소극적인 권리뿐만 아니라 참여를 통하여 실질적인 권리도 보장하는 적극적인 권리도 고려하여야 하는 것으로 발전하였다.

ㄴ) 국제 아동권리협약

1989년 국제연합(UN)에서 채택한 아동권리협약(Convention on the Rights of the Child)은 아동의 권리문제에 대한 체계적이고 종합적인 권리 규범이다. 우리나라는 1990년 협약에 서명하고, 1991년 우리나라의 현행 관련법들과 저촉되는 일부 조항을 유보하는 형태로 비준하여 협약 실행의 당사국이 되었으며, 협약은 국내법과 동일한 효력을 지니게 되었다.

아동권리협약은 역사적으로 매우 획기적인 의의를 지니고 있다. 아동권리협약 이전에도 아동의 권리에 관한 선언이나 권리규범이 있었으나 구속력과 강제성이 미약하고 상징적인 의미만을 주는 경우가 대부분이었다. 그러나 아동권리협약은 법적 구속력을 갖는 국제규범으로, 18세 미만의 모든 아동을 보호 대상으로 함과 동시에 적극적인 권리의 주체로 인정하는 아동 권리에 관한 국제문서다. 아동권리협약은 아동권리에 대해 총체적으로 접근하고 있고 권리들은 상호 지지적이면서 연관된 것으로 아동의 존엄성과 발달을 실현하는 데 반드시 필요한 것들로 구성되어 있다고 평가되고 있다(김정래, 2002).

(1) 아동권리협약의 주요 원칙

아동권리협약은 무차별의 원칙, 아동최선의 이익 원칙, 아동의 생명존중 및 발달보장의 원칙, 아동의사존중의 원칙이라는 4개의 일반 원칙을 중심으로 하고 있다.

① 무차별의 원칙(2조)

아동과 그의 부모 또는 법적 후견인의 인종, 피부색, 성별, 언어, 종교, 정치적 또는 다른 의견, 국적, 민족, 사회적 출신, 재산, 장애, 출생 혹은 기타의 지위에 따른 차별을 금지하고, 아동의 부모, 후견인 또는 가족 구성원의 신분, 활동, 견해 또는 신념을 이유로 모든 형태의 차별과 처벌로부터 아동을 보호한다는 원칙이다.

② 아동최선의 이익 원칙(3조)

이 원칙은 아동권리협약의 중심 원칙으로 볼 수 있다. 공공 또는 민간 사회복지기관, 법원, 행정당국 또는 입법기관 등에서 실시하는 아동에 관한 모든 활동에서 아동의 최상의 이익을 최우선적으로 고려하고, 아동에 대해 법적 책임이 있는 사람의 권리와 의무를 고려하여 아동복지에 필요한 보호와 배려를 보장하며, 이를 위하여 입법적·행정적 조치를 비롯한 모든 적절한 조치를 취하여야 한다는 내용이다.

③ 아동의 생명존중 및 발달보장의 원칙(6조)

모든 아동이 고유의 생명권을 가지고 있음을 인정하고 가능한 한 최대로 아동의 생존과 발달을 보장하여야 한다는 원칙이다.

④ 아동의사존중의 원칙(12조)

자신의 견해를 형성할 능력이 있는 아동 본인에게 영향을 미치는 모든 문제에서 자신의 견해를 자유스럽게 표현할 권리를 보장하며, 아동의 견해에 대하여 아동의 연령과 성숙도에 따라 정당한 비중이 부여되어야 한다는 원칙이다. 아동에게 영향을 미치는 어떤 사법적·행정적 절차에서도 아동이 직접 또는 대표자나 적절한 기관을 통하여 자신의 의사를 표현할 기회가 주어져야 한다고 규정하고 있다.

(2) 아동권리협약상의 아동권리

일반 원칙을 토대로 하여 제시되어 있는 구체적인 권리는 시민권과 자유의 권리, 가정환경 및 대리보호에 관한 권리, 기초보건 및 복지에 대한 권리, 교육, 여가 및 문화적 활동에 대한 권리, 특별보호조치에 대한 권리 등 5가지 유형으로 나눌 수 있다(조흥식, 2000). 구체적인 권리들을 살펴보면 다음과 같다.

① 시민권과 자유에 대한 권리

- 이름과 국적을 가질 수 있는 권리: 아동은 출생 후 즉시 등록되어야 하고, 출생 시부터 성명권과 국적 취득권을 가지며, 가능한 한 자신의 부모를 알고 부모에 의하여 양육되어야 한다.
- 신분을 보존할 수 있는 권리: 당사국은 위법한 간섭 없이 국적, 성명 및 가족관계를 포함하여 법률에 따라 안정된 신분을 보존할 수 있는 아동의 권리를 존중한다.
- 표현자유의 권리: 아동은 표현의 자유를 갖는다.
- 사상, 양심 및 종교자유의 권리: 당사국은 아동의 사상, 양심 및 종교의 자유에 대한 권리를 존중하여야 한다.
- 결사의 집회 자유의 권리: 당사국은 아동의 사상, 양심 및 종교의 자유에 대한 권리를 존중하여야 한다.
- 사생활보호의 권리: 어떠한 아동도 사생활, 가족, 가정 또는 통신에 대하여 자의적이거나 위법적인 간섭을 받지 아니하며, 또한 명예나 신망에 대한 위법적인 공격을 받지 아니한다.
- 정보접근의 권리: 당사국은 아동이 다양한 국내적·국제적 정보원으로부터의 정보와 자료, 특히 아동의 사회적·정신적·도덕적 복지와 신체적·정신적 건강의 향상을 목적으로 하는 정보와 자료에 대한 접근권을 가지도록 보장하여야 한다.
- 고문 및 기타 비인도적 취급을 받지 않을 권리: 어떠한 아동도 고문 또는 기타 잔혹하거나 비인간적이거나 굴욕적인 대우나 처벌을 받지 아니한다.

② 가정환경 및 대리 보호에 대한 권리

- 부모의 지도와 책임을 받을 권리: 당사국은 부모 또는 현지 관습에 따라 인정되는 확대가족이나 공동체의 구성원, 법정 후견인 또는 기타 아동에 대한 법적 책임자들이 아동의 능력발달에 상응하는 방법으로 적절한 감독과 지도를 행할 책임과 권리 및 의무를 가지고 있음을 존중한다. 당사국은 부모 쌍방이 아동의 양육과 발전에 공동책임을 진다는 원칙이 인정받을 수 있도록 최선의 노력을 기울여야 한다.

- 부모로부터의 분리가 가능한 권리: 당사국은 법률 및 절차에 따라서 분리가 아동의 최상의 이익을 위하여 필요하다고 결정하는 경우 외에는 아동의 의사에 반하여 부모로부터 분리되지 아니하도록 보장하여야 한다. 그러한 결정은 부모가 아동을 학대하거나 유기하는 경우나 부모가 별거하여 아동의 거소에 관한 결정이 내려져야 하는 등 특별한 경우에 필요할 수도 있다.
- 가족재결합의 권리: 가족의 재결합을 위하여 아동 또는 그 부모가 당사국에 입국하거나 출국하기 위한 신청은 당사국이 긍정적이며 인도적인 방법으로, 그리고 신속하게 취급하여야 한다.
- 아동을 위한 양육비 회수의 권리: 당사국은 국내외에 거주하는 부모 또는 아동에 대하여 재정적으로 책임 있는 자로부터 아동양육비의 회수를 확보하기 위한 모든 적절한 조치를 취하여야 한다.
- 가정의 보호를 받지 못하는 아동의 권리: 일시적 또는 항구적으로 가족환경을 박탈당하거나 가족환경에 있는 것이 스스로의 최상의 이익을 위하여 허용될 수 없는 아동은 국가로부터 특별한 보호와 원조를 부여받을 권리가 있다.
- 입양에서 아동이익 우선의 권리: 입양제도를 인정하거나 허용하는 당사국은 아동의 최상의 이익이 최우선적으로 고려되도록 보장하여야 한다.
- 불법 해외 이송 및 미귀환에 대한 권리: 당사국은 아동의 불법 해외이송 및 미귀환을 퇴하기 위한 조치를 취하여야 한다.
- 아동학대로부터의 보호 및 신체적·심리적·사회적 회복의 권리: 당사국은 아동이 부모, 법정 후견인 또는 기타 양육자의 양육을 받고 있는 동안 모든 형태의 신체적·정신적 폭력, 상해나 학대, 유기나 유기적 대우, 성적 학대를 포함한 혹사나 착취로부터 아동을 보호하기 위하여 모든 적절한 입법적·행정적·사회적 및 교육적 조치를 취하여야 한다. 여하한 형태의 잔혹하거나 비인간적이거나 굴욕적인 대우나 처벌 또는 무력분쟁으로 희생된 아동의 신체적·심리적 회복 및 사회 복귀를 촉진하기 위하여 모든 적절한 취하여야 한다.
- 양육 및 보호기관에 대한 심사권: 당사국은 양육·보호 또는 신체적·정신적 건강을 위한 치료목적으로 관계당국이 양육조치한 아동이 본인에게 제공되는 치료 및 양육지정과 관련된 여타 모든 사정을 정기적으로 심사하는 것에 대한 권리를 가짐을 인정한다.
- 보육서비스 제공: 당사국은 아동의 양육책임이행에서 부모와 법정 후견인에게 적절한 자원을 제공하여야 하며, 아동보호를 위한 기관, 시설 및 편의의 개발을 보장하여야 한다.

③ 기초보건 및 복지에 대한 권리

- 보건서비스를 받을 권리: 당사국은 최상의 건강수준을 향유하고, 질병의 치료와 건강의 회복을 위한 시설을 사용할 수 있는 아동의 권리를 인정한다. 이 권리의 이행을 위하여 당사국은 아동의 사망률 감소, 산모의 출산 전후 건강관리, 기초건강관리, 환경오염방지 등을 위해 적절한 조치를 취하여야 한다.

• 장애아동의 권리: 정신적 · 신체적 장애를 가진 아동은 존엄성이 보장되고 자립이 촉진되며 적극적 사회참여가 조장되는 여건 속에서 충분히 품위 있는 생활을 누려야 한다. 당사국은 아동의 여건과 아동양육자의 사정에 적합한 지원이 아동과 그의 양육자에게 제공될 것을 장려하고 보장하여야 한다.
• 사회보장 및 아동보호시설에 대한 권리: 모든 아동이 사회보험을 포함한 사회보장제도의 혜택을 받을 권리를 가지며, 이의 실현을 위하여 필요한 조치를 취하여야 한다. 당사국은 취업한 부모의 아동들이 아동 보호를 위해 자격을 갖춘 편의 및 시설을 이용할 수 있는 권리가 있음을 보장하기 위하여 모든 적절한 조치를 취하여야 한다.

④ 교육, 여가 및 문화적 활동에 대한 권리
• 생활수준에 대한 권리: 당사국은 모든 아동이 지적 · 신체적 · 정신적 · 도덕적 · 사회적 발달에 적합한 생활수준을 누릴 권리를 가짐을 인정한다.
• 교육목표에 대한 권리: 당사국은 다음과 같은 아동교육목표를 달성해야 한다. 아동의 잠재력의 최대 개발, 서로 다른 출신, 언어, 가치 및 문명에 대한 존경심 개발, 사람과의 관계에서 이해, 평화, 관용, 양성평등, 우정 등에 입각한 자유사회에서의 책임 있는 삶에 대한 준비 등이다.
• 교육을 받을 권리: 아동의 교육에 대한 권리를 인정하며, 기회균등의 기초 위에서 점진적으로 이 권리를 달성하기 위하여 초등교육은 무상으로, 그리고 일반교육과 직업교육을 포함한 다양한 형태의 중등교육은 장려하는 조치를 취하도록 하고 있다.
• 여가 · 오락 활동 및 문화적 활동에 대한 권리: 당사국은 아동이 휴식과 여가를 즐기고 자신의 연령에 적합한 놀이와 오락 활동에 참여하고 문화생활과 예술에 자유롭게 참여할 권리를 인정하며, 이 권리를 촉진할 수 있는 적절하고 균등한 기회의 제공을 장려한다.

⑤ 특별보호조치에 대한 권리
• 법적 분쟁상의 아동에 관한 권리: 난민아동, 전쟁 시의 아동, 위급한 상황에 처한 아동, 자유가 박탈된 아동 등에 대한 보호와 권리, 아동에 대한 사형 및 종신형의 금지에 대한 권리, 사회복귀 지원에 대한 권리가 포함된다.
• 착취상황하의 아동에 대한 권리: 아동의 노동력 착취, 성적 착취와 학대, 마약과 향정신성 물질로부터의 보호, 기타 형태의 착취로부터의 보호에 대한 권리 등을 포함하고 있다.

2) 아동권리의 내용

아동권리의 내용은 '3P의 개념'을 들 수 있다.

첫째는 제공(provision)이란 개념으로, 아동이 필요로 하는 인적 · 물적 자원의 제공과 이것을 사용할 권리이다. 예를 들면, 이름, 국적, 보건, 교육, 여가 및 놀이를 즐길 권리와 고아, 장애인 보호 등이 포함된다.

둘째는 보호(protection)의 개념으로서, 아동은 위해한 행위로부터 보호를 받아야 한다는 것이다. 예를 들면 문제를 지닌 부모로부터의 격리, 성적학대, 육체적·정신적 학대로부터 보호받을 권리 등이 포함된다.

셋째는 참여(participation)의 개념이다. 아동이 자신의 인생에 중요한 영향을 미치는 결정에 대하여 알 권리이다. 아동은 성장과 더불어 책임 있는 성년기에 대한 준비로서 사회활동에 참여할 기회를 많이 가져야 한다.

이와 같이 아동의 권리 개념에는 아동의 생리적·인격적 욕구충족과 보장으로서의 권리와 제공, 보호, 참여의 수단을 활용해야 한다는 권리의 개념을 그 특성으로 지니고 있다.

2. 국제협약의 내용과 의의

1) 국제협약의 내용

사회복지 맥락에서 아동복지의 활동목표는 모든 아동의 욕구가 충족되어 건전하게 성장·발달하는 것이다. 따라서 아동복지를 전개함에 있어서는 우선 아동권리의 기본적 요소에 대한 충분한 인식이 필요하다. 아동의 복지권은 국제연합의 선언이나 협약, 또는 각국의 아동복지법규에 명시적 또는 암시적으로 표현되고 있다. 아동의 행복추구에 대한 이념, 아동의 특성으로서의 욕구충족에 대한 과학적 입증 및 아동헌장이나 선언에 나타난 제반 권리의 내용들을 종합적으로 분석해 보면 적어도 아동의 권리에 관한 가장 기본적이며 공통적인 다음의 제반 사항이 포함되어야 한다. 아동권리에 관한 선언적 권리보장, 그리고 가정생활, 사회보장, 보건, 교육 등에 관한 실천 지향적 권리보장에 관한 내용으로 구성되어 있다.

(1) 일반원칙

① 무차별의 원칙

국제협약 제2조는 당사국은 아동을 인종, 피부색, 성별, 언어, 종교, 정치적 의견 등 어떠한 종류의 차별이 없이 협약에 규정된 권리를 존중하고 각 아동에게 보장하여야 하며, 국가는 모든 형태의 차별이나 처벌로부터 아동이 보호되도록 보장하는 모든 적절한 조치를 취하여야 한다고 규정하고 있다.

② 아동이익 최우선의 원칙

국제협약 제3조는 공공 또는 민간 사회복지기관, 법인, 행정당국 또는 입법기관 등에 의하여 실시되는 아동에 관한 모든 활동에 있어서 아동의 최선의 이익이 최우선적으로 고려되어야 한다고 규정하고 있다.

③ 아동의 생명존중 및 발전 보장의 원칙

국제협약 제6조는 당사국은 모든 아동이 생명에 관한 고유의 권리를 가지고 있음을 인정하며, 가능한 한 최대한도로 아동의 생존과 발전을 보장하여야 한다고 규정하고 있다.

④ 아동의 의사존중의 원칙

국제협약 제12조에 의하면, 당사국은 자신의 견해를 형성할 능력이 있는 아동에 대하여 본인에게 영향을 미치는 모든 문제에 있어서 자신의 견해를 자연스럽게 표시할 권리를 보장하며, 아동의 견해에 대하여는 아동의 연령과 성숙도에 따라 정당한 비중이 부여되어야 한다.

(2) 선언적 권리의 보장

① 이름과 국적

아동은 출생 후 즉시 등록되어야 하며, 출생 시부터 생명권과 국적 취득권을 가지며, 가능한 한 자신의 부모를 알고 부모에 의하여 양육 받을 권리를 가진다(국제협약 제7조).

② 신분의 보존

당사국은 위법한 간섭을 받지 아니하고 국적, 성명 및 가족관계를 포함하려 법률에 의하여 인정된 신분을 보존할 수 있는 아동의 권리를 존중한다(국제협약 제8조).

③ 표현의 자유

아동은 표현에 대한 자유를 가진다(국제협약 제13조).

④ 사상, 양심, 종교의 자유

당사국은 아동의 사상, 양심 및 종교의 자유에 대한 권리를 존중하여야 한다(국제협약 제14조).

⑤ 결사와 집회의 자유

당사국은 아동의 결사의 자유와 평화적 집회의 자유에 대한 권리를 인정한다(국제협약 제15조).

⑥ 사생활 보호

어떠한 아동도 사생활, 가족, 가정 또는 통신에 대하여 자의적이거나 위법적인 간섭을 받지 아니하며 또한 명예나 신망에 대한 위법적인 공격을 받지 아니한다(국제협약 제16조),

⑦ 정보접근권

당사국은 대중매체가 수행하는 중요한 기능을 인정하며, 아동이 다양한 국내적 및 국제적 정보원으로부터의 정보와 자료, 특히 아동의 사회적·정신적·도덕적 복지와 신체적·정신적 건강의 향상을 목적으로 하는 정보와 자료에 대한 접근권을 가짐을 보장하여야 한다(국제협약 제17조).

3) 실천지향적 권리의 보장

① 정상적 가정생활을 누릴 수 있는 권리

국제협약 제9조 의하며, 당사국은 아동이 그의 의사에 반하여 그의 부모로부터 분리되지 않도록 보장해야 한다고 규정하고 있다. 단, 책임이 있는 해당기관이, 아동이 그의 부모와 떨어져 있는 것이 그 아동의 최적의 생존을 보장한다고 판단했을 때 절차에 따른 사법심사를 거쳐 이를 실행할 수 있다. 그러나 이러한 경우에도 정상적인 환경하에서 그들의 부모와의 개인적인 관계 및 접촉을 할 수 있도록 아동의 권리를 존중해야 한다.

② 사회보장 혜택의 원리

국제협약 제26조 제1항에 의하며, 당사국은 모든 아동에 대한 사회보험을 포함한 사회보장제도의 혜택을 누릴 인정하고, 국법에 위배되지 않는 범위 내에서 이 권리의 충분한 실행을 위해 필요한 방법을 강구해야 한다. 경제적 불안정으로 최소한의 아동의 욕구가 충족되지 않을 경우 아동의 신체적 · 지적 · 정서적 발달에 장애를 초래하게 된다. 사회보장은 돌발적인 경제적 불안에 대한 대비책으로 제도적 장치를 마련하여 아동의 권리를 보장하는 것이다.

③ 보건과 의료적 서비스를 받을 권리

국제협약 제24조에 의하면, 당사국은 아동이 최상의 선상상태를 향유할 수 있는 권리 및 질병치료나 건강회복을 촉진할 수 있는 권리를 인정해야 하며, 의료보호제도를 누릴 수 있는 권리를 인정해야 하며, 의료보호제도를 누릴 수 있는 권리를 보장하여야 함을 규정하고 있다. 이러한 권리가 보장됨으로써 아동의 사망률을 감소시킬 수 있으며, 알맞은 영양식과 깨끗한 식수와 공기를 제공하여 질병과 영양실조를 예방할 수 있다. 그리고 임산부에 대해 적절한 출산 전후의 건강보호를 제공해야 한다.

④ 교육을 받을 권리

국제협약 제28조에 의하면, 당사국은 아동의 교육을 받을 권리를 인정하고 동등한 기회균등의 기초 위에서 이 권리가 성공적으로 실행되도록 무료의 의무교육, 일반교육과 직업교육을 포함한 다양한 형태의 중등교육을 장려하는 조치를 취하도록 규정하고 있다.

⑤ 적절한 여가. 오락 및 문화적 생활을 누릴 수 있는 권리

국제협약 제31조에 의하면, 당사국은 아동이 각자의 연령에 적합한 오락 활동이나 놀이에 참여하여 자유스럽게 문화생활이나 예술 활동에 참여할 수 있도록 아동에게 휴식과 여가에 대한 권리를 보장해야 한다고 규정하고 있다.

⑥ 방임이나 학대 및 착취로부터 보호받을 권리

국제협약 제32조는 아동에 재한 경제적 착취 및 아동의 교육에 해가되거나 위험하다고 판단되는 작업으로부터, 또는 아동의 건강과 신체적 · 정신적 · 도덕적 · 사회적 성장을 저해

한다고 판단되는 작업으로부터 보호받아야 하는 아동의 권리를 국가가 인정하고, 이의 실행을 위한 사법적·행정적·사회적 성장을 저해한다고 판단되는 작업으로부터 보호받아야 하는 아동의 권리를 국가가 인정하고, 이의 실행을 위한 사법적·행정적·사회적·교육적 방법을 취해야 함을 규정하고 있다. 또한 제32조에는 마약과 향정신성 물질의 사용으로부터 아동을 보호해야 하며, 제34조는 모든 형태의 성적 착취나 학대로부터 아동을 보호해야 함을 규정하고 있다.

⑦ 장애아동의 경우 특별한 치료, 교육 및 보호를 받을 원리

국제협약 제23조는 정신적 또는 신체적 강애아동에게도 인간적인 존엄성을 보장하여 자립심을 장려하고 공동체 내에서 그 아동의 자발적 참가를 인정하고, 국가는 이들에게 필요한 지원과 도움을 확대할 것을 고무하고 보장해야 함을 규정하고 있다.

2) 국제협약의 의의

아동권리에 대한 국제협약은 우리나라와의 관계에서도 그 의의가 매우 큰 것으로서, 그 중 몇 가지 의의를 살펴보면 다음과 같다.

첫째, 권리협약의 내용이 과거의 어떠한 선언이나 현장보다도 포괄적이며 구체적이라는 점이다. 즉, 권리협약은 전문과 54개조로 이루어져 있고, 그 중 제1조에서 제41까지 시행을 위한 절차와 규정을 명시하고 있다.

둘째, 아동의 권리에 대한 선언에서 협약의 단계로 도약적인 발전의 계기를 만들어 주었다는 점이다. 즉, 권리협약은 전문과 54개조로 이루어져 있고, 그 중 제1조에서 제41조까지 시행을 위한 절차와 규정을 명시하고 있다.

둘째, 아동의 권리에 대한 선언에서 협약의 단계로 도약적인 발전의 계기를 만들어 주었다는 점이다. 국제협약은 선언을 보충하는 국가 간의 합의된 약속으로서 권리의 실천적 대책을 촉구하고 있으므로 그 의의는 매우 큰 것이다.

셋째, 각국의 아동이나 청소년과 관련된 제반 법규 또는 아동을 위한 복지정책이나 서비스에 관한 내용들을 개정하고 보완할 수 있는 준거틀을 마련해 주었다. 기존의 아동 법규로써는 새롭게 출현하는 아동문제나 욕구충족에 대처하기 어려우며, 이러한 점에서 국제협약은 각국의 아동복지 정책과 제도적 발전의 이정표가 되고 있다.

넷째, 국제협약은 지구공동체 의식의 조성에 기여할 수 있다는 점에 의의가 있다. 즉, 협약은 평화, 자유, 그리고 복지라는 인류 공종의 목표추구의 일환이라는 점에서 그 의의가 매우 크다. 오늘날 우리 사회도 많은 변화를 하여 왔고 또한 지속적으로 변화해 가고 있다. 변화와 발전의 궁극적인 목표는 인류에 대한 복지 실현에 있는 것이다. 그 중에서도 이 나라를 짊어지고 나아갈 아동에 대한 기대는 지극히 크다. 아동에 대한 권리의 존중과 보장을 위한 교육이나 복지활동에 부모와 가족, 사회, 국가의 공종적인 노력과 적극적인 참여가 요구되며, 이는 나아가 아름답고 평화로운 지구공동체 형성에 기여하는 길이다.

참 고 문 헌

강동훈 (2004). 해외개발원조에서의 공공기관과 민간기관의 협 과정에 관한 연구: 한국국제협력단과 굿네이버스의 협력과정 사례를 중심으로. 서울대학교 대학원 석사학위논문.

강선주 (2013). 박근혜 정부의 공적개발원조(ODA)정책: 과제와 전망. 주요국제문제분석, 11, 국립외교원 외교안보연구소.

강성호 (2006). 밀레니엄개발목표(MDGs)를 통한 동아시아 빈곤퇴치 전략과 지역협력 가능성. 경희대학교 인류사회재건연구원, 21(1), 107-148.

강신옥 (2006). 사회적 배제 개념의 정책적 적용을 위한 이론적 검토. 동향과 전망, 66, 9-31.

강영실 외 (2007). 사회문제론. 서울: 대왕사.

강창구 (2011). 북한이탈주민의 정착문제와 전망 -취업활성화 방안을 중심으로. 사회과학연구, 20(1), 51-63.

강하니 (2014). 전 세계인이 함께 만들고 지켜야 할 새로운 개발목표. ODA Watch, 92, 6-11.

고기복 (2007). EU국가의 난민인정 제도. 한독사회과학논총, 7(1), 37-70.

고문헌 (2011). 난민수용의 실태와 인정절차. 사단법인 한국공법학회. 40(1), 35-62.

공경윤 (2013). 다문화가정 자녀의 교육·복지 지원정책에 관한 연구. 남서울대학교 대학원 석사학위논문.

곽성일 (2015). 다차원적 빈곤과 불평등 -에티오피아 농촌지역의 극빈층을 중심으로-. 국제개발협력, 2, 39-62.

곽효경 (2006). WHO와 새천년개발목표에 관한 연구 -글로벌 거버넌스 관점에서-. 성균관대학교 대학원 석사학위논문.

국가인권위원회 (2012). 국내 체류 이주민의 사회복지지원체계 개선을 위한 실태조사. 서울: 국가인권위원회.

국회입법조사처(2012-2020). 이슈와 논점.

권한용 (2016). 난민문제에 대한 국제적 논의와 한국난민정책에 대한 시사점. 아주법학, 10(1), 213-249.

권해수 (2013). NGO 연구동향 분석. 한국사회와 행정연구, 24(2), 275-289.

김경철 (2016). SDGs 농촌개발분야 목표 우선순위 설정을 위한 연구. 강원대학교 대학원 석사학위논문.

김경환 (2014.11.18.) '아(亞) 최초' 난민법 시행 1년… 난민 인정률 '최저'. 중앙일보.

김기덕 (2011). 문화적 역량 비판 담론에 관한 사회철학적 분석. 한국사회복지학, 63(3), 239-260.

김남희 (2016). 시민성 교육프로그램이 국가 및 세계 시민성 함양에 미치는 효과 분석. 서울교육대학교 대학원 석사학위논문.

김동수, 정무성, 정진옥 (2013). 국제사회복지. 서울: 신정.

김동욱 (2016). 국제개발협력에서 한국형 사회적 기업 ODA 모델에 관한 논의. 부산대학교 대학원 석사학위 논문.

김동위 (1993). 환경보존을 위한 청소년지도의 교육적 관련 요인, 청년연구, 15.

김명광 (2011). 국내외 외국인 근로자 정책과 대안: 특수 목적 한국어 교육을 중심으로. 현대 사회와 다문화, 1(2), 200-225.

김명성 (2009). 사회통합 차원에서의 다문화가족 지원정책의 현황과 개선방안에 관한 연구. 사회복지실천, 제8호.

김명자 (1991). 동서양의 과학전통과 환경운동. 서울: 동아출판사.

김미경 (2008). 사회복지 분야의 운동적 성격 및 NGO적 위상을 통해 본 사회복지사의 역할. 지역사회연구, 16(1), 95-112.

김미경 (2010). 세계화·세방화·다문화: 아래로부터의 세계화를 위한 제언. 인문연구, 59, 207-252.

김미곤 (2014). 빈곤·불평등 추이 및 전망. 보건복지포럼, 6-16.

김미덕 (2011). 정치학과 젠더, 한국정치학회보, 45(2), 31-49.

김미림 (2015). 한국 공적개발원조(ODA) 결정요인에 대한 기간 비교 연구. 연세대학교 대학원 석사학위논문.

김상돈 (2010). 다문화교육의 목표와 내용 체계 연구. 고려대학교 대학원 박사학위논문.

김선혁 (2008). "세계화와 행정: 이론적 성찰과 정책적 함의." 한국행정학회 2008년도 기획세미나, 202-222.

김성국 (2015). 국제통화기금(IMF)의 정책적 처방에 대한 비판적 분석: 태국·인도네시아·한국의 외환위기를 중심으로. 경북대학교 대학원 석사학위논문.

김세니 (2004). 국제기구와 난민: 코소보 난민구호 활동을 중심으로. 고려대학교 대학원 석사학위논문.

김세진 (2015). 난민지원체계의 문제점. 월간 복지동향, 204, 19-26.

김소연 (2008). 외국인 이주노동자 자녀의 교육받을 권리. 고려대학교 대학원 석사학위논문.

김솔나 (2009). 개발협력에 있어 정부-개발NGO 관계의 네트워크 분석. 성균관대학교 대학원 석사학위논문.

김수진 (2008). 공적개발원조에서의 정부-NGO 간 관계에 관한 연구: 관계변화과정과 관계형성요인을 중심으로. 서울시립대 대학원 석사학위논문.

김양희 (2013). 젠더기반폭력에 대한 이해와 사례 연구. 한국국제협력단, 1-62.

김양희 (2014). 젠더 측면에서 본 MDGs의 한계와 Post-MDGs 논의 동향. 국제개발협력. 3, 146-176.

김용근 (1994). 우리들은 환경파수꾼. 서울: 푸른나무.

김용신 (2010). 다문화 소수자로서 외국인 노동자의 이주 정체성: 글로벌 정의는 가능한가? 사회과교육, 50(3), 17-27.

김원식 (2005). 북한 인권 논의의 현황과 전망. 사회와 철학. 9, 105-108.

김윤화 (2010). 국제개발협력의 국가 간 협력에 관한 연구 -공적개발원조를 중심으로-. 국제

경제법연구, 8(1), 358-362.

김은미 (2016). 한국 공적개발원조의 결정요인: 한국으로 유입되는 이민자의 유형을 중심으로. 연세대학교 대학원 석사학위논문

김은주 (2013). 거버넌스가 빈곤에 미치는 영향에 관한 비판적 연구: 국가 발전수준에 따른 거버넌스의 역설을 중심으로. 서울대학교 대학원 박사학위논문.

김은혜 (2013). 국제개발협력교육의 현황과 개선방안에 관한 연구. 부산대학교 대학원 석사학위논문.

김의영 (2011). 굿 거버넌스 연구 분석틀: 로컬 거버넌스를 중심으로. 한국정치연구, 20(2), 209-234.

김인 (2010). UN 천년개발목표(MDGs) 달성을 위한 한국 ODA 추진방안. 한국국제정치학회 학술대회 발표논문집, 31-54.

김인 (2015). KOICA 중장기전략에서의 犯)Gs 주류화 방안. 국제개발협력, 2014(4), 3-35.

김인 외 (2015). 지속가능한목표 (SDGs) 수립현황과 대응방안. 한국국제협력단, 연구개발, 2015-03-113, 1-374.

김재호, 정주연 (2013). 기초노령연금 도입에 따른 소득불평등과 양극화 변화분석. 한국정책학 학보, 21(1), 4432-433.

김정훈, 백영숙 (2014). 교정복지시설 종사자의 다문화 민감성의 필요성과 증진방안. 교정복지연구, 33, 145-166.

김종아 (2014). 다문화사회 박물관의 문화다양성교육실천에 관한 질적 연구. 한양대학교 대학원 박사학위논문.

김준식 (2010). 국제 빈곤퇴치운동에서 한국의 국제개발NGO의 역할과 원조의 효과성 제고방안 연구. 한양대학교 대학원 석사학위논문.

김지유 (2010). 한국의 공적개발원조(ODA) 추진체계 변화 연구. 경희대학교 대학원 석사학위논문.

김지현 (2014). Post-2015 개발의제 동향연구1: SDGs 초안 분석. 개발과 이슈, 19, 1-36.

김진옥 (2013). 글로벌 환경거버넌스와 기후변화협약에 관한 연구. 전북대학교 대학원 석사학위논문.

김진회, 차윤경, 박순용, 이지향 (2014). 평화와 협력을 위한 세계시민교육: 2아5 세계교육회의 의제 형성 연구. 서울: 유네스코한국위원회.

김진희 (2015). Post 2015 맥락의 세계시민교육 담론 동향과 쟁점 분석. 시민교육연구, 47(1), 59-88.

김철민 (2012). 국제 난민 이야기: 동유럽의 난민을 중심으로. 서울: 살림.

김태균 (2012). ODA를 넘어서: 국제개발원조를 위한 혁신적 재원조달에 관한 연구. 21세기정치학회보, 22(1), 87-114.

김태완, 이주미 (2016). UN의 지속가능발전목표(SDGs) 추진 전략과 주요 내용: 빈곤 및 불평등을 중심으로. 보건복지포럼, 72-85.

김판석 (2010). 세계빈곤의 현황과 과제. 서울: 조명문화사.

김혁래 (1997). 세계화와 한국NGㅇ의 현황. 경제정의실천연합회.

김혜선 (2005). 세계화에 따른 복지레짐별 노동시장 프로그램의 지출 변화 비교. 고려대학교 대학원 석사학위논문.

김홍주 (2013), 공적개발원조(ODA), 부패 및 그 상호작용이 국제 빈곤에 미치는 영향에 관한 연구: ODA 수원국을 중심으로. 한국부패학회보, 18(3), 1-28.

남부현, 오영훈, 한용택, 전영숙, 이미정, 천정웅 (2016). 다문화사회교육론. 경기: 양서원.

남상준, 김대성, 김두련, 이상복, 한세일 (1999). 환경교육의 원리와 실제. 서울: 원미사.

노장우 (2008). 국제관계에서의 정부와 개발 NGO 관계: Oxfam과 굿네이버스의 사례 비교. 연세대학교 대학원 석사학위논문.

노충래 (2010), 국제사회복지. 서울: 학지사.

모경환, 황혜원 (2007). 중등 교사들의 다문화적 인식에 대한 연구: 수도권 국어, 사회과 교사를 중심으로. 시민교육연구. 39(3), 79—100.

문경연, 이진영' 여원영 (2014). 국제개발협력과 개발재원: 개발재원 논의와 주요 행위자 정책 분석.동서연구, 26(2), 87— 117.

문도운 (2014). 새천년개발목표(MDGs)의 한계와 Post-2015 개발목표의 내용. Issue Brief, 12, 1-4.

문진영 (2015). 빈곤선 측정방식에 대한 비교 연구. 비판사회정책, 46, 202-236.

민혜진 (2011). 동북아 환경거버넌스에 관한 연구: 한중일 환경협력을 중심으로. 부산대학교 대학원 석사학위논문.

박경서 (2007). 지구촌정치학: 새로운 국제관계학 개론. 서울: 박영사.

박경일 (2008). 사회복지행정 교재의 검토와 교육의 방향. 한국사회복지교육, 4(1), 69-95.

박명지 (2010). KOICA 범분야(크로스커팅)정책 통합 방안. KOICA 개발정책 포커스, 1~33.

박상희 (2002). UN의 사회복지활동의 성격과 한국 사회복지에 미친 영향 -UN 사회권 규약을 중심으로-, 중앙대학교 대학원 석사학위논문.

박성현 (2014). 인류의 삶의 질을 향상시키기 위한 UN의 밀레니엄 발전목표(MDGs),와 지속가능 발전 목표(SDGs)에 관한 고찰. 품질경영학회지, 42(2), 529-541.

박수영 (2014). 공적개발원조질적평가 분석 및 우리원조 대응방안. KOICA 개발과 이슈. 17.

박순경 (2010). 세계화시대 다문화 배경 아동의 교육전략에 관한 연구. 부경대학교 대학원 석사학위논문.

박순용 (2015). 난민문제를 통해서 본 세계시민교육의 과제에 대한 고찰. 한국국제이해교육학회, 10(2), 77-99.

박은경 (2008). 외국인 유학생의 국제이주와 지역사회 적응에 관한 연구 -대구·경북지역 대학을 중심으로-. 대구대학교 대학원 석사학위논문.

박은혜, 김나영, 남희경, 박선화, 김인영, 김지은, 김교령 (2017). 아동권리 관점에서의 국제개발협력과 인권. 국제개발협력(4), 65-83, KOICA.

박정희 (2014). 청소년의 문화다양성 태도에 대한 연구. 중앙대학교 대학원 석사학위논문.

박지영 (2016). 지속가능발전목표(SDGs)에 기반한 경제성장에 관한 연구: 아세안국가들과 사하라남아프리카 국가들을 중심으로. 연세대학교 대학원 박사학위논문.

박지혜 (2012). 대북 인도적 지원을 담당하는 NGO 활동가의 실천적 경험에 관한 연구. 이화

여자대학교 대학원 박사학위논문.

박천응 (2013). '혼종적 담론비판분석'으로 본 한국의 다문화담론 비판. 인하대학교 대학원 박사학위논문.

박한규 (2013). 세계빈곤 문제해결을 위한 상향식 접근으로서의 역량강화(Empowerment). OUGHTOPIA, 2(2), 5-35.

박형진 (2009). 신자유주의적 세계화와 사회복지정책의 윤리적 가치 . 극동사회복지저널, 5, 33-57.

박홍순, 박재영, 이신화, 서창록 (2015). 국제기구와 인권, 난민 · 이주. 서울: 도서출판 오름.

박홍순 (2011). 유네스코: 국제기구로서 역할 평가. 류석진, 박홍순, 정우탁, 최동주(편), UNESCO와 한국: 한국의 UNESCO 활용 전략 마련을 위한 기초 연구(pp.27-54). 서울: 유네스코한국위원회.

박홍순 (2014). 유엔 새천년개발목표(MDG)의 성과와 평가. 외교부, 108, 132-155.

방설아 (2014). 개발도상국의 도시빈곤과 KOIOA의 도시개발원조사업에 관한 연구 Post 2015 SDGs를 바탕으로-. 서울시립대학교 대학원 석사학위논문.

방은진 (2015). 국제개발 NOG 브랜드 디자인의 커뮤니케이션 효율성 연구. 단국대학교 대학원 석사 학위논문.

배은경 (2004). 사회분석 범주로서의 '젠더' 개념과 페미니스트 문화 연구. 페미니즘 연구, 4(1),55-98.

배진수, 강성호, 한희정 (2006). 유엔 MDGs(천년개발목표)달성을 위한 한국의 추진전략 및 기여방안. 한국국제협력단 연구보고서, 1-312.

백일순 (2010). 이동과 장소의 초국가성 -싱가포르 거주 한인들의 국제적 이주, 적응 그리고 네트워크 구성에 대한 연구-. 서울대학교 대학원 석사학위논문.

백종만, 최옥채 외 (2013). 사회복지개론. 서울: 센게이지러닝코리아(주).

법무부 (2009). 난민신청자에 대한 각국의 지원시설과 사회통합제도 연구. 법무부 연구용역보고서

변영학 (2016). 정치체제와 불평등 -세계 43개국의 통계분석, 1981~2007-. 대한정치학회, 24(1), 107—130.

변청자 (2003). 한국 문화정책과 문화정체성의 문제: 세계화시대 문화정체성 확립을 위한 정책을 중심으로. 홍익대학교 대학원 석사학위논문.

보건복지부 한국아동권리모니터링센터 (2011). UN아동권리협약제 · 4차 국가보고서 및 권고사항 자료집. 서울: 한국보건사회연구원.

서경원 (2013). 사회복지사의 국제개발협력사업 경험에 관한 현상학적 연구. 서강대학교 대학원 석사학위논문.

서창록 (2004). 국제기구: 글로벌 거버넌스의 정치학. 서울: 다산출판사.

설동훈 (2000). 노동력의 국제이동. 서울: 서울대학교출판부.

성미영 (2002). 지역학협동과정 동남아(인도네시아) 전공. 연세대학교 대학원 석사학위논문.

세이브더칠드런 (2013). 한국 거주 난민아동 생활 실태 조사 및 지원방안 연구.

센, 아마티아(Sen, Amartya) (2013). 자유로서의발전. 김원기 역. 서울: 갈라파고스.

손혁상, 김남경 (2013). 사회적 기업의 국제개발협력 참여 연구: 농업, 공정무역, 적정기술 사례분석. 세계지역 연구논총, 31(1), 81-108.

손혁상, 문경연 (2013). 개발재원과 Post-2015 아젠다: 주 의제 상정을 위한 비판적 고찰. 세계지역연구논총, 31(3), 281-306.

손혁상, 이진영, 여원영 (2014). 국제개발 규범형성에 대한 구성주의적 접근: 새천년개발목표(MDGs)와 Post-2015 프레임워크 사례를 중심으로. 국제정치논총, 54(1), 231-265.

신섭중 (1999). 국제사회복지. 서울: 대학출판사.

신희수 (2007). 세계 시민성 함양을 위한 지역사회 중심의 사회과 수업모형 -안산 외국인 이주노동자 거주 지역 '국경 없는 마을'을 중심으로. 연세대학교 대학원 석사학위논문.

심이리나 (2009). 러시아 거주 독일인 디아스표라의 국제 이주에 관한 연구. 전남대학교 대학원 석사학위논문.

안득기 (2008). 대북지원 NGㅇ의 기능과 역할에 관한 연구. 북한연구학회보, 12(2), 179-210.

안숙영 (2010), 새천년개발목표(MDGs)와 독일의 공적개발원조(ODA). 21세기정치학회보. 20(3), 381-404.

양동휘 (2015). 한국 국제개발 NGO의 제도화 과정에 관한 연구. 고려대학교 대학원 석사학위논문.

양세진 (2011). 한국 사회적 기업의 협력적 거버넌스에 대한 사례. 성균관대학교 대학원 박사학위논문.

양세진, 이명석 (2007). '사회서비스 일자리' 거버넌스에 대한 연구: 사회적 기업을 중심으로. 한국행정학회 학술대회 발표논문집, 435-455.

양진용 (2009). 국제통화기금(IMF)의 역할 재정립: 금융위기의 관리와 예방. 고려대학교 대학원 석사학위논문.

양현모 (2007). 대북지원 NGO 활동에 대한 정부 지원체제연구. 한·독사회과학논총, 17(2), 129-159.

여소영 (2006). 고등학생들의 세계화 의식 실태 분석. 한남대학교 대학원 석사학위논문.

오승진 (2012). 난민법 제정의 의의와 문제점. 국제법학회논총, 57(2), 91-112.

외교통상부 인권사회과 (2015). 제17회 전국대학생의 모의유엔회의자료: 난민의 인권보호 및 지원을 위한 범세계적 노력.

우동완, 조아영 (2009). 천년개발목표달성을 위한 협력단 정책 및 지원사업 이행현황 종합평가. 한국국제협력단.

월드비전 (2014). 세계시민교육포럼 자료집. 서울: 월드비전입문.

유네스코한국위원회 (1995). 관용: 평화의 시작: 평화, 인권, 민주주의를 위한 교수/학습 지침서.

유네스코한국위원회 (1997). 인권교육은 어떻게 할 것인가. 서울: 도서출판 오름.

유성지 (2014). 다문화가족지원정책 추진 실태와 개선방안 연구. 경희대학교 대학원 석사학위논문.

유엔 새천년개발목표 보고서 한국위원회 (2014). 유엔 새천년개발목표 보고서 2014-2015(한국어판).

윤노아 (2013). 국내소수집단에 대한 청소년의 다문화 시티즌십 분석. 이화여자대학교 대학원 석사학위논문.

윤성종 (2015). 빈곤 및 그 대처방안. 경상논총, 7(2), 60-69.

윤인진 (2012). 디아스포라와 초국가주의의 고전 및 현대 연구 검토. 재외한인연구, 28, 7-47.

윤지예 (2014). 유네스코에 등재된 춤의 현황과 형태 분석. 경희대학교 대학원 석사학위논문.

이경은 (2017). 국제입양에 있어서 아동권리의 국제법적 보호. 서울대학교 대학원 박사학위논문.

이경희 (2014). 국제개발협력의 효과성 제고를 위한 통합적 관리 방안 연구. 경성대학교 대학원 석사학위논문.

이계우, 박지훈(2007). 한국의 공적개발원조 20년의 평가. 한국개발연구, 2.

이동현 (2009). 공적 개발원조 관점에서 본 한국정부의 대북지원. 북한대학원대학교 석사학위논문.

이만종 (2016). 한국의 난민문제에 대한 국가안보상 대응. 한국테러학회보, 9(1), 59-98.

이미림 (2011). 사회복지사들은 문화적 역량을 어떻게 터득하는가?. 한남대학교 대학원 박사학위논문.

이민정책연구원 (2013). 국제난민이주와 안보. IOM 이민정책연구원 워킹페이퍼 시리즈. 7.

이상균, 윤철수 (2010). 대학에서의 학교사회복지 교육 내용에 대한 분석: 교과과정 및 교재분석을 중심으로. 학교사회복지, 18, 53-85.

이서현 (2015). 유네스코 세계유산 PR실태에 대한 국가 간 비교 연구 -제주, 태즈메이니아, 하와이의 지역 일간지 보도내용을 중심으로-. 제주대학교 대학원 박사학위논문.

이성순 (2013). 이주민 사회통합정책에 관한 연구: 에이거와 스트랭의 사회통합 분석틀 적용. 사회과학연구, 24(3).

이수진 (2011). 복잡계 관점에 의한 빈곤문제 연구. 사회과교육연구, 18(3), 89-100.

이승주 (2013). Post-2015 시대 개발협력 어젠다와 한국의 대응방안. 한국정책학회 추계학술대회, 67-88.

이승준 (2006). 대북 인도적 지원에 있어서 정부와 NGO간의 협력관계 연구 -그 유형과 개선방안을 중심으로-. 한국외국어대학교 대학원 석사학위논문.

이시윤 (2015). 고용구조와 소득불평등의 관계에 대한 연구. 고려대학교 대학원 석사학위논문.

이양희 (2011). 국제개발협력과아동의인권. 국제개발협력, 2011-1호 pp.27-38.

이연주 (2015). 한국의 ODA 평가 및 발전방향 연구. 성균관대학교 대학원 석사학위논문.

이용호 (2007). 난민의 개념과 그 보호. 국제법학회논총, 52(2), 311-338.

이윤경 (2013). 재중한인의 초국가주의: 왕징 코리아타운 사례연구. 고려대학교 대학원 박사학위논문.

이재훈 (2011). 국제기업정신, 핵심역량, 네트워크 활동, 그리고 국제화 간의 관계 -수출중소기업을 중심으로-. 영남대학교 대학원 박사학위논문.

이정우 (2013). 글로벌 인권거버넌스의 역할과 한계: 북한인권에 대한 천안문사태의 교훈. 평화학연구, 14(4), 163-186.

이종무, 최철영, 박정란 (2008). 국제 NGO의 원조 정책과 활동. 서울: 통일연구원.
이종학 (2003). 조선족의 도시 이주와 사회적응에 관한 연구. 고려대학교 대학원 석사학위논문.
이주영 (2015). Post-2015와 불평등 해소의 과제: 인권적 접근. 국제개발협력, 1, 63-91.
이주하 (2011). 빈곤에 대한 정치사회학적 이해. 한국사회정책, 18(1), 11—42.
이찬욱, 강진구, 노자은 (2010). 한국사회와 다문화. 경기: 도서출판 경진.
이창호 (2011). 국제사회복지의 역사와 정의에 관한 고찰. 국제사회복지학, 9-30.
이태수 (2011). 글로벌복지 교육에 대한 시론. 글로벌 청소년학회 · 국제사회복지학회 2011년 춘계공동학술대회 자료집, 3-27.
이태숙, 정태순, 인덕수 (2013). 국제기구 유치에서의 KTO 역할에 대한 고찰. 관광학 연구, 37(7), 217-237.
이현지, 이윤주, 조계화 (2005). 휴먼서비스 학문분야의 죽음교육에 관한 교과내용분석과 욕구조사 노인복지연구, 30, 263-286.
이혜경 (1998). 외국인 노동자의 사회경제적 상황. 석현호 외 공저, 한국사회와 외국인 노동자: 그 종합적 이해를 위하여. 서울: 미래인력연구센터.
이호택, 조명숙 (2010). 여기가 당신의 피난처입니다. 경기: 칭-비.
임병열 (2005). 글로벌 거버넌스에 관한 비판적 연구: UN을 중심으로. 국제평화대학원대학교 석사학위논문.
임소영, 김현경, 강지현 (2013). 개발도상국의 녹색산업 및 환경주류화 지원전략 연구. 산업연구원 연구보고서, 687, 1-219.
임소진 (2012). 국제사회의 Post-2015 개발 프레임워크 수립동향 및 한국 ODA의 기여방안. KOICA 개발정책 포커스, 14, 1-65,
임소진 (2013a). Post-2015 개발 프레임워크와 UN 고위급패널 보고서. 개발과 이슈, 10, 1-21,
임소진 (2013b). 모두를 위한 품위 있는 삶. 개발과 이슈, 12. 1-19.
임원혁 (2012). 새천년개발목표의 교훈과 2015년 이후 개발의제에의 함의. KDI FOCUS, 25, 1-8.
임혁백 (2000), 세계화 시대의 민주주의: 현상, 이론, 성찰. 서울: 나남 출판.
임형백 (2014). 한국 공적개발원조(ODA)의 전개와 과제. 한국정책연구, 14(1), 73-102.
장성호 (2005). 세계화와 국가의 역할에 관한 고찰. 대한정치학회보 12(3), 101-120.
장현식 (2005). 밀레니엄개발목표와 그 8번째 목표(MDGs and Goal 8). 국제포럼: 밀레니엄 개발목표와 한국사회의 역할, 14-15.
장훈태 (2016). 세계 난민문제와 선교. 성경과 신학. 77, 163-199.
전형권 (2007)., 국제이주에 대한 이론적 재검토: 디아스포라 현상의 통합모형 접근. 한국동북아논총제49집.
정경숙, 허권, 최진우, 장미진, 김민정 (2005). 국제기구를 통한 문화협력사업 활성화 방안. 한국문화관광정책연구원.
정기선 외 (2012). 이주민의 지역사회 정착과 사회통합 정책 연구. 행정안전부.
정미경, 김동열 (2010). 공적개발원조의 지원 분야 및 행위자별 유형분석: 아시아지역 중심.

아시아 연구, 13(2), 111-142.

정우용 (2013). 한국의 대(對) 몽골 공적개발원조 현황과 발전방향 -타 공여국과의 비교를 중심으로. 단국대학교 대학원 석사학위논문.

정원오 (2008). 박탈과 주관적 빈곤의 개념적 유용성 검토. 제1회 한국복지 패널 학술대회논문집.

정재각 (2010). 이주정책론. 경기: 인간사랑.

정지원, 권율, 정지선, 이주영, 송지혜, 유애라 (2014). Post-2015 개발재원 확대 논의와 한국의 대응방안. KEP 대외경제정책연구원 연구보고서, 14-12.

정진성 (2001). 국제노동기구(ILO)에의 문제제기의 구조: 강제노동조약(ILO Convention 29)/전문가위원회를 통한 군위안부 문제 제기. 국제·지역연구, 10(1), 64-80.

정효민 (2010). 국제기구 역할에 관한 이론적 고찰 -국제노동기구(ILO)의 문제제기구조와 관련된 경험적 사례를 중심으로-. 고려대학교 대학원 석사학위논문.

조규범 (2011). 다문화사회를 위한 입법적 대응방향. 현대사회와 다문화, 1(1). 34-64.

조기현, 여호성 (2018). 재정분권시대 보통교부세 발전방향. 재정형평성을 중심으로.

조미숙 (2010). MDGs에 기반한 나눔학습활동이 대학생의 지적·정서적 효과에 미치는 영향, 홀리스틱 교육연구. 제19권 제3호 pp. 51-70.

조미숙 (2019). 국제구호개발론. 서울: 동문사.

조미영 (2020). 세계화 시대의 포용적 평화교육 모형 연구. 연세대학교 연합신학대학원, 기독교교육학 전공,

조성제, 박현희 (2015). 지속가능발전목표(SDGs)와 우리나라 국제농업개발협력 연계개선방안. 통상 정보연구, 17(4), 253-278.

조영희 (2012). 이민정책과 '개발을 위한 정책일관성(PCD)': 개발친화적 이민정책의 모색. 외교부.

조영희 (2014). 국제이주-개발의 연계와 개발협력 패러다임의 변화. 이민정책연구원.

조정아, 임순희, 정진경 (2007). 새터민의 문화갈등과 문화적 통합방안. 한국여성개발원 연구보고서, 277-289.

조한승, 고영일 (2013). 글로벌 이슈. 서울: 시그마프레스.

조효제 (2000). NGO의 시대. 서울: 창작과 비평사.

주성수 (2005). NGO, NPO, CSO 개념: 국제적 통용과 국내적 적용. 한국비영리학회, 4(1), 5~37.

주해연 (2012). 한국 공적개발원조의 효과성에 관한 연구. 전북대학교 대학원 박사학위논문.

채중현 (2011). 경제학사전. 경기: 경연사.

초록우산어린이재단 (2017). 아동권리기반복지사업가이드. 서울: 초록우산어린이재단.

최덕경 (2012). 다문화사회의 이해와 실천. 서울: 창지사.

최승진 (2013). 한국의 개발 INGO 파트너 단체와 자생 개발 NGO 단체 비교연구: 한국 월드비전과 굿네이버스를 중심으로. 경희대학교 대학원 석사학위논문.

최연실 (2011), 다문화가족의 복지욕구와 복지서비스의 현황 분석 및 통합적 개선방안 탐색-가족상담을 중심으로. 한국가족치료학회지, 19(3), 61-93.

최웅선, 이진만, 김준모 (2013). 다문화사회에서 외국인 주민은 어디에서 사나? 서울: 대영문화사.

최원석 (2015). 세계화와 빈곤, 그리고 소득불평등: 중국의 사례를 중심으로. 21세기정치학회보, 25(1), 189-216.

최의철 (2003). 국제사회의 인도적 개입: 이론과 실제, 통일정책연구, 12(2), 369-404.

최정호 (2006). 한국의 공적개발원조(ODA)정책 연구 - 대 중국 사례를 중심으로. 성균관대학교 대학원 석사학위논문.

최종술 (2012). 사회복지사의 문화적다양성행동에 관합 연구: 계획된 행동이론을 중심으로. 위덕대학교 대학원 박사학위논문.

최현미, 이수연 (2008). 다문화가족 지원기관의 현황 분석과 전문 프로그램 개발. 다문화가족연구, 2, 1-20.

최현미, 이혜경, 신은주, 최승희, 김연희, 송성실 (2008). 다문화가족복지론. 경기: 양서원.

한국국제협력단 (2009). 국제개발협력의 이해.

한국국제협력단 (2013). 국제개발협력의 이해(개정판). 경기: 한울아카데미.

한국국제협력단 (2013). 국제개발협력의 이해. 서울: 한울.

한국국제협력단 (2015). 국제개발협력.

한국사회복지 교육협의회 (2016). 사회복지학 교과목 지침서.

한국여성정책연구원 (2009). 국제여성동향정보. 제13회차.

한국인권재단. 2015.『인권기반개발협력애드보커시수행가이드』. 서울: 한국인권재단.

한근식 (2013). Post-2015 개발의제와 녹색 ODA. 국제개발협력, 93-118.

한나 (2010). 개발 NGO의 국제협력활동 활성화방안에 관한 연구. 동국대학교 대학원 석사학위논문.

한수경 (2011). 세계화(지구화) 이론의 모순. 정치와 평론, 제8집, 121-160.

허그림 (2015). 사회적 기업의 국제개발협력 참여 연구 ―미국, 영국, 스웨덴 지원 정책과 사례를 중심으로-. 경희대학교 대학원 석사학위논문.

허라금 (2008). 여성주의 성평등 개념을 통해 본 성주류화. 여성학논집, 25(2), 45-79.

홍문숙 , 오수현, 정성훈 (2014). ODA와 아동 국내외원조기관 아동정책비교연구. 서울: 세이브더칠드런.

홍승기, 김충호 (2011). 공적개발원조(ODA)가 개발도상국의 투자에 미치는 영향. 한국도시지리학회지, 14(3), 119-128.

홍후조, 백경선 (2004). 교육과정학의 정체성 확립을 위한 탐구 영역의 규명과 그 정당화(n): 교육과정 결정의 세 요인을 중심으로. 교육과정연구, 22(4), 27-48.

황선자 (2008). 세계화와 노동시장제도가 임금불평등에 미친 영향에 대한 연구 세계화 영향분석. 숭실대학교 대학원 박사학위논문.

황인재 (2013). 세계화와 국내갈등에 관한 연구. 고려대학교 대학원 석사학위논문.

Abbott, E. (1947). Three American pioneers in international social welfare. The Compass, XXVIIII(4), 3-7, 36.

Adoption Council of Canada. (2007). Adoption statistics. Accessed June 24, 2007, at www.adoption.ca/news/050527stats04.htm

Agere, S. (1986). Participation in social development and integration in Sub-Saharan Africa, Journal of Social Development in Africa, 1(1), 93-110.

Agere, S. (1986). Participation in social development and integration in Sub-Saharan Africa, Journal of Social Development in Africa, 1(1), 93-110.

Agere, S. (1986). Participation in social development and integration. In Sub-Saharan Africa. Journal of Social Development in Africa, 7(1), 93-110.

Aids in the third world: A global disaster. (1999, January 2), Economist, 43-44.

Amnesty International. (1996). Declaration on the role of health professionals in the exposure of torture and ill treatment. Issued 1996. Accessed December 31, 2007, at www.amnestyusa.org

Amnesty International. (1996). Declaration on the role of health professionals in the exposure of torture and ill treatment. Issued 1996. Accessed December 31, 2007, at www.amnestyusa.org

Amnesty international. (2006). About Amnesty International. Accessed September 15, 2006, at www.amesty.org

Anciaux, A. (2008). Rene Sand-Fondateur de L'ICSW. In ICSW 1928-1988: ICSW, Celebration of the 60th anniversary(pp. 25-28). Vienna, Austria: International council on Social Welfare.

Anderson, p.,& Witter, M. (1994). Crisis, adjustment and social change: A case study of Jamaica. In E. LeFranc(Ed.), Consequences of structural adjustment: A review of the Jamaican experience(pp. 1-55). Kingston, Jamaica: Canoe Press, University of the West Indies.

Ankrah, E. M. (1992). AIDS in Uganda: Initial social work responses. Journal of Social Development in Africa, 7(2), 53-61.

Annan, K. (2006). Meeting the challenges of a changing world: The annual report on the work of the organization. New York: United Nations.

Atkinson, A. B. (2005). Innovative sources to global challenge. In A. B. Atkinson (Ed.), New Sources of Development Finance. Oxford: University Press, 1-16.

Aubrey, J. (2008). Globalization and global youth work. In J. Wood & J. Hine (Eds.), Work with young people: Theory and policy for practice. Los Angeles, CA: Sage.

Baker, N. G. (1981). Social work through an interpreter. Social Work, 26(5), 291-297.

Barbour, J., & Buch, T. (1986). Child welfare. In L. M. Healy (Ed.), Toward improving service to Southeast Asian refugees. West Hartford: University of Connecticut School of Social Work.

Barry, C. M. (2006). Testimony of Acting Assistant for Consular Affairs Catherine M. Barry Regarding Asian Adoptions to the United States. U. S. Senate Committee on Foreign Relations, Subcommittee on East Asian and Pacific affairs, June 8, 2006. Accessed December 27, 2007, at www.senate.gov/~foreign/testimony/2006/Barry Testimony060608. pdf

Bartholet, E. (1993). International adoption: Current status and future prospects. The Future of Children: Adoption, 3(1), 89-103.

Becker,J. (2006, June 9). Child soldiers. Paper presented at Smith College School of Social Work Conference on Child Soldiers, Northampton, MA.

Billups, J. (1997). Reflections on a professional's life as an internationalist: An interview with Katherine A. Kendall. Reflections, 3(2), 65-85.

Billups, J. (2002). Faithful angels: International social work notables of the late 20th century. Washington, DC: NASW Press.

Bloomberg, (2008.12.2.). EU Negotiators Delay Car CO2 Caps, Bowing to Germany.

Boulding, E., with Dye, J. (2002). Women and development. In M. T. Snarr & D. N. Snarr(Eds.), Introducing global issues (2nd ed., pp. 179-194). Boulder, CO: Lynne Rienner Publishers.

Bourguignon, F. (2004). The Poverty-Growth-Inequality Triangle. Indian Council for Research on International Economic Relations.

Bowman,L.W. (1991). Mauritius: Democracy and development in the Indian Ocean. Boulder, CO: Westview Press.

Bruneau, S. (2010). Diasporas, transnational spaces and communities. In R. Baubock & T. Faist(Eds.), Diaspora, Transnationalism: Concepts, Theories and Methods. 35-50. Amsterdam University Press.

Bryant, C., & Kappaz, C. (2005). Reducing poverty building peace. Bloomfield, CT: Kumarian Press.

Bryna, A.(Ed.). (2002). Globalization and human rights. Berkely and Los Angeles: University of California Press.

Byrnes, A. (1993). Some strategies for using international human rights law and procedures to advance women's human rights. In M. Schuler(Ed.), Claiming our place: Working the human rights system to women's advantage(pp. 51-64). Washington, DC: Institute for Women, Law and Development.

Capp, R., & Fix, M. E. (2005). Undocumented immigrants: Myths and reality. Washington, DC: The urban Institute.

Cardenas, C. (2003, April 8). Human rights and health. Presentation to the University of connecticut School of Social Work Annual International Day, West Hartford.

Carr, R. (2003). On "judgments": Poverty, sexuality-based violence and human rights in 21st century Jamaica. Caribbean Journal of Social Work, 2, 71-87.

Carrol, S. (1997). Unpublished student paper, University of Connecticut School of Social Work, West Harford.

Cental Intelligence Agency. (2007). The World factbook. Accessed June 14, 2007, at www.cia.gov.library/publications/the-world-factbook/index.html

Chea, T. (2006, August 1). China's pollution reaching U.S. The Hartford Courant, p.E3.

Clark, J. (1992). Policy influence, lobbying and advocacy. In M. Edwards & D. Hulme(Eds.), Making a difference: NGOs and development in a changing world (pp. 191-202). London: Earthscan Publications.

Coleman, D. A. (1994). Ecopolitics: Building a Green Society. New Jersey: Rutgers University Press.

Council of Europe. (1961). European Social Charter. European Treaties ETS No. 35, Turin, 18.x.1961. Accessed January 25, 2000, at www.coe.fr/eng/legaltxt/35e.htm

Council of Europe. (1996). European Social Charter. European Treaties ETS No. 35, Turin, 18.x.1996. Accessed January 25, 2000, at www.coe.fr/eng/legaltxt/35e.htm

Cox, D. (1986). Intercountry casework. International Social Work, 29, 247-256.

Cox, D. (Ed.). (1984). Intercountry casework: Some reflections on sixty years experience of international social service, 1924-1984. Geneva, Switzerland: International Social Service.

Cox, D., & Pawar, M. (2006). International social work: issues, strategies and program. thousand oaks, CA: Sage Publications.

Cox. D., & Pawar, M. (2010). 국제사회복지실천. 박영희, 배진형, 심우찬, 구현자, 남주영 공역. 서울: 나눔의 집.

Crawford-Brown, C. P. J., & Rattray, J. M. (2001). Parent child relationships in Caribbean families. In N. Boyd Webb (Ed.), Culturally diverse parent-child and family relationships(pp. 107-132). New York: Columbia University Press.

Daigle, L. (1994). Child welfare services along the U.S.-Mexico border: Efforts in binational cooperation (Working Paper No. 74). Austin: University of Texas at Austin.

Day, P. J. (1989). The new poor in America: Isolationism in an international political economy. Social Work, 34(3), 227-233.

Deacon, B., Hulse, M., & Stubbs, P. (1997). Global social policy: International organizations and the future of welfare. London: Sage.

Dear, R. (1995). Social welfare policy. In R. Edwards(Ed.), Encyclopedia of social work(19th ed., pp.2226-2237). Washington, DC: NASW Press.

Dhlembeu, N., & Mayanga, N. (2006). Responding to orphans and other vulnerable children's crisis: Zimbabwe's national plan of action. Journal of Social Development in Africa, 21(1), 35-49.

Die Bundesregierung, Fortschrittsbericht. (2008). Zur nationalen Nachhaltigkeitsstrategie:

Fuer ein nachhaltiges Deutschland, 2008.10.29.

DiNitto, D. M., & Dye, T. R. (1983). Social welfare politics and public policy. Englewood Cliffs, NJ: Prentice Hall.

Divestment from Sudan: A moral sense. (2007 May 12). The Economist, 383, p.31.

Donaldson, T. (1996). Values in tension: Ehtics away from home. Harvard Business Review, 74(5), 48-62.

Donnelly, J. (1993). International human rights. Boulder, CO: Westview Press.

Donnelly, J. (2002). Human rights globalizing flows, and state power. In A. Bryna(Ed.), Globalization and human rights(pp.226-241). Berkeley and Lon Angeles: University of California Press.

Drachman, D. (1992). A stage-of-migration framework for service to immigrant populations. Social Work, 37(1), 68-72.

Drachman, D. (1995). Immigration statues and their influence on service provision access, and use. Social Work, 40(2), 188-197.

Drachman, D., & Paulino, A. (Eds.). (2004). Imigrants and social work: Thinking beyond the borders of the United States. Binghamton, NY: Haworth Social Work Practice Press.

Drinan, R. F.(2001). The mobilization of shame: A world view of human rights. New Haven, CT: Yale University Press.

Dybicz, P. (2005). Interventions for street children: An analysis of current best practices. International Social Work, 48(6), 763-771.

Earth Charter. (2000). Accessed June 12, 2007, at www.earthcharter.org

Eckstein, S. E., & Wickham-Crowley, T. P.(Eds.). (2003). Struggles for social rights In Latin America. New York: Routledge.

Einbinder, S. D. (1995). Policy analysis. In R. Edwards (Ed.), Encyclop(1849-1855). Washington, D.C.: NASW Press.

Estes, R. (1997). World social situation. In R. L. Edwards (ed.), Encyclopedia of social work(19th ed., 1997 suppl., pp. 343-359). Washington, DC: NASW press.

Estes, R. (2005). Global change and indicators of social development. In M. Weil(Ed.), The handbook of community practice(pp.508-528). Thousand Oaks, CA: Sage.

Faist, T. (2010). Diaspora and transnationalism: what kind of dance partners? In R. Baubock & T. Faist (Eds.), Diaspora, Transnationalism: Concepts, Theories and

Father jailed for US mutilation. (2006, November 2). BBC News. Accessed June 4, 2007, at http://newsvote.bc.co.uk/

Fitzgerald, E., & McNutt, J. (1999). Electronic advocacy in policy practice: A framework for teaching technologically based practice. Journal of Social Work Education, 35(3), 331-341.

Fleshman, M. (2007). African gays and lesbians combat bias. Africa Renewal, 21(1), 12-13,

21.

Food and Agriculture Organization (UN), International Fund for Agricultural Development, United Nations Centre for Human Settlements, World Food Programme(UN). (2006, November 15-16). Reducing hunger and extreme poverty: Towards a coherent strategy. Paer presented at the International Forum on the Eradication of Poverty, New York.

Food and Agriculture Organization of the United Nations. (2007). The state of the world's forests. Accessed April 26, 2007, at www.fao.org

Fortna, Virginia (2008). Does Peacekeeping Work? Shaping Belligerents. Choices after Civil War. p. 116". Princeton University Press.

Fox, D. J. (1998). Women's human rights in Africa: Beyond the debate over the universality or relativity of human rights. Africa Studies Quarterly: The Online Journal of African Studies, 2(3). Accessed May 23, 2007, at http://web.africa.ufl.edu

Gay rights: Until death do us part. (2006, December 2). The Economist, p.64.

George,V., & Page, R. M. (Eds.). (2004). Global social problems, Cambridge, UK: Polity Press.

Gewirtz, R., & Scannell, N. Statement of immigration raid. (Originally in Focus: The newsletter of the NASW Massachusetts Chapter, 34[4].) In National Association of Social Workers. (2007). Immigration Policy Toolkit (p.26). Washington, DC: Author.

Glasgow, G. F., & Gouse-Sheese, J. (1995). Themes of rejection and abandonment in group work with Caribbean adolescents. Social Work With Groups, 17(4), 3-27.

Global Policy Forum. (2005, February 15). Agricultural prices decline, devastating countries that export single product-UN report. UN News. Accessed April 26, 2007, at www.globalpolicy.org/socecon/trade/2005/0215fao.htm

Gray, M., & Webb, S. A. (2012). 사회복지학의 새로운 접근. 김기덕, 최명민, 이현정, 조성우 공역. 서울: 시그마프레스.

Groza (1997), Encyclopedia of Social Work.

Groza, V. (1997). Adoption: International. In R. L. Edwards (Ed.), Encyclopedia of social work(19th ed.) (1997 suppl., 1-14). Washington, DC: NASW Press.

Guardian. (2008.11.27.). The 10 big energy myths. by Ghris Goodall.

Guardian. (2008.12.1.). UK climate watchdog urges dramatic cuts in greenhouse gases. by Juliette Jowit, 2008.12.1; Analysis: Will the carbon cuts be delivered? by David Adam.

Hamilton, J. M. (1986). Main street America and the third world. Cabin John, MD: Seven Locks Press.

Hamilton, J. M. (1990). Entangling alliances: How the third world shapes our lives. Cabin John, MD: Seven Locks Press.

Harding, s. (2007). Man-made disaster and development: The case of Iraq. International

Social Work, 50(3). 295-306.

Healy, L. M. (1985). The role of the international dimension in graduate social workeducation In the United States. Unpublished doctoral dissertation, Rugers University, New Brunswick, NJ.

Healy, L. M. (1996). International dimenstions of diversity: Issues for the social agency workplace. Journal of Multicultural Social Work, 4(4), 97-116.

Healy, L. M. (2008) International Social Work:Professional Action in an Independent World, Oxford University Press,

Healy, L. M., & Hall, N. (2007). International professional organizations in social work. In L. Wagner & R. Lutz(Eds.), International Perspektiven Sozialer Arbeit: Ein einfuhrendes Handbuch(pp. 223-242). Frankfurt am Main, Germany: IKC.

Healy, M. L. (2008). International social work: professional action in an interdependent world(Second ed.). New York: Oxford University Press.

Healy, M. L. (2010). 국제사회복지. 노충래 역. 서울: 학지사.

Hegar, R. L., & Greif, G. L. (1991). Parental kidnapping across international borders. International Social Work, 34, 353-363.

Henry-Lee, A., Chevannes, B., Clarke, M., & Ricketts, S. (2000). An assessment of the standard of living and copies strategies of workers in selected occupations who eam a minimum wage. Kingston, Jamaica: Planning Institute of Jamaica, Policy Development Unit.

Herrmann, K. J., Jr., & Kasper, B. (1992). International adoption: The exploitation of women and children. Affilia, 7(1), 45-58.

Hessle, S. (2007). Globalization: Implications for international development work, social work and the integration of immigrants in Sweden. In L. Dominelli(Ed.), Revitalising communities in a globalizaing world(pp. 231-241). Aldershot, UK: Ashgage Publishing.

Hirshkorn, P. (2003, October 29). New York reduces 9/11 death toll by 40. CNN News. Accessed October 15, 2006, at www.cnn.com

Hoff, M. D. (1997). Social work, the environment, and sustainable growth. In M. C. Hokenstad & J. Midgley (Eds.), Issues in international social work(pp.27-44). Washington, DC: NASW Press.

Hokenstad, M. C., & Midgley, J.(Eds.). (1997). Issues in international social work. Washington, DC: NASW Press.

Hollister, C. D., Martin, M., Toft, J., & Yeo, J. (2005). Obstacles to welfare-to-work transitions for Somali, Hmong, and Latino immigrants in the United States. Social Development Issues, 27(2), 59-69.

Holtan, B. (1999, March/April). From the director...Barb Holtan. Tressler Family Connections, 2-4.

Holz, U. (2010). Die Millenniumsentwicklungsziele - eine gemischte Bilanz. Aus Politik und Zeitgeschichte. 10, 3-9.

Hoy, P. (1998). Players and issues in international aid. West Hartford, CT: Kumarian Press. Jacobson, H. K., Reisinger. W. M., & Mathers. T. (1986), National entanglements in international governmental organizations. American Political Science Review, 80, (1), 141-159.

Hoy, P. (1998). Players and issues in international aid. West Hartford, CT: Kumarian Press.

Human Rights Watch. (2006a). About Human Rights Watch. Accessed September 15, 2006, at www.humanrightswatch.org

Human Rights Watch. (2006b). U.S. immigration law inhumane to same-sex couples. Accessed December 3, 2006, at http://hrw.org/english/docs/2006/05/02/usdom13290.htm

Iatridis, D. (1995). Policy practice. In R. Edwards (Ed.). Encyclopedia of social work(19th ed., pp. 1855-1866). Washington, DC: NASW Press.

Ife, J. (2001). Human rights and social work: Toward rights-based practice. Cambridge, UK: Cambridge University Press.

International Association of Schools of Social Work. (2000). Mission statement. Accessed June 19,2007,at www.iassw-aiets.org

International Association of Schools of Social Work. (2004). Global Standards for Social Work Education and Training. Accessed December 30, 2007, at www.iassw-aiets.org

International Association of Schools of Social Work. (2004). Global standards for social work education and training. Accessed June 19, 2007, at www.iassw-aiets.org

International Council on Social Welfare. (1993). Executive Committee Meeting Draft Minutes. Vienna, February 10-14, 1993. (Available from ICSW, 5 Tavistock Place, London, UK.)

International Council on Social Welfare. (1994). ICSW Mission Statement. Accessed July 31, 1998, at www.icsw.org/mission.htm

International Council on Social Welfare. (1995). Report of the Activities of the General Secretariat, January 1994-March, 1995. Prepared for the Executive Committee Meeting, Copenhagen, March 13-15, 1995. (Available from ICSW, 5 Tavistock Place, London, UK.)

International Council on Social Welfare. (1996). Biennial report, 1994-1996. Montreal, Canada: Author.

International Council on Social Welfare. (1997). Memorandum of understanding between the United Nations Development Programme and the International Council on Social Welfare. Accessed July 31, 1998, at www.icsw.org/policymemorandum.htm

International Council on Social Welfare. (2007). Promoting full employment and decent work for all. Unabridged version of the Statement to United Nations Commission for Social Development, 45th Session. 7-16 February 2007. Utrecht, The netherlands:

Author.

International Countil on Social Welfare. (2007, February 7-16). Unabridged version of the Statement to United Nations Commission for Social Development. Utrecht, Netherlands: Author.

International Criminal Court. (2007). About the Court. Accessed May 9, 2007, at www.icc-cpi.int/about.html

International Criminal Court: Let the child live. (2007, January 27). The Economist, 59-60.

International Federation for Human Rights. (2005). Understanding global trade & human rights. Report & resource guide for national human rights NGOs in view of the 2005 WTO ministerial conference, Hong Kong. Paris, France: Author.

International Federation of Social worker. (2004). Ethics in social work: Statement of principles. Accessed May 18, 2007, at www.ifsw.org

International Federation of Social Workers. (1988). Human Rights. In Policy Papers. Oslo, Norway: Author.

International Federation of Social Workers. (1988). International policy papers. Geneva, Switzerland: Author.

International Federation of Social Workers. (1994). International code of ethics for the professional social worker. Oslo, Norway: Author.

International Federation of Social Workers. (1994). The ethics of social work. Olso, Norway: Author. (Full text available at www.ifsw.org)

International Federation of Social Workers. (1996). International statement on human rights. Accessed November 8, 1998, at www.ifsw.org/4.5.6.pub.html

International Fedration of Social Welfare. (2007). Human rights cases. Accessed June 14, 2007, at www.ifsw.org

International Labour Organization. (2007). International Programme on the Elimination of Child Labor. Accessed May 15, 2007, at www.il.org

International Labour Organization. (n.d.). Child labour in Latin America and the Caribbean. Accessed January 5, 2008, athttp://ilo.org/dyn/declaris/DECLARATIONWEB.DOWNLOAD_BLOB?Var_DocumentID-6198

International Social Service. (1979). International child abduction. In D. R. Cox, (Ed.), Intercountry casework: Some reflections on sixty years experience of international social service 1924-1984 (pp. 113-115). Geneva, Switzerland: Author.

Isbister, J. (2003). Promises not kept, Bloomfield, CT: Kumarian Press.

Isbister, J. (2003). Promises not kept: The betrayal of social change in the third world(6th ed.). Bloomfield, CT: Kumarian Press.

Jebb, E. (1929). International social service. In First International Conference of Social Work [Proceedings] (Vol. I, pp. 637-655). First Conference, Paris, July 8-13, 1928.

Jeffs, T., & Smith, M. (2010). Youth work practice, Hampshire, UKL Palgrave Macmillian.

Karns, M. P., & Mingst, K. A. (2004). International Organizations'. The Politics and Processes of Global Governance, Boulder: Lynne Rienner.

Jeremy Taylor and Michael Edward Walsh. (2014. 1. 7). UN Operations in Africa Provide a Mechanism for Japan's Military Normalization Agenda.

Johnson, A. (1999). Globalization from below: Using the internet to internationalize social work education. Journal of Social Work Education, 35(3), 377-393.

Joint Council on International Children's Services. (2007). Hague Adoption Convention. Accessed June 14, 2007, at http://jcics.org/Hague.htm

Joint UN Programme on HIV/AIDS. (2005). AIDS epidemic update December 2005. Geneva, Switzerland: Joint UN Programme on HIV/AIDS and World Health Organization.

Joint United Nations Programme on HIV/AIDS. (2007). Report on the global AIDS epidemic. New York: Author.

Joint Working Group on Development Education. (1984). A framework for development education in the United States. Westport, CT: Save the Children for Inter Action.

Jones, K. (1984). Eileen Young husband: A biography. Occasional papers on Social Administration Number 76, London: Bedford Square Press. (Note: Jones quotes Young husband throughout the biography but does not identify the works from which the quotes are taken.)

Kapoor, A. (2006, October 24). Violence against women in India. Panel presentation at the 7th Annual UNESCO Chair and Institute of Comparative Human Rights Conference, University of Connecticut, Storrs.

Kapstein, E.B. (2006). The new global slave trade. Foreign Affairs, 85(6), 103-115.

Karger, H. J., & Stoesz, D. (2006). American social welfare policy: A pluralistic approach. Boston: Pearson Education Inc.

Karlan, Dean; Appel, Jacob, More Than Good Intentions: How a New Economics is Helping to Solve Global Poverty ISBN 9788935208975.

Katzki, K. (1988). 60 Years of ICSW. In ICSW, 1928-1988: Celebration of the 60th Anniversary(pp. 11-20). Papers from the conference, Frankfurt and Berlin, July 29-August 2, 1988. Vienna, Austria: ICSW.

KDI—UNDP (2012). 아시아적 시각에서 본 Post—2015 개발아젠다(Asian Perspectives on the Post—2015 Development Agenda* Taking Stock, Harnessing Knowledge, Achieving Results). 컨퍼러스 발표자료 모음집.

Keighter, S. M., & Lowery, C. T. (1998). The sickening implications of globalization. Health and Social Work, 23(2), 153-158.

Keitetsi, c. (2006, October). Child soldiers. Presentation to the UNESCO Chair Conference on Human Rights, University of Connecticut, Storrs.

Kendall, K. (1977). Final report: International development of qualified social work manpower for population and family planning activities. New York: IASSW.

Kendall, K. (1978). The IASSW 1928-1978: A journey of remembrance. In K. Kendall(Ed.), Reflections on social work education(pp. 170-191). New York: IASSW.

Kendall, K. (1989). Women at the helm: Three extraordinary leaders. Affilia, 4(1), 23-32.

Kendall, K. (Guest Editor). (1982). International Social Work, XXV(1).

Kendall, K. A. (1987). International social work education. In A. Minahan (Ed.), Encyclopedia of social work(18th ed., pp. 987-996). Silver Spring, MD: NASW Press.

Kendall, K. A. (1994). The challenge of internationalism in social work: Past, present, and future. In L. Healy(Ed.), The global-local link: International challengers to social work practice. West Hartford, CT: University of Connecticut School of Social Work, Center for International Social Work Studies.

Kendrick, E. (1998). International adoptions. Paper prepared for the Lutheran Social Sevices, New England. (Rocky Hill, CT office).

Kennedy, R. (Producer and Director). (2003). Pandemic: Facing Aids [TV mini-series]. United States: Moxie Firecracker Films.

Kent, G. (2002). Children. In M. T. Snarr & D. N. Snarr(Eds.), Introducing global issues(pp. 195-213). Boulder, CO: Lynne Rienner Films.

Kimlicka, W. (2007). Multicultural Odyssays: Navigating the new international politics of diversity. Oxford University Press.

KOICA Annual Report. (2018). KOICA, 한국국제협력단.

Kuykendall, J. (2007, June 4). Refugee crisis in the Middle East. The Hartford Courant, p.A2.

Lally, D. (1987). International social welfare organizations and services. In A. Minahan (Ed.), Encyclopedia of social work(18th ed., pp.969-986). Silver Spring, MD: NASW Press.

Legault, G. (1996). Social work practice in situations of intercultural misunderstanding. Journal of Multicultural Social Work, 4(4), 49-66.

Link, R. (1999). Infusing global perspectives into social work values and ethics. In C. S. Ramnanathan & R. J. Link(Eds_), All our futures: principles and resources for social work practice in a global era. Belmont, CA: Brooks Cole/Wadsworth.

Longford, M. (1996). NGOs and the rights of the child. In P. Willetts(Ed.), The conscience of the world(pp.214-240). Washington, DC: Brookings Institutions.

Lorenz, W. (1997, August 24). Social work in a changing Europe. Paper presented to the Joint European Regional Seminar of IFSW and EASSW on Culture and Identity, Dublin, Ireland.

Lornez, W. (1994). Social work in a changing Europe. London: Routledge.

Lum, D. (1992). Socal work practice with people of color: A process-stage approach.

Pacific Grove, CA: Brooks/Cole.

Lum, D. (2007). Culturally competent practice: A framework for understanding diverse groups and justice issues. New York: Thomson.

Lumsdane, D. H. (1993). Moral vision in international politics: The foreign aid regime. 1949-89. Princeton: Princeton University Press.

Lusk, M. (1992). Street children in Rio de Janeiro. International Social Work, 35, 293-305.

Lyons, K. (1999). International social work: themes and perspectives. Ashgate.

Mac Cormack, C. P. (1988). Health and social power of women. Social Science and Medicine, 26(7), 677-683.

Maldives: On the beach. (1999, January 9). Economist, p.39.

Marcovitch, S., Cesaroni, L., Robers, W., & Swanson, C. (1995). Romanian adoption: Parents' dreams, nightmares, and realities. Child Welfare, 74(5), 993-1017.

Marquez, R. R., & Padilla, Y. C. (2004). Immigration in the life histories of women living in the United States-Mexico border region. In D. Drachman & A. Paulino (Eds.), Immigrants and social work: Thinking beyond the borders of the United States) pp. 11-30). Binghamton, NY: Haworth Social Work Practice Press.

Martin, D. (2005). The U.S. Refugee Program in transition. Migration Information Service. Accessed March 16, 2006, at www.migrationinformation.org

Martin, R. (2006). Children's perspecties: Roles, responsibilities and burdens in home-based care. Journal of Social Development in Africa, 21(1), 106-129.

Martin, S. F. (2001). Remittance flows and impact. Paper prepared for the Remittances as a Development Tool Regional Conference, Inter-American Development Bank, Institute for the Study of International Migration, Georgetown University. Accessed January 3, 2002, at www.iadb.org

Mary Catherine Jennings is appointed new social welfare attache in Brazil. (1963). NASW News, 8(3), 1.

Mathews, J. T.(ed.), (1991). Preserving the Global Environment: The Challenge of Shared Leadership. New York: W. W. Norton & Company.

Matthews, L. (1994). Social workes' knowledge of client-culture and its use in mental health care of English-speaking Caribbean immigrants. Unpublished doctoral dissertation, Hunter College of the City University of New York.

Mattis, A.(Ed.). (1984). Society for International Development prospectus. Durham, NC: Duke University Press.

Maxwell, J. A. (1990, September 2-8). Development of social welfare services and the field of social work in Jamaica. Paper presented at the caribbean Conference for Social Workers, Paramaribo, Surinam.

McNeil, D.G.,Jr. (1998, November 15). AIDS stalking Africa's struggling economies. New York: Times, pp.1,20.

Meadows, D.H., Randers, J., & Meadows, D.L.(1972). Limits to growth. New York: Universe Books.

Mensendiek,M.(1997). Women, migration and prostitution in Thailand. International Social Work, 40, 163-176.

Methods(pp. 9—34). Amsterdam University Press.

Midgley, J. (1999). 국제사회복지. 신섭중 역. 서울: 대학출판사.

Midgley, J. (1995). Social development: The development perspective in social welfare. Thousand Oaks, CA: Sage.

Midgley, J. (1999). Social development in social work: Learning from global dialogue. In C. Ramanathan & R. Link(Eds.), All our futures: Principles & resources for social work practice in a global era(pp.193-205). Belmont, CA: Brooks/Cole.

Midgley, J. (1995). Social development: The development perspective in social welfare. Thousand Oaks, CA: Sage.

Midgley, J. (1997). Social welfare in global context. Thousand Oaks, CA: Sage.

Midgley, J. (1999). Social development in social work: Learning from global dialogue. In C. Ramanathan & R. Link(Eds.), All our futures: Principles & resources for social work practice in a global era(pp. 193-205). Belmont, CA: Brooks/Cole.

Misook Cho, Moonhyuo Jo, (2018). The Effect of Global Citizenship Education on the Psycho-social Health of Adolescents, Asia-pacific Society of Convergent Research Interchange(APJCRI), ISSN: 2508-9080 , Vol.4, No.3, September 30 (2018), pp. 93-105.

Moreno, C. (2006 February 28). Gender and remittances. Panel presentation at the UN Commission on Women, New York.

Moreno, C. (2006, February 28). Gender, remittances and development. INSTRSAW. Paper presented at the United Nations Commission on Women, New York, NY.

Mupedziswa, R. (1997). Social work with refugees: The growing international crisis. In M. C. Hokenstad & J. Midgely(Eds.), Issues in international social work(pp. 110-124). Washington, DC: NASW Press.

Mutua, M. (2000). The African human rights systems: A critical evaluation(UNDP Background Papers for the 2000 Human Development Report). Accessed May 24, 2006, at http://hdr.un.org/docs/publications/background_papers /MUTUA.pdf

Mylan, M. (producer/Director) & Shenk, J. (producer/Director/Cinematographer). (2003). ost boys of Sudan [Motion picture]. United States: Actual Films/Principle Production.

Narayan, D., Paterl, R., Schafft, K., Rademacher, A., & Konch-Schulte, S. (2000). Voices of the poor: Can anyone hear us?. Washington, D.C.: World bank.

National Association of Social Workers. (1996). Code of ethics. Washington, DC: Author.

National Association of Social Workers. (2006). Immigrants and refugees. In Social Work Speaks 2006-2009. Washington, DC: Author.

National Association of Social Workers. (2007). Immigration policy toolkit. Washington, DC: Author.

Office of the Registrar General, India. (2001). Census 2001. Accessed October 14, 2006, at www.censusindia.net

Ojera, S. (2006, June 9). Workshop on reintegration of child soldiers in Northern Uganda. Paper presented at the Smith College School of Social Work Conference on Child Soldiers, Northampton, MA.

Olsen, G. R. (1996). Public opinion, international civil society, and North-South policy since the cold war. In O. Stokke (Ed.), Foreign aid towards the year 2000: Experience and challenges. London: Frank Cass & Co.

Omer, S. (1979). Social development. International Social work, 22(3), 11-26.

Padilla, Y. C., & Daigle, L. E. (1998). Inter-agency collaboration in an international settings. Administration in Social Work, 22(1), 65-81.

Paiva, J. F. X. (1977). A conception of social development. Social Service Review, 51, 327-336.

Perez-Escamilla, R. (2006, October 24). Nutrition & food securtiy: The indivisivility of human rights. Keynote presentation to the 7th Annual UNESCO Chair and Institute of Comparative Human Rights Conference, University of Connecticut, Storrs.

Perkins, D. H., Radelet, S., Lindauer, D. L, & Block, S. A. (2013). Economic of Development(7th ed.), New York: W. W. Norton & Company.

Piot, P.(2004,April 23). The global AIDS pandemic: Keynote presentation. Presented at Provoking Hope: A Brown University HIV/AIDS Symposium, Providence, RI.

Planning Institute of Jamaica. (2007). Economic and social survey Jamaica 2006. Kingston, Jamaica: Author.

PMG 지식엔진연구소 (2016). 시사상식사전. 서울: 박문각.

Pottinger, A. M. (2005). Children's experience of loss by parental migration in inner-city Jamaica. American Journal of Orthopsychiatry, 75(4), 485-496.

Powell, G. (2006). Children in institutional care: Lessons from Zimbabwe's experience. Journal of Social Development in Africa, 21(1), 130-148.

Prigoff, A. (2000). Economics for social workers: Social outcomes of economic globalization with strategies for community action. Belmont, CA: Wadsworth/ Thomson Learning.

Psychosocial care and protection of tsunami affected children: Guiding principles. (2005). Principles adopted by the International Rescue Committee, Save the Children UK, UNICEF, and UNHCR.

Raffaelli, M. (1997). The family situation of street children in Latin America: A cross-national review. International Social Work, 40(1), 89-100.

Raheim, S., Noponen, H., & Alter, C. F. (2005). Women's participation in community economic development: The microcredit strategy. In M. Weil(Ed.), The handbook of community practice(pp.548-566). Thousand Oaks, CA: Sage.

Ray, B. (2005). Canada: Policy changes and integration challenges in an increasingly diverse society. Migration Information Service. Accessed June 16, 2006, at www.migrationinformation.org/Profiles/display.cfm?ID=348

Reichert, E. (2003). Social work and human rights: A foundation for policy and practice. New York: Columbia University Press.

Rich man, poor man. (2007, April 14). The Economist [In Special Report on Brazil]. pp. 11-13.

Ring, K., & Carmichael, s. (2006). Montserrat: A study of Caribbean resilience. Caribbean Journal of Social Work, 5, 9-28.

Rios-Kohn, R. (1998). Intercountry adoption: An international perspective on the practice and standards. Adoption Quarterly, 1(4), 3-32.

Robotham, D. (1996, April 20). Transnationalism in the Caribbean: Formal and informal. AES Distinguished lecture, Spring Meeting, San Juan, PR.

Roby, J. L. (2005). Women and children in the global sex trade. International Social Work, 48(2), 136-147.

Rock, L., & Corbin, C. (2007). Social work students' and practitioners' views on the need for training Caribbean social workers in disaster management. International Social Work, 50(3), 383-394.

Rodirk, D. (2000). Growth Versus Poverty Reduction: a Hollow Debate, Finance and Development, 37(4).

Rogerson, A., Green, M., & Rabinowitz, G. (2013). Mixing business and social: What is a social enterprise and how can we recognise Working paper. London: ODI.

Rosenfeld, L. B., Caye,J. S., Ayalon, O., & Lahad, M. (2005). When their world falls apart: Helping families and children manage the effects of disasters. Washington, DC: NASW Press.

Rowlands, A., & Tan, N.-T. (2004). International survey on globalization and social work. In N.-T. Tan & A. Rowlands (Eds.), Social work around the world III(pp.113-129). Berne, Switerland: International Federation of Social Workers.

Sachs, J. (2006). The End of Poverty: Economic Possibilities for Our Time. London: Penguin(Non—Classics).

Salamon. L. (2000). NPO란 무엇인가. 서울: 아르케.

Salett, E. P. (2006, November). Human trafficking and modern-day slavery. Human rights and international affairs parctice update. Washington, DC: NASW.

Sallah, M. (2011). Developing global literacy and competence in youth work. In J. Batsleer, & B. Davies(Eds.) What is youth work? (pp.104-115). Exeter, UK: Learnin Matters Ltd.

Samers, M. (2013). 이주. 이영민 외 역. 서울: 푸른 길.

Sanders, D. (1982). The developmental perspective in social work. Manoa: University of Hawaii Press.

Sandholtz, W. (2002). Humanitarian intervention: Global enforcement of human rights? In A. Brysk(Ed.), Globalization and human rights(pp.201-225). Berkeley and Los Angeles: University of California Press.

Sankey, J. (1996). Conclusions. In P. Willetts(Ed.), The conscience of the world. Washington D.C.: Brookings Institution.

Schraeder, P. J. et al. (1998). Clarifying the foreign aid puzzle: A comparison of American, Japanese, French, and Swedish aid flows. World Politics, 50,294-323.

Seager, A. (2006. January 25). Global jobless rise hampers efforts to cut poverty. The Guardian, p. 23.

Sen, A. (1993, May). The economics of life and death. Scientific American, 40-47.

Sen, A. (1999). Development as freedom. New York: Anchor Books.

Simon, R. J., Alstein, H., & Melli, M. S. (1994). The case for transracial adoption. Washington, DC: The American University Press.

Slattery, M. (2006, November 3). Human trafficking: A victim's story. Paper presented at the Conference on Human Trafficking and Modern Day Slavery. University of Connecticut School of Social Work, West Hartford.

Small, J. (2007). Rethinking and unravelling the interlocking dynamics of Caribben emigration and return. In L. Dominelli(Ed.), Revitalising communities in a globalization world(pp. 243-254). Aldershot, UK: Ashgate Publishing Limited.

Snarr, D. N.(2002). The changing face of global human rights. In M. T. Snarr & D. N. Snarr(Eds.), Introducing global issues(pp.53-70). Boulder, CO: Lynne Rienner Publishers.

Spence, J. (2005). Concepts of youth. In R. Harrison & C. Wise (Eds.), Working with young people. London: Sage.

Spencer, M. (2007, June 26). Settlement ends workers' suit. The Hartford Courant, pp. B1, B9.

State Planning Board, Government of Kerala. (2005). Human development report 2005 Kerala. Accessed October 14, 2006, at www.undp.org.in/hdrc/shdr/kerala/keral%20HDR%20Book.pdf

Sterling, T. (2004). The global view of gay marriage. Accessed August 4, 2006, at www.cbsnews.com/stories/2004/03/04/world/main604084.shtml

Stiles, C. F., de la Rosa, R., Dharmaraksa, D., Goldner, T., & Kalyanvala, R. (2001). Familiers for children: International strategies to build in-country capacity in the Philippines, Thailand, Romania, and India. Child Welfare, 53(5), 645-655.

Stoesz, D., Guzzetta, C., & Lusk, M. (1999). International development. Boston: Allyn &

Bacon.

Streeten, P., & Burki, S. J. (1978). Basic needs: some issues. World Development, 6(3).

Sweden jails circumcision father. (2006, June 26). BBC News. Accessed June 5, 2007, at http://newsvote.bbc.co.uk

Swedish Ministry for Foreign Affairs. (2001). The Rights of the Child as a Perspective in Development Cooperation Govt.

Taber, M. A.,& Batra, S. (1995). Social strains of globalization in India. New Delhi. India: New Concepts International Publishers.

Ten years' hard labour. (2004, september 4). The Economist, pp. 74-76.

Thiederman, S. (1988). Overcoming cultural and language barriers. Personal Journal, 67(12), 34-40.

Thompson Reuters Carbon Markets Community & WBCSD(World Business Council for Sustainable Development), "Brazil plans to cut Amazon destruction by 70%" by R. Colitt(Reporting) & S. Grudgings(Writing), 2008.12.1.

Thumbi, P. W. (2005). Kenya country report on reproductive health and reproductive rights: Emphasis on HIV/AIDS. Accessed April 25, 2007, at www.uneca.org/popia /Peda/Kenya.doc

Thuy, V. (1986). The psychosocial needs of Southeast Asian refugees: Principles for understanding. In L. M. Healy(Ed.), Toward improving service to Southeast Asian refugees. West Hartford, CT: University of Connecticut School of Social Work.

Tracy, M. (1992). Cross-national social welfare policy analysis in the graduate curriculum: A comparative process model. Journal of Social Work Education, 28(3), 341-352.

U.S Office of Immigration Statistics. (2006). Yearbook of immigration statistics 2005. Accessed August 10, 2006, at www.uscis.gov

U.S. Bureau of the Census. (2006, August). Current population report: Invome, poverty and health insurance coverage in the United Stats: 2005. Accessed May 29, 2007, at www.census.gov

U.S. Census Bureau. (2001). Profile of the foreign born population of the United States-2000. Washington, DC: Author.

U.S. Census Bureau. (2007). Percent of people who are foreign born, Table R0501. 2006 American Community Survey. Accessed December 22,2007, at

U.S. Department of Health & Human Services. (2005). Human trafficking fact sheet. washington, DC: Author.

U.S. Department of Health and Human Services. (n.d.-a). Labor trafficking fact sheet. Washington, DC: Author.

U.S. Department of Health and Human Services. (n.d.-b). Trafficking victims Protection Act of 2000 fact sheet. Washington, DC: Author.

Ul Haq, M. (1990). United Nations Development Programme. In Human Development

Report 1990. New York: United Nations Development Programme.

UN (2013). New Global Partnership: Eradicate Poverty and Transform Economies through Sustainable Development: The Report of the High-Level Panel of Eminent Persons on the Post-2015 Development Agenda, websit: http: //www. un. org/sg/ manage ment/ pdf/HLP_P2015_Report.

UN Division for the Advancement of Woment. (2005). Woment and water, New York: Author.

UN Environment Program. (2005, December 6). Pacific islanders move to escape global warming. The Environment in the News: 2005. Accessed June 30, 2005, at www.unep.org/cpi/briefs/2005Dec06.doc

UN High Commissioner for Refugees. (2005). 2004 global refugee trends. Geneva, Switzerland: Author.

UNDP (2013). Humanity Divided: Confronting Inequality in Developing Countries.

UNDP. (2000). Human Development Report 2000: Human Rights and Human Development. New York: United Nations Development Programme(UNDP).

UNECA (2012). Note for the High Level Panel Discussion on 'Articulating a Post-2015 MDG Agenda, 5th Joint Annual Meeting of the AU Conference of Ministers of Finance, Panning and ECA Conference of African Ministers of Finance, Planning and Economic Development. 26—27. Addis Ababa, Ethiopia. E/ECA/CM/45/4AU/ CAMEF/MIN/4(VII).

UNICEF. (1990). The state of the world's children 1990. New York: Oxford University Press.

UNICEF. (1996). The progress of nations 1996. Wallingford, UK: P & LA for UNICEF.

UNICEF. (1998). A Human Rights Approach to UNICEF Programming for Children and Women: What It is, and Some Changes It Will Bring. New York: International Children's Emergency Fund(UNICEF).

UNICEF. (2004). The state of the world's children 2005. New York: Author.

UNICEF. (2005). The state of the world's children 2006: Excluded and invisible. New york: Author.

UNICEF. (2007). Millennium Development Goals. Accessed May 18, 2007, at www.unicef.org

UNICEF. (2007). Programme Policy and Procedure Manual-Programme Operations. New York: International Children's Emergency Fund(UNICEF).

UNICEF. (2016). "Mapping the Global Goals for Sustainable Development and the Convention on the Rights of the Child." New York: International Children's Emergency Fund(UNICEF).

United Nation. (2003). Political Declaration and Madrid international plan of action on ageing(Second World Assembly on Ageing, Madrid, Spain). New York: Author.

United Nations. (2014). The Road to Dignity by 2030: Ending Poverty, Transforming AllLivesandProtectingthe Planet. New York: UN.

United Nations (1998). Basic facts about the United Nations. New York: Author.

United Nations Centre for Human Rights. (1994). Human Rights and social work: A Manual for schools of social work and the social wok profession (Professional Training Series No. 1. Developed with the International Federation of Social Workers and the International Association of Schools of Social Work). Geneva, Switzerland: Author.

United Nations Department of Public Information. (2005). The millennium development goals report 2005. New York: Author.

United Nations Department programme. (2000). Human development report 2000. New York: Oxford University Press.

United Nations Department Programme. (2003). Human development report 2003: MDGS: A compact among nations to end human poverty. New York: Oxford University Press for UNDP.

United Nations Department Programme. (2006). Human development report 2005. New York: Palgrave Macmillan for UNDP.

United Nations Development Programme. (1996). Human development report 1996. New York: Oxford University Press for UNDP.

United Nations Development Programme. (2005). Human development report 2005. New York: Oxford University Press for UNDP.

United Nations Development Programme. (2006). Summary human development report 2006. Beyond scarcity: Power, poverty and the global water crisis. New York: Palgrave Macmillan.

United Nations Economic and Social Council (ECOSOC). (2003). Committee on Economic Social and Cultural Rights, 30th session, State Party Report of Brazil, New York, E/C.12/2003.SR.8

United Nations Educational, Scientific and Cultural Organization. (2005). United Nations decade of education for sustainable development 2005-2014: Draft international implementation scheme. New York: Author.

United Nations Fund for Population Activities. (2005). Violence against women: Fact sheet 2005. Accessed June 4, 2007, www.unfpa.org/swp/2005/presskit/factsheets/facts_vaw.htm

United Nations News Centre. (2006). "Lauding disability convention as 'dawn of a new era,' UN urges speedy ratification." Press release issued 13 December 2006. Accessed December 31, 2007, at www.un.org

United Nations Office of the High Commissioner for Human Rights. (2004). Annex 3: A brief introduction to international human rights law terminology. In ABC: Teaching human rights-practical activities for primary and secondary schools. New York and Geneva, Switzerland: United Nations. Accessed May 8, 2007, at www.ohchr.org

United Nations Office of the High Commissioner for Human Rights. (2005b). The United Nations human rights treaty system: An introduction to the core human rights treaties and the treaty bodies (Fact Sheet No, 30). Accessed May 18, 2006, at www.ohchr.org

United Nations Office of the High Commissioner for Human Rights. (2007). Convention on the rights of Persons with disabilities. Accessed December 31, 2007, at www.ohchr.org

United Nations Populations Fund. (2006). From microfinance to macro change: Interrating health education and microfinance to empower women and reduce poverty. New York: Author.

United Nations Report of the Secretary-General. (2006, July 6). in-depth study on all forms of violence against women, 2006(61st session of the General Assembly). New York: Author.

United Nations. (1948). Universal declaration of human rights. New York: Author.

United Nations. (1986). Declaration on the Right to Development. Accessed June 3, 2007, at www.un.org

United Nations. (1989). Convention on the Rights of the Child. Accessed August 23, 2000, at www.unhchr.ch

United Nations. (1990). The world economy: A global challenge. New York: U.N. Department of Public Information.

United Nations. (1993). The Vienna Declaration and Programme of Action. New York: Author.

United Nations. (1995). Platform for action and the Beijing Declaration. New York: Author.

United Nations. (2002, February 7-8). Financing global social development: Report. Paper presented at International Forum for Social Development, New York.

United Nations. (2007). Ending impunity for violence against women and girls(International Women's Day United Nations Backgrounder). New York: UN Department of public information.

United Nations. SDGs 홈페이지, "UN Secretary-General's Strategy for Financing the 2030 Agenda" 참조.

United States Department of State. (2007). Immigrant visas issued to orphans coming to the U.S. Accessed June 9, 2007, at http://travel.state.gov/family/adoption/stats/stats_451.html

Universalia Management Group. (2012). Global Evaluation of the Application of a Human Rights Based Approach to UNICEF Programming-Executive Summary. Quéec: Universalia.

UNRISD (2010). Combating Poverty and Inequality: Structural Change, Social Policy and Politics. Geneva: UNRISD.

Untited Nations Office of the High Commissioner for Human Rights. (2005a). Civil and political rights: The Human Rights Committee (Fact Sheet No. 15, Rev. 1). Geneva, Switzerland: Author.

Uvin, P. (2004). Human rights and development. Bloomfield, CT: KUmarian Press.

Vander Straeten, S. (1990). The United Nations Convention on the Rights of the Cild: An interviewing and oral history project of social work in the international community [Interview with Jim Cairnes]. Unpublished transcript. Warren Wilson College. Asheville, NC.

Wagnet, A.(1997). Social work and the global economy. In M. C. Hokenstad & J. Midgely(Eds.), Issues in international social work(pp.45-56). Washington, DC: NASW Press.

Wessels, M. (2006, June 9). Child soldiers reintegration and community resillience following armed conflict. Paper presented at the Smith College School of Social Work Conference on Child Soldiers, Northampton, MA.

White, R. (Ed.) (2009). Concepts and methods of youth work, Hobart: Australia Clearinghouse for Youth Studies.

Willetts, P. (1996). Consultative status for NGOs at the United Nations. In P. Willetts(Ed.), The conscience of the world (pp. 31-62). Washington, DC: Brookings Institution.

Williams, L. (2007). Home alone. In L. Dominelli (Ed.), Revitalising communities in a globalizing world(pp.255-269). Aldershot, UK: Ashgate Publishing Limited.

Wood, J., 及 Hine, J.(Eds.) (2009). Work with young people' Theory and policy for practice. London: Sage.

World almanac and book of cacts. (2007). New York: World Almanac Books.

World almanac and book of facts. (1999). Mahwah, NJ: World Almanac Books, Primedia Reference Inc.

World Bank (2000). World Development Report 2000/2001: Attacking Poverty. Washington, DC: World Bank.

World Bank. (2001). Poverty to rise in wake of terrorist attacks in U.S. Statement http://go.worldbank.org/A2OYNNQ320 Accessed June 10, 2007, at issued October 1, 2001.

World Commission on Environment and Development. (1987). Our common future. New York: Oxford University Press.

World Commission on the Social Dimension of Golbalization. (2004). A fair Globalization: Creating opportunities for all. Swizerland: International Labour Organization.

World Health Organization. (2004). Global and regional estimates of the incidence of unsafe abortion and associated mortality in 2000. Geneva, Switzerland: Author. Accessed

November 10, 2006, at www.who.int/reproductivehealth/publications/unsafe_ abortion_ estimates_04/extimates.pdf

World Health Organization. (2005). Summary report: WHO multi-country study on women's health and domestic violence against women. Geneva, Switzerland: Author.

World Organization Against Torture USA. (2000). Alternate report. United Sates compliance with the International Convention on the Elimination of All Forms of Racial Discriminateion. Accessed January 6, 2002, at www.woatusa.org/cerd/ toc/html

Wronka, J. (2003, April 28). Social action strategies toward creation if a human rights culture. Workshop presentation at Human Rights Conference, University of Connecticut School of Social Work, West Hartford, CT.

Wronka,J. (1995). Human rights. In R. Edwards(Ed.), Encyclopedia of social work(19th ed.). Washington, DC: NASW Press.

Xiangshan, L. (2013). 중국 소득불평등과 경제성장. 서울대학교 대학원 석사학위논문.

Yoshihama, M. (1996, November). Anti-domestic violence movements in Japan: A nationwide action-oriented research project and advocacy through international Social Work Conference, School of Social Work, University of Michigan, Ann Arbor, MI.

Yoshihama, M. (1998). Domestic violence in Japan: Research, program and developments, and emerging movements. In A. R. Roberts (Ed.), Battered women and their families(2nd ed.). New York: Springer.

웹사이트

국무조정실공적개발원조웹사이트 http://www.odakorea.go.kr/

국제노동기구 http://www.ilo.org

국제연합(UN)웹사이트 http://www.un.org/apps/news/story.asp?NewsID=48927#

난민인권센터 http://www.nancen.org

법무부 http://www.moj.go.kr.

유네스코 http://www.unesco.or.kr

유니세프 http://www. unicef.or.kr

유엔난민기구 http://unhcr.or.kr

한국국제협력단 http://www.koica.go.kr

GEFI웹사이트 http://www.globaleducationfirst.org/

GENE웹사이트 http://gene.eu/

GENE웹사이트 http://www.gene.eu/links/

http://go.worldbank.org/RZN8UKWUM0.

http://www.awid.org/eng/Issues-and-Analysis/Library/Afghan-leader-accused-of-bid-to-legali se-rape

http://www.awid.org/eng/Issues-and-Analysis/Library/ARGENTINA-Bold-New-Law-on-Violence-Against-Women

http://www.un.org/apps/news/story.asp?NewsID=30335&Cr =violence+against+ women&Cr1.

http://www.un.org/apps/news/story.asp?NewsID=30365&Cr=population&Cr1= mdg.

http://www.unifem.org/news_events/event_detail.php?EventID =187

https://www.un.org/sustainabledevelopment/sg-finance-strategy/ (검색일: 2019. 10. 2.) <이슈와 논점 | 제 547호 | 2012 년 10월 26일 | 발행처 국회입법조사처 | 발행인 손충덕 | www.nars.go.kr /최준영 * 사회문화조사실 환경노동팀 입법조사관 (공학박사), 788-4731, amaranta@nars.go.kr >.

https://www.sgf.or.kr The Climate Reality Project 홈페이지.

https://www.nars.go.kr 국회입법조사처. 이슈와 논점 홈페이지.

NCDO웹사이트 http://www.ncdo.nl/

ODAWatch뉴스레터11호 http://www.odawatch.net/?mid=articlesth&category=251&page=6&document_srl=1184

OpenWorkingGroup웹사이트 http://www.beyond2015.org/open-working-group-sdgs

The Guardian 2014.12.4뉴스기사 http://www.theguardian.com/global-development/2014/dec04/un-secretary-general-says-no-plans-to-reduce-sustainable-development-goals?CMP=share_btn_fb

UNESCO 2000세네간다카르EFA회의: http://www.unesco.org/new/en/education/themes/leading-the-international-agenda/education-for-all/the-efa-movement/dakar-2000/

UNICEF 한국위원회 홈페이지 http://www.unicef.or.kr/education/outline_02.asp(접속일: 2017.10.01.).

UN웹사이트 http://www.un.org/

저자소개

■ 조 미 숙

서울여자대학교 대학원 사회복지학 박사
미국 University of Washington 교환교수
독일 Friedensau대학 교환교수
독일 VoithSchule & OstSchule 학교사회사업담당관
현 삼육대학교 사회복지학과 교수
한국임상사회사업학회 수석부회장
글로컬사회공헌연구소 소장

국제사회복지론

초판 1쇄 발행 / 2020년 12월 21일
초판 2쇄 발행 / 2024년 8월 10일

저 자 / 조 미 숙
발행인 / 이 중 수
발행처 / **동 문 사**

서울특별시 서대문구 홍제원 1길 12
(홍제동 137-8)
Tel : 02)736-3718(대), 736-3710, 3720
Fax : 02)736-3719
등록번호 : 1974.04.27. 제9-17호
가격 : 24,000원

ISBN : 979-11-6328-242-6(93330)
E-mail : dong736@naver.com
www.dongmunsa.com